The Carolina Curriculum
for Preschoolers with Special Needs

卡罗来纳特殊教育课程

学龄前儿童（24—60个月）

上册·评估课程

[美]南希·约翰逊-马丁（Nancy M. Johnson-Martin）
[美]邦妮·哈克（Bonnie J. Hacker）
[美]苏珊·阿特迈尔（Susan M. Attermeier）著
张苗苗　高　旭　张俊杰　申文琪　张晶晶　李囡囡　译

图书在版编目（CIP）数据

卡罗来纳特殊教育课程.学龄前儿童：第二版：全二册/（美）南希·约翰逊-马丁，（美）邦妮·哈克，（美）苏珊·阿特迈尔著；张苗苗等译.-- 北京：华夏出版社有限公司，2021.1

书名原文：The Carolina Curriculum for Preschoolers with Special Needs, Second Edition

ISBN 978-7-5080-9925-5

Ⅰ.①卡… Ⅱ.①南…②邦…③苏…④张… Ⅲ.①学前教育－特殊教育－教学参考资料 Ⅳ.①G764

中国版本图书馆CIP数据核字（2020）第053900号

Originally published in the United States of America by Paul H. Brookes Publishing Co., Inc.
Copyright © 2004 by Paul H. Brookes Publishing Co., Inc.
版权所有，翻印必究。

北京市版权局著作权合同登记号：图字01-2018-7348号

卡罗来纳特殊教育课程.学龄前儿童：第二版

作　　者	［美］南希·约翰逊-马丁
	［美］邦妮·哈克
	［美］苏珊·阿特迈尔
译　　者	张苗苗　高　旭　张俊杰　申文琪　张晶晶　李囡囡
责任编辑	黄　欣　刘梦宇
出版发行	华夏出版社有限公司
经　　销	新华书店
印　　刷	三河市少明印务有限公司
装　　订	三河市少明印务有限公司
版　　次	2021年1月北京第1版
	2021年1月北京第1次印刷
开　　本	880mm×1230mm　1/16
印　　张	24.5
字　　数	520千字
定　　价	156.00元（全二册）

华夏出版社有限公司　　地址：北京市东直门外香河园北里4号　　邮编：100028
　　　　　　　　　　　网址：www.hxph.com.cn　　电话：（010）64618981

若发现本版图书有印装质量问题，请与我社营销中心联系调换。

前 言

近年来，在对残疾儿童进行康复治疗前，先对他的状况进行评估，借此形成有针对性的干预方案，做到有的放矢、个别化和精准化，已逐渐成为业内的共识。

中国残疾人康复协会在为全国的孤独症康复专业人员组织培训时，深切地感到引进和推广能够让广大专业人员易学、好操作，并能将评估与教学紧密结合的评估方法十分必要和迫切。通过专家推荐，并在华夏出版社和相关专业人员的共同努力下，卡罗来纳特殊教育课程终于能够在国内应用和推广了。

这套评估及干预系统能够有效地指导教师和家长对孤独症儿童进行早期干预、系统干预和个别化干预，此外还可以应用于智力、运动等发育迟缓儿童的评估和教学，为全国的特殊教育教师、康复专业人员和家长及时判明孩子状况，开展有针对性、有效果的干预打下坚实的基础。

希望这套评估干预课程能够得到广泛推广和使用，从而帮助更多的残疾儿童得到有效的康复治疗。

中国残疾人康复协会

许晓鸣

2019 年 12 月

译者序

初次接触卡罗来纳特殊教育课程是在入行不久的一个夏天,去美国参观一所孤独症谱系障碍儿童康复机构,机构的教学主管向我介绍他们使用的这套评估和教学干预系统。尽管当时自己还只是一名一线的教学人员,没有接触过评估和更改项目等工作内容,但是已经被这套评估和干预系统吸引了,因为它里面的专业术语并不多,能够让使用者轻松掌握孩子每个成长阶段的各方面变化。当时,作为康复领域新人的我,在阅读这两本书时,仿佛看到一个慢慢长大的孩子,看到他各方面的变化和成长。尽管很欣赏这套教学系统和它的教学理念,但是因为工作单位并没有使用这套系统,所以它一直放在我的书架上。直到几年后,我回到北京工作,在工作中逐渐从一名一线教学人员转变为给学生进行评估、设计与更新教学计划的从业人员,这时我再次翻开这套书。

卡罗来纳特殊教育课程在表格和使用说明上的展现形式,与国内比较常用的教学评估系统比较相似,所以对于已经接受过上岗培训,并且参与康复教学计划的从业人员来说,看懂它并不难。这套教学系统的主要特点是:第一,这套系统针对所有发育迟缓的儿童,使用者可根据儿童的月龄来进行能力评估,获取教学建议,它是一套可以随时评估、随时教学的系统,而且很鼓励家庭的介入,在每个教学项目中也给出了在自然情景下教学的相关建议;第二,这套系统讲求项目与项目之间的融合教学,虽然教学计划是独立列出的,但是在教学过程中需要把项目按照逻辑和相关性进行整理和实施,这样的教学更自然,也更连贯,也是目前康复从业人员在干预过程中需要提升的部分。所以看懂虽然不难,但是执行起来就需要从业人员认真去构思和操作。

卡罗来纳特殊教育课程提到了在实际操作时需要遵循的一些基本原则,其中包括从业人员熟悉的重视结果和把教学任务细分成更小步骤的原则,还有需要提醒、不然可能会在繁忙的教学中忘记的原则:把游戏加入教学中;找到孩子的动机,然后再进行教学;给孩子足够的选择权;提供结构化的环境但同时要有变化;将学到的知识运用到生活中;使用的语言要符合孩子的理解能力;

允许适当的安静时间，在这个时间里孩子可以在没有任务的情况下安心地玩一会儿。相信作为从业人员的你看到后，会理解我为什么将这些原则罗列出来，因为这些我们不是不知道，而是在实际教学过程中很容易忽略。

这是一套项目覆盖范围比较全面、集评估和干预为一体的教学系统，两本书包含了从出生到 60 个月的儿童在各方面需要具备的能力。我希望大家在拿到书后，能够结合目前自己正在使用的能力评估和教学系统，取长补短，整合出一套适合孩子的教学系统。也希望通过这本书，能够让我们在教学过程中不时反思，我们教的内容是不是符合孩子的需要，是不是具有功能性，是不是一步步地让孩子更好地融入主流。

国际行为分析协会中国分会主席

张苗苗

2019 年 12 月

致　谢

本书的出版有赖于那些在前两版课程研发过程中发挥重要作用的人的努力。感谢萨莉·鲁宾逊（Sally Robinson）博士和雷蒙德·斯特纳（Raymond Sturner）博士帮助我们在杜克大学儿童发展中心创建和安置CHILD（Children with Handicaps Integrated for Learning in Daycare，残障儿童融合学习日托中心）。感谢萨拉·卡特（Sara Carter，CCC-SP语言病理学家）在语言发展部分提供的重要帮助。感谢卡伦·奥唐奈（Karen O'Donnell）博士和佩姬·奥格斯比（Peggy Ogelsby）博士为学习指导这一章的早期发展部分做出的贡献，感谢芭芭拉·戴维斯·戈德曼（Barbara Davis Goldman）博士在儿童的语言、认知和社交技能的见解方面为我们做出的较大贡献。感谢北卡罗来纳州达勒姆的众多儿童中心的教师们，为了在课堂上更好地为有障碍的儿童提供服务，他们与我们合作，让我们体验到了采用各种方法为儿童提供服务的乐趣以及学会了如何解决面临的难题。

对于那些从繁忙日程中抽出时间来审查第一版课程并提出改进建议的专业人士，我们深表感谢。

最后，我们感谢鲍勃·约翰逊（Bob Johnson）为用镜头捕捉封面儿童的神采所付出的时间和专业知识，感谢家人和朋友对我们事业的支持，感谢希瑟·什雷斯塔（Heather Shrestha）鼓励和帮助我们对这个版本的课程进行修订，感谢麦肯齐·劳伦斯（Mackenzie Lawrence）引导我们从初稿到成品过程中付出智慧、勤奋、耐心和毅力。

致孩子们、父母们
和富有献身精神的儿童护理工作者们，
在过去30年里，他们走进我们的生活，
教会我们很多关于人类发展、勇气、决心、适应能力
和成就感的知识，没有他们，
就不会有这门课程。

目 录
CONTENTS

第一部分 课程描述

第一章 绪 论 …………………………………………………………… 003
第二章 学习指导：原则和建议 ………………………………………… 013
第三章 影响学习、发展和早期读写能力的环境因素 ………………… 021
第四章 使用卡罗来纳课程 ……………………………………………… 031

第二部分 课程序列

第五章 自我—社交

序列1 　　自我管理和责任 ……………………………………… 051
序列2 　　人际交往能力 ………………………………………… 060
序列3 　　自我概念 ……………………………………………… 078
序列4-Ⅰ 　自理能力：进食 ……………………………………… 089
序列4-Ⅱ 　自理能力：穿衣 ……………………………………… 095
序列4-Ⅲ 　自理能力：梳洗 ……………………………………… 101
序列4-Ⅳ 　自理能力：如厕 ……………………………………… 106

第六章 认 知

序列5 　　注意力与记忆力：视觉/空间 ……………………… 111
序列6-Ⅰ 　视觉感知：积木和拼图 ……………………………… 123
序列6-Ⅱ 　视觉感知：配对和分类 ……………………………… 131
序列7 　　对物品的功能性使用和象征游戏 …………………… 141

序列8　问题解决/推理 149
　　序列9　数字概念 165

第七章　认知/沟通

　　序列10　概念/词汇：接受性 179
　　序列11　概念/词汇：表达性 197
　　序列12　注意力和记忆力：听觉 210

第八章　沟　通

　　序列13　语言理解 215
　　序列14　对话技能 225
　　序列15　语法结构 240
　　序列16　模仿：仿说 253

第九章　精细运动

　　序列17　模仿：动作 257
　　序列18　抓握与操作 261
　　序列19　双边技能 268
　　序列20　工具使用 276
　　序列21　视觉—运动技能 282

第十章　粗大运动

　　序列22-I　直立：姿势和移动 293
　　序列22-II　直立：平衡 310
　　序列22-III　直立：球类运动 317
　　序列22-IV　直立：户外运动 322

附　录

　　附录A　常见的障碍及其对幼儿发展的影响 331
　　附录B　资源和推荐读物 332
　　附录C　游戏和有运动障碍的儿童 335
　　附录D　对有严重运动障碍的儿童使用物品操作板来辅助教学 ... 338

第一部分
课程描述

第一章
绪 论

第一版《卡罗来纳特殊教育课程：学龄前儿童》（CCPSN；Johnson-Martin, Attermeier, & Hacker, 1990）是由美国联邦政府资助的"示范项目"的成果，旨在通过提供咨询服务、丰富筛查和干预资料，促进有特殊需要的学龄前儿童与典型发育的儿童在社区儿童看护中心的融合。在20世纪80年代，美国大多数州尚未创建相关方案来识别有特殊需要的学龄前儿童或为他们提供恰当的教育。除了"领先计划（Head Start）"之外，很少有专为典型发育的儿童公立幼儿园开设的，因此很难找到空间和教师为有特殊需要的儿童服务。一些州考虑通过向私立儿童看护中心或幼儿园提供援助的方式，为有特殊需要的儿童提供服务。然而，无论是儿童看护中心的工作人员还是幼儿园教师，都没有接受过与重度残障的儿童一起工作的培训。此外，虽然有很多优秀的学前教师培训计划，但包含了特殊教育成分的计划相对较少。同样，虽然有许多课程指南适用于典型发育的学龄前儿童，但针对特殊儿童的课程材料却很少。

在此背景下，第一版 CCPSN 是作为教师和干预者的指南而开发的，用来指导教师和干预者评估有特殊需要的学龄前儿童，并在联邦政府和州政府指导方针的要求下制订个别化教育计划（IEP），这些指导方针是从1986年通过的《残疾人教育法修正案》（PL99-457）的相关章节中发展出来的。第一版课程中包含了儿童通常在2至5岁期间应发展出来的技能。由于有些儿童可能表现出完全非典型发育的模式，这使得他们很难通过大部分的学龄前课程，所以我们选择遵循《卡罗来纳特殊教育课程：婴儿》（CCHI；Johnson-Martin, Jens, Attermeier, & Hacker, 1986）的模式。CCHI 是为从出生到2岁的儿童设计的，许多干预者发现它既适用于明显非典型发育的儿童，也适用于发育迟缓但遵循典型发育模式的儿童。

自1990年以来，为有特殊需要的学龄前儿童提供的服务发生了很多变化。许多大学为将要服务于有特殊需要的儿童的老师提供教育和培训。目前美国50个州都已经设立了识别和服务这些儿童的项目，但是仍然有许多未被鉴别和已被鉴别出来的儿童未得到服务。现在仍然亟须标准参照评估工具和干预材料以应对各种各样的发展问题。

与有特殊需要的儿童一起工作的人员所持续面临的一个问题是，很多学龄前儿童在一个或多个领域的发展水平通常处于婴幼儿的课程范围，而不在学龄前的课程范围内。为了解决这个问题，CCHI 于1991年被修订为《卡罗来纳特殊教育课程：婴儿及幼童》（CCITSN；Johnson-Martin, Jens, Attermeier 和 Hacker）。CCITSN 提供了一个图表，以便评估那些技能水平跨越婴幼儿课程和学龄前课程的儿童；然而，许多使用这两个课程来解决学龄前儿童技能分散问题的人报告说，由于这两个课程的组织方式非常不同，所以很难顺利地从一个课程转换到另外一个课程。

同时，对 CCPSN 和 CCITSN 进行修订的目的在于，为如何服务于功能水平处在出生至 60 个月龄的有特殊需要的儿童，提供全面的指导。这两个课程的编排方式始终是一致的。目前婴儿及幼童的课程涵盖从出生到 36 个月龄的发展技能，而学龄前儿童的课程涵盖从 24 至 60 个月龄的发展技能。两书中关于 24 至 36 个月龄的发展序列和课程项目名称都是相同的，这样使用者可以顺利地从一个课程转换到另一个课程。

什么是 CCPSN 方法？

CCPSN 与 CCITSN 一样，通过有层次的发展任务把评估和干预联系起来，这些发展任务既与儿童通常与其照料者和老师做的事情相关，又与长期适应相关。评估工具上的每个项目都与描述该技能教学流程的课程项目直接关联，由此提供了一个从评估到干预顺利过渡的框架。课程中的功能活动既与儿童的典型日常活动有关，也与长期适应相关，这是一种被巴格纳图、尼斯沃斯和芒森（Bagnato, Neisworth, & Munson, 1997）描述为"真实性"的方法。也就是说，干预措施以有意义的方式融入儿童的生活中。此版本包含以下特征：

1. 课程以典型的发展顺序为基础，但并不假定儿童将在不同领域，甚至在一个领域内以相同的速度发展（例如，儿童可能表现出典型的认知发展模式但伴随着极度迟缓的运动发育，或儿童可能具有与年龄相符的语法结构，但词汇量明显落后）。因此，该课程既可以用于缓慢但以典型模式发展的儿童，也适用于那些由于一种或多种障碍而导致发展模式明显不典型的儿童。

2. 课程以两种方式应对非典型发展。首先，将每个发展领域按照逻辑细分为教学序列（即在这种序列内，项目的顺序主要是由一个技能是如何建立在另一技能之上来决定的，而不仅仅是由典型发展的儿童学习这些技能的平均年龄水平来决定）。其次，课程针对每个发展领域中的项目都给出了一般性的调整建议，以适应儿童特定的感觉或运动限制。因此，对于一个运动能力发育严重迟缓，但具备潜在平均认知能力的儿童来说，他在认知领域的发展，并不会因为不能完成需要典型运动技能的认知项目而停滞不前。

3. 本课程是以这样的认识为基础的，即：很多有严重障碍的年幼儿童，即使努力干预，也永远不会典型发展。因此，在面对这些儿童时，我们必须考虑教授非典型但具备高度适应性的技能，这些技能可能会暂时或永久地取代典型技能。例如，如果儿童无法说话但具备足够的运动技能，那么恰当的做法是，在言语成为其有效的沟通方式之前，可以教导儿童使用手语来作为沟通的一种方式。如果儿童由于严重的身体障碍而无法说话，可以教导他通过目光注视、用手指或其他指示反应来做出选择、表达愿望并最终能够使用电子沟通设备。

4. 虽然课程是发展性的，课程的项目来自标准的发展评估工具、临床经验以及作者阅读过的研究文献，但是项目的建构是以行为学理论和方法论为基础的。课程还非常强调发展适应性技能，即使这些并不一定是典型发展的技能（例如，虽然爬行是典型发展的技能，但当爬行不具备功能性时，可以发展用屁股往前移动或使用滑板的技能）。

CCPSN 中包含了什么？

CCPSN 旨在提供一种系统的方法，为功能水平在 24 至 60 个月龄发展范围内有特殊需要的儿童制订干预计划。在这个课程中，你会获得：

- 一个标准参照评估，用于确定儿童对重要的社交、认知、语言、运动和适应性技能的掌握程度；
- 通过评估得到选择下一步教学目标的建议；
- 为包含教学目标的个别化教育计划（IEP）或者个别化家庭支持计划（IFSP）制定活动指南。

本次修订版有什么变化？

序列的重组

本版 CCPSN 几乎包括了第一版中的所有项目，然而根据作者可获得的最新信息，评估记录表中的一些项目被移动到了不同年龄阶段。

最主要的变化是组织方式。有些序列是新创建的，有些序列被重新命名、组合或划分，以显示从婴幼儿技能到学龄前技能的连贯发展。在某些发展领域（尤其是语言领域），儿童从婴幼儿期到学龄前期的学习技能似乎有一个非常平稳的发展过程。在其他领域，发展轨迹则不太清晰。也就是说，很难确定某些学龄前技能在婴幼儿期的前兆。我们已尽最大努力来识别婴幼儿技能和学龄前技能的共性，并在序列的组织中反映出这些共性。

表 1.1 列出了本课程中的序列清单以及它们所属的发展领域。

注意其中有三个序列"概念／词汇：接受性""概念／词汇：表达性""注意力和记忆力：听觉"被列为认知／沟通领域。这些序列中所评估的技能几乎被包含在所有的认知能力测试和语言能力测试中，因此，它们显然同时属于这两个领域，在评估这两个领域的总体发展水平时，这些序列都应该被包含在内。

加强对功能性活动的重视

考虑到有特殊需要的学龄前儿童可能在各种各样的环境中（例如在家中、儿童看护中心，或者在幼儿园）接受服务，我们把每个项目中的"课堂活动"部分替换为"课堂和功能活动"。课堂活动是指教师为给有特殊需要的儿童制订教学目标而在课堂上开展的活动，部分或全部儿童都能享受到这些活动的乐趣。功能活动是指在不同环境中锻炼这些技能的建议，以及在一般环境中提高效用的方式。功能活动既能够培养促进儿童独立游戏的发展性技能，也能够培养有关学业或

表 1.1　CCPSN 的发展领域和序列

自我—社交		沟通	
1.	自我管理和责任	13.	语言理解
2.	人际交往能力	14.	对话技能
3.	自我概念	15.	语法结构
4-I.	自理能力：进食	16.	模仿：仿说
4-II.	自理能力：穿衣		
4-III.	自理能力：梳洗		
4-IV.	自理能力：如厕		

认知		精细运动	
5.	注意力和记忆力：视觉/空间	17.	模仿：运动
6-I.	视觉感知：积木和拼图	18.	抓握和操作
6-II.	视觉感知：配对和分类	19.	双边技能
7.	对物品的功能性使用和象征游戏	20.	工具使用
8.	问题解决/推理	21.	视觉—运动技能
9.	数字概念		

认知/沟通		粗大运动	
10.	概念/词汇：接受性	22-I.	直立：姿势和移动
11.	概念/词汇：表达性	22-II.	直立：平衡
12.	注意力和记忆力：听觉	22-III.	直立：球类运动
		22-IV.	直立：户外运动

注：序列 10、11 和 12 同时属于认知和沟通领域，在此表中单独列出

自理的功能性技能。

| 强调早期读写能力 |

本版本的课程强调早期读写能力的重要性，以鼓励干预者考虑更长远的目标，包括准备儿童入学以及让他们拥有有价值的成人生活。自 20 世纪 80 年代以来，人们越来越认识到，读写能力不是从学习阅读和写字开始的（Notari-Syverson, O'Connor, & Vadasy, 1998）。更确切地说，它始于婴幼儿和学龄前阶段，通过以下方式：

- 印刷/书籍意识：在儿童可以独立阅读之前就给他们读书，与他们之后的阅读能力高度相关。通过给儿童读书，让儿童看到他们阅读，以及指出周围环境中的文字等方式，父母和其他照料者在儿童读写能力的发展上起着重要作用。儿童对印刷的意识包括早期的涂鸦、

绘画、字母/单词组合，以及对于书面文字可以表达思想的理解。
- 元语言意识：元语言意识是指思考、操纵和谈论语言形式的能力。从本课程所涵盖的年龄层面来讲，这通常涉及对新发音和新单词表现出兴趣，以及认识到一个新单词和已知单词拥有共同的特性（例如，能够分离出单词的首音，形成押韵和无意义的单词，创造单词）。儿童通过押韵、唱歌以及挑选出单词中的特定读音来学习这些技能。
- 口语：与阅读相关的口语技能包括使用单词和句子来描述事件、讲述故事、对话以及表达感受（Notari-Syverson et al., 1998）。

与早期读写能力相关的项目分布在整个课程中，包括对语音和单词顺序的记忆，对图片和书籍的兴趣，理解词汇所代表的特定对象和图片，使用词汇进行交流，聆听故事，像阅读一样复述故事，配对图形，涂鸦，画图形和字母，等等。在为有特殊需要的儿童制订干预计划时，不管这个计划将在家中还是在幼儿园实施，早期读写能力都应该是首先考虑设置的长期目标之一。

本章末尾的附录中包含了一份早期读写技能清单。它涵盖了从婴儿到学龄前期间（CCITSN 和 CCPSN 所涵盖的年龄段）学习的技能。大多数技能都包含在本课程的一个或另一个序列中。技能清单的价值不仅在于帮助你评估儿童在早期阅读技能上的发展，还可以展示读写能力和特定课程项目之间的关联，这些项目可能侧重于发展视觉、运动、认知、语言或社交技能。

| 给家长和教师的参考资料：关于影响发展的一般情况 |

在为有特殊需要的儿童所设置的学龄前项目中，有很多儿童拥有非特定的"发育迟缓"。这些儿童缺乏更明确的诊断，一方面是由于儿童的发展是多变的，从而导致难以做出正确诊断，另一方面则是由于专业人员不愿意给儿童"贴标签"。作为本书作者，我们也有给儿童"贴标签"的担忧。然而，一个明确的诊断有时候能够帮助父母和儿童获得有针对性的服务。此外，诊断也可能会对家庭计划和其他重要事项产生影响。

在 CCPSN 的第一版中，有一个章节是关于特定的障碍及其对儿童发展的影响。因为如今的教师和干预者通常比我们编写第一版时更有经验，所以我们删除了该章节，但在本书末尾的附录 A 中列出了影响儿童发展的常见情况清单。保罗·布鲁克斯出版公司的网站（http://www.brookespublishing.com/ccupdates）上提供了每种情况的具体特征、它们对于发展的影响、对干预者和授课教师的具体建议以及资源清单。

我们鼓励那些服务于有特殊需要的学龄前儿童的工作人员熟悉各种情况的不同特征。当你与一位被描述为发育迟缓的儿童一起工作时，可能很明显的是，这个儿童不仅发育迟缓，还有特征表明其属于某种更特殊的情况，或者可能只是具有令人非常费解的特征。如果遇到这种情况，你可能希望鼓励这个家庭去寻求进一步的评估或专业咨询，以便更好地理解儿童发展问题的实质，尤其是当特定的诊断可能为家庭提供额外服务或支持时。

CCPSN 针对的人群有哪些？

CCPSN 最初是为幼儿园和其他儿童托管机构的教师和儿童照料者设计的，这些幼儿园或儿童托管机构为功能水平在 24 至 60 个月的有特殊需要的儿童提供服务。这依然是本课程的关注点。本课程中的很多项目包含了在集体护理环境下最容易观察到的技能。但是我们意识到，很多和该群体一起工作的其他专业人士也使用了第一版 CCPSN，他们通常与教师或家长进行合作。这些专业人员包括言语—语言病理学家、职业治疗师、物理治疗师和特殊教育教师。为了促进 CCPSN 的广泛使用，在措辞上我们尽量避免使用专业术语。此外，我们还努力提醒使用者，要对儿童表现出的某些特征或反应保持警惕，可能需要寻求有特定技能的专业人士的帮助（例如物理治疗师、职业治疗师或言语—语言治疗师）。

CCPSN 的项目是如何组织的？

CCPSN 中包含的项目来自作者自身的临床经验、研究文献以及各种已发表的评估工具（参见本章末尾的参考文献）。在将项目组织成序列并将序列分配到不同发展领域的过程中，我们的判断有时是有些武断的。但在大多数情况下，我们有明确的理由来组织这些项目和序列。在为序列选择项目时，我们关注的是，儿童应该可以在整个序列中平稳地发展，而不会因为项目对视觉、运动或言语方面的要求有显著的变化而中断。例如，序列 6（视觉感知）中的一些项目要求具备视觉辨别能力，以及对颜色、形状和功能关系等概念的理解能力，但对运动技能的要求极少，语言也不是必须的。序列 10（概念／词汇：接受性）和序列 11（概念／词汇：表达性）也包含了有关颜色、形状和功能关系的项目，但也要求对口头概念的理解或表达。这样的划分是很重要的，因为一个儿童可能患有严重的言语障碍，以至于他看起来像是精神发育迟滞，但是通过对儿童的视觉理解能力的考察，例如，儿童对颜色、形状、字母和数字进行配对和分类的能力，以及按照类别或功能进行分类的能力，可以得知他的典型认知功能水平。

就儿童发展的整体性而言，将序列划分为典型的广义发展领域（自我—社交、认知、沟通、精细运动和粗大运动）是有问题的。例如，认知能力几乎是所有发展方面的基础，运动技能是言语技能、自理技能以及许多认知技能的一个必要成分，而沟通技能则是认知和社交技能的一个重要方面。我们根据每个序列最重要的特征将序列分配到不同的领域。然而，有三个序列同时跨越了认知和沟通这两个领域。在评估儿童并确定哪些技能应该作为干预目标时，这些技能属于哪个领域是无关紧要的。但是，对领域的划分仍然很重要，因为它们代表了观察儿童发展模式的传统方式，并提供了一个易于理解的概要。

这个课程的作用是什么？

我们观察到这样一个现象：在很多为有特殊需要的儿童提供服务的项目中，似乎存在一个潜在的假设，即所有儿童，不管他们患有障碍，都必须完成发展性课程内所有领域的项目，并最终习得典型发育儿童所拥有的技能。这些项目可能针对感觉障碍做了一些调整（例如，一个失明的儿童不需要学习颜色），但很少针对其他情况做出调整。我们不打算以这种方式使用CCPSN。特定的障碍类型可能导致这样的结果，即整个序列对某些儿童来说都是不适用的，而其他序列必须做出许多调整才适合。例如，一个患有严重手足徐动症或痉挛型脑性瘫痪的儿童将永远无法完成精细运动和视觉—运动技能序列中的大部分项目。这些儿童不应该花时间去达到穿小珠子或其他类似项目的运动要求，而应该进行职业治疗师和物理治疗师所推荐的活动，这些活动将促进儿童的自理能力或独立开展游戏活动的能力。视觉—运动技能序列中的认知成分（例如，积木块的形状识别）应该通过配对和分类任务来完成，以达到运动需求最小化。

尽管我们在每个序列开始时都给出了针对特定障碍的调整建议，但是开发一个对每种障碍类型都适用的课程是不可能也不可取的。没有任何课程能够取代优秀教师的智慧和创造力。在CCPSN中，我们努力以这样一种方式来描述每个序列，即教师或干预者能够理解这些序列的根本目的，从而能够对项目做出调整，以适应特定儿童的需求。例如，序列8（问题解决/推理）的介绍部分以这样的陈述结束："这个序列的目的是帮助儿童观察他们对周围事物的影响，并且随着语言的出现，能够与成人讨论看法和推论；另一个目的是在儿童努力理解周围环境的过程中，帮助他们培养自信心和愉悦感。"此序列中的很多项目都需要儿童回答问题。如果儿童不能通过语言或其他的扩大替代性沟通系统进行交流，则可能需要使用图片来编制选择题，以便儿童能够通过用手指或目光注视的方式来展现推理能力。通过这样的调整，儿童能够很好地完成整个序列，我们也鼓励做出这样的调整。不是每个儿童都以同样的方式展现技能。

| 总结 |

第一版CCPSN已被广泛用于各种场合，以促进有特殊需要的儿童的发展和进步。它将发展性评估程序与课程活动联系起来，并提供了调整活动的建议，以满足有特定和严重障碍儿童的需求。本修订版试图回应使用者的反馈，与第二版的CCITSN更加一致，吸收前一版的优点和解决前一版所存在的问题，以此来更新课程。

| 参考文献 |

Almy, M., Chittenden, E., & Miller, P. (1967). *Young children's thinking.* New York: Teachers College Press.

Bagnato, S.J., Neisworth, J.T., & Munson, S.M. (1997). *LINKing assessment and early intervention: An authentic curriculum-based approach.* Baltimore: Paul H. Brookes Publishing Co.

Bayley, N. (1993). *The Bayley Scales of Infant Development* (2nd ed.). San Antonio, TX: Harcourt Brace & Co.

Boehm, A.E. (2001). *Boehm Test of Basic Concepts-Preschool Version* (3rd ed.). New York: Psychological

Corporation.

Bracken, B.A. (1998). *The Bracken Test of Basic Concepts* (Rev. ed.). Columbus, OH: Charles E. Merrill.

Bzoch, K.R., League, R., & Brown, V. (1991). *Receptive Expressive Emergent Language Test* (2nd ed.). Los Angeles: Western Psychological Services.

Education of the Handicapped Act Amendments of 1986, PL 99-457, 20 U.S.C. §§ 1400 *et seq.*

Folio, M.R., & Fewel, R. (2000). *Peabody Developmental Motor Scales* (2nd ed.). Los Angeles: Western Psychological Services.

Gallahue, D.L. (1982). *Developmental movement experiences for children.* New York: John Wiley & Sons.

Hedrick, D., Prather, E., & Tobin, A. (1984). *Sequenced inventory of communication development.* Seattle: University of Washington Press.

Johnson-Martin, N.M., Attermeier, S.M., & Hacker, B. (1990). *The Carolina Curriculum for Preschoolers with Special Needs.* Baltimore: Paul H. Brookes Publishing Co.

Johnson-Martin, N.M., Jens, K.G., & Attermeier, S.M. (1986). *The Carolina Curriculum for Handicapped Infants and Infants at* Risk. Baltimore: Paul H. Brookes Publishing Co.

Johnson-Martin, N.M., Jens, K.G., Attermeier, S.M., & Hacker, B. (1991). *The Carolina Curriculum for Infants and Toddlers with Special Needs.* Baltimore: Paul H. Brookes Publishing Co.

McCarthy, D. (1970). *McCarthy Scales of Children's Abilities.* New York: Psychological Corporation.

Notari-Syverson, A., O'Connor, R.E., & Vadasy, P.F. (1998). *Ladders to literacy: A preschool activity book.* Baltimore: Paul H. Brookes Publishing Co.

Rosetti, L. (1990). *The Rosetti Infant-Toddler Language Scale.* East Moline, IL: LinguiSystems.

Santa Cruz County Board of Education. (1988). *Help for special preschoolers, Assessment checklist: Ages 3-6.* Palo Alto, CA: VORT Corp.

Sparrow, S.S., Balla, D.A., & Cicchetti, D.V. (1984). *Vineland Adaptive Behavior Scales.* Circle Pines, MN: American Guidance Service.

Thorndike, R.L., Hagen, E.P., & Sattler, J.M. (1986). *Stanford Binet Intelligence Scale* (4th ed.). Chicago: Riverside Publishing.Wechsler, D. (2002). *Wechsler Preschool and Primary Scale of Intelligence* (3rd ed.). New York: The Psychological Corporation.

Zimmerman, I.L., Steiner, V.G., & Pond, R.E. (2002). *Preschool Language Scale* (4th ed.). San Antonio, TX: Harcourt Brace & Co.

附录　早期读写技能清单

印刷/书籍意识

____用手拿书和玩书

____注视页面

____翻页

____视觉检查页面

____把手放在图片上

____当被要求"给我看……"时，能指出特定图片

____有喜欢的图片或页面

____评论故事

____以正确的方向拿书（即，正面向上，从正确的一侧打开）

____有喜欢的书，并要求阅读它们

____看着图片谈论一个故事

____谈论时指着文字

____知道文字是从左向右排列的

____阅读环境中的印刷品和标志

____识别文本中简单的字词

____回答与故事相关的问题

____将故事与自己的生活经验联系起来

____知道字母的名称和发音

____在纸上做标记

____涂鸦

____仿画线条

____仿画形状

____仿写字母

____仿写单词

____假装书写

____使用自创的拼写来写短信息

元语言意识

____在游戏时使用环境中的声音

____能按要求重复单个声音

____在重复性的故事中填充下一句

____参与说童谣

____回忆一句话中的一个词

____理解并创造押韵

____识别单词的首音

____将音节组合成单词

____将单词分解成音节

口语

____使用单词

____使用句子

____描述事件时有开始、中间和结尾

____复述读过的故事

____展开持续的对话

____使用类别来描述对象（例如动物、食物）

____在游戏中谈论过去的经历

____预测会发生什么

____区分真实和假装

____描述感受和动机

资料来源：Notari-Syverson, A., O'Connor, R.E., & Vadasy, P.F. (1998). *Ladders to literacy: A preschool activity book*. Baltimore: Paul H. Brookes Publishing Co.

第二章
学习指导：原则和建议

　　CCPSN 的目的是为幼儿园教师、儿童照料者、家庭和其他护理人员提供支持，帮助他们最优化那些有特定障碍、明显发育迟缓或者由于环境或其他因素而有发育迟缓风险的年幼儿童的发展。本章概述了编写本课程活动以及作者希望本课程如何被实施的基本原则，以下是这些基本原则：

- 融入游戏
- 跟随儿童的动机（由儿童来主导）
- 提供选择
- 使结果有效
- 通过任务分解来确保教学的成功
- 提供一致性和变化
- 将学习融入日常生活中
- 使用清晰的语言
- 允许安静的时间
- 将儿童分组以获得最佳学习效果
- 建构融合教室
- 着眼长远

融入游戏

　　儿童往往是在游戏情景中完成大部分学习的。至关重要的是，父母、干预者和教师要将干预活动融入儿童的游戏，将与儿童的互动视为"游戏（play）"而不是"治疗（therapy）"，并设计一些游戏方法，使具有严重障碍的儿童也可以独立玩耍。为了强调这一点，整个课程中的许多活动被描述为游戏。我们鼓励你尝试其他活动，无论是你自己创造的活动，还是从现成的为 2—5 岁儿童设计的游戏活动、童谣和歌曲等书籍中所获得的活动。本书末尾附录 B 中的"对教师和家长的帮助"部分列出了与学前教育活动有关的书籍。

　　游戏作为儿童认知、情感和社交发展的窗口，也是很关键的。通过观察儿童的独立游戏、和父母的游戏，以及和同伴的游戏，可以知道儿童对什么感兴趣，儿童想要了解什么，儿童使用了什么策略解决问题，儿童是如何处理挫折的，以及儿童是如何看待自己的社交世界的。在设计一个恰当的个别化教学计划（IEP）或者个别化家庭服务计划（IFSP）时应考虑上述所有这些因素。

儿童的发展障碍会影响他们的游戏方式。例如，孤独症儿童的一个显著特征就是刻板或范围狭窄的游戏活动。对于这些儿童，一种有益的方法就是地板时光（floor time），具体参见格林斯潘、威德和西蒙（Greenspan, Wieder & Simon, 1998）的描述。它指的是使用儿童所选择的玩具，和儿童在地板上一起玩耍，并允许儿童主导如何使用玩具。成人扮演的角色是帮助儿童扩展他们的游戏主题或活动。例如，当儿童正在旋转玩具汽车上的轮子时，成人可以旋转另一辆车上的轮子，谈论轮子转动的快慢，或者示范在地板上推动汽车，然后举起汽车看一看轮子是如何转动的。这可能会演变为在地板上长时间地推汽车，以及更复杂的假装游戏。

由于儿童的很多早期游戏都涉及某种类型的运动操作，因此运动功能的损伤可能会严重影响儿童的游戏发展，从而影响儿童的认知、语言和社交发展（Jennings & MacTurk, 1995）。本书末尾的附录C简要描述了典型的游戏发展阶段，针对那些由于运动障碍而不能与物品和人良好互动的儿童，附录C也给出了如何鼓励他们游戏的建议，以及一个个案研究实例。

| 跟随儿童的动机（由儿童来主导）|

从出生开始，儿童就在尝试理解他们的行为对其物理和社交环境的影响。当他们成功地对周围环境造成影响时，会强化他们的学习动机，以及他们日渐形成的视自己为有能力个体的概念。为有特殊需要的儿童提供课程的最大风险之一，是成人可能会过于注重指导儿童，力图按照成人的计划来教导儿童特定的技能，从而减少了儿童的自然探索，降低了儿童的主动性，并经常打断愉快的社交互动，而那却是早期个人和情感发展的重要方面。

因此，在为有特殊需要的学龄前儿童制订干预计划时，最重要的原则之一就是将干预与儿童的直接兴趣和正在进行的活动结合起来。然而同样重要的是，要认识到年幼儿童（和我们一样）可能会精准地避开那些对其发育最重要的活动。当你注意到儿童仅仅对一套材料感兴趣，或者小心地避开那些对干预目标很重要的活动时，你可能需要重新布置环境（例如，在一天中的某个时段移除那些儿童坚持要使用的材料），或者提出更具有指令性的要求（例如，"今天我们需要花一些时间来画画。我们先来画一幅画，然后你就可以玩［最喜欢的物品］"）。

当儿童患有严重障碍或多种障碍，并且只能够参与少数正在进行的活动时，识别他的兴趣可能是很困难的。在这些情况下，教师和照料者必须发挥更积极和更富创造性的作用来激发儿童的注意力和兴趣，以及更换教具来提供更强烈或多样化的刺激。然而，尽可能多让儿童来主导活动依然是至关重要的，即使是让他们通过目光注视来选择活动。

| 提供选择 |

学龄前儿童的主要发展任务之一是培养控制感和独立性。这种对独立的渴望正是"可怕的2岁"的根源，有时儿童会变得有攻击性和叛逆。帮助儿童平稳地度过这一时期的最佳方法是为他／

她提供更多做选择的机会。这并不意味着让儿童自由地做他/她想做的任何事情。这种不负责任的自由同样可能使儿童变得叛逆和具有攻击性。相反，这意味着照料者要在可接受的范围内为儿童提供做选择的机会。例如，父母可以在要睡觉时说："是时候睡觉了。你想阅读有关昆虫的书还是有关火车的书？"或者可以说："是时候睡觉了，你想先做什么？刷牙还是穿上睡衣？"在这种情况下，上床睡觉是不可协商的，但可以允许儿童做一些其他的选择。在大多数情况下，当学龄前儿童被要求在两种活动之间做出选择时，即使这两种活动都不是自己喜欢的，他/她也不太可能同时拒绝两种选择。

要记住提供选择很重要，这不仅可以管理儿童的行为，而且可以帮助儿童完成一项特别困难的任务。选择一两项简单的任务，将其呈现给正在完成困难任务的儿童，让儿童自己选择他/她要完成任务的顺序。这样你既跟随了儿童的动机，使儿童产生一种控制感，表明你对他/她的尊重，又实现了你想让儿童完成困难任务的愿望。

使结果有效

学习的一个最基本原则是，如果行为后面跟随的是期望的或者有趣的事件，那么行为则更有可能会重复或继续。然而，如果行为没有产生明显的效果或者之后跟随的是不喜欢的事件，那么行为则不太可能会重复或继续。我们行为的一些后果是物理定律的作用（例如，如果你打翻了一杯液体，就会弄得一团糟），但许多行为具有社交互动的功能（例如，如果对某个人微笑，他也会对你微笑；如果你做得好，你会得到表扬）。尽管对学龄前阶段的儿童来说，同龄人开始变得越来越重要，但成年人仍然要通过社交回应和对儿童的周围环境进行管理，来为儿童的大部分行为结果负责。

使结果有效的指导方针

通过提供有效的行为结果来促进学习，这听起来很简单，而且确实如此。但是，想要有效地使用后果，必须牢记一些关键方面。

1. 在很长一段时间内，自然发生的结果通常是塑造和维持行为最有效的方式。如果玩具或活动为儿童提供了正面反馈（例如，按下按钮后响起音乐，或拼图的各个部分最终组合在一起成为一幅完整的图片），则儿童可能更愿意寻求做其他类似的活动。同样，如果父母或老师能够在儿童尝试交流的时候给予回应，儿童可能会尝试进行更多交流。你可以教儿童按下按钮、拼凑拼图，或者在儿童每次尝试重复单词之后奖励他/她巧克力豆。但是，儿童可能会将更多的注意力集中在糖果上而不是完成任务上。当儿童遇到类似的任务但没有人分配糖果时，他可能没有动机去尝试完成任务。

2. 儿童的障碍越严重，可能越需要照料者设置学习情境来产生自然结果。例如，如果儿童患有严重的身体障碍，使用电子开关是非常有必要的，这样只需要一个小小的动作就可以激活玩具、打开录音机或发出求助信号。

3. 社交结果具有很强的影响性。从出生开始，儿童就需要关注并且重复那些能够得到成人关注的活动。那些学会了关注儿童的恰当行为而忽略不恰当行为的成年人，可能会发现儿童学习得更快，问题行为更少。

4. 当任务的性质决定必须使用社交结果食物或者其他奖励来支持或替代自然结果时，一旦有迹象表明儿童开始对行为的自然后果有反应，就应立即减少其他的强化形成。

5. 在教授儿童沟通技巧时，社交结果就是自然结果。儿童学习沟通的效果取决于倾听者的反应。因此，对于成人来说，仔细倾听并认真对待儿童所说的话至关重要。

6. 同样的结果不是对所有儿童都有效。有些儿童会更容易对玩具作出积极的回应，而其他儿童可能更偏好社交。一些儿童只会对一两种结果（例如食物）作出回应，那就需要教授他们享受社交结果和环境效果。仔细的观察有助于确定适合特定儿童的最佳结果。

7. 多样化的积极结果会更有效。和成人一样，儿童可能会对同样的结果感到厌烦，之前所渴望的事件或体验会变得不那么令他激动。

8. 如果结果紧随着目标行为出现，并且能够被一致地应用，则该结果是最有效的。这有助于儿童认识到自己的行为与环境中所发生的事情之间的关系。当儿童在学习新事物，以及当照料者为消极行为提供负面后果（例如，暂停活动）时，保持一致性尤为重要。当你试图消除一个行为时，应该在每次行为发生时都给予结果。例如，儿童试图咬其他儿童，但他只是有时候被排除在集体活动之外，该儿童可能会感到困惑。

9. 当儿童开始理解语言时，向他们口头解释结果可以提高结果的有效性。通过这种方式，儿童获得了关于他们如何影响环境的额外线索（例如，"按下按钮，然后看电视""来吃午餐，然后我们去外面"）。

通过任务分解来确保教学的成功

为了确保儿童有持久的动机和兴趣，让他们体验成功是至关重要的。CCPSN 序列中的项目是按照对大多数儿童的预期难度排列的。虽然对大多数儿童来说，每个项目的流程都是足够详细的，但是为了确保某些儿童顺利完成任务并促进其学习，有必要将一个任务分解为更小的步骤。任务分解可能涉及更换教具和部分教学内容。例如，当儿童在抽去积木以保持积木平衡时遇到困难，而他的任务是建造一个六层塔楼，那么你可以从鬃毛拼插积木开始，这样儿童不用考虑平衡问题就能把积木固定在一起，当儿童能够用鬃毛拼插积木搭建一座塔之后，就可以引入光滑的积木。为了满足不同能力的儿童的需求，必须创造性地分解任务。

提供一致性和变化

虽然听起来很矛盾，但儿童既需要环境中的一致性，也需要变化。一致性让儿童有一种安全感，干预者和照料者应该为儿童的生活提供秩序和常规，这可以帮助儿童认识到，世界在某种程度上是可以预测的。儿童能学到对特定的人应该抱以什么样的期待，以及洗澡、进食和穿衣等每日常规行为发生的顺序。儿童还能学到对特定玩具应该有什么样的期待，儿童可能会长时间地重复一项活动，以此获得极大的乐趣，即使对成人来说，这个活动已经变得乏味甚至令人厌烦。当然，常规有时候会发生改变，但是一致性的感觉可以帮助儿童学会在他们的世界中感到安全，并学会信任他们的照料者。在这个安全的世界中，儿童才能够识别变化并有兴趣来引起变化。

将学习融入日常生活中

儿童每天都在各个发展领域中学习。虽然对于某些儿童而言，他们在某些领域的发展可能会相对超前，在其他领域的发展可能会比较滞后，但是在每一个活动中，他们都有可能在很多方面学到新东西。例如，与小组里的其他儿童一起表演歌曲动作，就涉及粗大运动、精细运动、认知、沟通和社交技巧。

同样，在每一次和儿童的互动中，无论是在为特定活动而预留出的特定时间内，还是在日常照看活动中，教师和照料者都有机会鼓励儿童学习。事实上，有充分的证据表明，相比那些孤立于每一个特定教学活动中的经历，发生在日常生活中的经历对于教学来说更有效（Sandall, 1997）。例如，一个正在学习提高抓握能力的儿童在白天有很多机会练习这项技能（例如在穿衣、吃饭、洗澡、艺术活动以及游戏期间）。

使用清晰的语言

在和儿童说话的时候，重要的是，既不要用过于低龄的用语，也不要过度谈论儿童。这对于那些由于发展障碍而影响了有效沟通能力的儿童来说尤为重要。

不要用过于低龄的用语

成人应该使用发音正确、成人形式的词汇（例如"马"而不是"小马马"），以鼓励儿童的语言发展并支持他们的社会发展。可以通过使用较短的句子来使语言更容易被理解，要随着儿童理解能力的提高而扩展句子。

不要过度谈论

如果儿童说话不多，成年人又倾向于当场讨论儿童（例如谈论他们的偏好、缺点），就好像儿童不在场或者听不到一样，这对儿童自我概念的形成和语言能力的学习都是不利的。

一定要与儿童交谈

要直接和儿童讲话，如果儿童不能说话，那么就寻找表示理解的其他线索。鼓励儿童通过任何可能的反应来做出选择。将儿童介绍给其他人，让儿童知道自己是受重视的。

允许安静的时间

像成人一样，所有儿童也都需要有自己的时间（也就是独自玩耍的时间，或者是在成人没有提出任何要求的情况下和成人一起玩耍的时间）。仅仅是通过对儿童作出回应，对儿童的兴趣表现出兴趣和热情，成人就能教会儿童很多东西。要一致地和有规律地使用课程材料，如本书中所提供的那些课程材料，但请记得，本版课程中介绍的活动，仅仅是儿童日常生活中重要常规活动的一部分。

将儿童分组以获得最佳学习效果

许多幼儿园和托儿所都严格按照儿童的实际年龄来将他们分组。即使是典型发育的儿童，特定的社交、认知、运动和语言技能的出现时间也存在很大的差异。虽然构建良好的教室环境和使用创造性课程可以减少那些在相应年龄段未典型发育的儿童的挫败感，但是需要注意其对儿童自尊的影响。

当有特殊需要的儿童与典型发育的儿童在同一间教室上课时，这个问题就会被放大。有特殊需要的儿童由于发育迟缓（或有与众不同的技能模式）有很多活动不能与同龄人一起参加，所以与在设备齐全的特殊教育环境中相比，在一个融合的教育环境中他们更加孤立。

这个问题的一个解决方案是将不同年龄阶段的儿童分为一组，不同年龄的儿童应该拥有不同的技能并且可以互相学习、互相帮助，使其更像一个家庭。虽然这种解决方案有其优点，但是营业执照法要求应针对小龄儿童与大龄儿童设置不同的师生比例，并且出于安全考虑，营业执照法明令禁止将小龄儿童与大龄儿童分为一组，因此这种解决方案也存在许多问题。

另一种解决方案是采用灵活的分组方式，让儿童在同一教室中或不同教室之间从一个小组转换到另一个小组，以确保他们在学习新东西时具备相似的技能水平。这也为有共同兴趣的儿童提供一起玩耍的机会。当有中度至重度发育迟缓或有特殊障碍（如脑瘫）的儿童时，灵活分组是一种特别有效的策略。中度至重度智力障碍的学龄前儿童在与比他们小 1 岁、2 岁甚至 3 岁的儿童相处时，往往表现得很好。我们不应该要求他们做出改变，他们不会像典型发育的儿童那样快速成长，而且可能需要更多额外的练习。

通常，具有典型认知技能但有轻度骨科或神经损伤的儿童能够与同龄人一起参与所有活动。咨询物理治疗师和职业治疗师有助于明确这一点，并能够帮助教师或照料者调整这些活动。

针对具有特殊技能模式的儿童，也需要采用灵活分组的策略。例如，一些无法开口说话的脑瘫儿童能够与同龄儿童一起学习一些同年龄水平的早期认知技能，因为同龄儿童可以问一些脑瘫儿童不能提问的问题。对于这些儿童及其他患有语言障碍的儿童，可能需要我们对学习活动进行修改，从而使他们能够展示自己知道的内容（例如，进行物品配对而不是命名），但是他们仍然能够以正常的速度学习，并且应该与同龄人一起进行这种学习。然而，具有典型学习能力但运动能力发育迟缓的儿童，可能需要与其他需要特殊治疗或干预的儿童分在一组，或者在操场进行一些经过特殊设计的活动。

对于有严重运动障碍的儿童，使用各种不同的设备能够帮助他们在室内和室外进行体位保持和移动。然而，儿童能够独立移动的情况可能很少。在这种情况下，就要靠照料者和教师花费更多的精力将儿童从一个地方抱到另一个地方，在游戏中给予他们肢体辅助，并且协助他们参与各项活动。

| 建构融合教室 |

为有特殊需要的儿童提供服务的学龄前教师面临的最大挑战之一是提供个性化教学。儿童的需求很广泛，然而这些儿童的特殊性经常使其教学需求在忙乱的课堂中被忽略。例如，一个说话声音很小的儿童可能会较少得到关注以及他/她所需要的回应；一个不能独立行动的儿童可能更愿意待在原地，从而错过了与其他同伴互动的机会。

虽然不可能始终满足每个儿童的需求，但是我们可以使用一些策略来最大限度地提高学习效果。一种策略是利用结构化时间来满足个性化需求，例如，"圆圈时间"或趣味故事时间。有些儿童可能需要说出物品名称，有些儿童可能正在算数，还有些儿童可能需要进行强化才能安坐。另一种策略是巧妙地处理典型发育儿童与有特殊需要儿童的互动，以便他们产生更多的联系。也许你可以给沉默寡言的儿童一个他/她最喜欢的玩具，这个玩具能够同时让多个儿童玩，从而吸引其他儿童参与。不能独立行动的儿童可能需要有人帮助他们从一个地方移动到另一个地方，其他儿童也可以参与这个过程。具体的方法可以咨询儿童治疗师。

大多数有特殊需要的儿童在日常生活中需要一些个别化指导，这需要留出时间和私人空间。有些幼儿园专门设有一个小房间用于此目的，其他幼儿园则只能简单地用窗帘或书柜隔开一个角落来进行此类活动。

| 着眼长远 |

在每个课程序列的开头，我们都解释此序列对儿童长期发展的重要性。然而，有些儿童会因为一些障碍而无法掌握一个或多个序列中的大部分技能。干预者需要考虑这些项目或序列的长期目标，并培养儿童的适应能力。考虑如何让有严重视力和/或运动障碍的儿童提高早期读写能力尤为重要（例如，处理印刷材料、识别字母、绘画）。之后的第三章将讨论早期读写能力相关内容，并针对儿童的不同情况提出了一些读写材料的修改建议。

| 总结 |

本章的重点是，通过将干预融入游戏和其他典型的日常活动中，敏锐地觉察儿童的发展水平、需求和愿望，提供恰当的结果，允许安静和独立游戏的时间，使用清晰的语言等，以这些方式来促进儿童的学习。然而，这些原则只是使儿童获得最佳发展的愿望方程式的一部分，另外一部分则是由更大的环境所提供的安全、保障和激励。这些因素将是下一章的重点。

参考文献

Greenspan, S.I., Wieder, S., & Simon, R. (1998). *The child with special needs: Encouraging intellectual and emotional growth.* Reading, MA: Perseus Books.

Jennings, K.D., & MacTurk, R.H. (1995). The motivational characteristics of infants and children with physical and sensory impairments. In R.H. MacTurk & G.A. Morgan (Eds.), *Mastery motivation: Origins, conceptualizations, and applications. Vol. 12: Advances in applied developmental psychology* (pp. 147–219). Norwood, NJ: Ablex Publishing Corporation.

Sandall, S.R. (1997). Early intervention contexts, content, and methods. In A.H. Widerstrom, B.A. Mowder, & S.R. Sandall (Eds.), *Infant development and risk* (2nd ed., pp. 261–286). Baltimore: Paul H. Brookes Publishing Co.

第三章
影响学习、发展和早期读写能力的环境因素

本章重点介绍影响学习和发展的重要因素，这些因素在为婴幼儿制订干预计划时可能被忽视。我们在家庭和儿童护理中心的工作中观察到，许多父母和照料者没有意识到，如果以促进儿童最基本的技能发展或为儿童早期读写能力奠定坚定基础的角度看，他们所提供的环境不是最佳的。首先，我们要探讨物理环境中影响儿童发展的重要因素。然后，我们再考虑音乐、节奏和运动在促进儿童发展中的积极作用。自20世纪60年代以来，人们越来越认识到早期接触音乐在促进儿童语言、情感、认知、社交和运动技能发展方面的重要作用（Campbell，2002；Gardner，1993；Madaule，1994）。最后，我们讨论促进儿童早期读写能力发展的家庭和学校的环境和活动。

受限制最少的环境

1997年美国国会颁布的《残疾人教育法（IDEA）修正案》（PL 105-17）中，C部分（针对0—2岁儿童）和B部分的619章（针对3—5岁儿童）要求为这些儿童提供"受限制最少"的教育环境。对于一些儿童来说，受限制最少的环境是在家里，标准的家庭实践是让儿童待在家里直到5岁或6岁（如果是接受家庭教育的儿童则时间更长）。然而，对于大多数儿童来说，受限制最少的环境是与其他典型发育儿童在一起。对许多公立学校来说，提供这些环境可能很困难，因为他们还没有开发出针对典型发育的学龄前儿童的项目。一些学校系统通过提供资金来利用社区中现有的公立和私立幼儿园以及托儿所，为有特殊需要的儿童提供额外的服务；其他学校系统则通过招募使一些典型发育的儿童参与为有特殊需要的儿童设计的学前教育项目。无论如何，凡是为有特殊需要的儿童提供服务的地方，为其提供的最佳学前教育环境应与典型发育的儿童相同。

教学实践

美国儿童教育协会（National Association for the Education of Young Children，NAEYC）于1997年发布的《适宜于0—8岁儿童的发展适宜性教育》声明中，总结了学龄前儿童的学习方式，该声明认为与传统意义上的教师相比，儿童教师应该更像引导者或辅助者；并认为教师的作用是为儿童创设环境，让儿童在这个环境中能通过主动探索以及与成人、其他儿童和物品之间的互动来学习。实际的教学活动应向儿童提供与其生活经验相关的物品和人物。教师应将每个儿童视为一个独特个体，具有独特的成长与发育的模式和时机。因此，应该开发出不同的学习活动以适应儿童能力和兴趣的多样性。

学前教育的主要任务之一是帮助儿童发展自我控制能力，让他们学会恰当地处理自己的情绪、与他人分享、协商以及尊重他人。教师通过为儿童树立良好的榜样，重新引导他们，并且设置符合和尊重他们理解与需求的明确界限来提高儿童的自我控制能力。严格执行规则、惩罚、训诫或者试图让儿童感到羞耻，并不能提高儿童的自我控制能力。

教师或儿童照料者拥有的最重要的特质可能是幽默感，以及能够看到并且赞扬每个儿童的优点的能力。儿童需要在关注中健康成长。如果他们没有通过恰当的行为得到照料者的注意，那么他们就会通过做一些不恰当的行为来获得。团体环境中的照料者很少有足够的注意力去分配给每个儿童。这使得在管理儿童行为和安排学习活动时强调儿童的优点变得愈加重要。你可以通过忽视不恰当行为并给予另一个正在做恰当行为的儿童足够多的关注，来非常有效地处理不恰当的行为。

| 准备物理环境 |

在家庭和教室中建立的环境，将为儿童的认知、运动、社交、情感、语言和识字技能的发展提供一个完整的框架。婴幼儿最好的学习环境是一个能够提供安全保障、满足其生理需求、有不同类型的游戏区域，并且提供适当刺激的环境。

| 提供安全保障 |

家庭和教室的环境需要为儿童提供周密的安全保障。这有助于我们及早发现并避免潜在的危险，这些潜在的危险存在于从地板至儿童身高高度的可移动区域。

- 盖上电源插座并固定所有电线；
- 将危险物品（例如清洁用品、药品、剪刀）放置在高处并将其锁起；
- 遮盖锋利的边缘，保留开放区域和通过房间的通道，移除小地毯，并确保置物架不能被拉动。这些措施对于正在学习如何走路的儿童尤为重要，特别是对于有运动障碍的儿童来说。

| 满足儿童的生理需求 |

一个好的家庭环境和教室环境，要能够满足儿童的生理需求。

- 将玩具放在低架子上便于存取；
- 指定玩具的特定区域（儿童需要知道玩具放在什么位置）；
- 使用适合儿童尺寸的家具。当坐在桌子旁边时，儿童的双脚应当平放在地板上或有踏脚凳支撑；
- 确保将辅助器具（例如步行辅助器、站立架、轮椅）放置在儿童能够轻松获得的游戏区域中心。

不同类型的游戏区域

在家中，使用不同区域进行不同类型的娱乐活动，可能意味着在一栋房屋中使用不同的房间，或在一间或两间房间中划分不同的区域。一间教室应该被划分为几个不同的区域。不同类型的游戏包括安静/阅读、活动、艺术、操作、戏剧游戏/变装和音乐。

安静/阅读区

当儿童感到压力或者不知所措的时候，有一个安静的区域可以去是很重要的。在家里，这可能是儿童卧室的一个角落。在教室里，通常可以与书籍/阅读区结合，这往往是一个放有柔软的枕头和懒人沙发的、安静舒适的地方。热爱书籍是热爱阅读的基石之一。虽然你可能希望保护你为儿童提供的书籍，但他/她应该可以自由地接触一些感兴趣的图片和一些不易损坏的布书或者硬纸书等。

活动区

虽然活动区域一般在室外/游乐场，但室内也应该设有一个活动区域，这在天气恶劣时显得尤为重要。根据空间决定使用什么物品，但要在有可能的情况下为儿童提供以下物品：充满空气或水的水床垫、带滑梯的小型攀爬设施、海洋球池、蹦床、垫子/床垫或者布制玩具隧道。

艺术区

为儿童提供各种艺术创作的材料，包括颜料、记号笔、橡皮泥、手指画、粉笔、拼贴画材料、胶水和各种各样的纸。除了课程项目中包含的结构化教学外，还应鼓励儿童以非结构化的、开放性的方式去探索使用这些材料。学习使用这些艺术材料的过程比结果更重要（Kohl, 2002）。应避免对儿童的作品做出判断性描述，相反，应当给予具体的观察或反馈。例如，最好说"我喜欢你在这里使用红色"，而不是说"这是一幅很棒的画"。

鼓励儿童对艺术材料进行触觉探索，同时注意仍在吮吸物品阶段的儿童。如果儿童还处于这一阶段，可以尝试使用食物进行艺术活动，例如布丁或生奶油。使用此类材料进行小组艺术活动是促进社交互动的绝佳方式。

操作区

提供各种可操作的玩具，鼓励儿童同时使用他们的手和眼睛。其中一些玩具涉及封闭式的游戏，而另外一些则涉及更开放、富有想象力和社交性质的游戏。这样的教学区域通常会包括以下物品：

- 不同类型和尺寸的积木
- 一系列游戏拼图，从每件都有对应的孔的拼图到简单的连锁拼图
- 蘑菇钉和插板
- 形状分类器
- 动物玩具和人偶

- 汽车模型

戏剧游戏 / 变装区

当儿童达到儿童发育阶段并开始用道具模仿成人的动作时，提供各种材料以促进儿童想象力与社交能力的发展是很重要的。在家里，这个区域可能会有一些简单的物品，例如儿童餐具、从厨房借来的一些炊具、动物毛绒玩具、玩具电话，还有一些旧衣服、旧帽子和旧鞋子。一些围巾也可以用来制作各种服装。许多教室里还会有儿童使用的炉灶、冰箱、娃娃床，以及各种餐具、炊具和玩具食品。对于 3 至 5 岁的儿童来说，应在戏剧游戏区内准备多种道具，或者设置几个不同的区域来开展不同类型的戏剧游戏，例如商店游戏（有收银机、玩具钞票和空食物盒）、邮局游戏或者医生游戏。也可以准备好适合不同季节或假日的材料。将识字材料（例如铅笔、笔记本、书）引入游戏当中也是非常重要的。

各种小玩具

带轮子的玩具、塑料动物、有声玩具等都为儿童提供了一个机会去探索物品的不同特征、学习玩具的名称和功能，并将玩具引入想象游戏中。然而，安全性是首要的，要避免玩具零件可能造成儿童窒息的危险。

音乐

随时准备好适合的简单乐器让儿童去探索，可以是木琴、玩具钢琴、鼓、沙锤、节奏棒、铃铛等等。将音乐融入"圆圈时间"，鼓励儿童以各种方式参与进来（例如唱歌、拍手、演奏乐器、跳舞）。收音机或者 CD 播放器里的一些歌曲可以使儿童受到的音乐熏陶并且调整儿童的心情。轻柔安静的音乐可以让儿童安静地玩耍或休息；活泼的音乐可用于运动的时候，帮助儿童释放被压抑的能量。

提供适当的刺激

儿童需要有各种各样的景象和声音来刺激他们，但是在一个混乱嘈杂、不可预测的环境中，他们并不能有效地学习。限制可用玩具的数量可能是一个好主意，这样他们就不会分心。如果家或教室里有很多玩具，请每隔几周更换一次。限制背景噪声也非常重要，家庭和教室都需要保持一定程度的安静和秩序。如果家里有电视，可以教儿童调整音量，不仅是电视的音量，学习调整其他物品的音量也很重要。在教室里，响亮和持续的噪声也是有害的。应强调控制内部声音 / 噪声和外部声音 / 噪声的重要性。通常情况下，以安静且坚定的声音说话，比大喊大叫更能有效地维持教室的秩序。

然而重要的是，要认识到不同的儿童对于刺激的需求也不同。有些儿童性格随和且适应能力强，但有些儿童可能高度敏感或容易兴奋，有些儿童则可能反应相对迟钝。对于刺激的需求通常在婴儿时期很明显。环境的改善对于儿童有效地学习是非常必要的。

- 如果儿童性格随和且适应能力强：提供有趣和有刺激性的环境。这类儿童很容易就能够适应环境和计划表发生的微小变化。
- 如果儿童高度敏感或容易兴奋：设置可以放松的环境，使用中性色，保持低照明，间接、自然的采光最佳。避免视觉混乱，例如杂乱的壁纸或墙上挂着很多图片。制订活动时间表，降低噪声水平，播放安静而有节奏的音乐，慢节奏的鼓声可以使儿童放松，你的声音要保持柔和，动作要缓慢而温柔，使用柔软的、天然材质的服装和床上用品。在他/她有时间在一个有着更少刺激的环境中培养出应对技能之前，他/她无法在一个包括10—15名儿童的小组当中学习。
- 如果儿童反应相对迟钝：提供刺激性更强的环境，使用明亮和对比鲜明的颜色，播放节奏轻快和其他不同风格的音乐。在与儿童互动时，动作和声音要更生动。让儿童适当参加适合其年龄的体育运动，经常更换玩具。

提供满足儿童需求的环境是促进儿童最佳发展的有力工具，它是其他一切的基础。无论你是父母还是教师，创造一个让儿童感到舒适和安全的环境，并提供多样化和适当的学习机会，可以为儿童的成长和发展奠定重要的基础。

通过音乐和运动来丰富环境

早期的音乐体验有助于节奏和语速的发展，还能为认知、语言技能、社交互动、注意力、专注力以及运动协调能力的发展打好基础。音乐是一种强大的工具，可以将我们与自己还有其他人联系起来。分享早期的歌曲和韵律为儿童提供了可共享的文化遗产，不幸的是，这种遗产正在随着社会中音乐体验的快餐化而逐渐消失（Campbell，2002），许多年轻的父母并不知道这些简单的歌曲和儿歌，因此也无法教给儿童。"圆圈时间"作为学前教育的一部分，提供了一个很好的机会将歌曲结合到每日活动以及音乐和运动活动中。

音乐对于有特殊需要的儿童的父母和照料者来说是一种强有力的工具。有特殊需要的儿童有时会表现出对音乐的强烈兴趣，可以通过使用音乐和唱歌的方式来鼓励胆小的儿童参加更具挑战性的活动。熟悉的歌曲（传统的或改编的）可建立新的习惯并使转换期变得轻松。在本书接下来的部分中，你将找到如何将不同类型的音乐融入儿童日常活动中的具体方法。

唱歌

唱歌是一种与儿童建立联系的绝佳方式。可以编一些简单的歌曲以配合儿童的自我管理活动，如穿衣或刷牙，将歌唱融入日常生活中。在你做一些日常琐事（例如，做简单的家务、跑腿）的时候可以和儿童一起唱歌。当儿童第一次学习一首歌时，请尝试省略每行的最后一个单词，让儿童自己进行填充。编一些带有儿童名字的歌曲（或将他们的名字加到学过的歌曲中），例如，"公共汽车上的轮子转啊转"可以变成"调皮的吉米上下跳啊跳"。

| 吟唱 |

简单的颂歌或韵律为儿童提供了语言的节奏，尤其是韵律。它们也适合那些不太喜欢唱歌的成年人。例如 *Hickory*, *Dickory*, *Dock*; *Simple Simon*; *Baa*, *Baa*, *Black Sheep*; *This Little Piggy* 或 *Jack and Jill* 等歌曲。

| 音乐唱片 |

音乐唱片可以为儿童提供丰富多样的接触音乐的机会。儿童时期的音乐体验可以培养儿童未来对音乐的理解，就像我们接触到的语言培养我们对语音的理解一样（Campbell，2002）。因此，让儿童接触各种各样的音乐，包括来自不同文化背景的音乐，是非常重要的。找一些高质量的音乐唱片，包括那些可能不是专门为儿童录制的音乐。众多儿童音乐的一个最佳来源是 "*Music for Little People*（001-800-346-4445）"。

| 手部动作 |

从儿童最喜爱的歌曲（例如 *Pat-a-Cake* 和 *The Itsy Bitsy Spider* 等）开始，简单的手部动作能帮助儿童学习模仿技巧，获得节奏感和时间感。最初，你应该辅助儿童学会每一个动作，再逐渐撤销肢体辅助。这类活动常常会受到儿童的欢迎，许多儿童希望能够一次又一次地重复这些活动。随着儿童能力的提升，便可以学习更复杂的手部动作。许多儿童到 4 岁时就可以与另一个人一起表演一些基本的手部动作了。

| 打击乐器 |

收集或制作各种各样的打击乐器（例如鼓、木棍、手鼓、振动器、铃铛、沙锤等）。自制的鼓可能是盒子或者是锅和一个木勺。一个振动器可能是装进一些米、盖子盖严的胶卷盒。确保乐器是安全坚固的，漆面无毒，边缘光滑。给儿童演示如何使用乐器来发出各种声音，然后让儿童探索乐器，也可以让儿童模仿你："你可以弹快一点吗？"或者"可以弹慢一点吗？""你可以用力一点吗？"或者"可以轻柔一点吗？"使用乐器来使歌曲中的声音变得生动（例如，摇晃沙锤模仿下雨的声音）。在唱歌或听音乐时，演示如何使乐器与音乐协调一致。用鼓敲出一段简单的韵律，让儿童和你一起敲，当儿童成功学会简单有规律的节拍后，尝试着变化节拍（例如，响亮地打出节拍、柔和地打出节拍）。

| 运动 |

儿童天生就会对音乐作出反应，他们会经常自发地随着音乐摆动身体。当年龄较大的儿童在整个房间里活动时，可以为他播放音乐或者敲鼓。音乐要能够使儿童的整个身体动起来，例如，"*If You're Happy and You Know It*, *Clap Your Hands*"或者"*The Hokey-Pokey*"，这些能让双臂伸展、双手触地、转一转身体的歌曲。当儿童在房间里活动时，可以让他们假装成不同的动物做不同的动作。还可以利用歌曲来认识身体部位，例如头部、肩部、膝盖和脚趾。儿童到 4 岁时就可以学习一些简单的圆圈舞了。

参加音乐和运动的小组课程，是儿童接触各种音乐，在社交情境当中体验音乐并与其他人一起分享音乐体验的好机会。音乐和运动的小组课程还可以扩充家长的音乐曲目，让他们与自己的孩子分享。如果你需要之方面的帮助，可以找你所在地区的教师，联系儿童音乐和运动协会（001-360-568-5635）。

利用环境促进早期读写能力

文本丰富的环境以及成人定期通过文字或图片与儿童分享书籍，是发展儿童早期读写能力的最重要的两个因素。文本丰富的环境是指纸质资料(如报纸、书籍、杂志)丰富的环境，使儿童能接触到印刷字体，并有机会观察成年人阅读的内容，无论是报纸、食谱、制作玩具的说明还是电脑显示器上的印刷字体。

大声朗读的重要性

通过为儿童朗读故事，儿童能获得丰富的语言概念和词汇储备，当他们开始自己阅读时就能够更好地进行阅读理解。鼓励儿童发展他们的想象力和创造力，并学会扩展他们的注意力广度。最重要的是，儿童能通过成年人了解到阅读是愉悦的，从而喜欢阅读并渴望阅读。

对于行动能力有限的儿童，大声朗读显得特别重要，这些儿童要了解这个世界就必须依靠别人把世界介绍给他们。以下是选择和阅读书籍的建议列表：

1. 对于年幼的儿童，可以选择带有简单的彩色图片或弹出页面的书籍。
2. 查看书里的内容，看看是否有需要缩短、增加或删减的部分，选择适合儿童年龄的书籍。
3. 避免购买为初学者设计的词汇限制类书籍，例如，瑟斯博士（Dr. Seuss）的 *Hop on Pop* 和伊斯门（Eastman）的 *Go, Dog. Go！*）。这些书非常适合阅读教学，但概念和词汇太有限，根本难不倒典型发育的学龄前儿童。最好是那些包含有趣的故事情节和词汇更广泛的书籍，例如，卡尔（Carle）的 *The Grouchy Ladybug* 和 *The Very Hungry Caterpillar*；瑟斯博士（Dr. Seuss）的 *Green Eggs and Ham* 和 *The Cat in the Hat*；弗里曼（Freeman）的 *Corduroy*；雷伊（Rey）的 *Curious George series*；约翰逊（Johnson）的 *Harold and the Purple Crayon* 系列或者斯劳柏肯纳（Slobodkina）的 *Caps for Sale*。请记住，大声朗读的目的不是教儿童如何阅读，相反，是为了激发新的想法，并向儿童传递一种对书籍的热爱，这也是为以后儿童成为优秀的阅读者做准备。
4. 当给儿童读书时，可以让他/她坐在你的膝盖上。在小组阅读的时候，让孩子们围着你坐成一个半圆形。缓慢地、富有表现力地阅读，变换声音以演绎故事中的不同角色。在阅读时手指要指在单词的下面，手握住书使其面向儿童。
5. 欢迎儿童提问关于故事的问题，并花时间回答这些问题，这是向儿童详细阐述故事主题或将其与儿童的自身经历联系起来的好机会。
6. 让儿童在一天中能随时接触到书。

| **家庭环境中的早期读写能力** |

给儿童读书应该作为家里的日常活动进行。为了达到效果最大化，父母和照料者应该专注于培养儿童的阅读兴趣，而不是教儿童阅读。父母和照料者可以使用有趣的方式解释图片和文字的含义，引出关于故事的问题，并将故事与儿童实际的生活经历联系起来。可以多次阅读儿童喜欢的书籍，并且应该多阅读新书。制作关于儿童每天活动的相册书也很有趣，用照片描绘儿童的日常活动（例如，起床、吃饭、上学、洗澡等），熟悉的活动和人的照片更能吸引儿童。

鼓励父母和照料者模拟和谈论与读写相关的场景。例如，可以向儿童展示如何按照食谱烹饪，如何阅读报纸，如何辨别喜欢的商标或如何看路标。

如果儿童父母的读写能力不好，父母与儿童的关系就有可能在儿童的教育过程中变得疏远（Lewis，1992），所以请尽你所能让父母参与其中，向父母指出，他们可以通过一些基础活动（例如，帮儿童拿着书、移动书和为他翻页）来为儿童的读写能力做出贡献。通过编写一个带图片的故事，父母可以帮助儿童专注于细节，并了解故事情节的发展。没有文字的书籍例如"*Carl the Dog*"系列，可用于教授所有的基本概念。应该传递给儿童的最重要的信息是：阅读是愉悦的。如果父母想要提高自身的读写能力，可以鼓励他们寻求当地的读写协会或者社区学院的帮助，进行免费学习。

非英语国家的儿童和家庭

如果父母来自非英语国家，强烈建议他们使用母语给儿童读书。如有必要，还可以帮助他们翻译该国的书籍。也鼓励他们将儿童的注意力吸引到环保食品（如麦片盒和罐头食品）的文字和标识上。让他们知道，最重要的是，让儿童将阅读当作一项重要而愉悦的活动。

| **托儿所或幼儿园里早期读写能力的活动** |

提供文本丰富的环境，包括图片、海报、家具和门上的标签。当你为游戏设置主题时，要纳入可用于读写的材料和其他一些小道具。例如，在厨房区域可以使用纸和记号笔，用于制作购物清单和简单的烹饪书；在积木和拼图区域可以使用字母块和字母拼图。和儿童一起玩，帮助他们组织游戏并进行读写活动的示范。在游戏时间和午餐期间，让儿童谈论他们的活动和感受，除特定教育目的外，应尽量不让儿童看电视。

每天给儿童读书，交替使用新书和他们喜爱的旧书。为儿童读书时，鼓励他们运用视觉进行观察，并预测接下来将发生什么。对于低龄儿童，可以读故事情节重复出现的书籍，如 *Are You My Mother*？或者 *Brown Bear，Brown Bear*，培养儿童的注意力、记忆力和推理能力。

鼓励儿童描述或讲述关于图片的故事，在图片上写出他用来描述这张图片的单词，把单词大声念给孩子听。通过这种方式，儿童可以观察口语如何变成书面语。当父母拿着图片并与儿童一起阅读文字时，文字的价值就得到了强化。

保留房间的一角，用于让儿童安静地阅读书籍，为了营造轻松的氛围，可以放置靠垫和小沙发。请记住，许多儿童也喜欢配有录音带的书籍。

如果你的上课对象包括非英语国家的儿童或以英语为第二语言的儿童，请在课堂上应用该国的语言和文字。为了让儿童接触另一种语言，你可以同时用英语和其他语言标记环境里面的同一种物品，唱或听其他语言的歌，或者提供非英语国家儿童熟悉的食物，最好有该国家语言的包装或标签。

| 改编早期读写材料以适应有特殊需要的儿童 |

你需要付出更多的努力，来帮助那些不能轻松地参与早期读写活动的儿童获得能力。言语治疗师、职业及物理治疗师和视觉专家可以帮助你编制读写用的材料，选择合适的媒体工具并制定相应的策略。这些专家可以为儿童提供由手势或图片组成的、与阅读相关的可替代交流系统，年龄较大的学龄前儿童可以使用计算机系统，治疗师还可以协助选择识字软件和书籍录像带。虽然每个儿童都是独一无二的，但以下想法可以帮助你迈出第一步。

适用于运动障碍儿童

可以在每页的右上角嵌入一小块带有黏合剂的挡风雨条，让儿童翻页更容易。你还可以将书里的页面剪下来并将其插入用三环活页夹固定的塑料套页里。

将魔术贴（带有塑料刷毛的一侧）放在书本封面的外面，这样可以将书固定在地毯上。轻质橡胶书架衬垫非常有助于将书籍固定在平面上。

确保儿童能够自己拿到书籍和书写用的材料。如果儿童会在地板上走动，请将材料放在矮架子上。提供合适的书写和绘画材料，例如圆头蜡笔或者粗记号笔通常很有帮助。为了确保有运动障碍的儿童能够参与集体游戏和活动，包括培养早期读写能力的活动，给予身体辅助是非常有必要的。

适用于视力障碍儿童

大多数有视力障碍的儿童，视力都有一定程度的问题。可提供色调明亮的材料，以鼓励有视力障碍的儿童使用其残余视力。对儿童进行测验，看看他/她最易感知到哪种颜色。视觉专家可以提供灯箱来为阅读材料照明。还可提供具有触觉功能的书籍，并教儿童在讲故事时用手指触摸书页。

适用于听力障碍儿童

关于沟通的策略，请咨询儿童的父母和言语—语言治疗师。使用手语和图片系统会有所帮助。学会使用儿童能理解的手语，并在可行的情况下教导课堂上的其他儿童使用手语。家长和（或）教师可以制作将文本与手语标识相结合的书籍。你可以轻易地使用手语制作一个成人阅读故事的录像。

| 总结 |

第二章和第三章指导如何通过与儿童的互动，以及如何通过提供适当的环境或优化环境来促进儿童的学习和发展。在此基础上，我们就可以继续探讨如何评估儿童，并使用CCPSN制订适当的干预计划。

参考文献

Campbell, D. (2002). *The Mozart effect for children.* New York: HarperCollins.

Gardner, H. (1993). *Frames of mind: The theory of multiple intelligences.* New York: Basic Books.

Individuals with Disabilities Education Act (IDEA) Amendments of 1997, PL 105-17, 20 U.S.C. §§ 1400 *et seq.*

Kohl, M. (2002). *First art: Art experiences for toddlers and twos.* Beltsville, MD: Gryphon House.

Lewis, A. (1992). *Helping young urban parents educate themselves and their children.* New York: ERIC Clearinghouse on Urban Education. (ERIC Document Reproduction Service No. ED355314).

National Association for the Education of Young Children (NAEYC). (1997). *Developmentally appropriate practice in early childhood programs serving children from birth through age 8.* Washington, DC: Author.

Madaule, P. (1994). *When listening comes alive: A guide to effective learning and communication.* Norval, Ontario, Canada: Moulin Publishing.

第四章
使用卡罗来纳课程

CCPSN 是一个系统的课程，可以直接将技能评估与活动联系起来，以促进儿童学习那些尚未掌握的技能。它包括一个可以进行多重评估的评估记录表（Assesment Log），可以跟踪儿童一段时间内的能力发展情况；还包括一个阶段性评估报告（Development Progress Chart），可以在视觉上直观展示儿童在不同领域的发展。课程项目描述了必需的教具和流程，以说明如何促进评估记录表中所列出的各项技能的提高。每个项目还列出了判断儿童是否充分掌握了技能并且可以学习更高级技能的标准。

| 评估 |

首先，在制订任何干预计划之前，都要仔细评估儿童的能力发展水平。为此，本课程列出的 22 个序列已被纳入评估记录表（可在本章后面找到），并为评估留有一些打分的空间。各种格式的评估记录表以及阶段性评估报告可从保罗·布鲁克斯出版有限公司（Paul H. Brookes Publishing Co.）获得。热线电话为：001-800-638-3775（美国和加拿大）或 001-410-337-9580（全球热线）。网址为：http://www.brookespublishing.com/ccupdates。课程序列的相应数字，与顺序和重要性无关。每个序列都代表了一个重要的发展领域。因此，重要的是，对每个儿童进行的所有序列评估都应适合其发育水平，并跳过那些不适用于特定障碍的项目。同样重要的是，要对儿童家庭养育子女的文化习俗保持敏感，并尊重他们对某些事情的信仰（例如，一些文化背景下，家长会强烈反对儿童参与镜面游戏）。

评估过程分为四个步骤，从一段时间的非正式观察开始，到最后完成一个以视觉形式呈现、包含课程中 22 个序列的儿童技能图表为止。评估的目的是确定儿童已掌握的技能以及接下来哪些技能应该作为他的发展目标。

请注意：虽然完成的图表为了解儿童每个项目的发展水平提供了基础，**但至关重要的是，本课程的使用者需要认识到，本课程评估不是标准化的评估工具**（例如与《韦氏学龄前儿童智力量表（第三版）》不同），并且本课程是基于标准化评估工具和婴幼儿发展的文献信息来估算儿童的年龄水平。

| 第 1 步：准备 |

在开始评估之前，你应该完全熟悉评估记录表，能够识别每个项目中包含的各种技能，并且通常要了解每个序列项目中相对较难的点。大多数项目都是不需要多加说明的，但是如果你不清楚应该如何评估某一特定技能，请转到与其相关的课程项目，以获得解释说明。

请注意，在评估记录表和阶段性评估报告中，项目描述的右侧有四列空白。这是为了在四个不同的时间点（例如，儿童第一次进入干预计划时以及 4 个月、8 个月和 12 个月后）记录该儿童的能力发展水平。在每列的顶部输入当前评估的日期。

收集评估所需的教具（参见表 4.1）或确定其在教室中的位置。评估不需要使用一整套的特定教具。所有需要的物品都是普通的儿童玩具或日常物品，通常在托儿所、幼儿园以及许多家庭中都比较容易获得（注意：切勿让儿童处于无人看管状态，也不要留下任何会造成儿童窒息的危险小物品）。有些人觉得随时携带一盒玩具进行评估更方便，特别是在儿童的家中或办公室里。

表 4.1　CCPSN 所需的材料

教具	游戏用具
泡沫软垫板	纸牌
拼图（例如 2 到 25 块相互连接的拼图）	魔法婆婆卡片
波普珠子	骰子
钉板（大钉和小钉）	糖果世界
工具（钳子、锤子、钉子、衣夹）	动物乐透卡
各种尺寸、形状和颜色的积木	多米诺骨牌
带螺旋盖的罐子	"I Spy" 绘本
装有葡萄干或其他小物的小颈瓶子	**书籍和图片**
打地鼠玩具	童谣
美术材料	图画书
橡皮泥	具有丰富词汇和故事情节的学龄前读物
手指画	包括彩色图片和线条图的图片
蜡笔	用于排序和配对活动的图片
记号笔	**户外器材**
图画用纸	大球和小球
剪刀	攀爬架或其他攀爬器材
家务/假装游戏用具	平衡木
玩偶	带轮子的玩具
毛绒动物	**其他**
娃娃屋家具	硬币（元、角、分）
厨具和餐具	各种尺寸、形状和颜色的小玩具（例如车辆、塑料动物、娃娃屋家具）
擀面杖	
水罐或茶壶	各种各样的图片
带有各种扣件的服装（例如小号和大号纽扣、拉链、魔术贴）	字母和数字的拼图或卡片
	穿线板
有鞋带的鞋子	带发条的玩具
梳子和刷子	曲别针
牙刷	

然而，使用儿童熟悉的材料通常更合适。如果教师或其他照料者观察到使用熟悉材料进行的评估，就可能更容易理解被评估的技能是如何与儿童的日常活动相关的，以及如何通过调整日常活动来提高儿童的技能水平。

| 第2步：观察 |

使用CCPSN来评估儿童的最简单方法，是观察儿童在熟悉的环境中与熟悉的游戏伙伴（成人和同龄人）一起玩耍。这可以在幼儿园或托儿所中轻松完成。大部分的评估可以通过1小时的观察和对教师的简短访谈来完成。然而，这些评估提供的认知和语言活动项目可能差异很大。因此，这些方面的信息可能特别模糊，需要通过家长访谈和与儿童的直接互动来加以补充。

如果评估发生在儿童的家中或专业环境中（例如在卫生部门或治疗师的工作场所），请选择一个儿童和照料者可以一起舒适地玩耍的地方，但不受其他儿童或电话的干扰。根据儿童的年龄和行动能力，可以在地板上进行评估。让照料者采用典型的方式和儿童熟悉的玩具或物品（或自己组装的材料）来与儿童玩耍。在这段时间内，你可以确定儿童和照料者喜欢一起做的活动以及照料者如何引起儿童的注意和反应，还可以确定儿童的一般发育状态。你会发现这个短暂的非正式观察期（15—20分钟）将提供足够的信息来对序列中的许多项目进行评分，而无需进一步评估（尤其是涉及沟通和运动的项目）。在这段时间里，你还可以与儿童及其照料者建立舒适的关系，并开始就尚未观察到的技能对父母进行访谈。

评估记录表评分的惯例是：儿童掌握的技能记加号（＋），与之前表现不一致或新出现的技能记加号/减号（＋/－），用减号（－）表示儿童无法做到的技能。对严重运动障碍的儿童进行评估时，如果儿童是通过身体辅助来完成任务的，在（＋）或（＋/－）旁边添加（A）。例如，稳定肩部以便儿童可以更好地控制他的手臂和手，来进行认知和视觉运动的活动。（A）也可以放在阶段性评估报告中，如第4步中所述。

| 第3步：直接评估 |

要完成评估，需要与儿童及其父母或照料者在家中、幼儿园或托儿所安静的地方进行，并对尚未观察到或记录的项目进行评估。当儿童没有表现出某项技能时，请解释你试图评估的技能，并询问照料者是否曾见过该儿童在其他情况下展现出该技能。如果照料者表示儿童之前展现过该技能，那么你和照料者必须共同决定该技能是否相对较新而没有得到泛化（即新形成的技能），或者是否已经充分掌握并可以开始序列中的下一个任务。有一些技能，特别是在自我—社交序列中的技能，你可能很少有机会观察到，因为它们在家庭环境中才最自然和最有功能性。对于这些，有必要完全依靠照料者的报告。

每个课程序列中的项目按其预期的发展顺序列出。也就是说，项目a中描述的技能通常在项目b之前学习，项目b中的技能在c之前学习，依此类推。在理想情况下，如果观察到儿童已经掌握了序列中的项目c而没掌握项目d，则可以假设儿童也掌握了项目a和b，但还没有掌握项目

e 和 f。儿童通常会同时练习几个相关的技能，然而对于哪个技能将首先出现，几乎没有一致性的说法。此外，特定的障碍可能会对序列中的各种技能产生不同的影响，从而破坏通常的技能掌握模式。因此，重要的是，要在每个序列中评估足够数量的项目，以确定哪些技能应成为干预的重点。一般来说，我们需要持续实施项目，直到儿童通过一个年龄阶段（例如 30—36 个月）的所有项目并且不符合另一个年龄段的标准（一个年龄跨度的结束和另一个年龄跨度的开始，由延伸到评估记录表中项目左侧列的一条横线表示，标记跨度结束的年龄水平在这条横线的上方）。如果 24—30 个月龄的儿童在一个或多个序列中掌握的技能不到一半，你就需要使用 CCITSN 来完成评估。在儿童患有严重运动障碍的情况下，这通常是必要的。

第一次使用 CCPSN 进行评估时，可能看起来既令人困惑又耗时。然而，通过一些练习，你应该会发现，如果在家中进行，通常能在 1—1.5 个小时内完成评估；如果在幼儿园或托儿所进行，通常会在 2—2.5 个小时内完成评估。尽管有许多项目需要评分，但完成一个序列可能只需要几分钟，因为项目彼此密切相关并且可能需要相同的材料。你还会发现，被用于评估一个序列中的技能的活动，通常也会涉及另一个序列中的技能，你可以在轮到该序列时对其进行评分。例如，你可能正在评估儿童配对颜色的能力（项目 6-IIb），并发现他不仅能配对颜色，而且还能在命名时识别它们（项目 10jj*）。如有必要，可根据儿童的状态和时间限制，分两次或两次以上进行评估，这是完全可以接受的。

| 第 4 步：完成阶段性评估报告 |

可以在评估记录表的前面找到阶段性评估报告。评估记录表中的每个项目都由阶段性评估报告的表格方块表示。使用荧光笔或其他彩色书写工具，填充标有（+）的项目方块。在标记为（+/–）的项目方块内画一条对角线，并涂满一半颜色。标有（–）的那些方块应留空。如果所有的项目都通过了，就在年龄跨度之前的方块里涂色。

此图表会以图画的形式呈现儿童的相对优势和劣势。关于完整的阶段性评估报告填写示例，请参见本章后面的贾森案例研究（第 37 页）。随后的评估可以使用另一种颜色标记图表，以显示随着时间的推移儿童取得的进步。

| 选择教学 / 干预目标 |

从课程评估中选择教学目标纳入儿童干预计划的最有效程序包括：

1. 在评估记录表中，列出每个主要发展领域（自我—社交、认知、沟通、精细运动、粗大运动）中需要学习的下一个技能。你将得到包含 22 个项目的列表（除非由于特定的障碍而导致一个或多个序列不适用）。

2. 与儿童的父母或其他照料者会面。邀请他们分享他们的关注重点以及他们为儿童设置的长

---

* 为了使用者能够顺利地从 CCITSN 过渡到 CCPSN，CCPSN 中的项目序号为 CCITSN 中项目序号的延续。——编者注

期和短期目标。向照料者展示阶段性评估报告和下一个技能列表。按照图表所示来讨论儿童的优势和劣势，以及照料者的目标如何与下一个技能列表相关联。

3. 如果是在幼儿园或托儿所，与儿童的教师会面，审查阶段性评估报告，描述儿童的优势和劣势，并引导教师为儿童设立目标。

4. 告诉照料者和教师如何通过日常护理活动（例如喂食、梳理头发、穿衣）、阅读、与孩子一起玩耍以及常规的课堂活动，来教授下一项技能。确定一个或多个可以轻松融入这些活动的技能目标。

5. 与照料者（和教师）一起，从每个主要领域中选择几个接下来要学习的技能，这些技能将成为下一个干预期的重点，并且会成为儿童的干预目标（intervention objectives）。

6. 设定重新评估儿童的大致日期，目的是从刚刚完成的干预中所遗漏的序列里选择目标。

积极应对目标上的重要差异

在某些情况下，家长、教师和其他专业人士为儿童设立的目标可能截然不同。例如，语言病理学家可能很清楚，36个月大患有严重脑瘫的儿童，在未来既难以通过呼吸控制也难以通过口腔运动控制来发展言语作为主要交流方式。语言病理学家可能认为应该让儿童尽快学习扩大替代性沟通系统（AAC）。然而，儿童的家长可能会反对用任何不属于语言的方式进行沟通干预。教师可能不确定什么对儿童最有利，并且可能对将AAC系统整合到课堂感到担忧。在这种情况下，父母、教师和语言病理学家之间的合作意识是很重要的。经过仔细讨论后可能会产生一种折中方法，即语言病理学家继续帮助儿童进行呼吸控制和发声，同时也通过使用图片和物品来帮助发展语言。语言病理学家可以通过使用画板、计算机或其他设备来完成配对和分类任务，并为教师提供教授基本学龄前技能（例如图形辨别、物品分类、数字推理、字母识别）的咨询服务。如果儿童的父母决定继续该课程（看到儿童能够用画板或计算机呈现已掌握的知识，父母们能够了解到AAC系统作为一种补充方式而不是替代方式来促进语言发展的价值），语言病理学家还可以教授儿童那些在未来可以使用沟通板进行的技能。

制订教学/干预计划

将清单中的项目转变为干预计划，基本上有两个步骤：第1步，回顾相关的课程项目；第2步，将几个课程项目合并为一个活动或一系列相关活动。

第1步：回顾相关的课程项目

课程中的项目与评估记录表中的项目相对应，根据序列和项目编号来识别（例如，序列14：对话技能，项目14ee）。确定与你选择的目标一致的课程项目，每个课程项目都有四个部分：

- 教具：列出的大多数材料是家中常见的玩具，或者可以用简单廉价的材料制成。对于许多项目，特别是沟通领域的项目，不需要特殊材料。在这种情况下，材料被描述为"不需要"。

- 流程：本节通常会描述一项活动，可以让你评估儿童是否能够执行被评估的技能。这项活动也是以一对一的方式教授技能的第一步。它可能包括两项或多项用于教授技能的活动，并描述以何种方式促进和强化儿童的学习效果。

- 课堂和功能活动：此部分通常与"流程"部分分开，描述了某项技能在儿童日常生活中的功能，无论是在家中还是在课堂上。在某些情况下，这意味着当儿童独自玩耍时，应为儿童提供特定的材料，或者在照料者进行其他活动时，可以利用这些活动来娱乐儿童。功能活动部分还包括对游戏或其他活动的建议，这些活动可以将儿童的学习目标纳入儿童小组或全班喜欢的练习中。但是在某些情况下，将"流程"和"课堂和功能活动"部分组合在一起是因为没办法从逻辑上将它们分开。

- 标准：最后一节描述了技能掌握的标准。这些通常以一般术语来表示，例如频繁地、连续几天等等，而不是精确的术语（例如，4 次尝试中的 3 次），因为很少有程序能够保存这种数据。在最后的分析中，干预者必须自行判断某项技能是否已被充分掌握，以便儿童继续学习该序列中的下一项技能。充分掌握应该指技能泛化（即该行为应该在不同的场合不同的情况下被观察到）。

第 2 步：将几个课程项目合并为一个活动或一系列相关活动

一个课程项目可以涵盖本册中的一个页面，以尝试定义技能并提供各种教学建议。然而，我们的目的不是孤立地处理每个项目。儿童的发展方式具有整体性。他们学习认知、语言和自理技能，同时参与运动活动，发展运动技能，因为他们遵循自己的求知欲望，探索和经历物质世界。因此，儿童的课程项目（干预目标）应该嵌入两个或多个领域的活动，从而为儿童设置挑战。

回顾目标清单，将课程项目作为指南，并设计 4—6 项包含两个或更多目标的活动。一个将目标结合到特定活动中的例子是教儿童按大小进行分类（项目 6–IIa），让他用勺子将两种大小的珠子分别放到两个单独的容器中（项目 20h）。几乎所有的运动项目都可以与一个或多个认知和/或语言项目相结合。在阅读、假装游戏、户外游戏或零食时间这样的一般活动中，可以很容易地整合五六个项目。图 4.1 说明了从评估结果转向干预计划的过程。

特殊调适

评估

在收集以下信息时使用评估记录表：

观察

访问：

父母

老师

一对一的评估

填写阶段性评估报告

↓

选择目标

列出"下一个技能"列表

和父母一起，从每个主要领域中选择几个技能作为学习目标

↓

干预计划

将两个或多个目标合并到若干特定活动中和/或将3—5个目标分配到常规活动中

（例如户外游戏、圆圈时间、用餐时间）

图 4.1 使用 CCPSN 制订干预计划的程序

进行中的 CCPSN

下面的两个案例研究证明了从评估结果转向干预活动的过程，如本章所述，第一部分包括一个阶段性评估报告（图4.2），以说明儿童的能力水平，并仅列出被选为学习目标的技能。第二部分省略了图表，但列出了所有作为下一阶段目标的技能。请注意，这两个干预计划分别涉及了21和18个课程项目或目标。

贾森

贾森是一名3岁半的男孩，有比较复杂的病史。他早产了3个月，并因为癫痫、感染和喂养问题，在2岁前经常住院。贾森在家接受照顾，与其他儿童的接触有限。他现在身体状况稳定，但是有弥漫性的肌肉无力，右侧更明显。贾森可以滚、坐、被拉着站立，并在协助下行走。他可以理解人们对他说的很多话，但他不能说话——他通过肢体语言、一般发声和一些手语进行交流。贾森刚开始上幼儿园。

评估结果

由于贾森尚不能独立行走，他的粗大运动技能无法使用 CCPSN 的图表进行评估，但可以使用 CCITSN 进行评估。贾森的家长和教师审阅了这份评估报告。他们做了一个列表，列出了贾森

日期： ⬭ 1. 2004. 02. 20　　⬭ 3. ______
　　　⬭ 2. ______　　⬭ 4. ______

学　生：贾森
干预者：Ben T.

	课程序列	24—30 个月	30—36 个月	36—42 个月
自我—社交	1. 自我管理和责任	m n	o	o q r
	2. 人际交往能力	w x	y z aa bb	cc dd ee ff gg hh
	3. 自我概念	n o p	q r s t	u v
	4–I. 自理能力：进食	w x y	z	aa
	4–II. 自理能力：穿衣	h i j	k l	m
	4–III. 自理能力：梳洗	A h	i j	k l
	4–IV. 自理能力：如厕	d e	f g	h
认知	5. 注意力和记忆力：视觉 / 空间	bb cc dd ee	ff gg hh	ii jj
	6–I. 视觉感知：积木和拼图	i j	k l m n	o
	6–II. 视觉感知：配对和分类	a b c	d	e f g
	7. 对物品的功能性使用和象征游戏	o	p q r	s t
	8. 问题解决 / 推理	w x y	z aa	bb cc dd ee ff
	9. 数字概念	b c	d e f	g h i j k
认知 / 沟通	10. 概念 / 词汇：接受性	m n o p q	r s t u v	w x y z aa
	11. 概念 / 词汇：表达性	l m n o	p q r	s t u
	12. 注意力和记忆力：听觉	r s	t u	v w
沟通	13. 语言理解	n	o	p q r
	14. 对话技能	ee ff gg hh	ii jj kk ll	mm nn oo pp qq
	15. 语法结构	c d e f	g h i j k	l m n o
	16. 模仿：仿说	p	q	r
精细运动	17. 模仿：动作	m	n	o
	18. 抓握与操作	z aa	bb	cc dd ee
	19. 双边技能	r	s t u	v w
	20. 工具使用	f g	h i j	k
	21. 视觉—运动技能	f g	h i j	k l m n

来自 CCITSN

		0—3 个月	3—6 个月	6—9 个月	9—12 个月	12—15 个月
粗大运动	22–I. 直立：姿势和移动	a	b	c d	e f g h i	j k
	22–II. 直立：平衡					
	22–III. 直立：球类运动					
	22–IV. 直立：户外运动					
	23. 俯卧（腹部朝下）	a b	c d e f g h	i j k l	m n	o p
	24. 仰卧（背部朝下）	a b c d	e f g			

图 4.2　CCPSN 阶段性评估报告样表

新出现的技能，以及他未通过的每个序列中的第一项技能。从这份潜在干预项目的清单中，他们选择出以下对贾森来说最重要的项目，并且可以在家里和学校开展的活动。

自我—社交

1n. 在一小群儿童中轻松自在地玩耍

1p. 被要求整理玩具时，可以把玩具整齐地放好（可能需要提醒）

2w. 与同伴就玩具进行协商（可能会交换玩具）

2cc. 与同伴交谈

3o. 对自己做出积极的评价

认知

5cc. 识别几本书的封面并命名它们

6-IIa. 按尺寸分类（大和小）

7p. 在想象游戏中扮演不同的角色

9b. 选择"只要一个"

认知/沟通

10p. 选择"相同"或"像这样"的物品/图片

11m. 使用至少50个不同的单词

12w. 唱完或说完4—6行的歌曲或诗歌

沟通

14ee. 用口语或手势询问简单的问题

14gg. 请求帮助

15c. 使用2个词表示不存在和再次发生

精细运动

20f. 拿着碗用勺搅拌

21h. 用圆形涂鸦仿画一个圆形

CCITSN中的粗大运动

22-If. 扶着支撑物侧向迈步

22-Ih. 将手从支撑物上移开并独立站立

干预活动

贾森的父母和老师研究了选定的干预项目清单，并设计了3项活动来将所选项目整合到家庭和学校的日常活动中。

故事时间

把贾森放在一把支撑椅上，给他看几本熟悉的书。让他通过手语或发声来选择一本书（项目5cc）。当你翻阅这本书时，请他辨别每页上相同的图片。比如可以说"看，这里有只狗，让我们在下一页中找找狗"（项目10p）。让贾森使用词语/手语来表示熟悉的图片（项目11m）并鼓励他组合2个单词/2个手势（项目15c）。使用一本童谣书，鼓励他参与唱一首歌，并鼓励他使用手语/词语（项目12w）。示范如何询问简单的问题，并告诉他如何自己问问题（项目14ee）。接下来是一个绘画环节，要求贾森画一幅画，包括仿画圆形（项目21h）。

厨房中心

让贾森与一小群儿童一起玩假装游戏（项目1n）。让他保持站立姿势，鼓励他用双手举起游戏物品（CCITSN项目22-Ih），在搅拌时拿着碗（项目20f），并在厨房家具周围走几步（CCITSN项目22-If）。当孩子们玩耍时，鼓励他们互相沟通（项目2cc）和协商（项目2w）。帮助儿童进行角色扮演（例如，谁将扮演什么角色）和交换角色（项目7p）的游戏。用手语的"帮帮我"，向贾森示范如何寻求帮助，并鼓励他寻求帮助（项目14gg）。

清理时间

当需要拿起玩具并把它们放回原位时，肢体辅助贾森参与清理活动（项目1p）。辅助他将玩具按照大小分类到玩具箱子里（项目6-IIa）。请他只给你"一个"玩具（项目9b）。如果贾森有困难，再次为他示范如何寻求帮助（项目14gg）。当他完成清理后，夸奖他的帮助，并告诉他如何成为一个大男孩（项目3o）。

总结

每当贾森掌握了一项技能后，就将序列中的下一项目添加到干预计划中。3个月后，贾森将被再次评估整个课程，看看是否需要改变侧重点。

安娜

安娜的年龄为3岁半，已被诊断患有孤独症。她是一个富有吸引力、意志坚强的孩子，但出现了许多行为问题。在安娜2岁以前，她会一直不停地走动，经常做出破坏性行为。自从接受了职业和言语治疗，她取得了显著的进步。安娜已经可以使用包含1—3个单词的短语来表达基本的需求和愿望。她已经掌握了一些游戏技巧，每次可以坐下来参与10—15分钟的游戏。她的运动协调能力相对较好。安娜参加了一个学前融合项目。

评估结果

我们使用CCPSN对安娜进行了评估，并列出了她未通过的每个序列中的第一个项目。该清单构成了项目计划的基础，帮助干预者确定下一步的目标。在与安娜的父母一起回顾这份清单时，根据技能发展的优先级、安娜目前的兴趣和准备情况，选择了一些技能。星号（*）表示该项目被选为干预目标。随后设计了针对若干技能领域的活动。

自我—社交

1q. 遵守成人为新活动或简单游戏制定的规则

*2w. 与同伴就玩具进行协商（可能会交换玩具）

3q. 告诉他人自己的名字

*4-Iz. 将液体从一个容器倒入另一个容器

4-IIk. 独立穿上所有衣物，但不包括带扣件的衣物

4-IIIk. 在没有辅助的情况下，清洗并擦干手和脸

4-IVe. 被放在马桶上时会排便

认知

*5cc. 识别几本书的封面并命名它们

6-Ij. 模仿搭积木火车

6-IId. 按2种特征进行分类

*7o. 与娃娃或动物交谈和/或使它们彼此互动

8aa. 正确回答至少一个"为什么这样做"的问题

*9e. 给/选择2个和3个物品

认知/沟通

*10n. 遵循指令，包括"里面""外面""上面""下面"

11m. 使用至少50个不同的单词

*12u. 注意到熟悉的诗歌、歌曲或故事的变化，并作出反应

沟通

*13n. 在新环境中遵循两步指令

*14ee. 用口语或手势询问简单的问题

*15e. 在某些单词的末尾使用"-s"来表示复数

16r. 重复包含3个数字或3个不相关单词的序列

*17p. 模仿简单的手指动作（双手做相似的动作）

精细运动

18ff. 以三脚架抓握姿势握住书写工具

*19x. 打单结

*20i. 用餐刀涂抹食物

21j. 连续剪纸

粗大运动

*22-Iss. 用惯用脚单脚跳跃两三次

*22-IIi. 在平衡木上走 3 步，保持平衡

*22-IIIl. 手举过肩，向 10 英尺外的成人投掷 3 英寸的球

22-IVj. 骑脚踏三轮车至少 10 英尺远

干预活动

装扮和假装游戏

涉及玩偶或毛绒玩具的装扮和假装游戏提供了各种机会，来发展儿童的游戏、语言和运动技能。鼓励安娜与另一些儿童一起玩装扮游戏。鼓励他们选择衣服穿上，并帮助他们穿衣服。在他们打扮好时，鼓励他们进行假装游戏（例如，"去跳舞吧""喝杯茶吧"）。在他们玩了一段时间之后，建议他们互相交换衣服（项目 2w）。评论儿童在交换前后的穿着。穿衣服的活动为儿童提供了一个很好的机会，可以在穿上围裙或斗篷时练习打单结（项目 19x）。比起为自己打单结，儿童可能更容易为别人的衣服打结。

可以很容易地将玩具娃娃或动物融入这个游戏。为儿童示范你下一步要做什么（例如，"吃饭时间到啦"）。让安娜也告诉她的娃娃（项目 7o）。继续假装喂娃娃。当你和安娜一起玩洋娃娃时，寻找机会融入指令，例如"里面""外面""上面""下面"。（例如，"让我们把宝宝放在婴儿车里，这样我们就可以去散步了"；项目 10n）。让安娜遵循包含 2 部分的指令（例如，"拿那条蓝色的连衣裙，把它晾在晾衣绳上"；项目 13n）。

故事时间

定期选择四五本书为安娜阅读。每次读书时，和安娜一起看一看封面并阅读标题。然后问："你想读什么？"如果她没有回应，示范这个问题并作出回应，然后再次尝试提问。当安娜作出更好的反应时，让她在没有辅助的情况下命名这本书（项目 5cc）。包括一本童谣书。在熟悉了一首童谣后，尝试更改它的顺序或插入不同的词语，并观察她的反应。如果需要的话，对安娜指出更改过的地方（例如，"噢，这太逗了。杰克和吉尔从山上摔下来，没有跳到窗台上"；项目 12u）。

当你和安娜一起阅读或背诵一首童谣时，为安娜表演一个简单的手指游戏来让她模仿（项目

17p）。数一数图画里的物品（例如，"一只鸭子，两只鸭子……"），并让安娜在单词末尾加上"-s"来表示复数（项目 15e）。根据需要辅助她。示范如何询问关于书里图片的简单问题。辅助安娜也这样提问（例如，"狗在做什么？"）。等她重复这个问题，然后为她提供答案（项目 14ee）。

零食时间

为安娜提供烤面包、面包圈或饼干。教她怎样在烤面包上涂抹花生酱或奶油芝士，根据需要提供肢体或口头提示（项目 20i）。你也可以将果汁或水放入一个小罐子里，让她倒饮料（项目 4-Iz）。让安娜拿两三块饼干给你。让她捡起其他的小食品（例如小糖果、胡萝卜条、干果）并放在盘子里。告诉安娜在每个盘子上放两三个。在需要时向她示范怎样数数（项目 9e）。

障碍课程

为安娜设计一个简单的障碍训练课程，包括单脚跳跃（项目 22-Iss），在平衡木上行走（项目 22-Iii），并将豆袋扔在一个容器中（项目 22-IIIl）。例如，你可以在开始时放置 5 个豆袋，并告诉安娜拿起其中一个，然后单脚跳到平衡木上。如果有需要，请握住她的手给以支持。然后，让安娜走完平衡木，最后走到末端的凳子上。当安娜离开平衡木时，让她把豆袋扔进一个大容器里。从大约 5 英尺远的容器开始，逐渐增加距离。如果安娜在跳跃或在平衡木上行走时难以保持平衡，请尝试让她抓住你手里的呼啦圈。这比握着别人的手获得的支持更少，并且可以鼓励安娜发展自己的平衡技能。当安娜的投掷技能提高时，用球代替豆袋。

总结

这些基于安娜当前发展目标的活动被纳入她的学校和家庭治疗计划中。当安娜参与这些活动时，她的进步是可以看到的，并会根据需要扩展和/或替换活动。当安娜达到一个目标时，该目标可以被该序列中的下一个目标替代，或者被原始列表中不同序列的目标替代。在某些情况下，应该根据新挑选的目标与干预活动重新修订整个课程。根据安娜的发展情况，这可能需要在 3 个月、6 个月或 1 年内进行。

实施干预计划

在确定干预活动后，可以开始实施干预计划。每个活动通常都可以用简短的句子进行描述（如前面的示例一样），以提醒照料者和/或教师。这些提醒可以写在记录保存表格上（参见下面的评估进度部分和示例），或者简单地写成一个列表或多个列表提供给照料者或教师，此列表与干预程序应该在何处（或何时）进行有关。例如，可能会有一个适合进餐时间的活动列表、一个适合户外活动的列表，等等。

评估进展

为了保持连续性，应衡量进度并对程序进行修改，必须详细地记录每个儿童的情况。但是，根据儿童的家庭状况，照料者和教师的环境、特点和情况，以及专业人员协助的时间和其他限制条件，需要保留的记录种类将有所不同。

一个简单的更新

按最简单的标准，记录将包括上一次评估中记录在评估记录表右侧的项目掌握日期。进行下一次全面评估时，这些项目不需要重新评估。教师可以根据课堂上的观察结果，每天利用几分钟的时间轻松更新记录。一些入户的干预者则可利用每月一次访问的前15分钟，来评估儿童在当前干预计划中目标的进展情况。他们同样可以通过照料者的报告和直接观察来更新评估记录。与情况复杂的家庭一起工作的其他干预者，可以将评估记录留给儿童的家人，以便他们填写任何项目掌握的日期。无论哪种方式，都有持续的记录和信息，表明需要修改儿童的活动。

每周活动记录

在以中心为基础的干预项目和某些以家庭为基础的干预项目中，可以进行更广泛的记录，以便能更清晰地描述儿童的能力发展情况。一种方法是制作一个表格，详细说明儿童每周的活动。在这样的表格中，照料者或干预者必须检查儿童是否有机会练习技能，以及他是否能够成功。图4.3就是这种表格的一个例子。

姓　　名：加林　　　　　　　　　　　　评估日期：3/14–20

评估地点：幼儿园

场合	目标	观察机会					掌握日期
		周一	周二	周三	周四	周五	
自由游戏	适当地使用玩具	−	−	−			
	与同龄人协商玩玩具	−	+/−	+/−			
圆圈时间	告诉别人自己的名字	−	+	+			
	能识别短暂呈现的物品	+	+	+			3/16
	在小组里和大家一起唱2首或更多的歌	−	−	−			
	可以辨别最大的和最小的物品	−	+	+			
用餐时间	给自己倒一杯饮料	+	+	+			3/16
	用刀子涂抹开质地柔软的食品	−					
中心：操作	完成泡沫模型	+	+	+			3/16
	摞三四个杯子		−	+			
	搭建积木塔（6块积木）	−(3)	−(3)	−(5)			
艺术	创作圆形涂鸦	+/−	+/−	+/−			
故事时间	命名图片（3张）	−(0)	−(1)	−(1)			
操场时间	跑步时避过障碍物	−	+	+			
	在平衡木上走3步	−		+			
	爬上垂直的梯子						

注：+表示顺利完成，+/−表示不一致或新出现的技能，−表示无法完成的技能。此表格中，观察者还记录了儿童的实际表现与标准要求的不同之处。

图4.3　IFSP儿童学习目标的每周记录样本

及时改变目标

为 IEP（或 IFSP）选择发展目标时，重要的是要认识到这些只是初始目标。CCPSN 的目的是让儿童完成整个序列，而不仅仅是特定的项目。因此，只要儿童通过了某一项目，干预者就应该继续进行该序列中的下一个项目，而无需等待一个新的 IEP（或 IFSP）被创建出来。

CCPSN 在评估和 IEP 中的作用

1975 年美国国会颁布的《所有残疾儿童教育法》（PL 94-142）和其后的立法要求每个有特殊需要的儿童都要接受多学科的评估。虽然 CCPSN 涵盖了多学科评估中通常需要评估的领域，但它并不是进行多学科评估的捷径。专业人员必须对该课程范围以外的儿童特性进行评估。例如，物理、职业和语言治疗师需要观察儿童的运动模式、习惯、发音和其他不属于发展课程的特征。

同样，CCPSN 不能替代标准化评估工具，也不能用于说明标准化测试分数的有效性。

1997 年颁布的《残疾人教育法（IDEA）修正案》（PL 105-17）要求为每个接受特殊教育服务的儿童制订个别化教学计划（IEP），并要经儿童父母或照料者批准。IEP 必须包括对儿童优势和劣势的陈述，以及一个特定阶段的教育目标清单。CCPSN 的设计旨在确定这些优势和劣势并提供合适的教育目标。然而，作为一种标准参照评估，它并非旨在对每个主要发展领域进行单一的发展水平评估，虽然这是许多地方项目的需求。并且，许多干预项目被要求在这些发展领域中为孩子划分年龄等级，但使用阶段性评估报告很难这样做。

注意：有关评估和 IFSP 的更多信息，请参阅《卡罗来纳特殊教育课程：婴儿及幼童》第三版，第 41—42 页（Johnson-Martin, Attermeier, & Hacker, 2004）。

使用阶段性评估报告来评估发展水平

如果你希望在较广的范畴内报告年龄水平，我们建议你执行以下程序：

1. 查看阶段性评估报告的左侧，以确定哪些序列包含在每个广泛的发展领域中：自我—社交、认知、沟通、精细运动和粗大运动。有三个序列同时包含在认知和沟通领域中，因为它们对两者都至关重要。

2. 检查儿童在一个领域里每个序列中的表现。在大多数情况下，你会发现它们聚集在图表中所列出的某一个年龄段（例如 30—36 个月），这为你提供了该领域发育年龄的最佳估计。

3. 如果你必须只列出一个月而不是一个时间范围，你可以通过查看该儿童已经通过的年龄范围内的项目百分比来估算。（例如，30—36 个月范围内的所有项目几乎都通过了，将被估算为 35 个月的水平，通过一半的项目是 33 个月的水平，通过四分之一的项目是 31 个月的水平，通过更少的项目是 30 个月的水平。）然而，重要的是要认识到这只是一种估算，而不是基于标准化测试的分数。同样重要的是要认识到，尽管标准化测试可以提供更准确的年龄水平（因为它们基于更大且更具代表性的样本），但这些也是估算。年龄分数代表儿童在测试中达到一定分数或通过特定项目的平均年龄样本。36个月的年龄分数并不意味着典型发育的3岁儿童就会获得那样的分数。相反，它意味着在一组儿童中，有些人可能在30个月时达到了这个分数，而其他人可能在40个月时才达到这个分数，但是他们的年龄平均为36个月。对于儿童的发展状态，年龄分数在可靠性（即稳定性）方面会低于标准化分数（例如智商分数、发育商数），年龄分数可以表明被评估儿童与同龄儿童的比较情况。

4. 如果儿童的技能在一个领域内广泛分散，那么为该领域确定一个年龄水平就是不合理的。相反，应指明一个发展范围并提供解释。例如，一个患有孤独症的儿童可能具有接近60个月发展水平的语音模仿技能、26个月水平的词汇表达技能，以及15个月水平左右的会话和语言理解技能。在这种情况下，指定一个年龄水平是不合理的。相反，语言技能应被描述为在24—60个月内广泛分散，具有强大的口语模仿技能，并且是有意义的模仿，且在语言的实际理解和使用方面没有典型的延迟。

将CCITSN与CCPSN搭配使用

尽管CCITSN和CCPSN现在有12个月的重叠，但仍然会有儿童拥有的技能过于分散，以至于他们无法完全适应任何一门课程。但是，可以从一个课程顺利地过渡到另一个课程，因为序列具有相同的数字和标签，并且在24到36个月范围内列出的项目在两个课程中是相同的。

总结

通过遵循本章提供的指导方针进行一些练习，你将有信心根据你的时间、环境条件以及儿童的状态，在一个、两个或更多课程中准备好观察和评估儿童。需要记住的是，课程评估不是一个标准化测试，它试图了解儿童现在知道什么和能做什么。在评估之后，你将获得儿童接下来需要掌握的技能的列表，以便你与儿童的照料者或专业人员一起讨论这些技能，并共同决定适当的教学目标。在之后的序列中，课程项目为教学评估记录表中列出的每项技能提供建议。确定这些序列契合你所选的目标。你可以自由地修改建议的活动，以满足个别儿童或教学环境的需要。根据本章中的案例示范（贾森和安娜），你还应该能够将多个项目中建议的活动组合成一个活动或情境，以便儿童同时学习多个教学目标，这是学习的自然方式。想一想，我们很少独立地学习任何技能。我们在日常生活中学到的和做的大部分事情都涉及语言、运动、社交和认知技能的组合。既然你准备好了，那么就开始吧！

参考文献

Education for All Handicapped Children Act of 1975, PL 94-142, 20 U.S.C. §§ 1400 *et seq.*

Individuals with Disabilities Education Act (IDEA) Amendments of 1997, PL 105-17, 20 U.S.C. §§ 11400 *et seq.*

Johnson-Martin, N.M., Attermeier, S.M., & Hacker, B. (2004). *The Carolina Curriculum for Infants and Toddlers with Special Needs* (3rd ed.). Baltimore: Paul H. Brookes Publishing Co.

Wechsler, D. (2002). *Wechsler Preschool and Primary Scale of Intelligence* (3rd ed.). San Antonio: TX: The Psychological Corporation.

第二部分
课程序列

第五章
自我—社交

序列 1
自我管理和责任

学龄前儿童表现出越来越强的适应能力和自我管理能力。当儿童上幼儿园时，他们应该能够适应新环境，独立玩耍或与朋友一起玩耍，在没有帮助的情况下满足自己的需要，并对自己的行为负责。

对自己行为负责任的能力是儿童成长过程中的重要组成部分。当儿童按一般规律发育时，他们似乎经常要求有承担责任的权利（例如，"我想自己做！"）。他们也更有可能积极探索并遇到某些情境，在这些情境中，成人必须教他们注意危险和照顾好自己的财物（例如，独自在外玩耍、自己准备零食、外出）。残障儿童在这方面的经历往往较少，因此他们的照料者可能会更加保护他们。残障儿童在成长过程中可能非常被动，无法为自己或他人承担任何责任，除非他们的父母或照料者有意识地教导他们。父母和照料者做出的这些努力非常重要，例如，虽然身体残疾的儿童可能无法自己跑到街上，但他们仍需要知道街道是危险的，以及人们在过马路时必须采取预防措施。

本序列建议通过直接控制儿童的行为，以及教授儿童安全规则、维护财产和社区功能等方式建立儿童的责任感。

儿童可承担的责任可能受到其残疾状况的限制。然而，非常重要的是，要避免由于过度保护儿童而限制他们。在家庭和其他环境中被赋予责任的儿童通常自尊水平较高。因此，照料者应该鼓励儿童在其身体和认知能力范围内尽可能多地承担责任。在完成此序列时，照料者需根据每个儿童需要达成的目标来调整项目内容。

| 特殊调适 |

有运动障碍的儿童

该序列中的若干项目需要儿童具备运动反应能力，以便儿童在没有照料者的情况下能够主动探索并自发运动。如果儿童患有运动障碍，就无法作出这些反应，那么重点将放在帮助儿童轻松地与其主要照料者分开，并在成人决定的活动之间做出选择。例如，可以向儿童展示两张图片，一张是室内游戏区域的图片，另一张是秋千的图片，然后询问儿童是想在室内玩耍还是外出荡秋千。儿童通过指向或查看其中一张图片来选择他的下一个活动。

有视力障碍的儿童

　　有视力障碍的儿童往往更难发展自主和独立的能力。照料者需要注意不要太快地帮助他，以便让他有机会发展自己的策略。在教导儿童如何帮助自己时，语言线索非常重要。保持环境的一致性，将玩具摆放得整齐有序，并保存在同一个地方，可以让儿童学会自己找到玩具。另外，家具的位置也应固定，从而让儿童的活动路径清晰。

有听力障碍的儿童

　　与有听力障碍的儿童交谈时，要确保他们直视我们的眼睛。如果儿童有严重的听力障碍，我们则需要将手部动作与语音配对呈现给儿童，这有助于儿童理解指令。通过给儿童展示这些活动来让他跟着模仿。

1. 自我管理和责任

　　m. 避开常见的危险

　　n. 在一小群儿童中轻松自在地玩耍

　　o. 知道玩具可以做什么和不能做什么，并适当地使用它们

　　p. 被要求整理玩具时，可以把玩具整齐地放好（可能需要提醒）

　　q. 遵守成人为新活动或简单游戏制订的规则

　　r. 适应日常生活中的变化

　　s. 能够回答与安全有关的问题

　　t. 小心对待小动物或易碎物品

　　u. 能够做简单的家务（可能需要提醒或监督）

　　v. 对集体指令作出适当反应

　　w. 在没有帮助的情况下在商店购买简单的物品（如：自己拿物品或让店员拿物品、付钱、等待找零钱等）

　　x. 适当地接听电话并打电话给他人

1m. 避开常见的危险
（例如破碎的玻璃、高处、繁忙的街道、大型动物）

　　○ **教具**　　无需教具

○ 流程

当我们和儿童一起做活动时，与他谈论需要注意的事情，例如，当走到靠近马路的地方时说："我们必须小心，看看有没有汽车，看看你的左边和右边，你看到车来了吗？没有？好的，现在我们可以过马路了。"

一定要给出不能做某事的理由（例如，"我不希望你这样做，因为你可能会摔倒并受伤""有些狗是友好的，有些则不是。因为我们不熟悉那只狗，所以我们不会试图抚摸它"）。

如果儿童开始做一些危险的事情，我们需要冷静而坚定地阻止他，并解释为什么他不能这样做。如果儿童仍然坚持要做，则呈现一个结果（如暂停活动）。重要的是要告知儿童我们希望他对自己负责任，照料者需关注并评价儿童负责任的行为。

在儿童有机会做出适当行动之前，我们不要总是阻止他，例如，如果我们（或儿童）打破玻璃制品，不要立即抱住儿童以免他碰到玻璃。等一等并看他是否开始靠近碎玻璃。如果儿童离开或采取其他适当的行动，告诉他："你这样做就很好，把碎玻璃留在那里，我会清理它，这样你就不会受伤。"

○ 课堂和功能活动

在课堂上，花时间强调安全规则。如果是在学校，我们也可以每周花几分钟快速回顾一下学校的安全规则（例如，"我们在大厅做什么？我们可以跑吗？不，我们走路。我们为什么不跑？因为我们可能会跌倒并受伤"）。

○ 注意

有些儿童十分活泼，容易冲动，他们更有可能在不考虑自己安全的情况下做出危险的事情。因此，保证这些儿童的安全是特别重要的。我们需要冷静并不断地告诉他为什么要遵守规则，并留心观察和强化儿童遵守规则的行为。

○ 标准

儿童大部分时间都能避开常见的危险，也就是说，我们不必每周一次以上地在儿童处于危险情境时去阻止他并使他避开危险。

1n. 在一小群儿童中轻松自在地玩耍

○ 教具　无需教具

○ 流程

刚开始的阶段，让儿童和两三个儿童短时间玩耍。如果他犹豫不决，照料者可以待在他附近或拿一个他非常喜欢的玩具给他。在这个阶段，儿童不太可能和其他儿童一起玩，这个阶段的目标是让儿童适应周围的其他儿童并能够进行平行（近，但分开）游戏。

○ **注意**

没有兄弟姐妹的儿童开始和其他儿童进行平行游戏时，可能会比有兄弟姐妹的儿童面对更大挑战。

○ **课堂和功能活动**

如果儿童不在团体照料环境中，父母可以考虑每周参加一次小型游戏小组的活动或母亲们的早间外出活动，或者考虑与有相同年龄子女的朋友交换照料孩子。

○ **标准** 儿童在几个不同的场合，在一小群儿童中轻松自在地玩耍至少30分钟。

1o. 知道玩具可以做什么和不能做什么，并适当地使用它们

○ **教具** 各种各样的玩具

○ **流程**

当儿童得到一个新玩具或在其他儿童家里玩时，如果发现和自己家中不同的玩具，我们可以花些时间向儿童展示玩具的用途和操作方式，并描述这个玩具。

一开始儿童可能很好奇，并尝试其他使用玩具的方法。或者，他可能会因为无法按照预期的方式使用玩具而尝试用一些不恰当的方式玩玩具。先不要干涉，除非他的操作方式明显不合适或危险（例如扔易碎的东西、试图扯坏玩具）。在这种时候，我们可以说一些诸如"玩具不是用来扔的，它会碎的。你看，它是这样玩的"一类的话，帮助儿童适当地使用它。

如果玩具不适合儿童的年龄，则需要将其拿走并用其他玩具吸引他。

○ **课堂和功能活动**

当我们进行日常活动时，我们可能希望儿童参与一些简单的任务，并向他展示不同物品的使用方式。这是一个教授实用技能的好机会，例如，用小扫帚扫地、放杂货或者把钱放在存钱罐里。

○ **标准** 儿童几乎总是知道玩具可以做什么，不能做什么，并适当地使用它们。当然，儿童可能会尝试新玩具，但要小心，避免他们损坏玩具或做出一些非常不恰当的事情。

1p. 被要求整理玩具时，可以把玩具整齐地放好（可能需要提醒）

○ **教具** 无需教具

○ **流程**

将儿童玩完玩具后帮我们收起玩具作为日常活动来进行。通常情况下，如果有太多物品需要儿童马上收拾，他可能会感到不知所措。如果他在开始时很难这样做，我们可以先请他帮忙，并

赞美他提供帮助的行为。如果我们和他待在一起或在他附近，并给予他鼓励和赞美，儿童将逐渐学会自己收拾玩具。

○ **课堂和功能活动**

首先，指定玩具的归属位置是有帮助的，例如，将类似的玩具放在一起。也可以使用容器和比较低的架子，这样儿童比较容易把玩具收拾整齐。另外，如果儿童有很多玩具，可以考虑轮流收拾这些玩具，将玩具分成2—4组，每次只留下一组需要收拾，确保留下的玩具里有儿童最喜欢的。

在教室里，教儿童将用完的物品收拾好是非常有帮助的，除非另一个儿童要求使用这个物品。当需要整理物品的时候，每个儿童都应该参与进来。儿童在整理物品时，我们要尽可能多赞扬他们。我们要特别关注那些认真整理的儿童，而不是那些一直在抱怨而不帮忙的儿童（例如，"萨姆和玛丽亚的整理方式很棒"）。我们可以给帮助整理教室的"好公民"的记录表上贴上星星贴纸（如果我们制作了这样的图表，应只评论那些获得星星的人，不要评论那些没有获得星星的儿童）。

○ **标准** 当被要求整理时，儿童通常会把玩具整齐地放好（可能需要提醒一两次）。

1q. 遵守成人为新活动或简单游戏制订的规则

○ **教具** 简单的游戏（例如 *Hi Ho！Cherry-O*）

○ **流程**

当我们准备去一个需要遵守一些规则的新地方时，要提前告诉儿童这些规则。多次重复这些规则，以确保他能够理解（例如，"我们要去一个有很多漂亮东西的商店，你可以看，但不能碰""我们走进商场时会有很多人，你必须牵着我的手，这样我们才能够在一起不走散"）。与儿童一起玩简单的游戏（例如，Slap Jack——发给每位玩家相同数量的牌，玩家依次将自己手中的一张牌翻过来放在中央区域，每次当"Jack"出现时，玩家要立刻用手拍它，拍到"Jack"最多的玩家获胜；也可以玩 *Hi Ho！Cherry-O* 或其他简单的棋盘游戏，如果儿童玩起来有困难，成人可以帮忙计数）。

在为儿童进行解释和演示后，他们应能遵守规则。儿童可能需要进行几次练习才能理解，如果儿童不遵守规则，首先要确认儿童是故意不合作还是不理解规则。

○ **课堂和功能活动**

在教室或其他小组环境中，与儿童一起玩非常简单的游戏。例如 *Duck，Duck，Goose*；动物乐透（或其他简单的配对游戏），以及需要小组成员模仿领导者的游戏。

○ **标准** 儿童在新活动或简单游戏中遵守成人制订的规则。儿童必须经常尝试遵守规则。

1r. 适应日常生活中的变化

○ **教具**　无需教具

○ **流程**

儿童在有规律的生活中成长，这应该是他们典型的家庭和学校经历的一部分。与此同时，儿童需要培养适应日常生活变化的灵活性。当计划或惯常的程序发生改变时，告知儿童即将发生的改变（例如，告诉儿童第二天不去学校上课；去学校接儿童时，告诉他今天不直接回家，因为妈妈有些事情要做）。儿童应该能够适应日常生活中的变化，而不会哭闹或"崩溃"。

儿童的灵活性各不相同。有些儿童喜欢变化和新的体验，而其他儿童则需要更多准备。我们对这个年龄阶段儿童的期望是，如果给予一些说明，他们可以接受日常生活中的变化。另外，回顾儿童当天或某次特定外出的计划也是有帮助的。日历对某些儿童来说很有帮助，可以是描述当天日常活动的日历，也可以是显示一周主要活动的日历（例如学校、爸爸在家、体操课）。

○ **课堂和功能活动**

一个记录未来事件（例如生日、节日、假期）的日历对于教授孩子理解时间和预测变化非常有帮助。课堂中所用的日历可用于记录每周进行一两次的课程或活动，以及即将举办的特殊活动。

○ **标准**　只需要做一些简单的准备，儿童就能很快适应日常生活中的变化。

1s. 能够回答与安全有关的问题（例如，"为什么不应该玩刀子？""在过马路之前为什么要看道路两边？"）

○ **教具**　无需教具

○ **流程**

在一天中寻找机会向儿童解释各种安全规则（例如，"在过马路之前停下来看看道路两边，在没有车的时候过马路。过马路时要一直握着成人的手。汽车很大，移动速度非常快，如果被它撞到会受伤"）。时常跟儿童解释遵守安全规则的原因，并偶尔通过提问检查儿童对规则的理解（例如，"你为什么不……""你为什么……"）。

○ **课堂和功能活动**

为儿童阅读一个主角不遵守安全规则的故事，将这个故事作为讨论的基础。对于理解有困难的儿童，可以编写简单的社交故事，解释在特定情况下他应该和不应该做什么。经常重复这个故事，然后让儿童自己讲述这个故事。

○ **标准** 儿童能够回答 5 个或更多与安全有关的问题。

1t. 小心对待小动物或易碎物品

○ **教具** 无需教具

○ **流程**

当有机会时,让儿童喂养动物幼崽或接触易碎的物品。告诉儿童要小心,并教儿童如何温柔细心地对待小动物和易碎物品。如果有必要,跟儿童讲一讲用力碰触物品和轻轻碰触物品之间的区别,然后用薄纸或蛋壳制作一个盒子,向儿童展示轻轻地握住它是可以的,但握得太用力则会压坏它。展示后可以让儿童自己练习。

○ **课堂和功能活动**

将诸如旧鸟巢、旧黄蜂巢或其他相对脆弱的物品带到家里或教室里进行自然研究。向儿童展示它们并解释它们是如何制作的。让儿童练习如何对待它们。

在家中养一只宠物或在教室里养一些小动物,可以让儿童在日常活动中学习如何温柔细心地对待动物。

○ **标准** 儿童通常能够小心地对待小动物或易碎物品,并且照料者能够放心地让儿童触摸小动物和处理易碎物品。

1u. 能够做简单的家务(可能需要提醒或监督)

○ **教具** 无需教具

○ **流程**

这个项目扩展了先前建立的整理玩具的技能。在 2—3 岁时,大多数儿童喜欢帮忙做简单的家务。到 4 岁时,他们通常可以独立完成简单的任务,但可能需要我们的提醒和监督。这个年龄阶段的儿童常做的家务可能包括取餐具、扔垃圾、擦桌子等。让儿童成为对保持家庭及教室环境整洁有贡献的一员,有助于培养他们的能力和责任感。我们可以先向儿童展示如何做家务,然后让他和我们一起做。当我们觉得他可以独立做家务时,则减少我们的参与。

○ **课堂和功能活动**

在家里制作一份工作表,用图表表示谁负责什么工作通常很有帮助。另外,日历也是一个有用的工具,儿童每天完成家务活动时,可以在日历上打钩或画星星。

在课堂上,每周为每个儿童分配特定的杂务活,然后让他们轮流做是很有帮助的。除了教学责任外，这样做还避免了当儿童主动要求做某项任务时产生竞争和偏袒的感受。在教室里使用工作表也很有帮助。

○ **标准** 儿童能够承担至少一项日常家务（可能需要提醒和监督）。

lv. 对集体指令作出适当反应

○ **教具** 无需教具

○ **流程**

邀请其他儿童来家里玩耍或一起外出，或者带着儿童参加一个团体活动（例如乐高课、体操课、绘画班等），在这个活动里，你或另外一个成人将同时给几个孩子发出指令。经常向小组里的儿童发出指令，指令要简单，并通过提问来检查他们对指令的理解。

○ **课堂和功能活动**

在课堂上，有很多发出集体指令的机会，在发出指令之前，确保每个儿童都在关注老师是非常重要的。在家里则很少有发出集体指令的机会，因此，让儿童参与家庭以外的团体活动来发展此项技能是很有必要的。

○ **标准** 在多数情况下，儿童能对集体指令作出适当的反应（例如倾听、回答与指令相关的问题、遵循指令）。

lw. 在没有帮助的情况下在商店购买简单的物品（如：自己拿物品或让店员拿物品、付钱、等待找零钱等）

○ **教具** 现金

○ **流程**

和儿童一起去购物，让他观察我们如何付钱并拿回找的零钱。给他一小笔钱（例如10元人民币），然后用这笔钱购买他想要的东西（例如口香糖、水果、糖果、薄脆饼干、小玩具），并让他在我们之前或之后排队结账。如果他不知道如何将钱和物品交给店员并等待拿回零钱，就在旁边告诉他如何做，然后逐渐减少帮助。在教授这项技能时，经常到家附近的小商店里练习通常会有帮助。

○ **课堂和功能活动**

可以在教室或家中为儿童设置一个游戏商店，里面有游戏币、买卖用的盒子等等。让一个儿童充当店主，其他儿童充当购物者。

○ **标准**　儿童可以在 3 种情况下独立在商店里买东西（例如，自己拿物品或者让店员帮忙拿物品、付钱、等待找零钱等）。

1x. 适当地接听电话并打电话给他人

○ **教具**　电话

○ **流程**

让儿童与电话另一端的人交谈。首先让儿童用玩具电话练习接听，然后当有人打电话过来时，让儿童接听电话。提示儿童说什么（例如，"你好，我是约翰尼，你想跟我母亲说话吗？"）。让一些我们认识的人专门打电话给儿童来练习接听电话通常很有帮助。一定要教授儿童如何叫成人来接听电话。需要注意的是，要教儿童不要在电话中透露个人信息（例如家人的名字、地址、照料者仅留下保姆照看孩子等信息）。

○ **课堂和功能活动**

在教室的假装游戏区（或其他适当的区域）放置 2 部或更多电话。

使用仿真电话与儿童假装打电话，与他轮流拨打电话和接听电话。让朋友或亲戚每天或每周定期给儿童打电话，让儿童练习适当地接听电话。

○ **标准**　儿童能够适当地接听电话，并在 5 种不同场合下，给想要打电话的人打电话。

序列 2
人际交往能力

人类的学习和发展主要发生在社会背景下，儿童对照料者的社会反应不仅提供了有关儿童思考、感受和学习的信息，而且也肯定了照料者对儿童投入的时间和精力。当儿童因患有的障碍（例如严重的脑瘫、严重的感觉障碍）影响到他向照料者和同伴作出积极反馈的能力时，照料者和同伴可能会在不知不觉中减少对儿童的关注。而反过来，儿童可能会减少他进行互动的努力，从而进一步降低获得积极社交经验的可能性。

在制订干预计划时，必须重点关注照料者与儿童之间的互动，直到这些互动完全建立起来。然后，重点应转移到帮助儿童发起社交互动，并回应同龄人和更广泛的成人的社交互动上。

| 特殊调适 |

有运动障碍的儿童

如果儿童的运动和运动控制能力非常有限，我们需要敏锐地察觉到他在社交活动中的细微暗示，特别是眼神和微笑。寻求职业和/或物理治疗师的帮助，帮儿童找到观察其他儿童和参加团体活动的最佳体位。

患有严重运动障碍的儿童也许可以操作带有开关的玩具，这样的玩具可以有效地吸引其他儿童的注意力和兴趣，同时，也让儿童有机会和同伴进行分享、轮流以及其他社交互动。

有视力障碍的儿童

患有严重视力障碍的儿童可能对声音特别敏感，他们对照料者表示认可和反对的音调的细微差别也能够敏锐地分辨出来。与其他儿童相比，与他们交谈时，频繁且有意识地使用不同的音调和音量来沟通更为重要。

患有严重视力障碍的儿童在学习与其他儿童互动时需要特殊帮助。他们可能需要身体上的指引才能将东西交给别人或玩简单的游戏。没有视力障碍的同伴可能需要接受指导才能与视力障碍儿童一起玩耍。

患有听力障碍的儿童

患有严重听力障碍的儿童可能会错过许多社交线索，特别是表明此时应该注意某个人或某项活动的口头提示。可能需要通过碰触儿童和做一些手势来表明我们希望他注意的地方。粗大运动和精细运动都有助于促进儿童不依赖口头交流的社交互动。如果儿童正在学习用手语进行沟通，也要将这些手语所代表的意思教给其他儿童。通常，儿童喜欢唱同时带有文字和手语的歌。

2. 人际交往能力

w. 与同伴就玩具进行协商（可能会交换玩具）

x. 意识到社会标准

y. 与同伴合作实现目标

z. 表达对某些同伴的喜爱和/或偏爱

aa. 当另一个儿童受伤或经历不愉快时表示关心

bb. 请求许可

cc. 与同伴交谈

dd. 在成人提示下，大部分时间能够进行轮流活动

ee. 适当回应熟悉的成人的社交行为

ff. 在熟悉的环境中容易与父母或照料者分开

gg. 与成人相比，更喜欢与同伴交往

hh. 与同伴合作展开想象游戏

ii. 理解同伴的感受并作出回应

jj. 无需成人监督，与其他儿童一起玩团体游戏

kk. 在成人监督下，与其他儿童一起玩简单的棋盘游戏或纸牌游戏

ll. 口头协商解决冲突

mm. 倾听同伴，和同伴讨论想法或发现

nn. 通过假装游戏中的角色扮演，理解不同的人有不同的情绪、态度或信念

oo. 征求使用他人财物的许可

pp. 理解他人的感受

qq. 恰当使用"谢谢""请""欢迎"等礼貌用语

rr. 意识到他人需要帮助并提供帮助

ss. 无需成人干预，长时间与同伴一起玩耍

tt. 无需成人干预，与同伴一起玩熟悉的游戏并遵守规则

uu. 认出特别的朋友

vv. 自发轮流和分享

ww. 以社会认可的方式坚持自己的想法

xx. 和同伴设计/创建游戏规则

yy. 对除家人以及亲密朋友以外的人感兴趣

2w. 与同伴就玩具进行协商（可能会交换玩具）

○ **教具** 无需教具

○ **流程**

找另一个儿童与有特殊需要的儿童一起玩耍。在他们周围放置各种各样的玩具，但要确保在这些玩具中，只有一个玩具是双方都非常喜欢的（例如，一个可以骑的玩具、一对钳子、一套画笔和画架）。当他们玩玩具时，观察他们如何分享以及如何处理他们都想要玩的玩具。辅助他们及时轮流玩耍以及使用合适的方式交换玩具。当他们分享或一起玩玩具时，对他们的行为做出评论，让他们知道他们的行为是值得赞赏的。

○ **课堂和功能活动**

向儿童展示如何在出现冲突时通过轮流玩耍或交换玩具的方式来解决矛盾。强调用语言来解决问题，而不是采取抓人、打人或其他用身体抢夺玩具的方式。表扬儿童分享以及共同玩玩具的行为。

○ **标准** 连续数天，儿童每天数次与同龄人和（或）兄弟姐妹通过协商获得玩具。

2x. 意识到社会标准
（例如衣服脏了想要换、找人将破损的玩具修好）

○ **教具** 无需教具

○ **流程**

当我们与儿童一起玩时，注意观察儿童了解社会标准的迹象。如果没有机会观察到这一点，我们可以故意设置一些情境，例如将一个破损的玩具放到我们正在使用的教具中，把饮料洒在地上，给他一些破碎的或者被损坏的纸制品等等。观察儿童的反应，如果他表现出苦恼，回应他的苦恼，但要以实事求是的方式对待发生的事件（例如，"我知道你不是故意这样做，让我们解决它"）。

○ **课堂和功能活动**

儿童通过观察周围的成人和其他儿童来学习社会标准。通过与儿童谈论我们为什么这样做来鼓励儿童的学习（例如，"那件衣服已经很脏了，去商店之前先换一件""哎呀，你把牛奶洒了，让我们把它清理干净""已经坏了，看看我们能否修好""亲爱的，你撕了丹尼的论文，告诉他你很抱歉"）。

○ **标准** 儿童表现出对几种不同社会标准的认识，例如对清洁衣物的渴望、修理破损物品的需要、在发生事故时说"对不起"等等。

2y. 与同伴合作实现目标

○ **教具** 无需教具

○ **流程**

寻找一两个同伴与儿童一起玩耍，成人可以提出大家一起做某事的建议，例如，在椅子上建造火车并假装乘坐火车；建一座建筑，或者用积木建一条马路让汽车在上面行驶。如果一群儿童正在搭积木，给每个儿童一堆积木从而让所有人都更有可能参与到游戏中。如果任何一个儿童在独自玩他的积木，告诉他建造一个大房子（或者马路）需要用到所有的积木。当儿童在任务中合作时，赞美他们。

○ **课堂和功能活动**

为儿童提供在家中、学校、托管所或其他环境中与同伴互动的机会。如果他没有自发地加入合作游戏，就另找一个儿童加入我们和他的游戏中。选择能够促成合作的教具，例如积木或其他筑造类的玩具。

在教室里鼓励儿童轮流在积木搭成的塔上加积木，看他们能把塔搭多高，或者一起用积木建一条马路，让汽车在上面行使，等等。根据需要，我们可以在开始的时候尽可能多地参与其中，然后逐渐退出。如果他们发生冲突，鼓励彼此妥协。评论他们如何一起工作以及他们共同完成的事情。

○ **标准** 儿童多次与一个或多个同伴合作实现目标。

2z. 表达对某些同伴的喜爱和/或偏爱

○ **教具** 无需教具

○ **流程**

儿童通过体验来自家人和其他照料者的爱意，来学习如何表达爱意。在符合儿童所处的文化背景之下，我们可以用任何方式自由表达对儿童的爱意。例如，对他微笑、轻轻拍他、偶尔拥抱他，并告诉他我们关心他。此外，也可以在儿童面前表达对他人的爱意。

○ **课堂和功能活动**

在教室里，使用亲吻、拥抱、轻拍或其他符合文化背景的方式向儿童展示如何表达爱意。鼓励儿童互相帮助，并在受伤时互相安慰。利用小组时间，鼓励年龄较大的儿童讨论人们做的哪些事让他们知道自己是被爱的。

○ **标准** 儿童表达对某些同伴的喜爱和/或偏爱应该是常见的情况。尽管时常发生变化，但每次儿童与同伴在一起时，表达爱意或偏爱的迹象应该可以被识别。

2aa. 当另一个儿童受伤或经历不愉快时表示关心

○ **教具** 无需教具

○ **流程**

培养儿童在他人遭遇不幸时能够敏感察觉的能力。例如，当儿童受到伤害时帮助他；在他感到沮丧或不快乐时给予关心，帮助他找到问题的解决方案，鼓励他帮助其他家庭成员（例如，"强尼的手指受伤了，快来帮忙亲亲它，让它快快好起来""约书亚的房子倒了，你能帮他修一下吗？"）。

让儿童用娃娃、小动物或木偶玩假装游戏，内容涉及其中一个角色在受伤时照顾另一个角色。

当儿童对同伴遭遇的不幸表示同情时，要让儿童知道你非常欣赏和肯定他的这一行为。

○ **课堂和功能活动**

在教室里会有很多机会来鼓励儿童这样做。

○ **标准** 当同伴受伤或经历不愉快时，儿童至少 5 次对同伴的遭遇表现出关心。在这个阶段，儿童不需要自发尝试帮助同伴，但应该寻求成人的帮助或者在成人的要求下想要帮忙。

2bb. 请求许可（例如，"我们可以出去吗？""我可以把它转过来吗？"）

○ **教具** 无需教具

○ **流程**

将一组玩具或其他物品在自己和儿童之间进行分配。然后在上面贴上标签，区分"我的"和"他的"。几分钟后，询问儿童是否可以玩（或使用）他的一个物品几分钟，短暂地玩一会儿然后还给他。从我们这一组物品中找一个特别有趣的并用它做一些事情，如果儿童伸手去拿但没有提出请求，告诉他："你想要我的这个物品吗？先好好地问问我。"如果有必要，告诉他如何询问："请问我可以用吗？"我们也可以使用零食进行类似的活动，每个人可以练习的内容各不相同。

○ **课堂和功能活动**

在使用他人物品时先征得对方的许可，以强调对家庭或课堂规则及个人财产的尊重。询问儿童是否可以拿他一块饼干或玩他的玩具，并向其他家庭成员询问这类问题。当儿童想要进行某个活动并询问以获得许可时，积极回应这些要求。如果要求不能被批准，告诉他为什么不可以，并告诉他可以这样做的恰当时机（例如，"你现在不能出去，外边雨太大了，等雨停了我们再出去"）。

○ **标准** 儿童在没有提示的情况下多次请求成人或同伴的许可。

2cc. 与同伴交谈

○ **教具** 无需教具

○ **流程**

观察儿童与另外一两个儿童在一起的情况。如果他没有与他们交谈（作出回应、回答问题、提供信息等），选择其中一个同伴作为他的对话伙伴，选择另一个同伴和我们谈论一些正在进行的活动。然后尝试通过提问或让儿童告诉我们一些经验等方式来吸引儿童加入对话。如果两个儿童开始单独交谈，则撤除对儿童的帮助。

○ **课堂和功能活动**

多花些时间和儿童说话以及倾听。创造条件以延长他与同伴的游戏时间。

当我们和一群儿童在一起时，一定要和他们交谈。通过提供一些聊天内容和主题，鼓励他们互相交谈（例如，"马修，让蒂娜看看你的娃娃屋""这是一盒衣服，你想打扮一下吗？"）。

在教室里设置多种活动区域（例如假装游戏区、装扮区、筑造区），可以鼓励儿童互相展开对话。观察儿童的行为，并在必要时参与其中，以鼓励他们一起制订计划并进行交谈。

○ **标准** 儿童2次或多次与同伴（3个或更多）交谈。

2dd. 在成人提示下，大部分时间能够进行轮流活动

○ **教具** 无需教具

○ **流程**

与儿童一起玩玩具，然后告诉他该轮到我们了。如果他拒绝，再次询问，并用另一个玩具和他交换或告诉他我们玩完之后会马上还给他。

拿出一个新玩具玩，并且尽可能表现出玩具很有趣且吸引人。如果儿童也想玩，告诉他轮到他的时候可以玩，但玩完之后必须还回来。先让他玩5分钟左右，然后告诉他现在轮到我们玩了。不要强迫他把玩具还回来，但要继续为他示范轮流玩的行为，如果他在轮到我们时把玩具递过来，表扬他，无论儿童是自发给我们玩具，还是在要求下给我们，都要表扬他。

○ **课堂和功能活动**

在日常活动中强调分享行为，并让儿童参与。如果儿童每天只和成人一起待在家里，我们很容易忽视教他如何轮流的重要性。成人应该重视和儿童一起进行的一些轮流活动（例如，"轮到我玩货车了吗？""我先选择我们要看的节目，等这个节目结束就轮到你来选了"）。

轮流活动是儿童课堂活动的重要组成部分。对儿童的轮流行为给予肯定（例如，感谢他们、给他们一个拥抱、在其他儿童面前表扬他们），而不是指出或责骂那些没有做出轮流行为的儿童。

○ **标准**　在成人提示下，儿童大部分时间能够与其他儿童一起轮流玩。他可能会做鬼脸或看起来不高兴，但不管怎么样，他仍然遵守了轮流的规则。

2ee. 适当回应熟悉的成人的社交行为

○ **教具**　无需教具

○ **流程**

始终以符合社会要求的方式和儿童打招呼，并鼓励他与其他熟悉的成人打招呼（例如，"向玛格丽特阿姨问好""跟佐格先生握手"）。

○ **课堂和功能活动**

向儿童展示如何恰当地问候其他成人或儿童并与其展开互动。为儿童提供机会与我们的朋友和家中访客进行互动，鼓励儿童说出适当的问候语和告别语，鼓励儿童回应握手、击掌等行为。

在教室里，将儿童介绍给其他儿童的父母，或邀请一些访客，让他们在房间里随意走动并与儿童交谈。

○ **标准**　在大多数情况下，儿童能够适当回应熟悉的成人的社交行为（例如，在接近成人时微笑、回答或问问题、向成人展示有趣的东西）。

2ff. 在熟悉的环境中容易与父母或照料者分开

○ **教具**　无需教具

○ **流程**

观察当父母或照顾者把儿童留给我们照料时会发生什么。一定要询问在其他情况下，当父母或照料者与儿童分开时会发生什么。如果儿童在父母或照料者离开后抱住他们，或者哭泣超过几分钟，则根据情况进行讨论。提醒父母或照料者如果他们表现得很有信心，相信儿童在他们离开后能做得很好，那么儿童更容易与父母或照料者分开。因此，父母和照顾者在离开儿童时要表现出坚定的信心，告知儿童自己即将离开以及回来的时间，告诉儿童要玩得开心，然后离开。离开时应尽量减少告别的时间，这一点很重要。如果儿童哭泣，父母或照料者可以和他说些"我很快就会回来，你会玩得很开心"之类的话，然后离开。如果儿童在父母或照料者离开后长时间哭泣，则可能需要让儿童和父母或照料者逐渐分离（例如，每次仅离开儿童15分钟，然后是30分钟、45分钟、60分钟，之后以60分钟为单位逐渐增加）。

当父母或照料者离开时，建议留下照顾儿童的人用有趣的玩具或活动来分散儿童的注意力。如果儿童愿意，可以握住他的手、抱他或以其他方式进行身体接触。重要的是，对于儿童的哭闹，父母和照顾者要表现得积极一些，而不是过分的担心和苦恼。用语言描述儿童的感受（"我知道你想见妈妈……"），并向他做出保证（"但她很快就会回来，我们等妈妈的时候可以给她做个有趣的东西"）也是很重要的。如果有必要，照顾儿童的人应该经常向他保证他的父母或照料者会回来，并以儿童能够理解的方式告知父母或照料者回来的具体时间（例如，"等你睡醒，你妈妈就回来了"）。

○ **课堂和功能活动**

在课堂上和其他所有需要分离的情况下，按照上述程序进行操作。

○ **标准**　在熟悉的环境中，儿童很容易与父母或照料者分开。他不会哭，并很快就会参与到其他活动中。

2gg. 与成人相比，更喜欢与同伴交往

○ **教具**　无需教具

○ **流程**

在这一阶段，儿童的人际交往能力不能以任何方式直接教授，但可以通过创造机会让儿童与其他儿童一起玩来建立。家长、照料者和教师应该监控儿童和其他儿童之间发生的事情，以确保儿童与同龄人有有益的经历。有时候，有必要选择一个或多个社交技能熟练的同龄人，指导他们如何与有语言障碍、运动障碍或识别社交线索困难的儿童互动。社交技能熟练的儿童能够意识到其中的差异并感到好奇，但通常不会对这些差异进行评判。我们可以教授他们如何与有障碍的儿童互动，而他们通常也能够在与有障碍的儿童互动时感到高兴。

○ **课堂和功能活动**

当儿童适应、熟悉了一个小组后，将他带到新的儿童群体中。监控他和其他儿童之间发生的事情，根据"流程"部分所述的方式进行干预，使其在与其他儿童的互动中获得成功经验。

○ **标准**　在3个或更多场合中，儿童通过参与度、情绪、注意力的变化等，表现出更喜欢与同伴互动而不是与成人互动。

2hh. 与同伴合作展开想象游戏

○ **教具** 无需教具

○ **流程**

选择一个社交技能熟练的儿童,让他与儿童一起玩耍。根据我们之前对儿童和其游戏伙伴的观察,为儿童提供可能引发想象游戏的教具。如果儿童没有参与创造游戏主题,我们可以通过提问引出儿童的一些想法,并鼓励其他儿童按照这些想法去做。

○ **课堂和功能活动**

为儿童提供许多与其他儿童一起玩耍的机会。将能够引发儿童进行想象游戏的玩具放到家中或教室的游戏区(例如装扮服装、炊具、积木和其他建筑材料、纸和笔)。

如果儿童没有参与到想象游戏之中,可以建议其他小组的儿童邀请他加入(例如,"你好像正在建房子,你为什么不问问塔尼卡想做什么呢?")。

○ **标准** 儿童经常与同伴合作展开想象游戏(即提出建议、担任角色等等)。

2ii. 理解同伴的感受并作出回应

○ **教具** 无需教具

○ **流程**

让儿童参与玩娃娃、毛绒动物或木偶的假装游戏。设置一个情境,例如,玩偶掉下来摔伤了膝盖,询问儿童玩偶的感受,以及应该做些什么来帮助玩偶。如果他没有给出适当的答案,我们可以描述对娃娃的感受以及我们将为它做些什么。然后设置其他情境以评估儿童的其他感受。

给儿童读故事,偶尔停下来问他角色的感受。

观察儿童与其他儿童一起玩耍时的情况,如果同伴遇到了一些好事或坏事,询问儿童同伴此时的感受。

○ **课堂和功能活动**

重点说明我们自己的感受以及与我们在一起的其他人的感受(例如,"我因为无法做到这一点而感到沮丧""爸爸很累,让他休息吧""你拿走了杰克的玩具,他很生气,把玩具还给他并跟他道歉""盈盈的车坏了,她很伤心,我们帮她修好吧""我太高兴了,我们收到了奶奶寄来的信!")。我们要敏锐地觉察到他人的感受并给儿童做示范。例如,在儿童获得成功和感到快乐时为他加油,在他受伤时帮助他,在他沮丧或不开心时表现出同情,在他无法弄清楚要做什么时帮助他找到问题的解决方法,鼓励儿童帮助其他家庭成员(例如,"乔西很伤心,因为他的饼干掉了，你能再给他一个吗？"）。

在课堂上，我们要觉察儿童的感受并表现出对他们的关心。鼓励小组成员注意他人的感受。对于儿童乐于助人的行为给予积极的评价和肯定。

○ **标准**　儿童能够理解其他儿童的2种或2种以上的感受，并对其作出适当的反应。

2jj. 无需成人监督，与其他儿童一起玩团体游戏（例如抓人、捉迷藏）

○ **教具**　无需教具

○ **流程**

找另外两个同龄人和儿童一起玩。让3个儿童一起玩抓人或捉迷藏的游戏。当他们玩得很好时，告诉他们我们有别的事情，需要出去几分钟，并鼓励他们继续玩。观察在没有成人参与的情况下会发生什么，只在必要的时候进行干预，以便儿童在没有成人参与的情况下继续玩5分钟左右。

○ **课堂和功能活动**

与儿童一起玩游戏，以便他遵守游戏规则并懂得轮流。然后创造机会让儿童和小团体的儿童一起玩耍，组织玩一些只有少量规则的、简单的团体游戏（例如抓人、捉迷藏、躲避球）。确保儿童理解规则，并长时间监督他们以解决发生的争执并保证他们的安全。

○ **标准**　至少3次以上，观察到儿童在没有成人监督的情况下与其他儿童一起玩团体游戏（即参与游戏、遵守规则，且不会对游戏造成破坏）。

2kk. 在成人监督下，与其他儿童一起玩简单的棋盘游戏或纸牌游戏

○ **教具**　简单的棋盘游戏或纸牌游戏（例如 *Candyland*、*Chutes and Ladders*、*Old Maid*、*I Spy Preschool Game*）

○ **流程**

找一两个同龄人与儿童一起玩游戏。教他们玩一个简单的游戏，先和他们玩一会儿，然后建议他们继续自己玩。观察他们并在必要时进行干预。

○ **课堂和功能活动**

与儿童一起玩简单的棋盘或纸牌游戏。有一些学龄前游戏，（例如，*I Spy Preschool Game*）能够让每个儿童都成为赢家，把儿童引入这样的游戏中会很有帮助。我们还可以在玩具店或学龄前游戏网站上寻找其他类似的简单游戏。

在和儿童玩只能一个人获胜的游戏时，不要让他总是输或总是赢。儿童需要知道他有时会赢，有时会输。当我们输掉时，示范如何更好地面对失败，我们可以笑一笑，而不是表现得特别严肃，似乎事态严重。

确保儿童有机会与其他儿童一起玩游戏。在游戏过程中，可能需要我们进行监督以确保儿童遵守规则，或者帮助儿童解决争执。

在课堂上，把简单的棋盘游戏或纸牌游戏引入教学。我们可以玩需要配对的纸牌游戏来教儿童配对和游戏玩法；也可以用棋盘游戏来教授儿童计数方法，这比单调地背诵更有趣。可以围绕这些游戏制订课程计划。

○ **标准**　在有成人监督的情况下，儿童能够与其他儿童一起玩简单的棋盘游戏或纸牌游戏。儿童必须遵守游戏规则并做出符合社会规则的行为。以上行为应该在几个不同的场合中观察到。

211. 口头协商解决冲突

○ **教具**　无需教具

○ **流程**

教授儿童通过口头协商解决冲突的最重要方式，是向他展示当我们和他或其他儿童，或者和其他成人有冲突时，我们是如何做的。

无论是在家里还是在教室里，当儿童使用抓人、打人或其他不可接受的方式处理冲突时，告诉他"用说话的方式解决"。我们可以把正在打架的两个儿童分开，当他们冷静后，让他们说一说发生了什么事。帮助儿童通过与对方协商的方式，找到问题的解决方法（例如，"我在午饭之前玩，你可以在午饭之后玩"）。

○ **课堂和功能活动**

在所有课程设置中按照上述步骤操作。

○ **标准**　至少在 3 种不同的场合中，儿童能够在没有成人提示的情况下通过口头协商解决冲突。

2mm. 倾听同伴，和同伴讨论想法或发现

○ **教具**　无需教具

○ **流程**

为儿童寻找一个游戏伙伴，为他们提供一些玩具和/或美术用品，并观察他们之间如何互动。带儿童和他的游戏伙伴去散步或去一些有趣的地方（例如公园、动物园）。听听他们之间的

谈话。如果儿童没有倾听同伴讲话或者与之交谈，我们可以通过提问或其他方式辅助他们进行适当的互动。如果没有必要，则无需提供帮助。

○ **课堂和功能活动**

与儿童讨论自己的一些发现和想法（例如，我们喜欢玩什么样的游戏、我们最喜欢的颜色或食物）。仔细听他说的话，并对他的想法、问题、发现、感受等表现出兴趣。当其他儿童在身边时，对他们的想法、发现、感受等也要表现出同样的兴趣。

在课堂上，建议儿童和一个或多个同伴进行一些活动，促使他们讨论各自的想法和发现。各种科学课程非常有利于促进儿童间的讨论，例如，将糖放入水中搅拌直至溶解，然后询问儿童发生了什么（例如，"糖去哪了？水会甜吗？"）。或者带儿童去散步，让他们收集能够在外面找到的东西（例如树叶、树枝）。鼓励他们告诉其他儿童自己收集了什么，为什么他们认为这个物品看起来像某物，他们认为它是什么，等等。

○ **标准** 儿童能够倾听同伴讲话，并至少在 3 种不同的场合中讨论自己的想法或发现（每次与一个或一组儿童交换至少 3 次以上彼此的想法和发现）。

2nn. 通过假装游戏中的角色扮演，理解不同的人有不同的情绪、态度或信念

○ **教具** 装扮服装、娃娃、毛绒动物或木偶

○ **流程**

和儿童一起玩娃娃、毛绒动物或木偶，分别扮演不同的角色，并基于角色所处的情景表现出不同的情绪或反应。例如，一个玩偶吃了最后一块饼干，另一个玩偶可能会生气；或者熊宝宝因为熊妈妈下午离开自己而感到难过。当儿童能够在不同情景中扮演不同角色后，让他逐渐参与到故事或活动的创作当中。

○ **课堂和功能活动**

在教室里，用一个大盒子建造一个简单的木偶舞台。使用两个性格迥异的木偶做一个简单的游戏（例如，一个可怕的巨人想要友好地和小男孩玩，但小男孩非常胆小和害怕）。然后，两三个人为一组，让儿童轮流在木偶舞台上表演。如果儿童不想自己构想主题进行表演，则可以给儿童提供一个简单的主题。

观察儿童与其他儿童一起玩想象游戏。观察他是否扮演了不同的角色，并在游戏过程表现出不同的情绪、态度或信念？

○ **标准** 至少在 3 次角色扮演中，儿童能够理解不同的人有不同的情绪、态度或信念。

2oo. 征求使用他人财物的许可

○ **教具**　儿童感兴趣的各种物品

○ **流程**

选择一个儿童可能会感兴趣的教具，并将教具分成2堆或分别放入2个容器中，一组给自己，另一组给儿童，确保教具中的某些特殊物品在同一个组中，而另一些特殊物品在另一个组中。例如，两组中都有纸和铅笔，但一组中有剪刀和红色、蓝色、黄色的彩笔，而另一组中有胶棒和绿色、紫色、橙色的彩笔。

和儿童一起，每人画一张画。在此程序的前期，我们要先征得儿童的同意，允许我们使用他有但我们没有的物品（例如，"我没有剪刀，我可以用你的吗？"）。用完后及时还给他，并继续画画。然后，尽量想办法让我们特有的教具看起来特别吸引人，如果儿童没有要求使用任何一个我们的物品，则继续借一个他的物品。

如果儿童在未经同意的情况下直接拿取我们的物品，提示他要征得我们的同意后再使用。

使用其他教具以及在其他活动中继续尝试此流程。

○ **课堂和功能活动**

儿童通过观察其他人的做法来学习如何获得他人的许可。在教室和家中，成人应该在使用他人物品前，为儿童示范如何征得他人的许可。特别是儿童的东西，我们要尊重他的所有权并询问是否可以使用（或拿走、分享）。如果儿童没有询问而直接拿走了我们的东西，向他说明他必须先询问，并跟他谈论尊重他人财物的必要性（例如，"商店里的口香糖不是我们的，所以，如果不付钱，我们不能吃""先问问爸爸，否则不要把爸爸的文件拿走""如果你想玩米西的玩具熊，要先问问她能不能给你玩玩"）。

当观察到儿童或其他儿童用恰当的方式征求他人许可时，表扬他尊重他人的行为。

○ **标准**　通常，儿童在使用他人财物之前先征求他人的许可。

2pp. 理解他人的感受（例如，"她很伤心""你很难过吗？"）

○ **教具**　无需教具

○ **流程**

这个项目类似于项目2ii（理解同伴的感受并作出回应），但需要儿童能够理解更加复杂的表情和身体语言。在项目2ii中，儿童通过观察对方发生了什么来判断对方的感受，但在这个项目中，儿童需要能够通过他人的行为来辨别他们的感受。

儿童需要先观察到成人对他人感受的反应，才能意识到他人感受的重要性。当需要理解他人感受的情况在日常生活中自然发生时，我们要及时和他分享我们所观察到的（例如，"你看起来很伤心，是什么让你难过？""玛丽非常生气""爸爸看起来很开心，我们去问问他为什么"）。

○ **课堂和功能活动**

评论电视节目或故事中人物的感受，并针对节目或故事内容询问儿童："你觉得他对此有什么感受？"

选择阅读一些故事，能够针对悲伤、恐惧、愤怒和幸福等情绪进行讨论。

在课堂上，鼓励儿童谈论感受。注意观察是否有儿童看起来有些悲伤、生气、害怕等，讨论我们的观察并寻找可以帮助这个儿童的方法。我们对此做出评论之前，先听听儿童的想法。

○ **标准** 儿童能够理解他人的感受，并能够区分至少3种不同的感受。

2qq. 恰当使用"谢谢""请""欢迎"等礼貌用语

○ **教具** 无需教具

○ **流程**

在与儿童或其他人进行互动时，示范如何恰当使用"谢谢""请""欢迎"等礼貌用语。当儿童提要求时，要求他说"请"，也可以适当地鼓励他说"谢谢"和"欢迎你"。告诉儿童这样做很重要，要有礼貌，同时也能够让其他人感觉很舒服。注意观察儿童为使用礼貌用语而做出的努力，并积极回应他们。

○ **课堂和功能活动**

在课堂上，鼓励所有儿童使用礼貌用语。关注那些恰当使用礼貌用语的儿童。

○ **标准** 儿童频繁且恰当地使用"谢谢""请""欢迎您"和/或其他符合其文化背景的礼貌用语。每天最多提示他两到三次。

2rr. 意识到他人需要帮助并提供帮助

○ **教具** 无需教具

○ **流程**

当我们与儿童互动时，设置各种需要儿童帮助才能完成任务的情境。例如，双手拿满东西，需要他人帮忙开门；拎着袋子的一边，需要他人拎着另一边才能把东西塞进去；双手抱满东西，需要他人帮忙捡起掉在地上的东西。虽然我们需要帮助，但在寻求帮助之前先等一等，看儿童是否意识到我们需要帮助并自发提供帮助。感谢儿童提供的任何帮助。

○ **课堂和功能活动**

在教室或家中，当儿童或其他人遇到困难时，为儿童示范如何提供帮助（例如，"你拉不开拉链了吗？需要我帮你吗？""来这里，我帮你解开那个"）。利用"圆圈时间"或其他小组时间来谈论互相帮助的重要性（例如，"我们帮助了别人，那么在我们遇到困难的时候，别人也来帮助我们""小组成员互相帮助能够让每一个成员更开心"）。当我们有需要时，向儿童寻求帮助。在他提供帮助时，赞美他并表达感谢。

鼓励小组中的儿童互相帮助（例如，"比尔解决不了这个难题，问问他是否需要帮助"）。

在课堂上，在"圆圈时间"提问："如果……，你会怎么做？"描述人们可能遇到的各种问题（例如，"如果鸡蛋从爸爸拿着的购物袋里掉出来洒了一地，你会怎么做？""如果小宝宝的球掉到沙发下面了，你会怎么做？"）。我们可以利用杂志中的图片来说明问题，让儿童更容易理解。

○ **标准** 儿童意识到他人需要帮助，并至少在 2 种场合中提供帮助（无需成人要求）。

2ss. 无需成人干预，长时间与同伴一起玩耍
2tt. 无需成人干预，与同伴一起玩熟悉的游戏并遵守规则

○ **教具** 拼图和简单的游戏

○ **流程**

给儿童创造很多和其他儿童一起玩的机会。除非在必要的时候，成人不要组织游戏或进行干预。准备一些简单的、能够在室内和室外玩的物品，如果儿童从来不主动选择玩某个游戏，则为他提供一个建议或选择。如有必要，和他们一起玩几分钟，然后退出游戏让他们自己玩。

○ **课堂和功能活动**

在教室里，当我们想让儿童在用餐前或午睡前安静下来时，可以玩熟悉的棋盘游戏。

○ **标准 2ss** 在教室或托儿所，儿童每天至少有一次在没有成人干预的情况下，长时间（例如 15—30 分钟）与同伴一起玩耍。

○ **标准 2tt** 至少在 3 种场合中，儿童在没有成人干预的情况下按照规则与同龄人玩熟悉的游戏。

2uu. 识别特殊的朋友

○ **教具** 无需教具

○ 流程

与儿童谈论和他一起玩的伙伴。让他随意说一说他喜欢谁和不喜欢谁。如果他没有自发说出任何一个比较特殊的朋友，则询问他最喜欢和谁一起玩。几天之后，看看他是否维持自己原来的选择。

○ 课堂和功能活动

让儿童选择邀请哪些人来家里做客。此外，和他谈论我们认识的人，并说一说这些人的优点，但是要让他知道哪些人是我们的特殊朋友。设计一些可以让这些朋友参与进来的活动。

在课堂上，可以很容易观察到儿童喜欢和哪个同伴一起玩。允许儿童自己选择玩伴，但也要合理安排环境，以避免某些儿童被排除在活动之外。

○ 标准　儿童可以通过回答关于朋友的问题或要求特定的玩伴来明确特殊的朋友。

2vv. 自发轮流和分享

○ 教具　无需教具

○ 流程

找一个同龄人与儿童一起玩。为两个人分别提供一些绘画或其他活动需要的物品，将其中一部分物品分给一个儿童，另一部分分给另一个儿童。在活动过程中观察他们的反应，如果他们没有相互分享自己的物品或轮流玩，则携带一些属于自己的物品加入他们的活动，与他们分享自己的物品并要求和他们轮流玩。

○ 课堂和功能活动

在家里和/或教室里示范轮流和分享的行为。赞美儿童轮流和分享的行为，并作出积极回应。安排"圆圈时间"或其他小组时间来谈论有关分享的话题，以及如何通过分享来让每个人都有玩耍的机会。说一说我们在课上观察到的正确分享的例子，询问儿童能否也举一个自己分享的例子（注意不要引导儿童过分关注那些反面例子，要强调积极分享的例子）。

○ 标准　儿童在没有成人提示的情况下进行轮流和分享。这种行为应时常出现，但也允许儿童偶尔拒绝分享。

2ww. 以社会认可的方式坚持自己的想法

○ 教具　无需教具

○ 流程

观察成人和其他儿童在没有使用暴力的情况下如何坚持自己的想法，对儿童来说非常重要。

成人应该通过使用含有"我"的语言来为儿童做示范（例如，"我想……""我希望你……""我不喜欢你……""当你用完［物品名称］的时候，我也想用，谢谢"）。当儿童以类似的方式表达自己的想法时，作出积极的回应。有时可能需要拒绝他的请求，但首先应认识到他的需求（例如，"我知道你很想玩，但现在玛丽……"），然后和他进行协商（例如，"但我们需要先完成这个计划，等我们完成了，你就可以玩了"）。

○ **课堂和功能活动**

辅助儿童以社会认可的方式坚持自己的想法，并在课堂或其他环境中辅助儿童对分歧进行协商。

○ **标准** 儿童以社会认可的方式坚持自己的想法（例如，通过直接询问索要物品、通过谈判得到他想要的东西）。儿童很少通过打架或哭泣的方式满足自己的需求。

2xx. 和同伴设计／创建游戏规则

○ **教具** 无需教具

○ **流程**

为儿童创造更多与同龄人一起玩的机会，并且不需要成人帮忙组织活动。观察儿童是否参与设计或创建游戏规则的环节。例如，儿童可以为球类游戏划定边界或垒、决定球员击球的次数等。同样，他们也可以玩熟悉的纸牌游戏，并同意修改规则。如果儿童没有参与游戏设计，我们则通过询问他的想法、鼓励他与其他儿童进行分享，以及鼓励其他儿童将他的想法融入游戏规则等方式进行干预。

○ **课堂和功能活动**

在课堂上，允许儿童在自由活动时间里自己组织游戏和活动是非常重要的。

○ **标准** 至少在2种情况下，儿童与同伴一起设计或创建游戏规则。

2yy. 对除家人以及亲密朋友以外的人感兴趣

○ **教具** 关于不同文化、职业等方面的书籍

○ **流程**

表现出对其他人的兴趣。给儿童读他不熟悉的其他文化背景或职业的人的书籍。带儿童去有各种各样的人的地方。带儿童去商场，可以告诉他哪些是保安或警察，哪些是老年人、孕妇等等。以积极的方式谈论我们所看到的。倾听儿童针对他看到的人所进行的提问。回答他的问题，让他知道我们喜欢他的这些发现。

○ **课堂和功能活动**

学校组织的实地考察让儿童有机会认识不同的人（例如消防员、农民、退休中心的老年人）。考察结束后，安排时间让儿童讨论他们的所见所闻。

邀请家长/照料者到教室谈论他们的工作，可以根据家长或照料者的时间安排活动。此外，也可以邀请其他文化背景的人（最好是儿童对其服装风格不熟悉的人）与儿童谈论他们民族的文化。鼓励儿童向所有的访客提问。

○ **标准** 至少在3种情况下，儿童询问有关不熟悉的人的问题，或者对他们进行观察，表明他已经注意到他们并非常感兴趣。

序列 3
自我概念

人类的自我意识（自我概念）包括认同感（例如我是谁、我能否胜任、他人如何看待我、我在家庭和社区中处于什么位置）以及对认同感的感受和价值判断。婴儿期是奠定成就感和价值感的关键时期（Turner，1994）。让婴儿感受到来自照料者以及同龄人的重视非常重要，这有助于婴儿肯定自己的价值。当婴儿对自己感觉良好时，他们往往更热衷于尝试具有挑战性的任务，并且通常能够应对失败。

该序列虽然介绍了健康的自我概念的组成部分，但是，只有照料者充满感情和热情地执行活动内容时，课程才会有效。儿童很容易接受成人的态度和感受，如果成人重视并接受有特殊需要的儿童，他们的兄弟姐妹和同伴也更有可能用相同的方式对待他们。

注意：重要的是要认识到儿童健康的自我概念的某些方面可能会给照料者带来一些特殊的挑战，包括：做出不期望的选择、拒绝遵守命令、表现出追求目标的决心、对玩具和其他物品的占有欲，以及与同伴争夺玩具或成人的关注。这些行为会在儿童 18 到 30 个月的时候出现，我们常常将这个阶段定义为"可怕的 2 岁"。尽管这些行为可能会令人生气，并且可能会在一个发育缓慢的儿童身上持续更长时间，但它们应该被视为儿童日益增强的独立意识的重要指标。照料者可以通过制定一致的规则，帮助儿童将他们日益增长的独立感转化为社会可接受的行为，让儿童经常有机会在可接受的选项之间做出选择（而不仅仅是告诉他该做什么），并专注于教导儿童正向行为。在从事的所有活动中，相较于失败的体验和负面反馈，儿童应该从照料者和同伴那里获得更多成功的体验以及正面的反馈。

| 特殊调适 |

有运动障碍的儿童

对于患有严重运动障碍的儿童来说，他们难以从逐渐独立以及和同伴竞争的过程中培养独立感。照料者面临的挑战是找出儿童能够取得成功的活动。用开关控制的适应性设备（包括通信设备和玩具）可能会有所帮助。也可以寻求儿童治疗师的指导。

有视力障碍的儿童

对于患有严重视力障碍的儿童，应省略涉及镜子和照片的项目。这些儿童将学会以不同的方式识别自己和他人，例如，他们可以通过触摸、听声音和脚步声、闻气味等方式来识别。除了需要辅助他们用触觉信息来补充残余视力之外，几乎不需要进行其他调适。

有听力障碍的儿童

对于有严重听力障碍的儿童，需要咨询通讯专家，了解适当的通讯辅助工具，例如使用手语或沟通设备。

3. 自我概念

- n. 对自己的成就感到骄傲
- o. 对自己做出积极的评价
- p. 知道自己的年龄（说出数字或伸出手指表示）
- q. 告诉他人自己的名字
- r. 正确回答自己的性别
- s. 能够选择哪些事情可以做，哪些事情不可以做（辨认出界限）
- t. 对失误或做了禁止做的行为表示内疚或感到羞愧
- u. 描述自己的感受
- v. 说明眼睛、耳朵和鼻子的功能
- w. 谈论自己对相关事件的感受
- x. 对自己的身体感兴趣（询问有关其功能的问题）
- z. 对自己的穿着和外貌感兴趣
- y. 寻求有挑战性的活动
- aa. 确认自己的优势和能力

3n. 对自己的成就感到骄傲

○ **教具**　无需教具

○ **流程**

在儿童获得成就时表现出兴奋并给予赞美（例如，鼓掌、拥抱或告诉他"你拍了一张漂亮的照片，我们要把它挂在墙上"）。赞美儿童并在其他儿童或成人面前"炫耀"他的成果。注意观察儿童是否会将他取得的成果拿给我们看，以期获得肯定，是否会向别人展示自己的成果，或者是否会反复做和自己所取得成就相关的事情。

○ **课堂和功能活动**

无论成就大小，鼓励儿童所处环境中的每个人注意并强化儿童的成就感。

○ **标准**　儿童经常为自己所取得的成就感到自豪，他会通过引起他人的注意、反复多次做那些困难但已经获得过成功的事，或者以其他方式展示自己的成就。

3o. 对自己做出积极的评价

○ **教具**　无需教具

○ **流程**

当与儿童互动时，尽可能详细地评论他做得好的事情以及他为此付出的努力（例如，"你真是一个好帮手""我喜欢你这样和大家分享""你穿这件毛衣看起来太帅了""你太聪明了，把这个拼图拼起来了"）。

另外，在儿童面前向其他儿童和成人做出关于他的积极正面的评价。

聆听儿童对自身做出的积极正面的评价（例如，"我很大""我跑得快"）。让他知道我们接受并欣赏他这样评价自己（例如微笑、点头、口头同意）。

○ **课堂和功能活动**

全天时间里，评论儿童做得好的行为。如果儿童听到成人对他们做出积极正面的评价，他们也将会以积极正面的思考方式看待自己，并更有可能对自己做出积极的评价。如果一个儿童行为不端并且需要离开小组一会儿，我们需要专注于儿童的行为而不是给予消极的评价（例如，"我们不可以打架，跟［其他儿童的名字］道歉，在这里待几分钟直到你准备好了再玩"或者"我们都不喜欢听你尖叫，你必须留在你的房间，直到停止尖叫为止"）。在对儿童进行训斥之后，尽快寻找儿童做得好的行为并给予肯定。对他来说，听到更多积极而非否定的评价是很重要的。

○ **标准**　儿童有时会对自己做出积极的评价。

3p. 知道自己的年龄（说出数字或伸出手指表示）

○ **教具**　无需教具

○ **流程**

问儿童："你多大了？"如果他没有回答或回答不正确，告诉他他的年龄并帮他伸出和年龄一致的手指数，然后一根一根地帮他数。每隔几天就问同样的问题，直到他可以正确回答。

○ **课堂和功能活动**

在庆祝儿童的生日以及家庭成员或朋友的生日时，跟他谈论年龄。虽然儿童并不理解和生日相关的数字的真正概念，但他会知道年龄是个体的一部分，并且会更愿意回答"你多大了？"这一日常问题。

也可以在教室里为儿童庆祝生日。说出过生日的儿童的年龄，然后让其他儿童说出自己的年龄，在必要时提醒他们。

偶尔问儿童"多大了？"，然后辅助他，以便他正确恰当地回答。当别人问他"你多大了？"时不要立刻辅助他，先等他自己回答。如果他没有回答，我们则可通过说出或伸出与年龄一致的手指来辅助他回答

○ **标准** 在3种或更多情况下，儿童说出正确的数字或伸出手指，回答"你多大了？"的问题。

3q. 告诉他人自己的名字

○ **教具** 木偶或娃娃

○ **流程**

与儿童玩假装游戏，拿一个木偶、娃娃或毛绒动物玩具靠近他并说："我叫林，你叫什么？"如果他没有回答，问他"你是不是［其他人的名字］？"如果他还是没有回答，就说"你肯定是［儿童的名字］"。然后拿另一个玩偶、娃娃或毛绒动物玩具重复刚才的游戏，直到他说出自己的名字。

○ **课堂和功能活动**

经常叫儿童的名字，当有人问他名字时，辅助他回答（例如，"告诉刘女士你的名字""告诉他你的名字是塔德"）。

在教室里，我们可以在"圆圈时间"把"混乱先生"介绍给大家。"混乱先生"可以是一个木偶、娃娃或毛绒玩具，他总是接收到错误的信息并且需要把信息改正。例如，"混乱先生"对约瑟夫说："哦，我记得你。你是安特万。"此时，所有的儿童都可能会笑，然后我们可以对着目标儿童说："你不是安特万，那么，你是谁？"然后他把"混乱先生"说的错误名字和错误信息改正。这个游戏可以让大家倾听并思考他们所听到的内容。

○ **标准** 当儿童被问到"你叫什么名字？""你是谁？"或其他类似问题时，在没有成人提示的情况下，儿童有时能够说出他的名字。

3r. 正确回答自己的性别

○ **教具** 几个娃娃，一些打扮成男孩，一些打扮成女孩

○ **流程**

与儿童一起玩，给每个娃娃分配角色（例如爸爸、男孩、妈妈、女孩）。照料者发出指令，要求儿童拿着男孩娃娃或女孩娃娃做某事（例如，"让男孩坐在椅子上"）。然后让他也给我们发指令。玩几分钟之后，问他："你是男孩还是女孩？"如果他没有回答，继续问："你是女孩吗？"不管他的答案如何，接着问："你是男孩吗？"

○ **课堂和功能活动**

赞美儿童或与儿童谈论他自己时，经常使用男孩或女孩等词汇（例如，"你是一个大女孩""你今天真是个漂亮女孩""你是妈妈的聪明女儿"）。另外，对家庭成员或团体照料环境中的其他儿童也做出类似的表达。偶尔开玩笑地问他："你是男孩吗？""我是男孩吗？""爸爸是男孩吗？"并注意纠正儿童的错误。

在教室里，我们可以要求女孩做一项活动而男孩做另一项活动，以此来了解儿童对于自己性别的认同情况。

○ **标准** 至少在 2 天的时间里，儿童能够正确回答"你是女孩吗？"和"你是男孩吗？"的问题。

3s. 能够选择哪些事情可以做，哪些事情不可以做（辨认出界限）

○ **教具** 各种各样的拼图（难度由简到难），其他难易度各异的玩具/任务

○ **流程**

告诉儿童今天是"拼图日"，然后给他一个拼图，这个拼图我们确定对他来说很容易。拼好后，赞美他，然后给他另一个更难的拼图。完成后，继续增加拼图任务的难度，并观察儿童的反应。观察他是否会因为任务变得难以掌握而失去兴趣，是否会请求帮助。当拼图难度远远超出他的能力范围时，他是否会拒绝尝试。

○ **课堂和功能活动**

在日常活动中，观察儿童在遇到新的具有挑战性的活动时的反应。他是否最初感到兴奋，但在发现太难后则放弃，然后去做另一项活动。他是否会请求帮助。在某一天，他是否会忽略这个比较难的任务然后去做他以前成功过的更熟悉的活动。

○ **注意**

此项目的目标是让儿童认识到他的局限性，有些任务在没有帮助的情况下确实难以完成。拥有良好自我概念的儿童，会选择略有挑战但最终可以胜任的活动。他会避免做那些以他目前的技能水平难以完成的任务，或者会寻求他人的帮助。

○ **标准** 在遇到特别困难的任务时，儿童有时能够意识到任务太难所以避免去做，或者找人帮忙完成。

3t. 对失误或做了禁止做的行为表示内疚或感到羞愧

○ **教具**　无需教具

○ **流程**

这个项目的目标不是教儿童如何表达内疚或羞愧，因为这些情绪会在儿童因为做某事而遭到照料者的拒绝和惩罚时自然地产生。该项目的目标是，帮助照料者在儿童表露出体验到这些情绪并有适当反应的迹象时有所警惕。内疚和羞愧是儿童良心发展的重要指标，也就是说，他开始理解照料者所禁止的行为标准。

无论儿童的残疾程度如何，照料者都应该为他制定简单但一致的规则。普遍可接受的规则包括：禁止故意破坏物品、浪费材料（例如，将所有卫生纸从卷上拉下来、挤出所有牙膏）以及伤害其他人或损坏他们的财物。儿童可能会明白，违反规则会导致不喜欢或不想要的结果（例如，暂停活动几分钟）。因此，一旦儿童了解到自己做的事情可能会受到批评或惩罚时，他就会试图"隐藏证据"，例如清理现场，去其他地方，希望他人不会将问题与自己联系到一起。所有这些行为都表明儿童正在经历内疚或羞愧。

当这些事件发生时，照料者必须冷静地作出反应，承认儿童做了他本不该做的事情，并提供适当的处置，例如完成清理、道歉、暂停活动几分钟，等等。然而，关键是要关注儿童所做的行为以及行为的自然后果（例如，"你打破了吉姆的卡车，你必须跟他道歉并跟我一起试着修好它"），而不是归咎于儿童是恶意为之或将其概括为儿童的行为特征（例如，不要说"你太顽皮了"或"你太卑鄙了"）。经常听到这样的负面形容词，可能会使儿童把它们内化为自己形象的一部分，并导致儿童进一步做出不可接受的行为。

○ **课堂和功能活动**

在教室和其他环境中，对适当的和不适当的行为制订一致的规则并提供相应的后果是很重要的。这将帮助孩子了解什么是可以接受的，什么是不可以接受的。在这些情况下，观察孩子违反规则时的内疚或羞愧迹象。对"流程"部分所述作出适当反应。

○ **标准**　儿童通过掩盖自己制造的混淆、在看起来很痛苦的时候将弄坏的东西带到照料者面前、被发现做禁止的活动时"佯装无辜"或其他类似的行为来表现出自己的内疚感或羞耻感。

3u. 描述自己的感受

○ **教具**　无需教具

○ **流程**

当注意到儿童生气、快乐、悲伤或兴奋时，描述他的感受并作出适当的反应（例如，"你看起来非常难过，需要抱抱你吗？"）。此外，也可以向儿童描述我们的感受（例如，"我很高兴，因为今天很好，很温暖，我们可以去公园玩""你让我很生气，因为你没有按照要求去做""我哭了，因为奶奶要走了我很伤心"）。如果他没有自发描述自己的感受，通过询问诸如"你感觉如何？""你生气了吗？""你难过是因为爸爸要走了吗？"等问题来检查他是否具备识别情绪的能力。

○ **课堂和功能活动**

在家里或团体环境中，通过观察、描述和回应每个成员的感受来帮助儿童辨别不同的情绪。使用有关情绪的语句对小组成员的行为进行描述和解释。

在课堂上，安排一个和感受相关的"圆圈时间"。在纸上画出表示愤怒、悲伤或兴奋的表情，然后用一两句话描述一个情境，询问儿童情境中主人公的感受，然后让他找到对应的表情（例如，"简有一只非常喜爱的狗，有一天，狗跑到街上，被车撞伤了，简会有怎样的感受？"）。

○ **标准**　儿童通过描述情绪或正确回答（例如，说"是/不是"）和某个情绪相关的问题，来表明他能够分辨至少3种不同的情绪。

3v. 说明眼睛、耳朵和鼻子的功能

○ **教具**　无需教具

○ **流程**

一边指着我们的耳朵一边问儿童："这是什么？"然后说："对，这是我的耳朵，那是你的耳朵。为什么我们有耳朵？我们能用它们做什么？"如果他没有回答，告诉他我们用耳朵听声音、听鸟唱歌和听人们说话，然后问问他喜欢听哪种声音。用眼睛和鼻子重复以上流程。如果儿童感兴趣，继续学习其他身体部位（例如嘴、手、腹部、脚）。

○ **课堂和功能活动**

帮儿童穿衣或洗澡时，与他谈论身体各个部位的功能。和他散步时，谈论那些可以用于探索环境的身体部位（例如，"闻一闻玫瑰花的味道，鼻子离得近一些，这样你就能闻到它的味道了""闭上眼睛，这样你就看不见了，现在睁开眼睛，你看到了什么？""用你的耳朵，你需要去倾听"）。

与儿童一起看书时，描述书中角色如何使用他们的眼睛、耳朵和鼻子（例如，"狐狸以前闻过姜饼的味道，所以当姜饼男孩趁狐狸做饭逃跑后，狐狸可以闻着他的味道去追赶他"）

寻找或自己编一段和眼睛、耳朵、鼻子有关的歌曲或旋律，例如，按照 Head, Shoulders,

Knees, *and Toes* 的旋律，我们可以唱："眼睛、耳朵、嘴巴和鼻子"。另外，在唱的过程中，每当唱到某个身体部位时，要触碰对应的部位。然后，我们可以把歌词调换，变成"鼻子、嘴巴、耳朵、眼睛"。下一段歌词则变成"看一看、听一听、尝一尝、闻一闻"，同时指出和歌词中功能相符的身体部位。鼓励儿童自己唱歌并模仿动作，根据需要提供身体辅助。

在课堂上，准备一个"惊喜袋"，里边放一些可以通过声音或气味识别的物品。让每个儿童听声音或闻味道，并试着猜猜里面是什么。在这个过程中，和儿童谈论如何用鼻子闻和用耳朵听。另外，在袋子里放一些无法通过声音或气味识别的物品，即一些只能通过眼睛看才能辨别的物品。当儿童无法辨认时，把物品从"惊喜袋"中拿出来给他们看，并告诉他们只有用我们的眼睛看才能知道这是什么。

○ **标准**　儿童能够回答关于眼睛、耳朵和鼻子功能的问题。儿童必须能够说明这3个部位的功能，并正确回答至少2种不同形式的问题（例如，"为什么我们有鼻子？""你能用鼻子做什么？"）。

3w. 谈论自己对相关事件的感受

○ **教具**　无需教具

○ **流程**

一旦儿童能描述自己的感受（如第3u项），就要对儿童的感受、我们自己的感受以及他人的感受进行讨论并作出适当的回应，以便将这些感受与某些事件联系起来（例如，父母离开、看恐怖电影、读一本关于怪物的书、爷爷奶奶来家里玩）。另外，针对不同的感受向儿童提问。

○ **课堂和功能活动**

当我们给儿童读书或与他一起观看电视节目时，对书中以及节目中人物可能会有的感受做出评论。询问儿童书中或节目中的人物可能有什么感受，以及人物产生这种感受的原因。

○ **标准**　在一周的时间里，儿童至少2次谈论某事发生时自己的感受。可以是自发谈论，也可以是回答问题（例如，"发生什么事了？""你为什么哭了？"），儿童在回答时必须表明感受与事件之间的关系。

3x. 对自己的身体感兴趣（询问有关其功能的问题）

○ **教具**　无需教具

○ **流程**

在进行不同的活动时，与儿童谈论他的身体。例如，吃饭时，告诉他食物从嘴巴进入胃部，我们的身体因为吸收了成长所需的营养而不断长大和变强。谈论时我们要表现得对身体如何运作非常感兴趣。照料者需要以一种儿童能理解的、简单准确的方式回答儿童任何有关身体问题。和儿童一起看有关科学和人体的儿童电视节目，就儿童看到的内容进行提问。同时，倾听他提出的问题并回答。

○ **课堂和功能活动**

在教室的科学区放一些身体模型（例如，男性人体模型或女性人体模型），或者有关消化系统、耳朵或其他身体部位的图片，将有助于促使儿童提问有关身体的问题。

在课堂上利用某些身体部位或系统的模型或图片组织小组活动。例如，我们可以展示一张鸭脚和一张人脚的图片，并谈论鸭脚如何帮助鸭子游泳，以及人脚如何帮助我们走路和跑步。

邀请护士、医生或科学老师到教室里来，请他们谈论为什么人们会打喷嚏、咳嗽或其他与儿童有关的事情。

○ **注意**

对于应该告知儿童什么以及如何回答他们的问题，教师和专业人员应敏锐地意识到家长的态度和想法。特别是对于4—5岁年龄段的儿童，教师和家长应该在家庭会议上对儿童可能提出的问题提前进行讨论。有些问题会比较敏感（例如，"宝宝是怎么来的？"），但我们可以通过真实且简单的方式来回答，并建议儿童与照料者进行进一步讨论（例如，"妈妈把宝宝放在体内靠近心脏的地方，直到宝宝大到可以出生为止，然后小宝宝就出生了。你可能想和妈妈或爸爸谈谈这个问题"）。

○ **标准**　儿童提出2个或更多关于自己身体的问题。这些问题可能简单，也可能复杂。目的是让儿童对自己的身体及其运作方式感兴趣。

3y. 对自己的穿着和外貌感兴趣

○ **教具**　无需教具

○ **流程**

与儿童一起玩假装游戏，例如，假装准备带木偶、娃娃或毛绒动物去奶奶家或商店。在游戏的过程中，给娃娃整理仪容，并对我们的行为做出解释（例如，为玩偶梳理头发、给小熊刷牙）。偶尔暂停一会儿，并询问儿童一些问题，例如，"为什么你（或玩偶）在去看奶奶之前换了一件衣服？""你（或玩偶）为什么要梳头发？"当儿童要求把衣服清理干净、试着梳头发、挑选自己的衣服，或表现出其他关心自己外貌的迹象时，对他表示肯定和赞美。

○ **课堂和功能活动**

在进行日常梳理活动时，告诉儿童为什么要做这些活动（例如，"我们需要洗个澡，这样才能干净又好闻""我们需要梳理头发,这样看起来比较整洁")。

定期对儿童的外表作出适当的评论。例如,某些颜色看起来特别适合他,或者在他剪发后告诉他看起来更精神了。

○ **标准** 儿童能够回答有关为什么需要梳洗的问题,以表明他关心自己的外貌;儿童在挑选衣服时格外认真;儿童希望自己对他人有吸引力。

3z. 寻求有挑战性的活动

○ **教具** 无需教具

○ **流程**

观察儿童是否经常选择对他来说比较容易的活动,或者他是否选择了比较困难且需要付出一些努力的活动。如果儿童总是选择简单的活动,鼓励他尝试一些困难的任务,并着重回应他在这些方面取得的成功。如果儿童很快因任务困难而气馁,给予他足够的帮助以完成任务,但不要直接帮他做。如果需要提供帮助,要确保最后一步由儿童完成,这样他才能有成就感。例如,拼一个很难的拼图时,我们可能需要转动一下拼图块以便将其放进拼板,但要让儿童自己把它放进去。或者,如果儿童需要帮忙穿 T 恤,帮他把手和头部放到衣服的正确位置,然后让他自己穿。

○ **课堂和功能活动**

在课堂上安排各种不同的活动,有一些活动比较简单,而有一些则会对儿童造成一些挑战。如果儿童总是选择简单的活动,可以在儿童做选择之前先移除这个活动。和小组中的儿童讨论,告诉他们尽量做到最好的重要性,并且对于那些勇敢应对新挑战的儿童,无论他们是否完全成功,都要给予特别的关注。

○ **标准** 儿童每周至少选择 3 项具有挑战性的活动。挑战可能是精神上的、身体上的,或两者兼而有之(例如,建造一座比之前更大的塔楼、玩一个比较难的拼图、选择一个比较复杂的图案进行涂色)。

3aa. 确认自己的优势和能力

○ **教具** 无需教具

○ **流程**

经常对儿童的特殊技能做出评价(例如,"你画的恐龙真好看""你打扫得真干净""我喜欢听你唱歌")。虽然让儿童听到关于自己的积极评价是有好处的,但如果我们肯定他具备的一些特殊技能,而不是简单地做出一般化的积极评论,这通常会对儿童的自我概念产生更大的影响。例如，如果我们说"谢谢，你做得太好了，帮我把桌子清理干净了"，而不是"谢谢你，你真是个好孩子"，就更有利于儿童理解自己是哪方面做得好。

○ **课堂和功能活动**

在家里或教室里，告诉儿童每个人都有自己擅长和不擅长的事情。成人描述对自己来说比较容易和困难的任务，有助于有特殊需要的儿童认识到，其他人也有自己擅长或感到困难的事情。成人在其他家庭成员或同伴在场的情况下评论有特殊需要的儿童的长处，有助于儿童肯定自身能力。如果儿童患有的障碍较严重，在评论时需要更多地涉及儿童的个人特征而不是技能的娴熟度（例如，"看，贾丝明多有耐心，她耐心地看着我们并等待轮到她的时候""丹蒂笑起来真好看，他让每个人都很快乐"）。

偶尔询问儿童"你擅长什么？"或"你做得怎么样？"可以是我们和儿童单独在一起时的个人提问，也可以是小组练习的一个环节，在做活动时儿童轮流描述自身的优点和长处。

○ **标准** 儿童确认自己有一种或多种可以看作长处的能力或特征（无论我们是否认为这些是他的长处，关键在于他肯定自身的能力并似乎以此为傲）。

参考

Turner，P. (1994). *Child development and early education.* Boston，MA: Allyn & Bacon.

序列 4-1
自理能力：进食

能够独立进食是儿童提升自理能力的重要成就。在学龄前阶段，进食技能被细分为精细运动能力的发展，以及儿童学会以社会认可的方式进食。为了强化儿童刚出现的独立进食的行为，可以允许他们自己准备简单的食物（例如，准备一碗麦片、在面包片上涂抹果酱），这样会很有帮助。

在儿童学习独立吃饭的开始阶段，最好为他提供易于抓握的食物。尝试提供各种各样的食物，让儿童接触不同口味和质地的食物，同时，避免因吃饭的事情与儿童发生争执。当儿童拒绝食用提供给他的食物时，只需把食物拿走，并让儿童等待下一次用餐或吃零食。

患有发展障碍的儿童可能存在各种喂养困难，需要职业治疗师或言语—语言治疗师的干预。这些困难可能包括：

1. 口腔—运动控制能力不佳，导致咀嚼和吞咽难以相互协作；
2. 过度流口水；
3. 口腔防御导致儿童拒绝食用多种口感的食物；
4. 手和胳膊控制能力不佳，导致餐具使用不佳。

| 特殊调适 |

有运动障碍的儿童

在发展儿童独立进食的技能时，可能需要使用自适应设备来促进其技能的建立。职业治疗师应该能够提供如何为每个儿童调整餐具的建议，以适应其自身需要。对于有严重运动障碍的儿童，独立进食可能永远无法实现。在这种情况下，让他们自己选择想吃的东西，以此确保他们能够积极参与进食过程。

有视力障碍的儿童

鼓励有视力障碍的儿童用手指探索食物和餐具。色彩鲜艳的食物和充足的照明可以帮助有功能性视力障碍的儿童进食。始终将食物放在儿童面前的托盘或桌上的某个位置（例如，始终将杯子放在同一个地方），并鼓励儿童也这样做。开始利用空间线索帮助儿童找到食物，先是寻找顶部和底部的食物，然后加入左、右这两个空间位置。

有听力障碍的儿童

在帮助有听力障碍的儿童发展进食技能时,几乎不需要任何调适。但务必在需要时,将语言与进食期间用到的物品进行配对。

4-I. 自理能力:进食

w. 开始使用叉子

x. 用一只手握住小玻璃杯喝东西

y. 在没有辅助的情况下独立取水(打开和关闭水龙头)

z. 将液体从一个容器倒入另一个容器

aa. 在吃下一口前先咽下口中的食物

bb. 独立将牛奶和碗里的干麦片混合

cc. 用手指握叉子

dd. 独立用便民直饮水台喝水

ee. 独立制作三明治

4-Iw. 开始使用叉子

○ **教具** 叉子、盘子、容易插的食物(例如切碎的薄煎饼、炒鸡蛋、炖菜)

○ **流程**

将食物放在盘中,在儿童面前放一把叉子,然后告诉他如何用叉子叉起食物并放入口中,随后要求他用叉子吃饭。如果他没有拿起叉子,把叉子放到他的手中(如果儿童已经表现出惯用手,把叉子放到惯用手中,否则,将其放在任意一只手中)。在这个年龄段,大多数儿童会前臂旋转向前(即掌心向下)抓住叉子。照料者可以根据需要给儿童提供肢体辅助,帮助他叉起食物并放入嘴中,肢体辅助要尽快淡化。

○ **课堂和功能活动**

实践很重要,一旦儿童能够成功使用叉子,就让他连续多餐自己独立进食。确保给儿童提供用叉子容易固定的食物。

○ **标准** 儿童会用叉子吃一些食物。

4-Ix. 用一只手握住小玻璃杯喝东西

○ **教具**　小玻璃杯或杯子、儿童喜欢的饮品

○ **流程**

杯子中装三分之一的饮品，在儿童可能口渴时（例如用餐或零食时间），将杯子放在儿童面前，鼓励他拿起来喝。如果有必要，将杯子放在儿童的手中并帮他将杯子移到嘴边。通常，儿童会在学会将杯子重新放回桌面之前，先学会拿起杯子并将它放到嘴里。因此，当儿童将杯子从嘴里移走时，可能需要我们抓住他的手，帮他将杯子放回到桌上。将这个动作和口语指令配对（例如"将杯子放在桌子上"），然后，在继续使用口语指令的同时，淡化肢体辅助。

○ **课堂和功能活动**

进餐时间通常是练习独立喝东西的最佳时机。在家中或幼儿园进餐时，将所有液体都装在没有盖子的小杯子中练习。而在家庭或幼儿园以外的地方，通常可以使用带盖子和吸管的杯子进行练习。

○ **标准**　儿童用一只手握着小杯子喝东西。

4-Iy. 在没有辅助的情况下独立取水（打开和关闭水龙头）

○ **教具**　儿童可使用的水池（例如带有坚固梯凳、符合儿童尺寸或标准的水池），小杯子

○ **流程**

告诉儿童如何打开控制冷水的水龙头并往杯中加满水，然后关掉水龙头。让儿童每天练习这项活动，在他需要时提供必要的帮助。打开水龙头有困难的儿童可能需要练习序列 18（抓握与操作）。在允许儿童独立取水之前，应停用控制热水的水龙头或降低水温，以避免意外烫伤。当儿童能够成功取水后，逐渐淡化我们可能一直在使用的任何语言或肢体辅助。

○ **课堂和功能活动**

让儿童用适当的方式自己取水，在水池前面放置一个小凳子以便他独立取水，这也会有帮助。

○ **标准**　儿童独自打开和关闭水龙头取水。

4-Iz. 将液体从一个容器倒入另一个容器

○ **教具**　一小罐液体、杯子

○ 流程

在儿童面前放一个装有液体的小水罐和一个杯子，向他展示如何将液体倒入杯中。通常，儿童需要用一只手握住水罐，用另一只手支撑水罐下面才能倒水。首先，只在水罐中放入与杯子容量大小相符的液体。之后不断增加，使儿童学会在杯子装满之前停止倒水。年龄较大的儿童则可以一只手拿着小水罐，一只手握住杯子来倒水。

○ 课堂和功能活动

让儿童在用餐和吃点心时，给自己倒水或饮品，或者让儿童把装在一个罐子里的沙子或豆子倒入另一个罐子，以此练习倾倒的技巧。

○ 标准　儿童将液体从一个容器倒入另一个容器中。

4-Iaa. 在吃下一口前先咽下口中的食物

○ 教具　通常在用餐或零食时间提供的食物

○ 流程

在儿童吃饭的时候观察他。如果他在吃下一口之前先咽下口中的食物，可以跳过此项目。

如果儿童喜欢将食物全部塞入口中，尝试为他提供需要用餐具食用的食物，并要求他每吃完一口就将餐具放在桌子上，或者每次提供少量食物。如果他仍然往嘴里塞过多食物，这可能与其感官意识差有关，建议咨询职业治疗师或语言病理学家。

○ 课堂和功能活动

在所有用餐和零食时间练习这项技能。要达到的技能目标是，在没有任何提示下，儿童在吃下一口之前能先咽下口中的食物。在必要时给予辅助。

○ 标准　儿童在吃下一口之前先咽下口中的食物。

4-Ibb. 独立将牛奶和碗里的干麦片混合

○ 教具　盒装麦片、碗、小罐牛奶

○ 流程

向儿童示范如何往碗里倒入半碗麦片，然后加入牛奶，并告诉儿童当碗中的牛奶距离碗口2英寸时停止动作。刚开始的时候，提前控制牛奶的量会让儿童更容易操作。例如，准备一小碗麦片，然后让儿童把他杯中的牛奶倒入碗里。另外，由于儿童很难打开各种各样的盒子，因此可能需要我们帮他打开装麦片的盒子。

○ **课堂和功能活动**

根据在教室或家中做的常规活动，将碗、麦片和牛奶放在儿童可以接触到的架子上。有些教室设有零食区，儿童可以在饥饿时自己过去吃零食。

○ **标准** 儿童能够自己做一碗麦片，自己倒牛奶和麦片。

4-Icc. 用手指握叉子

○ **教具** 叉子、盘子、适当的食物（例如肉、炖菜、薄煎饼）

○ **流程**

将食物放在盘子里，在儿童面前放一把叉子，观察他如何握叉子。如果儿童没有用他的拇指、食指和中指握住叉子（类似于握铅笔），帮他重新摆放叉子的位置。如果儿童又用原来的方式拿叉子，偶尔口头提示他（例如，"把你的手转向另一边"）。在这方面有很多困难的儿童可能需要在序列20（工具使用）中进一步发展这一技能。

○ **课堂和功能活动**

实践活动是很重要的。一旦儿童取得了一些成功，就让他连续多次在进餐时独立用叉子吃饭。务必为儿童提供易于使用叉子食用的食物。同时，也可以用小块橡皮泥帮助儿童练习使用叉子。

○ **标准** 儿童习惯用手指握叉子。

4-Idd. 独立用便民直饮水台喝水

○ **教具** 儿童可用的便民直饮水台（例如带有牢固梯凳、符合儿童尺寸）

○ **流程**

向儿童示范如何在喝水时使用饮水台。如果儿童这样做有困难，就将此任务分解成多个步骤。首先，教儿童在我们按下饮水台按钮时喝水。确保儿童直接喝水，而不让嘴巴碰到饮水台的出水处。在户外活动时，也可以练习用软管喝水。然后，教儿童为我们打开饮水台喝水，或让他接满一杯水。当儿童能够执行这两个步骤时，让他尝试自己用饮水台喝水。让儿童反复练习这项技能，并根据需要提供帮助。对于难以转动手柄的儿童，可能需要按照序列18（抓握与操作）中的活动进行练习。当儿童能成功这样做时，逐渐消除所有口语或肢体辅助。

○ **课堂和功能活动**

在户外活动时，寻找机会练习这项技能。让儿童使用公共直饮水台之前，要确保儿童不用嘴巴碰触饮水台。

○ **标准** 儿童能够独立用便民直饮水台喝水。

4-Iee. 独立制作三明治

○ **教具** 黄油刀、盘子、硬面包、其他材料（例如软黄油、蛋黄酱、午餐肉、花生酱和果冻）

○ **流程**

向儿童展示如何制作三明治（涉及项目 20i 中的延伸技能）。教儿童在不同的面包片上放不同的食材，以使制作过程更容易（例如，一片面包上抹花生酱，另一片放果冻）。鼓励他将食材分散到面包片的边缘，并告诉他如何将三明治切成两半（有些儿童可能无法成功切割）。

○ **课堂和功能活动**

让儿童制作饼干，在饼干上面放花生酱或果冻。让他制作饼干三明治，在一块饼干上涂抹柔软的糖霜，然后将第二块饼干放在上面。

○ **标准** 儿童能够独立制作三明治。

序列 4-II

自理能力：穿衣

大多数儿童在 5 岁时已经学会自己穿衣服和脱衣服，包括处理简单的衣物扣件。即使最初儿童穿衣服和脱衣服的过程可能非常缓慢，但应该鼓励儿童尽可能独立完成。在儿童学习穿、脱衣服期间，建议他们穿简单的、易穿易脱的衣服（例如有松紧腰带的裤子、套头衬衫）。当儿童能够成功穿、脱简单衣物时，我们可以提供更具挑战性的衣物。在大部分时间里，应鼓励儿童自己挑选想要穿的衣服，或者至少让他们在两三个选择中进行挑选。在课堂上，我们可以让儿童在假扮游戏中玩装扮类的服装来强化儿童的穿衣技能。

儿童的穿衣技能，尤其是处理衣物扣件的能力，取决于其精细运动技能的发展（参见序列 18：抓握与操作和序列 19：双边技能）。精细运动技能的发展能够为穿衣技能的习得奠定基础。

| 特殊调适 |

有运动障碍的儿童

对于有严重运动障碍的儿童，我们可能需要对衣物进行一些调整（例如，使用魔术贴封口而不是纽扣或按扣）。而宽松的衣物可以促进儿童独立穿衣能力的提高，特别是对于肌张力增高或运动范围受限的儿童，因为宽松的衣物通常更容易穿。

患有严重运动障碍的儿童，可能总是存在极大的局限性，他可能在穿衣过程中仅仅能够做到配合的程度。在帮儿童穿衣时，与他谈论正在发生的事情是非常重要的，对衣物的颜色、儿童穿某件衣物有多好看等做出评论。这样，虽然儿童没有动手自己穿衣物，但也可以在认知层面上参与穿衣任务。

职业治疗师可以帮助有运动障碍的儿童发展穿衣技能和其他适应性技能。

有视力障碍的儿童

鼓励有视力障碍的儿童通过触摸识别衣物。在儿童旁边放一件衬衫、短裤和袜子，让他找出其中一件。为了提升有视力障碍的儿童的独立穿衣技能，可以根据颜色主题购买衣服，购买纯色的裤子。这样，儿童选择的任何衬衫和裤子组合起来都很配。

有听力障碍的儿童

有听力障碍的儿童在培养穿衣技能时很少需要调适。确保在有需要时，将描述穿衣的语言与穿衣活动相结合。

4-II. 自理能力：穿衣

h. 脱鞋
i. 脱下外套
j. 穿上简单的衣物
k. 独立穿上所有衣物，但不包括带扣件的衣物
l. 解开衣物扣件
m. 独立穿上外套
n. 穿带纽扣的衣物
o. 在几乎没有辅助的情况下，独立穿脱衣物
p. 穿上有拉链的衣物

4-IIh. 脱鞋

○ **教具**　易于脱掉的鞋子

○ **流程**

最好在比较自然的时间段（例如午睡前），告诉儿童如何脱鞋。如果儿童脱鞋有困难，将其中一只鞋从他的脚跟上脱下，并要求他自己把鞋完全脱下来。用另一只鞋重复这个过程。根据需要，辅助儿童脱鞋，然后逐渐淡化辅助。脱鞋有困难的儿童可以先从宽松的鞋子开始学起，如拖鞋、软帮鞋。

○ **课堂和功能活动**

穿鞋时，提供各种鞋子和靴子。大号的鞋能够让儿童更轻松地练习脱鞋。

○ **标准**　儿童能够独立脱鞋。

4-IIi. 脱下外套

○ **教具**　儿童常穿的外套（应该适合儿童的身形或稍大一些）

○ **流程**

最好在自然的时间段（例如进入教室时）要求儿童脱掉外套。如果儿童还无法解开纽扣或按扣等，帮他解开。如果儿童脱外套有困难，将外套略微从他的肩膀上脱下，然后让他自己完成剩余部分。如果这样仍然有困难，帮他先把一只胳膊从外套中拿出来，然后再让他完成剩余部分。逐渐淡化辅助。

○ **课堂和功能活动**

在教室里，提供标有儿童照片和名字的挂衣钩。鼓励每个儿童脱掉外套并将其挂在自己的挂衣钩上。

○ **标准** 儿童独立脱掉外套。

4-IIj. 穿上简单的衣物（例如裤子、鞋子、袜子）

○ **教具** 有弹力腰带的裤子、短筒袜、容易穿脱的鞋子

○ **流程**

在儿童面前放一件衣物，并要求他穿戴好。如果他不知道如何穿戴，坐到他身后并通过肢体辅助教他穿。在帮助儿童的时候，给出简单的语言描述（例如，"先把一条腿放进去……现在是另一条腿……现在把你的裤子拉起来"）。我们可以通过辅助儿童完成一部分，然后让他完成剩余部分的方式来教他（例如，先卷起袜子，再将袜子套在儿童脚趾上，最后让他自己拉上袜子）。逐渐淡化辅助。

○ **课堂和功能活动**

儿童喜欢穿戴成人服装以及简单的穿衣打扮，给儿童提供各种鞋子、衬衫、裙子、围巾和帽子。

○ **标准** 儿童独立穿简单的衣物（例如裤子、鞋子、袜子）。

4-IIk. 独立穿上所有衣物，但不包括带扣件的衣物

○ **教具** 简单宽松的衣物（例如衬衫、连衣裙、毛衣）

○ **流程**

在儿童面前放一件衣物，要求他穿上。如果儿童不知道如何穿，坐在他身后并通过肢体辅助教他。在帮他穿衣物时提供简单的语言描述（例如，"首先将衬衫放在头上……将一只胳膊放在一个袖子里……现在将另一只胳膊放在另一个袖子里"）。让儿童尽可能多地参与穿衣过程，并逐渐淡化辅助（例如，儿童能够将一件衬衫放到头上，但可能需要他人帮助才能把胳膊放进袖子里）。

○ **课堂和功能活动**

为儿童提供宽松的装扮服装，以便在假装游戏中穿。创造机会让他练习穿这些衣物。

○ **标准** 儿童独立穿上所有衣物（例如衬衫、连衣裙、毛衣）。

4-Ⅱl. 解开衣物扣件（例如大纽扣、按扣、鞋带）

○ **教具** 穿着衣服的娃娃、带有大号且容易控制的纽扣的穿衣板、衣物

○ **流程**

给儿童展示穿着衣服的娃娃或穿衣板。告诉他如何解开纽扣。如果他不知道如何做，慢慢示范两到三次，然后提供肢体辅助。儿童应该能够用一只手在扣眼附近握住衣料并轻轻地拉动衣服，然后用另一只手握住纽扣并把纽扣从扣眼里拉出来。在儿童学习解开所穿的衣物之前，通常先在纽扣板上练习这项活动会更容易，在那里可以更容易看到纽扣。可以用其他类型的衣服扣件重复此过程。

○ **课堂和功能活动**

使用非常简单的衣物玩穿衣打扮游戏，衣物上有能够容易控制的衣物扣件。在这个年龄段，儿童的目标是解开衣物扣件并独立脱掉衣物。在下一年，重点将是独立扣紧衣物扣件。

在纽扣板下边隐藏着惊喜图片，可以让一群儿童一起使用，这样他们就可以分享自己的发现。

○ **标准** 儿童独立解开衣物扣件（例如大纽扣、按扣、鞋带）。

4-Ⅱm. 独立穿上外套

○ **教具** 外套或夹克

○ **流程**

对于大多数儿童来说，学习穿外套的最简单方法是把外套翻过来从头部开始穿。将外套放在儿童面前的地板上，外套的领子一端靠近他的脚，有纽扣/拉链的一面朝上。辅助儿童弯腰并将胳膊放入外套袖子中。当他站起来时，辅助他把胳膊举过头顶。当他这样做时，外套的袖子会滑到他的胳膊上，同时外套从他的头部滑过并最终穿好。当儿童掌握这个流程后，再教他如何正确地放置外套（外套的领子一端靠近他的脚，有纽扣/拉链的一面朝上），这样他就可以独立穿上外套了。

○ **课堂和功能活动**

为儿童买外套时，要确保尺寸合适，以便他可以独立穿上外套。外套最好大些而不是小些。鼓励儿童在准备外出时自己穿上外套。

○ **标准** 儿童多次独立穿上外套。

4-IIn. 穿带纽扣的衣物

○ **教具**　易于操作的前扣外套、连衣裙或衬衫（可以使用马甲练习）

○ **流程**

让儿童穿上合适的衣服，并要求他扣好扣子。先从衣服底部的扣子开始，这样儿童在操作时更容易看到。如果他不知道如何扣扣子，慢速度演示两三次，然后肢体辅助他扣扣子，逐渐淡化辅助。在提供帮助时，站在儿童后面通常更容易一些，这样我们的手和胳膊就会与儿童朝着相同的方向移动（参见序列18：抓握与操作，以获得进一步的建议）。

○ **课堂和功能活动**

使用身前带有纽扣的简单衣物玩装扮游戏。

○ **标准**　儿童能够独立穿上容易操作的带纽扣的衣物。

4-IIo. 在几乎没有辅助的情况下，独立穿脱衣物

○ **教具**　儿童常穿的衣物

○ **流程**

在儿童面前放一件衣服让他穿上。此时，儿童应该已经熟悉大部分穿衣所需的流程。向他示范如何区分衣物的正面和背面（例如，背面有标签）。当儿童第一次独立穿衣时，选择容易穿的衣服。我们要鼓励儿童在家时独立穿衣服和脱衣服。对儿童来说，脱下和穿上睡衣是最简单的。逐渐添加更复杂的服装，例如带有各种扣件的服装。

○ **课堂和功能活动**

提供装有各种衣物的装扮盒子，以提高儿童的穿衣技巧。让儿童为娃娃穿简单的衣服。

○ **标准**　儿童在几乎没有任何帮助的情况下穿衣服和脱衣服，并能够分辨出衣服的正面和背面，能够打开和闭合纽扣、按扣和拉链。

4-IIp. 穿上有拉链的衣物（如外套）

○ **教具**　正面带有拉链的外套

○ **流程**

当儿童穿上外套后，要求他把拉链拉上。向儿童示范如何一只手握住拉链底部，然后另一只

手拉拉链。如果儿童完成此任务有困难，试着在他插入拉头时，帮他稳住外套底部。提示儿童用一只手握住拉链底部，同时另一只手拉拉链。当儿童没有穿外套时，与他一起练习这项任务。

○ **课堂和功能活动**

提供正面有拉链的装扮服装，以便儿童有更多的练习机会。带拉链的马甲是一个很好的选择，因为马甲没有袖子，儿童在移动胳膊时更方便，从而有助于儿童独立拉拉链技能的提高。

○ **标准**　儿童多次拉上衣物（如外套）的前拉链。

序列 4-III
自理能力：梳洗

在学龄前阶段培养儿童良好的清洁技能和习惯是很重要的。在 6 岁之前没有被鼓励发展这些技能的儿童，日后可能难以将这些技能纳入其日常生活。由于社会倾向于通过外表对人做出判断，因此良好的仪表对于有发展障碍的儿童尤为重要。那些看起来干净整洁的有特殊需要的儿童，在试着融入典型发育的同龄人群体时，会较少遭遇排斥。

学校里的就餐时间为儿童提供了一个发展和加强清洁技能的好机会。儿童可以在饭前和饭后练习洗手，同时，定期洗手也可以减少细菌的传播，尤其是在儿童群体中。另外，为儿童准备个性化的牙刷，让他们可以在饭后刷牙。对于一些儿童来说，这可能是他们刷牙的唯一时间。

特殊调适

有运动障碍的儿童

如果儿童的运动障碍导致他需要依赖他人进行梳洗和保持个人卫生，那么照料者在清洁的过程中与儿童谈论他们正在做的事情是非常重要的。运动受限的儿童不应该产生"别人在为我做某事"的感觉，而应该意识到，是为了某个特定的结果，有人正在与他一起进行一项重要的活动。对于有运动障碍的儿童，职业治疗师或物理治疗师可以提供咨询服务，为其参加各种活动提供最佳配置。

有视力障碍的儿童

与有视力障碍的儿童谈论正在做的事情。把物品始终放置在同一个位置（例如，水池上设置一个特定的地方用于放肥皂和牙膏），并将浴室玩具放在同一个容器中，该容器始终放在同一个地方且在儿童可触及的范围内。

有听力障碍的儿童

有听力障碍的儿童在培养清洁技能时很少需要调适。确保在有需要时，将描述清洁活动的语言与示范动作相结合。大多数儿童将通过日常练习来习得这些技能。

4-III. 自理能力：梳洗

h. 擦干手

i. 在帮助下刷牙

j. 自己用毛巾清洗自己

k. 在没有辅助的情况下，清洗并擦干手和脸

l. 无需成人的提示，在吃东西时用餐巾纸擦拭弄脏的脸

m. 独立刷牙

n. 用梳子梳头发

o. 无需成人的提示，拿纸巾擦鼻子

p. 按照要求独立擤鼻涕

4-IIIh. 擦干手

○ **教具** 水、毛巾

○ **流程**

递给儿童一条毛巾，并要求他把手擦干。向儿童示范如何用毛巾擦拭手心和手背。刚开始时，让儿童使用诸如餐碟毛巾或洗脸巾这种小而轻的毛巾，这样擦手就比较容易。此外，向儿童示范如何使用悬挂着的毛巾的一部分擦手。根据需要给儿童提供肢体辅助，然后逐渐淡化辅助。

○ **课堂和功能活动**

将洗手和擦手纳入日常活动中，可以安排在餐前和餐后、玩完容易脏乱的游戏后，以及如厕后。

○ **标准** 儿童经常独立地把手擦干。

4-IIIi. 在帮助下刷牙

○ **教具** 牙刷、一个可以舒适地站在水池和镜子前的位置

○ **流程**

把儿童带到镜子前，告诉他是时候刷牙了。给儿童展示牙刷以及如何将牙膏挤在牙刷上。把牙刷交给儿童，并要求他自己刷牙。与此同时，我们也一起刷牙可能会很有帮助。根据需要提供肢体辅助。在这个阶段，儿童只要能够把牙刷与他的牙齿接触即可。然后，成人帮儿童完成刷牙的过程，以确保所有牙齿都被充分刷干净。

○ **课堂和功能活动**

建立每餐后刷牙的日常习惯。鼓励儿童练习给一个最喜欢的娃娃或填充动物刷牙。一个嘴巴张开且有牙齿的木偶可以很好地帮助儿童练习刷牙。

○ **标准** 大部分时间，儿童能够独立握住牙刷并至少刷到几颗牙齿。

4-IIIj. 自己用毛巾清洗自己

○ **教具** 两条毛巾（或布偶毛巾）、肥皂、水

○ **流程**

洗澡时，给儿童一条毛巾，同时照料者使用另一条毛巾。向儿童示范如何在毛巾上擦肥皂，然后用毛巾擦洗身体。根据需要提供肢体辅助。鼓励儿童用右手握住毛巾清洗左胳膊，然后换过来用左手拿毛巾清洗右胳膊。使用布偶毛巾可能更容易，也更有吸引力。这个项目旨在教儿童如何清洗自己。但是，成人仍需要做后续工作，即将儿童清洗干净。

○ **课堂和功能活动**

为儿童提供一小块布或海绵，洗餐具或擦桌子。鼓励儿童用毛巾给娃娃洗澡。

○ **标准** 洗澡时间，儿童拿着毛巾试着给自己洗澡。

4-IIIk. 在没有辅助的情况下，清洗并擦干手和脸

○ **教具** 水、肥皂、毛巾

○ **流程**

为儿童示范如何洗脸（示范的时候最好不要使用肥皂，以免肥皂意外进入眼睛）。要求儿童自己洗手和洗脸。儿童可能会用弄湿的手或湿毛巾洗脸。根据需要为儿童提供口头提示和肢体辅助。提醒儿童擦干手和脸，在必要时给予辅助。随着儿童技能的提升，逐渐淡化辅助。然而，尽管我们希望儿童在需要时自己洗手和洗脸，但是仍然需要在儿童清洗时监督和/或提供帮助。

○ **课堂和功能活动**

帮助儿童养成餐后洗手和洗脸的习惯。通过提供容易够到的水池、肥皂和毛巾，鼓励儿童独立洗手和洗脸。设置台阶以便儿童可以轻易接触到水池。

○ **标准** 儿童大部分时间能够独立清洗并擦干手和脸。

4-IIIl. 无需成人的提示，在吃东西时用餐巾纸擦拭弄脏的脸

○ **教具** 零食或餐食、餐巾纸

○ **流程**

在适当的时候，告诉儿童他脸上有食物。如果他没有用餐巾纸自发擦掉食物，我们就用餐巾纸擦拭自己的脸部来为儿童做示范。如果有必要，肢体辅助儿童擦脸。在吃容易脏乱的食物时，教儿童每吃几口就擦一次嘴。在桌子上放一个小镜子，以便他们吃东西时检查自己的脸。这对一些儿童来说可能会有所帮助。

○ **课堂和功能活动**

鼓励儿童在用餐时间或零食时间在每个人的位置上放一张餐巾纸。和儿童谈论，当脸被弄脏时，要用餐巾纸擦脸。让儿童看看我们的脸并告诉我们是否需要擦脸。

○ **标准**　儿童在用餐时多次用餐巾纸擦拭脸部，且无需成人提示。

4-IIIm. 独立刷牙

○ **教具**　水、牙刷、牙膏

○ **流程**

向儿童示范如何刷牙，然后让他自己刷牙。刚开始时，我们可能仍需要帮儿童将牙膏挤在牙刷上。在整个活动过程中，根据需要为儿童提供肢体辅助和口头提示，并逐渐淡化辅助。但在一段时间内，儿童刷牙时仍需要我们的帮助或帮他刷得更干净。有些儿童可能使用电动牙刷刷得更好，且可能有动力刷更长时间。可以使用视觉计时器来鼓励儿童坚持刷牙至少 2 分钟。然而，尽管我们希望儿童能够自己刷牙，但他可能仍然需要我们的监督和 / 或帮助。

○ **课堂和功能活动**

帮助儿童养成餐后刷牙的习惯。鼓励儿童练习给一个最喜欢的娃娃或毛绒玩具刷牙。一个嘴巴张开且有牙齿的木偶可以有效帮助儿童学习刷牙。

○ **标准**　儿童大部分时间能够独立刷牙。

4-IIIn. 用梳子梳头发

○ **教具**　梳子、镜子

○ **流程**

向儿童示范如何梳头发，然后让儿童自己梳头发。根据需要为儿童提供肢体辅助和口头提示，然后逐渐淡化辅助。易于打理的发型可以鼓励儿童独立梳头发。然而，尽管我们希望儿童在必要的时候自己梳头发，但他可能仍然需要我们的监督和 / 或帮助。

○ **课堂和功能活动**

有些儿童喜欢给娃娃或成人梳头发。家里的宠物（通常是狗）可能会很享受让儿童梳理毛发。

○ **标准**　儿童大部分时间能够自己梳头发。

4-IIIo. 无需成人的提示，拿纸巾擦鼻子

○ **教具**　一盒纸巾

○ **流程**

观察儿童何时需要用纸巾。如果儿童没有自发拿纸巾，辅助他拿（例如，"你流鼻涕了，你需要拿一张纸巾擦鼻子"）。这个年龄阶段的许多儿童会选择用袖子擦鼻子，因为这样又快又方便。因此，当儿童开始培养在必要时用纸巾擦鼻子的习惯时，要做好快速将纸巾递给儿童的准备。随着儿童逐渐学会使用纸巾，我们应该期待他在没有提示的情况下自己从纸巾盒中抽取纸巾。

○ **课堂和功能活动**

随着儿童逐渐学会使用纸巾，可以尝试让他将纸巾放在口袋里或腕带下面，这样在他有需要的时候，就可以随时随地使用。

○ **标准**　儿童通常可以在没有提示的情况下，拿纸巾擦鼻子。

4-IIIp. 按照要求独立擤鼻涕

○ **教具**　纸巾

○ **流程**

向儿童示范如何用鼻孔吹气。给儿童一张纸巾，并告诉他擤鼻涕。如果他难以完成这项任务，尝试用手将纸巾夹在儿童的鼻子上，然后再次示范用鼻孔吹气的动作。如果有需要，提示儿童闭上嘴巴。逐渐淡化所有的肢体辅助。教儿童在使用完纸巾后将其扔掉。

○ **课堂和功能活动**

当儿童逐渐学会使用纸巾时，尝试让他把纸巾放在口袋里或腕带下面，这样当他需要时就可以随时拿到了。在冬季最冷的时候，定期为教室里的所有儿童分发纸巾并要求他们擤鼻涕。提示儿童将纸巾扔进垃圾桶，然后洗手。

○ **标准**　儿童按照要求独立擤鼻涕。

序列 4-IV
自理能力：如厕

儿童开始如厕训练的具体时间因人而异。有些儿童已接受了 2 年的全面培训，有些儿童直到 3 岁至 3 岁半还未开始如厕训练。而男孩当其身体条件成熟到可以进行如厕训练时，通常比女孩年龄大一些。

一次性纸尿裤和训练裤的广泛使用可能导致许多儿童较晚开始如厕训练，因为一次性纸尿裤和训练裤不能让儿童体验湿衣服产生的不适感。而有些儿童可能在整个学龄前阶段持续尿床。

患有发展障碍的儿童接受如厕训练的时间往往会被推迟。对于年龄较大但仍然在用纸尿裤的儿童，发展心理学家制订的如厕能力训练计划可以提供有效的帮助。值得注意的是，在某些情况下（如脊柱裂），由于儿童缺乏对肠道和膀胱的感觉和控制力，如厕训练可能不适合作为学习目标。

| 特殊调适 |

有运动障碍的儿童

患有严重平衡障碍的儿童可能需要一个提供躯体和脚部支撑的自适应马桶座圈。职业治疗师或物理治疗师可以帮助确定有运动障碍的儿童使用厕所时需要做出的调整。

有视力障碍的儿童

视力较低的儿童在学习如厕技巧方面可能不需要做出什么调整，但视力较低的年幼男孩可能需要额外的指导来学习以站立的方式尿进小便池。而对于视力极差或完全丧失视力的儿童来说，让他们感受马桶并讨论它是很重要的。务必告诉儿童卫生间不是玩水的地方。教授儿童在排便后将屁股完全擦拭干净可能是一个额外的挑战，教他用卫生纸擦拭之后再用湿巾擦一遍可能是一种有效的办法。

有听力障碍的儿童

对于有听力障碍的儿童来说，建立一种表示"需要去卫生间"的沟通方式非常重要。根据儿童的发育程度、运动能力和听力水平，建立的沟通方式可以通过使用正式的手语、手势或口语来实现。每个与儿童一起工作的人都需要了解儿童如何表达其如厕的需求。

4-IV. 自理能力：如厕

d. 被放在马桶上时会小便

e. 被放在马桶上时会排便

f. 常常表达上厕所的需要（很少弄脏衣服）

g. 独立上厕所，不包括排便后进行清洁

h. 在如厕时很少遇到困难（衣服难以穿上时可能需要帮忙）

i. 在如厕时照料自己（排便后可能需要帮忙清洁）

j. 撕卫生纸和如厕后冲马桶

k. 排便后自己擦拭

4-IVd. 被放在马桶上时会小便

○ **教具**　儿童马桶或儿童坐便器

○ **流程**

当儿童的纸尿裤每次可以维持2—3小时的干燥状态时，通常表明他已经准备好，可以开始进行如厕训练了。在一天中的固定时间，将儿童放在儿童坐便器或儿童马桶上，并告诉他到上厕所的时间了（可以使用任何在家或其他场合惯常使用的词汇）。为儿童提供合适尺寸的坐便器很重要，这样他的双脚可以舒适地放在地板上。有些儿童则在使用常规大小的马桶时，通过使用调节椅来适应。如果我们在儿童面前放一个踏凳，就可以帮助他上厕所，并让他坐上马桶时感到安全稳定。当儿童成功如厕时，给予积极的强化。除了上厕所的自然时间外，注意观察儿童可能需要去卫生间的身体或语言提示也很重要。在这些时间带他去卫生间，儿童由此可以开始将身体信号与使用卫生间的需要联系起来。鼓励儿童告诉我们何时需要去卫生间。男孩和女孩通常都会先学坐着小便。

○ **课堂和功能活动**

使用可以弄湿的玩偶向儿童示范如何在卫生间小便是非常有帮助的。对于一个刚开始如厕训练的儿童来说，其他使用卫生间的儿童的示范作用对如厕训练也是有帮助的。

○ **标准**　儿童被放在马桶上时会小便。

4-IVe. 被放在马桶上时会排便

○ **教具** 儿童马桶或儿童坐便器

○ **流程**

当能够预测儿童一天中的排便时间时，儿童通常已经准备好开始排便训练了。这通常会发生在饭后一个小时。此外，大多数儿童在准备排便时会有肢体语言或面部表情上的提示。当我们看到儿童需要排便的迹象或已经到儿童通常排便的时间时，将他放在马桶上排便。儿童完成排便需要花费一些时间，当他坐在马桶上时，给他阅读一些书籍可能会有所帮助。

○ **课堂和功能活动**

对于不愿意使用卫生间的儿童，我们发现使用各种资源（例如 *Everyone Poops*, Taro Gomi）可能很有用。另外，可以将脏纸尿裤上的东西丢弃在儿童面前的便盆中，并告诉儿童这是它们所属的地方。

○ **标准** 儿童在马桶上时会排便。

4-IVf. 常常表达上厕所的需要（很少弄脏衣服）

○ **教具** 儿童马桶或儿童坐便器

○ **流程**

这个项目是项目 4-IVd 和 4-IVe 的延伸，儿童表现出需要去卫生间的意识增强。在一天中定期检查并询问："你需要去卫生间吗？"注意观察儿童的非语言线索并给予反馈，例如，"看起来你需要去卫生间"。然后带儿童去卫生间，当他成功如厕时，给予积极的强化。对于抗拒如厕训练的儿童，心理学家可以帮忙制订如厕训练计划。

○ **课堂和功能活动**

确保每个与儿童一起工作的人都知道儿童正在进行如厕训练，并对儿童可能需要去卫生间的口语和非口语线索保持敏感。确保儿童可以随时使用卫生间。如果是在旅行期间，随身携带儿童坐便器通常会很有帮助。

○ **标准** 儿童常常表示需要上厕所，并很少弄脏衣服。

4-IVg. 独立上厕所，不包括排便后进行清洁
4-IVh. 在如厕时很少遇到困难（衣服难以穿上时可能需要帮忙）
4-IVi. 在如厕时照料自己（排便后可能需要帮忙清洁）

○ **教具** 儿童马桶或儿童坐便器、易于脱掉的裤子

○ **流程**

儿童在如厕方面取得一定成功后，让他穿上训练裤和易于拉下的外裤。当儿童不着急上厕所时，鼓励他自己拉下裤子。如厕后，递给他几片卫生纸，让他试着自己擦屁股。通常，儿童在排便后需要成人帮忙擦屁股，这种情况会持续一段时间。擦完后，鼓励儿童自己拉起裤子并洗手。

逐渐淡化给予的所有肢体辅助。当儿童表现出一些独立性时，鼓励他独自去卫生间，并让他在需要清洁时要求成人进来帮忙。

○ **课堂和功能活动**

继续警惕儿童可能需要去卫生间的口语和非口语线索。儿童有时会过于专注游戏并忽视自己的身体信号。确保儿童可以随时独立使用卫生间。在小组环境中，儿童通过观察已经能够独立去卫生间的儿童的行为，通常可以提高自己独立上卫生间的能力。

○ **标准 4-IVg** 除排便后的清洁之外，儿童能自己使用卫生间。

○ **标准 4-IVh** 儿童在如厕时很少遇到困难。

○ **标准 4-IVi** 儿童能够在如厕时照料自己，但在排便后可能需要成人帮自己擦拭。

4-IVj. 撕卫生纸和如厕后冲马桶

○ **教具** 儿童可以使用的马桶（有些儿童可以使用普通马桶，有些儿童则可能需要在马桶上放置调节座椅）

○ **流程**

向儿童示范如何一次撕下几张卫生纸。教儿童如何在使用卫生纸后冲马桶，提醒他只冲一次。如果有需要，提供肢体辅助并尽快淡化辅助。

○ **课堂和功能活动**

在挂上卫生卷纸之前将其压扁一些，这样卫生纸的滚动速度将会减慢，儿童就不会每次扯下过多的卫生纸。

○ **标准** 儿童能够撕下适量的卫生纸，并在使用后冲马桶。

4-IVk. 排便后自己擦拭

○ **教具**　卫生间、卫生纸、湿巾

○ **流程**

排便后,告诉儿童取一些卫生纸擦屁股。最好教儿童将手伸到背后,并从前往后擦拭(以避免任何尿路感染的可能性)。儿童站着擦拭屁股能擦得更干净。鼓励儿童用卫生纸擦拭几次之后,使用新的卫生纸擦拭。如果有需要,最后可以使用一些湿巾擦拭。

○ **课堂和功能活动**

教儿童在排便后擦屁股很有挑战性,因为儿童必须在没有视觉反馈的情况下对自己的身体有良好的认识。一个很好的准备活动是将衣夹夹在儿童衣服的背面,并要求他将其取下。

○ **标准**　在大多数情况下,儿童成功地在排便后自己擦拭屁股。

第六章
认　知

序列 5
注意力与记忆力：视觉／空间

这个序列的重点是培养儿童注意视觉刺激、记忆这些刺激并在这些记忆的基础上采取行动的能力。这些技能为儿童记住字母、数字、字母序列，以及使用过去的视觉信息来解决当前的问题奠定了基础。在这个序列中，有一些项目侧重于注意力广度、短时记忆和长时记忆。这些项目在动作或言语在多大程度上被用来显示记忆能力的方面也有所不同。记忆任务的困难程度因人而异。有些儿童能够顺利通过这个序列，但是其他儿童可能完成某些项目有困难，需要额外的帮助和练习。例如，一个儿童可能在需要再认记忆的项目上表现良好（例如，识别和选择之前看到的图片），但可能难以回忆先前看到的内容（例如，无法描述或命名之前看过的内容，尽管儿童有适当的词汇储备）。

| 特殊调适 |

有运动障碍的儿童

这些项目的主要动作要求涉及指示性的回应（用手指）和讲话。因此，除非儿童患有严重的运动障碍，否则很少需要调适。如果儿童患有严重的运动障碍，应寻求物理和／或职业治疗师的帮助，以确定儿童最有效的指示性反应，并修改少数需要进行配对的项目，以便儿童只需作出一个指示性反应即可完成项目。儿童可能还需要借助扩大替代性沟通系统来完成口语项目。

有视力障碍的儿童

对于有视力障碍的儿童，最主要的调整是要在光线充足的地方活动，使用大的特别是彩色的或明亮的物品和图片。向儿童的眼科医师或视力专家寻求建议，以选择最合适的玩具和图片。

如果儿童有严重的视力障碍，其中许多项目是不适合的。为了帮助儿童发展阅读、理解数字和解决问题所需的记忆能力，侧重于完成触觉和听觉记忆任务更为合适。通过使用不同的材料，可以将该序列中的许多项目变成触觉记忆任务。例如，不要让儿童在4张图片中选择他之前看过的那张，而是在儿童面前放置4块／张不同质地的积木／卡片，并让他选择之前给他的那块／张（不同材质的墙纸样本书是一个好选择）。这个练习将为儿童学习盲文做准备。听觉记忆任务包含在序列12（注意力和记忆力：听觉）中。

有听力障碍的儿童

如果患有听力障碍的儿童的言语能力有限，可能需要略过那些要求儿童描述或命名物品图片的项目。如果儿童不理解口头指示，可能需要为他进行更多示范。否则不需要进行任何调适。

5. 注意力与记忆力：视觉/空间

bb. 指出藏有玩具的手（当玩具放在一只手里和当玩具在视线外被转移到另一只手里时）

cc. 识别几本书的封面并命名它们

dd. 识别熟悉的标志

ee. 辨认（指向）物品或图片，先短暂地呈现，再以3个一组的形式呈现

ff. 辨认（指向）物品或图片，先短暂地呈现，再以4个一组的形式呈现

gg. 短暂地呈现2个物品/2张图片并藏起其中一个，然后命名被藏起来的物品/图片

hh. 记得偶然的信息

ii. 在展示、命名并藏起物品或图片后，能够说出看过的（4个或更多）物品或者图片

jj. 在看到3个物品被分别放置在不同的覆盖物下面后，辨认出覆盖物下面的配对物品

kk. 记住并说出3个物品中被拿走的物品名称

ll. 描述记忆中熟悉物品的视觉特征

mm. 简单看过一个物品或一张图片后，按照颜色和形状进行配对

nn. 简单看过4—6张图片后，辨认出其中2张

oo. 简单看过2个物品或2张图片后，按照颜色和形状进行配对

pp. 描述过去发生的事件

qq. 简单看过10—12张图片后，辨认出其中3张

rr. 简单看过一张图片后，记住它在图片阵列中的位置

ss. 找到隐藏的图片

tt. 在看过18—20张图片后，能回忆起8—10张图片的名称

■■■

5bb. 指出藏有玩具的手
（当玩具放在一只手里和当玩具在视线外被转移到另一只手里时）

○ **教具**　几个可以被完全握在手里的小玩具

○ **流程**

给儿童看一个放在我们手中的小玩具。迅速把双手背在身后。然后把手伸出来，让玩具握在相同的手里，然后问："哪只手里有［玩具］？"儿童指一指后，张开手掌，这样他就可以看出自己是否正确了。如果他不正确，打开另一只手，让他看到玩具。重复这个活动。变换握住玩具的手，这样儿童就不能一直在同一只手里找到玩具了。

当儿童经常指向正确的手时，从背后将玩具从一只手转移到另一只手。看看儿童是否会指向另一只手。如果他没有这样做，向他展示玩具，并重复之前的行为。

让儿童来藏玩具。请偶尔犯犯错，这样儿童就可以得到戏弄我们的乐趣。

○ **课堂和功能活动**

当我们和儿童在商店或类似的环境中排队等候时，玩这个游戏来让儿童感到快乐。教年龄大的儿童和儿童一起玩。

在小组环境中，鼓励多名儿童一起玩这个游戏。

○ **标准**　儿童通常会选择那只隐藏玩具的手（当玩具在那里时）；当成人将玩具从儿童的视线外移到另一只手时，他可以找到玩具。

5cc. 识别几本书的封面并命名它们

○ **教具**　9本或10本有着大幅彩色图片的质地结实的故事书

○ **流程**

收集四五本书，包括我们经常读给儿童的书和一些新书。先让他看一看，然后选择他想要我们读的那本书。听他说出一些表示熟悉这本书的话（不一定是书的标题，也可以是与内容相关的东西）。如果他看完书后没有自发地命名书籍，请让他找特定的一本书（例如，"关于风景的那本书在哪里？"）。如果他没有找到这本书，请展示给他。

○ **课堂和功能活动**

每天花时间与儿童一起看书。让儿童在两三本书中做出选择，让我们读给他听。如果儿童能坐下不动，请按书阅读；如果他太活跃而不能长时间安坐，请将故事缩短，并使其与图片保持一致。为了维持他的兴趣，请用较活泼的方式阅读。给不同的角色配上不同的声音，或者给不同的动物配音。

把书放在低架子上，以便儿童可以自己探索书本。观察儿童的行为，例如开始去找一本特定的书来让我们读给他听，引导他说出一些可以识别书籍的话。

○ **标准**　儿童能寻找书籍，找到喜爱书籍的封面并命名它。他应该能够识别并命名至少3本不同的书籍。

5dd. 识别熟悉的标志（如餐厅招牌、交通信号灯、停车标志、食物标签）

○ **教具**　有图片的杂志，图片上有儿童熟悉的标志，以及食物或果汁容器的标签或部分标签（不是带有内容图片的标签，而是带有文字或标识的标签）。根据孩子的经验，可使用麦圈包装盒或其他麦片盒的上半部分（谷物的名称和盒子的颜色更明显，但不包括一碗谷物的图片）；"酷爱"牌饮料包装；还有各种果汁、薯条或饼干包装的标签。

○ **流程**

与儿童一起浏览杂志并且在看见一个有熟悉标志的广告时，询问儿童"那是什么"。

收集一组儿童应该熟悉的标签。将它们粘贴到笔记本中，并与他一起翻阅。问每个标签都是什么。如果他不知道，告诉他。当看下次再翻阅这本书时，看他是否会记得。

○ **课堂和功能活动**

在为儿童准备零食或一顿饭的时候，告诉他我们正在使用的包装的标签。同样，当我们与儿童一起购物时，向他展示我们从货架上取下的东西并告诉他们这些东西的名字。

在一起坐车时，指出我们经常光顾的商店或快餐店的招牌和停车标志。

观察并聆听当儿童指向其中一个食物标签或物品标志时，是否会说一些话表示他认识这些标志，无论是说出品牌名称，还是说出他认为与该名称相关联的东西。例如，当儿童看到拱门时，会因为说出"麦当劳"而得到称赞，但如果他说出"薯条"也会得到称赞。

在教室里设置一个游戏商店，里面包含带标签的空食物容器，或者把这些容器放在假装游戏区。偶尔拿起一些容器，问儿童这是什么。我们可以用清晰的黑色字母标记儿童的柜子、教室中的不同区域，以及房间里的各种物品。偶尔在"圆圈时间"给儿童展示有相同标签的卡片，问他们是否认识。许多学龄前儿童在能认出所有字母之前，就能认出所有同学的印刷体名字。

○ **标准**　儿童识别并说出 5 种不同的熟悉的标志或单词（可能包括他自己的名字或他人的名字）。

5ee. 辨认（指向）物品或图片，先短暂地呈现，再以 3 个一组的形式呈现
5ff. 辨认（指向）物品或图片，先短暂地呈现，再以 4 个一组的形式呈现

○ **教具**　8—10 对相同的图片（例如从杂志中剪下的图片、动物卡片、来自记忆游戏的卡片），8—10 对相同的物品。

○ **流程**

与儿童一起玩游戏，在儿童面前放置 3 个物品或 3 张图片，然后用一个盒子、一张纸或一块

布盖住它们。然后向儿童展示一个物体／一张图片，该物品／图片与他面前的 3 个物品／3 张图片中的一个相匹配。拿走此物品／图片，取下他面前 3 个物品／3 张照片的覆盖物，然后问："我们刚刚看到的那个在哪里？"如果儿童做出了错误的选择，请再次向他展示物品／图片。如果儿童指向了一个和它很像的物品／图片，再次隐藏它，并让儿童指出刚刚展示的那个。然后尝试使用一组不同的物品／图片。如果儿童愿意，可以让他偶尔扮演"老师"的角色。

在刚开始时，可以选择 3 种彼此差异很大的物品／图片（例如汽车、马和勺子）。然后转为选择相似或相同类别的物品或图片（例如刀、叉和勺子，马、狗和猫），逐渐使任务变得更加困难。

当儿童在选择 3 个物品／3 张图片的练习中表现良好时，请按照相同的步骤开始使用 4 个物品／4 张图片。

这个游戏也可以在教室里由 2 名儿童结对玩，让儿童轮流负责展示要记住的物品／图片和找到物品／图片。

○ **课堂和功能活动**

在家里或教室里，每天都要寻找机会，鼓励儿童记住他所见过的东西（例如，"街对面的动物是什么，猫还是狗？"）。或者，如果我们带着儿童开车或外出散步，先指出停车标志。当另一个停车标志进入视野时，问儿童是否可以找到一个像他之前看到的那样的停车标志。

○ **标准 5ee**　儿童在至少 5 次连续尝试（每次尝试不同物品／图片）中，能从 3 个一组的物品／图片里找出被短暂展示过的物品／图片。

○ **标准 5ff**　儿童在至少 5 次连续尝试（每次尝试不同物品／图片）中，能从 4 个一组的物品／图片里找出被短暂展示过的物品／图片。

5gg. 短暂地呈现 2 个物品 /2 张图片并藏起其中一个，然后命名被藏起来的物品／图片

○ **教具**　一些有趣的物品和图片

○ **流程**

玩一个游戏，短暂地向儿童展示 2 个／2 张他熟悉的物品或图片。然后将 1 个物品／1 张图片藏在背后、盒子下面或其他在儿童视线范围外的地方。让另一个留在儿童的视线范围内，问他"我藏了什么？"如果他的回答不正确，请拿出物品／图片并告诉他："这就是我藏的东西。它是……"然后用另外 2 个／2 张物品或图片再试一次。也让儿童当藏东西的人，让我们来说出藏的是什么东西。

这个活动也可以在课堂中的"圆圈时间"进行。给儿童展示物品，藏起其中一个，然后让一个儿童告诉我们被藏起来的物品是什么。如果他回答错误，让另一个儿童回答。用另外两个物品重复上述流程。

儿童也可能喜欢两个一组玩这个游戏，然后轮流藏玩具。

○ **课堂和功能活动**

在一天里寻找机会来考察儿童对于物品的短时记忆。例如，如果我们在购物时遇到一些熟人，请在一分钟过后问儿童他刚刚看到了谁。

○ **标准**　让儿童短暂地看 2 个物品 /2 张图片，并藏起其中一个后，命名被藏起来的物品 / 图片。他应该能够在几个不同的场合做到，并且很少犯错误。

5hh. 记得偶然的信息（例如"你在动物园看到了什么？"）

○ **教具**　不需要

○ **流程**

与儿童谈论他正在做什么，或者他曾看到或做过什么，并且总对他说的话保持兴趣。带他去户外散步，并指出沿途看到的东西。回来以后，请他来告诉别人，他看到了什么或发生了什么。当他有困难的时候给予辅助。

○ **课堂和功能活动**

当儿童与家长或照料者一起去做某件事时，另一位家长或照料者应该在儿童回来时询问"你看到了什么"或"发生了什么事"。如果儿童无法回想起他所看到的内容，那么与儿童在一起的成人应该提出一些引导性的问题（例如，"你看到一辆消防车吗？"）。

在教室里，为儿童策划一次短途的实地考察旅行，或邀请其他人向他们展示一些有趣的东西。之后，让儿童谈谈经历，看看他们能回忆起什么。从非常概括性的问题开始，例如："我们在消防局看到了什么？"然后提出更具体的问题，以帮助儿童回忆起更多的经历。

○ **标准**　在至少 3 个场景里，当被问及关于最近发生的概括性问题时，儿童能回忆并讲述 2 个或 2 个以上的物品、事件或经历。

5ii. 在展示、命名并藏起物品或图片后，能够说出看过的（4个或更多）物品或者图片

○ **教具**　一系列有趣的物品和图片、覆盖物（例如布料、硬纸板）

○ **流程**

将 4 个物品 /4 张图片放在儿童面前，在放置时给每个物品 / 每张图片命名。立即用布料覆盖物品或图片，或者在它们前面放置纸板将其隐藏起来。问儿童："你刚刚看到了什么？"如果他不记得任何物品 / 图片，请再次向他展示几秒钟，盖住它们然后再次询问。尝试使用几组不同的

物品。我们还可以让儿童隐藏一组物品/图片来让我们记忆。让此活动变成一种乐趣！

○ **课堂和功能活动**

在课堂上，与所有儿童一起在"圆圈时间"进行这项活动，要求不同的儿童回答问题。持续要求儿童回答问题，直到他们回忆出所有的物品/图片。然后让儿童轮流担任"老师"，隐藏物品并问他人记得什么。

○ **标准** 在两种或更多情况下，当展示、命名并藏起物品或图片后，儿童能够命名看过的（4个或更多）物品或者图片。

5jj. 在看到3个物品被分别放置在不同的覆盖物下面后，辨认出覆盖物下面的配对物品

○ **教具** 一系列有趣的小玩具和足以藏住它们的覆盖物（例如布、罐子、碗）

○ **流程**

在开始进行隐藏游戏之前，请先确保儿童能够理解问题，例如："和这个一样的在哪里？"将3个玩具放在他面前。然后呈现一个与儿童面前的玩具相同的玩具，让他拿给我们（或摸触）和这个玩具一样的玩具。如果儿童没有选出正确的玩具，请告诉他是哪一个。混合玩具并选择另一个不同的玩具来配对。当儿童能够遵循该指令时，在儿童面前放3个覆盖物并告诉他我们将一起玩隐藏游戏。然后在每个覆盖物下放一个不同的玩具，确保儿童能看到我们藏的玩具。等待一段时间（默数到10），然后向儿童展示一个与隐藏的某一个玩具相同的玩具。让儿童用手指给我们指出那个相同的玩具或移开覆盖物。

如果儿童选择了错误的覆盖物，建议他尝试配对另一个玩具，直到他能够找到匹配的玩具。然后再尝试另一组玩具。

○ **课堂和功能活动**

对于教室里的儿童团体来说，这是一个很好的游戏，可以让儿童轮流辨认正确的覆盖物。

为了解课堂上不同儿童的技能水平，我们可以通过改变辨别指数提高或降低这个游戏的难度。如果覆盖物具有相同的尺寸、颜色和形状，则任务更加困难；如果被隐藏的玩具相似，任务也会更加困难。例如，将汽车、球和杯子隐藏起来，让儿童对汽车进行配对，比将3种颜色的汽车隐藏起来让儿童对蓝色汽车进行配对更加容易。

○ **标准** 在看到3个物品被分别放置在覆盖物下面后，儿童能够辨认覆盖物下面的配对物品。儿童至少能够3次对不同的物品进行配对。

5kk. 记住并说出 3 个物品中被拿走的物品名称

○ **教具**　小玩具和/或其他熟悉的物品，封面（如书籍、硬纸板、纸张）

○ **流程**

将 3 个玩具放在儿童面前的桌子上。让儿童把注意力集中在每个物品上并为他命名物品。然后在儿童和玩具之间放置一个挡板（例如一本书、一块硬纸板、纸）。拿走其中一个玩具，然后取下挡板，问儿童："哪一个玩具不见了？"如果儿童不知道或猜错了，让他看看我们移走的玩具并玩一会儿这 3 个玩具。然后再次藏起玩具，拿走其中一个，向儿童展示剩下的 2 个玩具，让儿童猜猜哪一个玩具不见了。我们也应该让儿童来藏玩具并让我们来猜。

○ **课堂和功能活动**

在教室里，这是一个可以在"圆圈时间"与所有儿童一起玩的游戏，在进行了几次游戏后，让儿童们轮流成为"老师"。这也是一个可以鼓励 2 个或更多儿童玩的游戏，让他们轮流扮演"隐藏者"和"发现者"。

在教室中为儿童提供一个玩隐藏游戏的区域，准备一些图片、容器和物品，以便儿童可以自己玩，或者自己设计游戏。

○ **标准**　儿童能够记住并说出 3 个物品中缺失的物品名称并很少出错。

5ll. 描述记忆中熟悉物品的视觉特征

○ **教具**　不需要

○ **流程**

问儿童问题，鼓励他思考和描述他看不到的物品。当儿童开始提到这个物品时，我们表现得对这个话题特别感兴趣，这样做会很有用。例如，如果儿童说："奶奶送给我一只新的泰迪熊。"我们可以说："告诉我，它是什么样子的？"然后，如果有必要，问他其他的问题，例如："它是什么颜色？""它比你的红色小狗还要大吗？"只提出那些必要的问题，以帮助他描述物品。

○ **课堂和功能活动**

在课堂上，利用"展示和分享"活动和其他的小组共享时间来鼓励儿童谈论他们在家里或在其他地方看过的东西。我们也可以进行一个简单的"20 个问题"的游戏，在游戏中提出是/否的问题，例如："我猜你喜欢玩的东西是［物品描述（例如，圆形的和红色的）］。你能猜到它是什么吗？"当有儿童猜对了之后，让一个儿童想象并描述另外一个物品，让其他儿童来猜。向儿童示范如何提出适当的问题，例如："它比这个积木还大吗？"提出这些问题能够教其他儿童如何提问以获取更多信息，并教授正在思考的儿童如何更准确、形象地描述物品。

○ **标准**　儿童使用几个不同的描述性词汇描述 3 个或更多记忆中熟悉的物品。这些描述可能是为了回答问题。

5mm. 简单看过一个物品或一张图片后，按照颜色和形状进行配对

○ **教具**　一组不同颜色和形状的配对物品或图片（例如，圆形或方形的红色和蓝色积木，不同颜色的玩具车，如汽车、卡车、摩托车，不同颜色的几何形状块）

○ **流程**

在儿童面前放一个装有六七个物品的带盖盒子（或者放六七张照片并用一张纸盖住）。盒子（或图片）应包含形状与样本相同但颜色不同的物品、颜色与样本相同但形状不同的物品，以及一个或多个与样本完全相同的物品。例如，我们可以向儿童展示一个红色圆柱形积木。他的盒子里应该有红色和蓝色的圆柱形积木、红色和蓝色的正方形积木，以及红色和蓝色的长方形积木。或者我们可以向儿童展示一辆红色轿车。他的盒子里应该有两辆相似的汽车（一辆红色的和一辆蓝色的），两辆卡车（一辆红色的和一辆蓝色的）和两辆自行车（一辆红色的和一辆蓝色的）。向儿童展示一个物品（或图片）几秒钟（默数到 10）。把它放到背后，打开盒子（或翻开图片），让儿童找到一个与样本相同的物品。在他做出选择之后，向他展示样本，如果他选择正确，告诉他做出了正确的选择，反之，则挑选出配对的物品并说明为什么这个物品是一个更好的选择。

○ **课堂和功能活动**

在教室里，为每个儿童准备一盒积木，在"圆圈时间"与所有儿童一起进行此活动。如果一个或多个儿童选择了不正确的物品，我们就要再次展示样本并讨论其特征。

○ **标准**　在 3 种或更多情况下，儿童按照形状或颜色对一个物品或一张图片进行配对，并不会出错。

5nn. 简单看过 4—6 张图片后，辨认出其中 2 张

○ **教具**　记忆游戏中使用的或从杂志和其他来源得到的配对图片

○ **流程**

将 4—6 张图片放在儿童面前的桌子上，并在儿童看到它们之后遮盖起来。给他看 2 张与桌子上其中 2 张相匹配的图片。当他看着图片时，默数到 10。将图片放在背后，翻开桌子上的图片，

让儿童找到我们刚刚给他看的那2张。如果他选择错误，再次向他展示图片，然后藏起来，让他再试一次。使用其他图片组进行相同的程序。

○ **课堂和功能活动**

在教室里，让此活动成为儿童的团体游戏，每个儿童都有一组相同的图片。同时鼓励儿童结成对一起玩，轮流扮演"隐藏者"和"发现者"。

○ **标准** 在3种或更多情况下，儿童简单看过4—6张图片后，能够辨认出其中2张。

5oo. 简单看过2个物品或2张图片后，按照颜色和形状进行配对

○ **教具** 不需要

○ **流程 / 课堂和功能活动**

按照第51项中的流程进行操作，当儿童简单看过一个物品后，能够记住并配对物品的颜色和形状时，向他展示2个物品或2张图片，把它们藏起来，然后让他找到与之匹配的物品（包括颜色和形状），从而使游戏变得更难。

○ **标准** 在3种或更多情况下，儿童简单地看过2个物品或2张图片后，能够配对它们的颜色和形状且不犯错误。

5pp. 描述过去发生的事件（例如昨天、上周）

○ **教具** 不需要

○ **流程**

和儿童谈论你们过去共同经历的事情。询问儿童过去做过什么（例如，"你昨天在玛丽家做了什么？""今天在学校发生了什么？"）。还要告诉儿童我们单独或与其他人一起完成的事情。儿童可能特别喜欢听到我们在他这个年龄段所做的事情。通过这种方式，我们可以向儿童示范如何谈论过去的事情。倾听儿童分享他的经历。始终表现出对此感兴趣并提出问题，鼓励儿童多说话。

○ **课堂和功能活动**

在课堂上，花一些时间让儿童分享他们在假期或周末的经历。要求每个儿童讲述一个活动。

○ **标准** 在2种或更多情况下，儿童描述过去发生的事件（描述中包括的2个或更多要素），无需提问。

5qq. 简单看过 10—12 张图片后，辨认出其中 3 张

○ **教具**　记忆游戏中使用的或从杂志和其他来源得到的配对图片

○ **流程**

将 10—12 张图片放在儿童面前的桌子上，并在儿童看到它们后遮盖起来。向儿童展示 3 张与桌子上其中 3 张相匹配的图片。当他看着图片时，默数到 15。把这 3 张图片放在我们的背后，翻开桌子上的图片，让儿童找到我们刚给他看的那 3 张。如果他选择错误，再次给他看图片，再把它们藏起来，让他再试一次。使用其他的图片重复相同的程序。

○ **课堂和功能活动**

在课堂上，在"圆圈时间"或和儿童小组一起玩时进行这个游戏。

○ **标准**　在 2 次或更多情况下，儿童简单看过 10—12 张图片后，能够辨认出其中 3 张。

5rr. 简单看过（例如 5 秒）一张图片后，记住它在图片阵列中的位置

○ **教具**　至少 16 对匹配的卡片（可以是记忆游戏中的道具、两副常规纸牌、魔法婆婆卡片或者动物乐透卡）

○ **流程**

与儿童一起玩专注力的游戏。将 16 张不同的卡片正面朝下放在桌子上，分成 4 排，每排 4 张。将另外 16 张与其配对的卡片放在一堆。我们从堆中取出一张卡片放在桌子上。从 16 张卡片阵列中选出一张并翻开。如果它与堆中的卡片匹配，请将其移除并将它们配成一对。如果不匹配，请再次将其正面朝下放置，并将我们之前抽出的卡片放在一堆卡片的底部。然后轮到儿童抽取卡片。目标是让儿童记住他所看到的卡片的位置，以便他可以再次找到这些牌以进行配对。如果儿童没有成功，将阵列中的卡片数减少到 9，并给儿童提示，以帮助他记忆。

○ **课堂和功能活动**

在教室里，与 2—4 个儿童玩这个游戏。

○ **标准**　每次玩记忆游戏时，儿童从卡片堆中抽取 3 次或更多次卡片后，能够在卡片阵列中找到配对的卡片。

5ss. 找到隐藏的图片（例如"I Spy"书籍）

○ **教具** 一系列隐藏图片（有些报纸每周会在儿童版面上刊登一篇；Scholastic Press 会出版一些便宜的有隐藏图片的书；大多数书店都有"I Spy"系列书籍，里面有更丰富多彩的、精致的隐藏图片；还有一个"I Spy"的学龄前游戏，鼓励儿童找到隐藏的图片和匹配的拼图形状。）

○ **流程**

花时间与儿童一起看隐藏图片，命名图片或向他展示图片样本。如果他找不到，请给他提示。

○ **课堂和功能活动**

在教室里，鼓励两三个儿童一起看图片，让他们找到隐藏的图片并互相展示。

○ **标准** 儿童能够在 3 张或更多隐藏图片中找到 3 个或更多物品。

5tt. 在看过 18—20 张图片后，能回忆起 8—10 张图片的名称

○ **教具** 书籍中包含许多物品的图片，粘有 18—20 张图片的一张纸

○ **流程**

告诉儿童我们将会检查他能记住多少他看过的东西。向他展示一本每页只有五六个/张物品/图片的书。让儿童看看图片，确保他知道所有图片的名称。然后拿走这本书，让他告诉我们所有他记得的图片名称。随着他记住的内容越来越多，逐渐增加书页中的图片数量，直到 18—20 张，并给他 2 分钟的时间来观察它们。

每次玩这个游戏不要超过两个回合，并在不同的场合使用不同的图片。继续，直到儿童能够回忆 8—10 张图片。

○ **课堂和功能活动**

在教室里，与一群儿童一起做此活动，让他们说出他们记得的东西。这个活动不仅能锻炼儿童的记忆力，还可以使他们了解其他儿童的记忆策略。

○ **标准** 至少在一种情况下，向儿童展示 18—20 张图片 1 分钟后，儿童可以回忆其中 8—10 张图片。

序列 6-1
视觉感知：积木和拼图

这些活动要求儿童理解和组织有关形状和空间的信息。在学习形状和空间方面的知识时，让儿童在日常生活中学习如何移动自己的身体去通过空间和绕过障碍物（如家具）是很有帮助的。儿童通过操作物品和学习如何将物品相互关联可以进一步完善这些知识，并深化形状和空间的概念。培养这些技能可以为以后发展学业技能奠定基础。数学，特别是几何学，依赖于对形状和空间的良好理解——各个部分可以组合在一起形成整体，不同的形状之间具有不同的关系。阅读和写作需要理解空间是从上到下和从左到右进行组织的。甚至在儿童学会命名这些概念之前，他们就能学会将书正面朝上放置，并将书页从正面翻到背面。重要的是，经典的儿童玩具如积木和拼图，应随时供儿童使用。他们既需要结构化的经验（例如，搭建和组装物品的方式方法），又需要非结构化的探索，他们将在这些探索中提升对空间的掌控能力。可以为他们提供各种拼图和搭建材料，例如，大的纸板箱可用来假装成房屋、火车等。

| 特殊调适 |

有明显运动和视觉障碍的儿童，由于其体验空间的机会有限（例如，在物体的下方、上方和周围攀爬），因此可能更难以理解空间的概念。一定要设法帮助这些儿童实际体验空间，为培养更好的空间感奠定基础。

有运动障碍的儿童

一些患有严重运动障碍的儿童无法将形状块放入形状嵌板或形状分类玩具中。带有大把手的形状块对于有运动障碍的儿童来说可能更容易操作，或者这些儿童可以通过目光注视来指出形状块应放入的位置。使用单排开口的形状嵌板或形状分类玩具，对于他们完成这个序列是很有帮助的。

带魔术贴的积木可能会对手部和/或手臂动作控制不良的儿童有所帮助。此外，可以让儿童尝试各种尺寸和重量的积木，看看哪些最适合他。

有视力障碍的儿童

帮助患有视力障碍的儿童感受各种物品。描述物品的形状、大小和材质。使用材质让儿童感兴趣的物品。对于积木的设计，可黏合在一起的积木可能会有所帮助。

这个序列中的活动非常强调视觉信息，不太适合有严重视力障碍的儿童，虽然可以通过提供触觉线索来调整活动内容，但是有视力障碍的儿童很可能年龄较大时才能完成。

有听力障碍的儿童

对于患有听力障碍的儿童,这些项目不需要调整,因为这些项目更依赖于视觉。如有必要,请务必将口头指令和动作示范相结合。

6-I. 视觉感知:积木和拼图

i. 将圆形、三角形、正方形放进翻转的形状嵌板里
j. 模仿搭积木火车
k. 将两片式的拼图拼在一起
l. 模仿用积木搭房子
m. 模仿用积木搭桥
n. 将四五块相互关联的拼图拼在一起
o. 用两三块积木(2种颜色)模仿搭建水平(桌子表面)的积木模型
p. 用4—5块积木(2种颜色)模仿搭建水平的积木模型
q. 完成8—12块互相关联的拼图
r. 用镶嵌积木模仿搭建简单的模型
s. 用积木搭建具象物体
t. 完成15—25块互相关联的拼图
u. 根据记忆模仿搭建简单的积木模型

6-Ii. 将圆形、三角形、正方形放进翻转的形状嵌板里

○ **教具** 圆形、方形和三角形的形状块,有圆形、方形和三角形切口的形状嵌板

○ **流程**

给儿童提供一个上面已经放有各种形状块的形状嵌板。每次取出一个形状块,然后将它放在相匹配的切口正下方。将形状嵌板旋转180度,并将其放在儿童的前方(即形状块的上方)。让儿童将形状块放回形状嵌板中。如果儿童做不到这一点,为他示范。鼓励儿童仔细观察。使用适当的单词来命名。例如,当儿童拿起圆形时,说:"你有一个圆形。把它放在圆形(圆的)孔中。圆孔在哪里?"

○ **课堂和功能活动**

在低架子上放一个简单的形状盒或拼图,这样儿童就可以轻松地拿它来玩。

○ **标准** 当把形状板翻转后,儿童能将圆的、方形的和三角形的形状块放进正确的切口中。

反复试错是可以接受的。

6-Ij. 模仿搭积木火车

○ **教具** 10块1英寸的积木

○ **流程**

将10块积木放在儿童面前的桌子上。告诉儿童你打算用积木搭一辆小火车。将4块积木对齐，排成一条直线，将第五块积木放在第一块积木的上面。沿着桌子推动你刚刚用积木搭建的小火车，同时发出火车声。然后让儿童使用其余的积木来搭一个一样的火车。把你的火车放在儿童的视线范围内，但不要让他触碰到。多次示范这个活动，并在必要时给予儿童肢体辅助。

○ **课堂和功能活动**

在家里或教室里的游戏时间，帮助儿童用大的木制积木或纸板积木来搭建火车以及其他车辆。通过制作和讨论不同大小和长度的火车来强化语言和空间概念。

○ **标准** 儿童在几个不同的场合能模仿搭一辆火车。

6-Ik. 将两片式的拼图拼在一起

○ **教具** 粘在纸板上的简单图片（一些从对角剪成两半，其他的垂直剪开）

○ **流程**

通过在方形纸板上粘贴清晰、简单的图片来制作几个拼图，每个大小约6英寸×6英寸，然后将纸板垂直或对角地剪成两半（让儿童帮助你选择并粘贴图片。如果纸板很薄，儿童可以自己剪开拼图）。将其中一套拼图放在儿童面前，然后将它们正确地拼在一起。然后，将图片分开，将其中一部分旋转，再让儿童把拼图拼好。鼓励他专注于要完成的拼图（即"你能修好汽车吗？试着把它重新组合起来"）。

如果儿童完成任务有困难，向他演示该如何将拼图拼在一起，然后把拼图拆开，让他再做一次。如果他不成功，请尝试将一半拼图拼好，然后让他完成剩下的拼图。如果有需要，可以提供肢体辅助。

○ **课堂和功能活动**

为儿童创造定期玩这些拼图的机会。你可以找一些专为儿童设计的简单的两片式或三片式的拼图，在商店可以买到。

○ **标准** 儿童能够正确地组合2个不同的两片式拼图。反复试错是可以接受的。

6-Il. 模仿用积木搭房子

○ **教具**　10 块 1 英寸的积木

○ **流程**

将 10 块积木放在儿童面前的桌子上。告诉儿童你打算用积木建造一座建筑物。水平地排好 4 块积木，并在第 2 块的顶部放上第 5 块积木。然后让儿童用剩下的积木来搭建一个一样的建筑物。让你的建筑物在儿童的视线范围内，但他够不着。多次示范这个活动并在必要时提供肢体辅助。

○ **课堂和功能活动**

在家里或教室里，鼓励儿童使用各种形状和大小的积木来搭建包括水平和垂直部分的建筑物。向儿童小组（两三个儿童）展示你搭建好的建筑物，看他们能不能一起或分别搭建这个建筑物。尝试搭建不同结构的建筑物。

○ **标准**　儿童能模仿用积木搭一个建筑物。

6-Im. 模仿用积木搭桥

○ **教具**　一些 1 英寸的积木

○ **流程**

将积木放在儿童面前的桌子上，告诉儿童你要用积木搭一座桥。将 2 块积木放在桌子上，2 块之间留有一小段空间。将第 3 块放在 2 块积木的顶部，形成一座桥。把铅笔从桥下穿过，引导儿童注意到下面的空隙，然后让儿童搭一座一样的桥梁。让你搭的桥在儿童的视线范围内，但无法触碰。提醒儿童汽车要能够从桥下穿过，所以他应该在底部 2 个积木之间留一段空间。多次示范这个活动，并在必要时为儿童提供肢体辅助。

○ **课堂和功能活动**

在家里或教室里，帮助儿童用大块积木搭建一个由道路和桥组成的网络，让小车玩具能在桥上、桥下和道路上穿梭。

○ **标准**　儿童模仿搭一座由 3 块积木组成的桥。

6-In. 将四五块相互关联的拼图拼在一起

○ **教具**　有着四五块相互关联的拼图块的拼图

○ **流程**

给儿童一个拼好的拼图。鼓励他观察上面的图片，并告诉你那是什么。让儿童取出上面的拼图块，然后把拼图重新拼好。如果他有困难，可以先拼好一些拼图块，然后让他放最后一两块。如果需要，提醒儿童转动或旋转拼图块，以便放进去。当儿童掌握了一个拼图后，让他尝试拼另一个拼图。在转向更复杂的拼图之前，儿童能成功完成四片式和五片式的拼图。

○ **课堂和功能活动**

把拼图放在儿童自己可以轻松拿到的位置。为儿童提供各种简单的拼图是很重要的，一定要不断变换为儿童提供的拼图。一旦儿童掌握了一个拼图，它就不再具有学习的挑战性。在某些社区公共图书馆可能会有儿童可以玩的拼图。

○ **标准**　儿童可以将几个不同的有四到五块相互关联的拼图块的拼图拼好。反复试错是可以接受的。

6-Io. 用两三块积木（2种颜色）模仿搭建水平（桌子表面）的积木模型
6-Ip. 用 4—6 块积木（2种颜色）模仿搭建水平的积木模型

○ **教具**　两种高对比度颜色（例如蓝色和黄色、红色和黄色、绿色和白色）的 20—24 块积木

○ **流程**

告诉儿童你打算玩一个游戏，在游戏中你将用积木搭建一些东西，然后让他尝试搭建一个一样的。从他搭建过的模型开始（例如塔、桥）。然后告诉他我们将尝试搭建另一种模型。给他 2 块相同颜色的和一块不同颜色的积木。我们再拿出 3 块与之相同的积木并将它们排成一排，将颜色不同的那块积木放在末端。让儿童模仿搭建它。如果他搭的模型是正确的，但将颜色不同的那块积木放在了错误的一端，那么把这块积木放在我们搭好的积木上面，告诉儿童应该与我们搭的相匹配。混合积木然后让他再试一次。

根据儿童的模仿程度，用 3—6 块积木搭建其他模型。

○ **课堂和功能活动**

玩搭建积木模型的游戏。与儿童轮流，一个人搭建一个人模仿。

在教室里，准备画有积木图案的卡片，将它们放在装积木的盒子旁边，这样儿童就可以先把积木放在卡片上来配对上面的图案。一旦他们能够做到这一点，他们就应该能够通过观察模型来搭建积木。

○ **标准 6-Io**　儿童用两三块积木（2种颜色）模仿搭建水平（桌子表面）的积木模型。

○ **标准 6-Ip**　儿童用 4—6 块积木（2种颜色）模仿搭建水平的积木模型。

6-Iq. 完成 8—12 块相互关联的拼图

○ **教具**　几个包含 8—12 块相互关联的拼图块的拼图

○ **流程**

给儿童一个拼装好的拼图。鼓励他看一下图案并告诉我们它是什么。让儿童取出拼图块然后将拼图拼好。如果儿童这样做有困难，请先拼好一些拼图块，让他放入最后的两三块。如果有需要，提醒儿童翻转或旋转拼图块至合适位置。当儿童能够完成一个拼图时，让他尝试另一个拼图。儿童在进行更复杂的拼图之前，应能成功完成 8—12 块的拼图。选择切割方式具有逻辑性的拼图，可以将拼图块相对容易地组合在一起。尝试自己拼这个拼图，特别是当儿童有困难的时候。一些木制拼图可能因为切割原因难度很大。

○ **课堂和功能活动**

我们可以使用各种便宜的纸板拼图，这些拼图可以在各种商店中买到。将拼图放在儿童可以轻松拿到的地方。为儿童提供各种各样的拼图是很重要的，一定要不时更换我们为儿童提供的拼图。一旦儿童掌握了一个拼图，它就不再具有挑战性了。在一些社区、公共图书馆可能有儿童拼图可以借用。

○ **标准**　儿童能够拼好包含 8—12 块相互关联的拼图块的拼图，反复试验和试错是可以接受的。

6-Ir. 用镶嵌积木模仿搭建简单的模型

○ **教具**　2 组相互配对的 8—10 块镶嵌积木（例如正方形、三角形、菱形）

○ **流程**

将一组积木放在儿童面前，另一组放在自己面前。当儿童正在观察这些积木时，将四五块积木放在一起拼成简单的模型。

告诉儿童按照我们搭建的模型，搭建一个和我们一样的。如果儿童有困难，请先从 2 个积木的简单模型开始。如果儿童在搭 2 个积木时仍然有困难，请尝试让儿童直接将积木放在我们积木的上面来复制我们的模型。逐渐增加积木的数量和类型。

○ **课堂和功能活动**

将此活动设计成游戏。在儿童模仿搭建我们的模型后，让他为我们搭建一个新模型。继续轮流玩这个游戏。

在教室里，放一组儿童可以轻松拿到的、带有纸质模型的镶嵌积木。

○ **标准**　儿童用四五块积木模仿搭建几个简单的模型。

6-Is. 用积木搭建具象物体

○ **教具** 一套包含各种形状的木制积木

○ **流程**

拿一些积木让儿童玩。一套质量很好的木制积木是通用的玩具之一，儿童可以用来创造性地玩游戏很多年。观察儿童是否使用积木搭房子、道路、栅栏等。如果没有，和他一起玩，并告诉他如何搭建各种物品。加入儿童感兴趣的玩具。例如，如果儿童喜欢动物，可以使用这些积木为动物玩具搭一个动物园。逐渐淡化身体辅助，如果有需要，仅提供口头提示。

○ **课堂和功能活动**

将积木存放在易于取用的地方，并鼓励男孩和女孩经常拿来玩。男孩通常会被积木所吸引，并很快拿来搭建道路和建筑物。鼓励他们扩展技能。对于女孩来说，引入其他的假扮元素（例如，为娃娃建造房屋或为动物建造农场）通常是有帮助的。

○ **标准** 在几种情况下，儿童用积木块搭建他认为是建筑物、火车、围栏等的模型。

6-It. 完成15—25块相互关联的拼图

○ **教具** 几个包含15—25块相互关联的拼图块的拼图

○ **流程**

给儿童一个拼装好的拼图。鼓励他看一下图案并告诉我们它是什么。让儿童取出拼图块然后将拼图拼好。如果儿童这样做有困难，请先拼好一些拼图块，然后再让他完成整个拼图。如果这个拼图有明显的边和角，应该为儿童演示如何找到这些拼图块并先把它们放进去。鼓励儿童去观察拼图块上的图案和颜色，而不是依赖于反复试错。在需要的时候，提醒他翻转或者旋转拼图块至合适的位置。当儿童能够完成一个拼图时，尝试其他的拼图。

当儿童完成了一个拼图好几次，它就失去了学习的价值，因为儿童会去记忆每块拼图放在哪里。因此，建议使用各种各样的拼图。为了减少花费，可以考虑自己制作拼图、和其他家庭交换拼图，或者去图书馆看是否有可以借用的拼图。

○ **课堂和功能活动**

在教室里，儿童可以以小组为单位进行这个活动，组成一个大型拼图。

○ **标准** 儿童能够完成几个包含15—25块相互关联的拼图块的拼图。反复试验和试错是可以接受的。

6-Iu. 根据记忆模仿搭建简单的积木模型

○ **教具**　2套（每套8—10块）配对的1英寸彩色积木、纸张

○ **流程**

将一套积木放在儿童面前，另一套放在自己面前。当儿童正在观察时，将两三块积木放在一起形成简单的模型。通常，可以将不同颜色的积木排成一列，以便儿童可以重点记忆颜色，或使用相同颜色的积木搭建模型，以便儿童重点记忆积木的位置。让儿童记住模型的样子，以便他自己来搭建。用一张纸覆盖模型，让儿童搭建一个与我们一样的模型。如果儿童有困难，请从单个积木开始。逐渐增加积木数量和模型的复杂性。

○ **课堂和功能活动**

将此活动设计成游戏。当儿童模仿搭建我们的模型后，让他为我们搭建一个新模型。继续轮流玩这个游戏。

在教室里，让儿童轮流建造一个模型，来让他人记忆和模仿。

○ **标准**　儿童能够根据记忆，至少用3块积木模仿搭建简单的模型。

序列 6-II

视觉感知：配对和分类

在儿童知道正方形是正方形，圆形是圆形，或者"A"是"A"之前，他们必须能够区分正方形和圆形，以及"A"和"B"，等等。此外，他们必须形成"方形""圆形"和字母"A"的概念，这样大小、颜色或其他特性就不会干扰他们对特定形状的理解。早期玩形状嵌板和简单拼图的经验，可以帮助儿童发展这些辨别能力和概念技能。最初，儿童以纯粹的反复试错的方式完成形状嵌板的任务。逐渐地，他们开始注意到积木的形状和孔的形状之间的关系并且能更高效地完成嵌板任务。这些经验为根据视觉特征进行配对、分类和得出结论的能力奠定了基础。本序列之所以与序列 6-I（视觉感知：积木和拼图）分开，是因为本序列中的任务较少依赖运动技能，并且在本质上更依赖于认知技能。

视觉感知序列分为两类，因为有些儿童在需要大量运动的视觉感知的任务上进步快，而有些在需要少量运动的视觉感知任务上进步快。记录这种差异是非常重要的，因为它可能表明需要特定的干预（例如，针对运动计划问题的职业治疗）或需要对儿童的课程进行修改。

| 特殊调适 |

有运动障碍的儿童

与完成拼图或积木任务相比，有轻度或中度运动障碍的儿童通常更容易完成配对和分类任务。对于分类任务，可以通过附加一个大把手来调整材料，让儿童更容易拾取，或者可以将盒子固定到桌子的边缘，这样儿童就可以简单地将物品推入盒子而不必拿起物品。

患有严重运动障碍的儿童可能需要通过明显的指向反应或目光注视来表示哪个图片或物体是正确的配对物，或者在分类任务中表示图片/物体应该被放在哪里。

有视力障碍的儿童

许多有视力障碍的儿童除了需要有更明亮的颜色和（或）与背景形成鲜明对比的材料外，无需对项目进行任何改动。然而，患有严重视力障碍的儿童可能需要学习运用与此序列中包含的特征不同的特征进行匹配和分类。可以通过感受物品来教他们按大小和形状进行分类。他们不太可能按颜色分类，按材质分类会更合适。

有听力障碍的儿童

对于有听力障碍的儿童，不需要对这些项目进行调整，因为这些项目都是以视觉为基础的。必要时，请务必将言语指令和动作示范结合起来。

6-II. 视觉感知：配对和分类

a. 按尺寸分类（大和小）

b. 三原色配对

c. 按形状分类

d. 按 2 种特征进行分类

e. 配对几何图形（与方向无关）

f. 配对大写字母

g. 根据物品之间的关系配对卡片

h. 配对至少 8 种几何形状

i. 根据功能关系配对图片

g. 配对数字 0—9（可能会弄混 6 和 9）

k. 能够完成简单的图片类比

l. 配对小写字母

m. 辨认出不属于同一类别的物品或图片，将其替换为同一类别的物品或图片

n. 配对名字和简短的单词

∎∎∎

6-IIa. 按尺寸分类（大和小）

○ **教具**　一些相似的但大小明显不同的玩具（例如大型和小型汽车、大型和小型动物）

○ **流程**

当我们谈论或向儿童展示物品时，经常说"大"和"小"。有时候，一起收拾一些玩具时，告诉儿童我们想要他把玩具分成两堆——一堆是大玩具，一堆是小玩具。分别在两个位置放上一个示例。如果这里有一个中等大小的玩具，它可能是一个大号的物品，因为它比最小的玩具大得多；但它也可能是一个小号的物品，因为它比最大的物品小。让儿童自己决定中号玩具应该放在哪里。

○ **课堂和功能活动**

当清理或分拣衣物时，请根据尺寸分拣，让儿童帮忙（例如，"爸爸的大袜子放这里，你的小袜子就放那里"）。

○ **标准**　提供范例，让儿童对大小物品进行分类。

6-IIb. 三原色配对

○ **教具**　三原色的物品或容器

○ **流程**

给儿童一个红色的容器,里面装满红色的物品(如积木);一个蓝色的容器,里面装有蓝色的物品。将容器里面的物品倾倒出来并混合。一次一个,将它们放回对应颜色的容器中,每次都要说出颜色名称并将物品放在容器前面,以向儿童示范如何配对。然后将一个物品拿给儿童,并观察他会放在哪里。

或者,准备两堆不同颜色的物品(例如一堆蓝色物品和一堆黄色物品)。然后,我们拿起另一个物品,按颜色区分,将其放在对应颜色的物品堆中。如果儿童刚开始能将物品放在正确的堆中,后来出现了错误,就说:"哎呀,它会去那里吗?"并帮助儿童纠正错误。但是,如果儿童开始随机地将物品放入容器中,先允许他这样做,然后将物品都倒出来,再次示范正确的流程。如果儿童仍然不按颜色匹配物品,请等到另一天再尝试其他两种原色或黑白色。

当儿童一次就能轻松地分类两种颜色的物品时,增加第三种颜色。可减少每种颜色的物品数量,以避免让儿童对太多的物品进行分类。

○ **注意**

色盲的儿童可能只能匹配黑色和白色或深色和黄色。如果你发现儿童经过练习能完成这些组合而不是其他任何组合,请继续命名颜色,但不要继续重复此活动。可将儿童转介给眼科专家。

○ **课堂和功能活动**

全天与儿童谈论不同的颜色或物品。指出他穿的是什么颜色。在环境中找到与他所穿衣服的颜色相同的物品,并指出它们是相同的颜色。穿衣服时,向他展示一件特定颜色的衣服,然后让他找一件颜色相同的衬衫。将袜子分成相同颜色的一堆。

在教室里准备一些蜡笔,将红色蜡笔放在同一个容器里,蓝色蜡笔放在另一个容器里,依此类推。让儿童在用完蜡笔后将它们分类。

○ **标准**　儿童能多次匹配三原色。

6-IIc. 按形状分类

○ **教具**　几组相同的圆形、方形和三角形(它们的大小和颜色应相同),可以使用这些形状的纸片

○ **流程**

在儿童面前放一个圆形和一个正方形，再使用第二组形状，向他展示如何配对相同的形状，将形状直接放在配对物的上面。在放的时候说出形状的名称，例如，"这是一个圆形。它就像你的圆形一样，所以我要把它放在上面"。如果我们有多个相同形状的物品用来配对，能够帮助儿童更好地理解这个概念。当儿童成功配对两个形状时，请尝试第三个。

○ **课堂和功能活动**

假装和儿童一起做饭，把所有的圆形（饼干）都放在一个盘子上，所有的方块（吐司）都放在另一个盘子上，依此类推。

○ **标准** 提供范例，儿童在几个场合能对 3 种基本形状进行分类。

6-IId. 按 2 种特征进行分类

○ **教具** 几组具有 2 种不同尺寸和 3 种不同原色的圆形，可以使用圆形纸片

○ **流程**

在儿童面前放一大一小、颜色不同的两个圆形。用第二组形状块，向他示范如何配对大小和颜色，将形状块直接放在配对物的上面。在考虑放置位置时说出物品的特征。例如，"这是一个大的蓝色圆圈"。在与它不匹配的每个形状块旁边停留一下，并说出它不属于那里的原因（例如"这是一个圆形，但它是一个小圆形，所以它不匹配"）。在示范配对每个形状块后，将形状块一次一个地交给儿童，然后让他来配对。根据需要提供身体辅助和口头提示。

○ **课堂和功能活动**

鼓励儿童以两个特征作为准则来对其他物品进行分类，帮助他按大小和颜色对汽车或毛绒动物进行分类。让儿童帮忙洗衣服，将所有蓝色大毛巾放一堆，将所有蓝色小毛巾放另一堆。

○ **标准** 提供范例，儿童在几个不同的场合按 2 种特征对物品进行分类。

6-IIe. 配对几何图形（与方向无关）

○ **教具** 2 套有配对图形的卡片（一张是正方形，一张是中间有 X 的正方形，一张是有对角线穿过的正方形，另一张是下半部分比较暗的正方形）

○ **流程**

使用"教具"部分描述的图形制作 2 组卡片，每组 4 张。将一组卡片放在儿童面前排成一排，然后将剩余的一组卡片打乱顺序。一次一张，把卡片递给儿童。让他把每张卡片放在一排卡片中

相同的卡片上面。如果儿童有困难，请示范配对所有的卡片，然后让儿童再试一次。如果他仍有困难，开始时可以只出示 2 张卡片。当儿童能够成功地配对 2 张卡片后，尝试配对 3 张，然后配对 4 张不同图形的卡片。

○ **课堂和功能活动**

在教室里，和儿童一起玩 *Go Fish* 卡片的配对游戏。这通常会涉及各种各样图形的卡片。在这个年龄阶段，儿童不太可能会玩纸牌游戏，但可能喜欢将卡片进行配对。

○ **标准**　儿童至少能够配对 4 种几何图形。

6-IIf. 配对大写字母

○ **教具**　2 套带有大写字母的卡片

○ **流程**

将 4 张大写字母卡片放在儿童面前。刚开始时，选择外形非常不同的字母（例如 A、O、L、S）。然后，递给儿童另外一张卡片，上面有 4 张卡片中的一个字母。让儿童把它放在 4 张中有相同字母的卡片上。如果儿童难以做到这一点，请示范如何配对 4 张卡片，然后重复该过程。如有必要，刚开始时先配对 2 张卡片，然后是 3 张，最后是 4 张。当儿童可以轻易地配对不同的字母时，尝试配对外形相似的字母（例如 P、B、R、D）。

○ **课堂和功能活动**

在家里的冰箱上贴上字母磁贴。让儿童选择正确的字母磁贴，将字母卡片贴在冰箱上。

在教室里，在墙上挂上包含所有大写字母的表格，每个字母下面都有一个口袋。将字母卡片打乱顺序并分发给儿童（每个儿童都有几张卡片）。指向第一个字母并询问有配对卡片的儿童，让他将卡片拿出来并放在正确字母下方的口袋中。继续此活动，直到配对完字母表中的所有字母。

○ **标准**　儿童能够正确配对所有大写字母而不出现错误。

6-IIg. 根据物品之间的关系配对卡片（例如脚和袜子）

○ **教具**　几组相互关联的物品（例如脚/袜子、手/手套、锤子/钉子、油漆/油漆刷、头/帽子、狗/骨头、车/车库）

○ **流程**

将 2 张图片放在儿童面前（例如脚和手）。递给儿童包含手套的图片并问他："它应该放在哪里呢？"如果儿童没有将手套图片放在手的图片上，就说"这是一只手套，它应该戴在你的手上，把它放在手的图片上"。如果有需要，肢体辅助儿童。然后递给他袜子的图片并重复该过程。当儿童成功时，增加他面前的卡片的数量。

○ **课堂和功能活动**

在"圆圈时间"或其他小组时间，给每个儿童一组卡片中的一张卡片。然后，手中拿起与之配对的另一套卡片。手中持有的卡片与我们的卡片相配对的儿童要走上前来进行配对。更具挑战性的活动是将卡片分给每个儿童，并让儿童找到持有配对卡片的儿童。

○ **标准** 在3种不同的情况下，儿童能够根据物品之间的关系，对至少5组不同的物品进行配对。

6-IIh. 配对至少8种几何形状

○ **教具** 至少包含8种形状的形状拼图，或2套配对的卡片，上面至少包含8种不同的形状

○ **流程**

将一个拼图放在儿童面前。移除所有形状块并将它们放在拼图上方。让儿童将形状块放回拼图中。如果他有困难，可以示范如何将形状块放入拼图。然后，再次移除形状块并让儿童完成拼图。如果他仍然不成功，请先从4种常见的形状开始，例如圆形、方形、三角形和星形。当儿童成功时，一次增加一种形状，直到他能够放入8种不同的形状。每次增加新形状时，向儿童指出它与类似形状（即圆形和椭圆形）的不同之处。目标是让儿童在视觉上配对形状，而不是通过试错来完成。

我们也可以尝试使用一组至少包含8种不同形状的卡片。在儿童面前摆开这组卡片，然后将另一组配对的卡片一次一张交给儿童。告诉儿童把它放在与之匹配的形状卡片上。

○ **课堂和功能活动**

在家里，可以使用带形状的大的法兰绒板。给儿童一个形状块并让他把它放在匹配的形状上。在课堂上，将其作为一个团体活动，将形状块分发给所有儿童，然后让他们轮流将形状块放在匹配的形状上。

我们还可以使用饼干切割器、橡皮泥或面团制作各种形状块。和儿童谈论不同的形状。

○ **标准** 儿童至少配对8种几何形状。

6-IIi. 根据功能关系配对图片

○ **教具** 能以功能分组的物品图片（例如蜡笔、铅笔、钢笔和记号笔，轿跑车、轿车和旅行车，推土机、叉车、自卸车和平地机，火车、城市公交车、校车和无轨电车，信封、信纸、邮票和快递员），从杂志上剪图片贴在卡片上效果会很好；其他的物品和穿不同制服的人的图片。

○ **流程**

将两三张功能相关的图片（例如蜡笔、钢笔、记号笔）放在儿童面前，并说"这些图片是一起的"。然后在它们下面放置另外三四张图片（例如铅笔、手电筒和折叠伞），问："这些图片中的哪一张和上面是一起的呢？"如果儿童没有选择铅笔，请为他解释为什么应该把铅笔与那些图片放在一起（例如，铅笔和那些图片里的笔一样是用来写字的）。用其他图片再试一次。

供儿童选择的图片应该与配对的图片形状相似但功能不同，或者属于同一类别（例如车辆）但具有不同的功能（例如，能载好多人与只能载几个人），或者以其他方式让儿童思考他所观察到的东西。例如，我们可以用邮递员、医生、消防员的图片与信纸、信封、邮票的图片。

○ **课堂和功能活动**

在教室里，这是一项适合小团体的活动。这为儿童讨论自己的选择提供了一个很好的机会，为儿童提供合适的单词来描述他们通过观察形成的概念。

○ **标准** 在几种不同的情况下，儿童根据功能关系配对图片。

6-IIj. 配对数字 0—9（可能会弄混 6 和 9）

○ **教具** 2 套数字 0—9 的卡片

○ **流程**

将 4 张数字卡片放在儿童面前。然后，给儿童另一张卡片，上面有 4 个数字中的一个。让儿童将其放在数字相同的那张卡片上。如果儿童难以做到这一点，请示范如何配对 4 张卡片，然后重复该过程。如有必要，可以先配对 2 张卡片，然后是 3 张，最后是 4 张。

○ **课堂和功能活动**

在家里，将数字磁贴贴在冰箱上。让儿童用磁贴将相应的数字卡片贴到冰箱上。

在课堂上，我们可以开展相同的活动，将卡片和数字磁贴贴在文件柜或其他金属表面上。

○ **标准** 儿童能够正确配对数字 0—9。

6-IIk. 能够完成简单的图片类比

○ **教具**　各种相互关联的小图片，它们可能属于同一类别（例如花卉、车辆、会飞的东西、家畜、野生动物），可能形状相同，也可能颜色相同，或者需要一起使用（例如针和线、帽子和头、鞋和袜子）。

○ **流程**

该项目的目的是教儿童识别 2 张图片之间的关系，以便他可以按照类似的关系配对第 2 组图片。要教授这个概念，请先将 2 张汽车图片并排放在儿童面前。将第 3 张汽车图片放在第二排。在这些图片下面，放置另外 4 张图片（例如卡车、汽车、飞机、牛）。指着第一排的汽车说："这 2 个物品是在一起的。"指着那一排 4 张图片说："这些卡片中哪张与第二排的卡片相符？"儿童应指向汽车。如果儿童选择错误，就纠正他，然后说："因为这 2 张都是汽车所以放在一起。这些也在一起，因为它们也都是汽车。"然后，再试一组不同的卡片，可以用马、牛和鸭子，在鸡、狗、猫和老鼠中做选择。其他一些例子包括两种不同的汽车和一架飞机，在直升机、汽车、卡车和火车中做选择；一只手、一只手套和一只脚，在袜子、手套、围巾、裤子中做选择；还有一辆汽车、一辆公共汽车和一辆自行车，在火车、卡车、三轮车、飞机中做选择。

○ **课堂和功能活动**

在教室中，这可以作为小组或圆圈活动，将图片放在法兰绒板上，让儿童轮流完成类比，讨论做出选择的原因。

○ **标准**　儿童能够完成几个简单的图片类比。

6-Ⅰl. 配对小写字母

○ **教具**　2 套带有小写字母的卡片

○ **流程**

将 4 张小写字母卡片放在儿童面前。刚开始时，选择外形非常不同的字母（例如 a、o、l、s）。然后，递给儿童另外一张卡片，上面有 4 张卡片中的一个字母。让儿童把它放在 4 张中有相同字母的卡片上。如果儿童难以做到这一点，请示范如何匹配 4 张卡片，然后重复该过程。如有必要，刚开始时先配对 2 张卡片，然后是 3 张，最后是 4 张。当儿童可以轻易地配对不同的字母时，尝试配对外形相似的字母（例如 p、b、q、d）。

○ **课堂和功能活动**

在家里的冰箱上贴上字母磁贴。让儿童选择正确的字母磁贴，将小写字母卡片贴在冰箱上。

在教室里，在墙上挂上包含所有小写字母的表格，每个字母下面都有一个口袋。将字母卡片随机分发给儿童（每个儿童都有几张卡片）。指向第一个字母并询问有配对卡片的儿童，让他将卡片拿出来并放在正确字母下方的口袋中。继续此活动，直到配对完字母表中的所有字母。

○ **标准**　儿童能够正确配对小写字母。

6-IIm. 辨认出不属于同一类别的物品或图片，并将其替换为同一类别的物品或图片

○ **教具**　不同颜色、大小和形状的积木、扑克牌、各种小玩具

○ **流程**

向儿童展示4张图片或物品，其中1个物品/1张图片与其他3个/3张不属于同一类别（例如，向儿童展示3个大的、红色的、方形积木和1个大的、红色的圆形积木；向儿童展示3张黑桃J和一张梅花J）。此外，为儿童提供包含同一类别的其他物品，以便他可以替换掉那个不属于同一类别的物品。让儿童移除那个不属于同一类别的物品，然后让他选择可以替换它的物品。当儿童做出选择时，问他为什么做出这个选择。说说自己为什么会选择。

在课堂上，我们可以在"圆圈时间"玩这个游戏，也可以模仿芝麻街（Sesame Street）的歌曲"其中一样东西"（与其他不同）。让一个儿童选出不属于同一类别的物品，并将其替换为另一个物品。谈论儿童做出的正确和错误的选择，以帮助全班学生理解。

○ **课堂和功能活动**

这次活动可以使用大的网格板（例如法兰绒板）来完成。在4个网格中各放1张图片，其中3张图片属于同一类别（例如，所有图片都是交通工具或者动物）和1张不同类别的图片。在板子的前面放一些图片，并让儿童找出那张属于不同类别的图片。让其中一个儿童来移除这张图片，并将其替换为同一类别的图片。重复此活动，直到每个儿童至少轮到一次。

○ **标准**　在5次不同的尝试中，使用不同的教具，儿童能够根据两三个特征（例如大小、形状、颜色、数量、物品种类）找到那个不属于同一类别的物品并将其替换为同一类别的物品。如果儿童给出了做出选择的正当理由，即使这个理由与我们的不同，也算儿童通过试验。

6-IIn. 配对名字和简短的单词

○ **教具**　2套带有儿童名字和各种简短单词的卡片

○ **流程**

在儿童面前放4张单词卡片。给儿童看他的名片，然后告诉他怎么念。最初，选择外观非常

不同的单词（例如 Bonnie、cat、go、fish）。然后，递给儿童另外一张卡片，上面写着这 4 个单词中的一个。让儿童将其放在与之相同的单词卡片上。如果儿童在执行此操作时有困难，请示范如何匹配 4 张卡片，然后重复此过程。如有必要，可以开始时只匹配 2 张卡片，然后是 3 张，最后是 4 张。当儿童可以轻松地匹配 4 个不同的单词时，尝试匹配相似的单词（例如 cat、car、hat、sat）。如果这样做很困难，儿童可能需要完成各种视觉感知任务来积累经验（例如拼图、搭积木、模仿简单的积木模型），才能区辨细微的差异。

○ **课堂和功能活动**

在课堂上，利用"圆圈时间"展示写有每个儿童名字的卡片，一次一张。让每个儿童拿走自己的卡片，然后把它放在墙上的口袋里，那里也有他们的名字。

○ **标准** 儿童能够配对他的名字和其他几个简短的单词。

序列 7
对物品的功能性使用和象征游戏

在 2—5 岁之间，典型发育的儿童从理解物品的适当用法发展到将物品当作一种象征，即想象一个物品是另一个物品。将压扁的橡皮泥想象成一块饼干，将玩具恐龙想象成活的恐龙吞掉了弹珠，或将一根棍子想象成单簧管。专注于教授儿童"现实生活"的成人经常低估了这种富有想象力的游戏。

然而，想象或象征游戏在儿童语言发展、通过角色扮演理解社会互动以及思考解决问题的方法方面发挥着重要作用。对于成人来说，参与儿童的假装游戏（例如，假装吃橡皮泥馅饼），提供装扮教具，阅读奇幻故事以及时常表现出对儿童游戏主题的兴趣，以此鼓励儿童进行想象游戏，这是很重要的。

| 特殊调适 |

有运动障碍的儿童

对于患有严重运动障碍的儿童来说，参与一般形式的想象游戏是非常困难的。特别重要的是，这些儿童需要掌握某种沟通方式，以便其他人能够让他们参与游戏。适当的沟通系统能够帮助患有严重运动障碍的儿童提出游戏的主题并扮演不同的角色。

有视力障碍的儿童

患有严重视力障碍的儿童可能需要他人帮助才能积极参与其他儿童的想象游戏。我们可能需要指导儿童的同伴如何让儿童参与他们的游戏。与没有视力障碍的儿童交谈看不清东西的感受可能会有帮助。在"圆圈时间"或其他小组时间，请"志愿者"戴上眼罩，探索玩具或尝试在房间里走动。我们可以让视力受损的儿童指导"志愿者"如何识别物体或避开周围的障碍物。这通常会促使其他儿童想要做"志愿者"，并且在此过程中，其他儿童通常能更好地了解视力障碍儿童的感受，以及他们所拥有的特殊技能。

有听力障碍的儿童

除了在与儿童玩耍时采用任何他们熟悉的交流方式之外，对于大多数有听力障碍的儿童来说，很少需要调整项目。使用手语进行交流的儿童在假装游戏中通常能够自然地使用手语，这些应该算作言语。对于有严重听力障碍的儿童，可能需要忽略第 7r 项。

7. 对物品的功能性使用和象征游戏

o. 与娃娃或动物交谈和/或使它们彼此互动

p. 在想象游戏中扮演不同的角色

q. 在游戏中展现更加复杂的事件

r. 在游戏中为不同的角色配不同的声音

s. 在假装游戏中做出符合逻辑的动作序列（包含三四个部分）

t. 使用教具搭建其他物品

u. 将玩偶、毛绒动物或木偶作为游戏参与者（让他们对话）

v. 在游戏过程中描述自己的活动

w. 用积木或椅子搭建大型建筑物并围绕它们玩耍

x. 在假装游戏中与他人合作（讨论角色）

y. 使用玩偶或玩具表演"如果……会发生……"

z. 参与复杂的扮演成人角色的游戏

7o. 与娃娃或动物交谈和/或使它们彼此互动

○ **教具** 各种激发想象游戏的玩具（例如玩偶、娃娃床、瓶子、小碟子、小汽车、卡车、玩具动物、木偶、娃娃服装）

○ **流程**

在每只手上放一个木偶，让木偶互相交谈（或者让两只毛绒动物"站"起来，给他们设计一个简短的对话，例如，"你好，熊先生，你想吃什么晚餐？""我想要一些冰激凌""好的，让我给你一些"）。然后，给儿童一个木偶或动物，并试着让他和我们在一起玩的时候给玩具配音。

尝试给儿童两只动物或木偶。观察他是否会让两者互动以及与我们拥有的动物互动。

○ **课堂和功能活动**

经常和孩子一起玩假装游戏。拥抱和亲吻婴儿娃娃或玩具动物，乘坐汽车或卡车，为它们配音，等等。鼓励儿童参与（例如，"可怜的熊饿了，你可以给它喂一些晚餐吗？""哦，亲爱的，熊跌倒了，它在哭呢，呜呜"）。

当我们有时间参与游戏时，假装游戏是与儿童玩耍的好方法，但是当我们忙着做其他事情时，这也是让儿童自己娱乐的好方法。我们可以鼓励儿童在旅途中带上娃娃或动物，并说"带上一个很孤单，它需要一些陪伴"，等等。

在家里或教室里，观察儿童自发进行想象游戏，在游戏中他与动物或玩偶交谈，或者让动物或玩偶互相交流。

○ **注意**

有些成人对玩娃娃的小男孩感到不舒服。如果正在与你合作的家庭是这样，鼓励孩子家人在假装游戏中使用填充动物或男性角色的人物。想象游戏通常从模仿成人的行为开始，也包括他们与儿童互动和彼此互动的方式。

○ **标准** 在3种或更多情况下，儿童自发地参与富有想象力的游戏，在此期间他与玩具动物或玩偶交谈，或者让动物/玩偶互相交流（动物互相打斗也是常见的儿童幻想游戏）。

7p. 在想象游戏中扮演不同的角色
7q. 在游戏中展现更加复杂的事件

○ **教具** 玩偶、填充动物、货车或其他有轮子的玩具、空食品盒、玩具餐具，铅笔和纸、一些旧的鞋子和帽子或其他儿童玩的物品

○ **流程**

与儿童一起玩，示范不同的角色。例如，我们假装是一个婴儿，让儿童喂我们或以其他方式照顾我们。也可以建议儿童假装另一个不同的角色（例如，"让我们假装你是妈妈，然后你去上班。你需要什么？"）。

如果儿童邀请我们加入，通过为儿童示范来促进更复杂的想象游戏（例如，如果儿童过来并且说他正在购物，你则扮演店主的角色）。偶尔提出建议，而不是为儿童实际构建游戏（例如，"这只熊伤了腿，它需要医生"或"我看到你拿了购物车，你今天要去购物吗？"）。

○ **课堂和功能活动**

当儿童试图让我们参与时，参与他的假装游戏。在教室设置一个装扮与家务中心，准备一些材料来鼓励儿童扮演各种角色，例如店主（如收银机）、医生（如创可贴、玩具听诊器），等等。如果儿童没有自发地扮演角色，那就提出一些建议（"谁想当妈妈？谁想当爸爸？"）。

○ **标准 7p** 儿童扮演至少3个不同的角色。可以是自发的，也可以是响应其他人的建议，但是儿童必须通过使用不同的道具或不同的行为，来表明他对每个角色的理解（例如，学婴儿吮吸奶瓶或者哭泣，学爸爸戴上帽子，学医生使用听诊器）。

○ **标准 7q** 在至少3种情况下，儿童自发地表现出想象游戏中的复杂事件（例如，扮演角色并遵循一系列活动。例如，先假装烹饪然后用餐；使用四轮车作为购物车，假装买食物，把食物带回家，然后把它放起来；如果小货车坏了，假装一个积木是一种工具，修理火车，然后让它再次运行）。

7r. 在游戏中为不同的角色配不同的声音

○ **教具** 玩偶、木偶、填充动物或其他促进角色扮演的玩具

○ **流程**

当我们与儿童进行假装游戏时,为我们假装的每个角色配上不同的声音。例如,当我们假装是一个宝宝时,使用高音调的声音和"儿语",当我们假装是爸爸时,使用低音调的声音,如果我们学狮子叫,就大声咆哮。

听一听儿童在扮演不同的角色时,有没有在变换声音。

○ **课堂和功能活动**

当我们给儿童读书时,请给不同的人物配上不同的声音。当儿童熟悉故事后,让他看着图片讲给我们听。听听儿童是否也会为不同的角色配上不同的声音。

观察儿童在自发游戏和看书时,是否会给不同的角色配上不同的声音。

○ **标准** 在不同的情境中,儿童多次改变他的声音来表现木偶、玩偶或故事中的角色。

7s. 在假装游戏中做出符合逻辑的动作序列(包含三四个部分)

○ **教具** 娃娃、毛绒动物、货车或其他带轮子的玩具、空的或满的罐子或食品盒、锅碗瓢盆、真实的或玩具工具

○ **流程**

让儿童参与包含一系列行为的假装游戏。例如,给他一些橡皮泥,并请他为我们做午饭。或者给他几个娃娃或毛绒动物,并让他带着它们去购物。鼓励他谈谈他正在做什么。观察他自发进行的假装游戏,并注意游戏是否包含一系列合乎逻辑的动作序列。

○ **课堂和功能活动**

在日常活动中,注意和儿童谈论事情发展的顺序(例如,"首先我们把锅烧热,然后我们放入鸡蛋。这一面做好之后将它翻过来,然后把它放在盘子上""我们要去购物。首先我们需要制作一份购物清单,这样就不会忘记任何东西,然后我就得拿钥匙和钱包了")。

在教室里,观察儿童在装扮区域或其他玩假装游戏的区域自由玩耍。偶尔请他们描述正在做什么。提出问题或发表意见以鼓励儿童进行有顺序的活动。

○ **标准** 在2种或更多情况下,儿童在想象游戏中做出一个合乎逻辑的动作序列(包含三四个部分)。

7t. 使用教具搭建其他物品

○ **教具** 积木、几块布料、一些盒子、盖子、塑料容器、空线轴

○ **流程**

为儿童留出一些时间玩适合搭建的教具（例如积木、塑料容器）。不要干涉儿童以何种方式使用这些教具，而是观察并与他谈论他在做什么（例如，"你在做什么？你把它们堆得很高，这是一座塔吗？"）。偶尔在儿童旁边玩，自己创造一些简单的物品（例如，用珠子穿成的蛇、积木或盒子搭建的房子、线轴和盒子做的车）。一定要向儿童解释你在做什么。

○ **课堂和功能活动**

在教室里，在儿童可以自由活动的地方提供一些搭建类的教具。鼓励两三个儿童一起做些东西。听儿童谈论他们正在搭建的东西。偶尔请他们向你展示他们的搭建物，或在课堂上向其他儿童展示并介绍。

○ **标准** 儿童经常使用教具来搭建其他物品，并描述所搭建的物品是什么。沟通可以是口头的或是动作（例如，将两个箱子连接在一起并推动它们，说"choo，choo"）。

7u. 将玩偶、毛绒动物或木偶作为游戏参与者（让他们对话）

○ **教具** 玩偶、毛绒动物或木偶

○ **流程**

为儿童示范如何将玩偶、毛绒动物或木偶融入游戏（例如，为角色配音、与他们交谈、让他们参与任何你在做的活动），这是让儿童为某次活动做好准备的好方法。例如，如果儿童要去看医生，我们可能将一个木偶或玩偶当作医生，而将另一个当作小男孩。小男孩很害怕，但医生人很好。医生听小男孩的心跳，检查他的耳朵并夸奖他是个大男孩了。

在玩耍时，一定要观察和倾听儿童。如果儿童在没有对话的情况下继续游戏或者在游戏中只使用一个角色（例如玩偶、动物），偶尔将另一个玩具加入游戏，并引入对话和不同的角色。

○ **课堂和功能活动**

在教室里留出一个戏剧游戏区域，让所有想象游戏能力水平不同的儿童一起玩。在一个坚固的包装盒中搭建一个简单的木偶舞台，儿童可以为其他人表演木偶戏。观察每个儿童以确定他们的进步。

○ **标准** 在2种或更多情况下，儿童在游戏中让玩偶、毛绒动物或木偶进行对话或扮演不同的角色。

7v. 在游戏过程中描述自己的活动

○ **教具**　不需要

○ **流程**

倾听儿童。如果他没有向自己或我们描述他的活动，可以通过评论他来鼓励他进行描述（例如，"那辆卡车看起来负载很重啊！"），或者询问他在做什么（例如，"负载这么重的卡车要去哪里？"），并在自己的活动中示范如何描述自己的活动（例如，"让我们看看，我想在把花放进去之前先挖好所有的洞"）。

○ **课堂和功能活动**

在课堂上，听听儿童的谈话。儿童可能更倾向于描述他与同伴在一起时所做的事情，而不是与成人在一起时所做的事情。

○ **标准**　儿童经常在游戏过程中自发地描述自己所做的活动（而不是回答问题）。

7w. 用积木或椅子搭建大型建筑物并围绕它们玩耍

○ **教具**　不需要

○ **流程**

向儿童展示如何建造游戏屋或私人空间。将几条旧毛巾或床单搭在椅子或桌子上形成一个房间，或者只是利用椅子来隔开空间。让儿童玩我们创造的东西，并按照自己的意愿改变它。如果空间有限，请在特殊时间（例如，下雨天）准备一些可以鼓励儿童进行此类活动的材料。如果儿童没有立即回应，我们可以建议他进行一些游戏活动（例如，"这是玩偶的房子，这是你的房子。也许你想去参观一下并吃一些饼干"）。

○ **课堂和功能活动**

在教室里，帮助儿童使用椅子或积木来建造道路、火车或独立的房间。在自由游戏中允许并鼓励这种活动。

○ **标准**　在 2 种或更多情况下，儿童在没有成人建议的情况下，建造大型建筑物并围绕它们玩耍（他可以单独一个人或与其他儿童一起进行）。

7x. 在假装游戏中与他人合作（讨论角色）

○ **教具** 不需要

○ **流程**

在与儿童玩耍时示范如何与他人合作。例如，假设儿童假扮父母，我们假扮婴儿，然后说："我要做一个哭泣的婴儿还是一个快乐的婴儿？"回应儿童任何让我们参与假装游戏的努力。有时，以一种意想不到的方式来扮演一个角色，看看他是否会纠正我们并告诉我们应该如何扮演这个角色。

○ **课堂和功能活动**

假装游戏是课堂上儿童小组进行的自然活动。观察儿童一起玩耍时的情况。如果他们不自发地讨论角色，那么通过提问或提出建议来鼓励他们讨论。

○ **标准** 在3种及以上的情况下，儿童在假装游戏中与其他人合作，并与他们讨论角色。

7y. 使用玩偶或玩具表演"如果……会发生……"

○ **教具** 动物玩具、玩偶和/或木偶

○ **流程**

通过和儿童一起玩玩偶、木偶或动物玩具来鼓励他思考一个事件之后会发生什么。让其中某个角色遇到一些事情，并需要采取某些行动（例如，我们的玩偶摔倒并擦伤了膝盖）。问儿童接下来会发生什么（例如，"哦，亲爱的，宝宝擦伤了他的膝盖，他会怎么做？"）。将儿童告诉我们的内容表演出来，或把玩偶给他让他表演出来。如果儿童没有告诉我们或者表演出来，提议可能会发生什么并演示出来。

当儿童单独或与其他儿童一起玩时，仔细观察儿童，以确定他是否开始通过想象游戏来解决问题或考虑不同情况下的结果。

○ **课堂和功能活动**

在教室里，观察儿童和一群儿童一起玩时，是否参与涉及预测结果或考虑可能发生的事情的游戏。例如，同伴可能撞到了一辆车并假装司机受伤了，儿童可能会抓住毛绒玩具并说："这是医生，他可以解决这个问题。"如果这不是自发发生的，那么试着通过提出诸如"将会发生什么？"或"你现在应该做什么？"之类的问题来提示儿童对这种情况作出反应。

○ **标准** 儿童有2次或更多次使用玩偶或玩具表演"如果……会发生……"。

7z. 参与复杂的扮演成人角色的游戏
（例如，和其他儿童一起过家家、像成人一样解决问题）

○ **教具** 不需要

○ **流程**

当我们和儿童一起玩想象游戏时，为儿童示范角色扮演。也就是说假扮不同的角色（例如，"我是妈妈，要去上班"），提出问题（例如，"哦，亲爱的，汽车启动不了，我该怎么做？"），并尝试让儿童解决问题。确保儿童有机会与其他儿童一起玩耍并练习这些行为。

○ **课堂和功能活动**

在任何配备了适当的装扮服装、家具用品和其他教具的教室中，儿童都会自发地进行扮演成人角色的游戏。观察儿童的参与程度。他是否只是和其他儿童待在一起，或是真正扮演了角色并展开了一个游戏主题？如果他没有积极参与，那么请尝试通过建议或示范他可以做的事情来辅助他。

○ **标准** 在3种或更多情况下，儿童与成人或其他儿童一起进行复杂的扮演成人角色的游戏。

序列 8
问题解决 / 推理

从出生开始，儿童就积极地探索并了解他们的世界。在 0—2 岁之间，儿童致力于探索物体的物理特性以及如何使用它们。通过反复试错，他们学会了解决具体问题（例如，如何获得无法触及的物品，如何克服障碍）。在 2—5 岁之间，儿童的尝试变得更加复杂。他们从每次的经历中得出结论并检验这些结论。与成人一样，基于有限的信息，他们的结论有时是不准确的。例如，儿童可能会在火炉开启的同时跺脚，并认为是他的动作导致火炉的开启。当火炉熄火时，儿童可能会再次跺脚，并充满期待地倾听。或者儿童可能会在冰箱或其他设备前面跺脚，以发出类似的声音来打开它们。在调整他最初的结论之前，儿童可能会尝试很多次。

在学龄前阶段，随着语言技能的显著提高，儿童开始和他人交流自己的结论，并将其与同龄人及成人进行对比，这是言语推理的开始。这个序列的目标是帮助儿童观察他们对周围物体的影响，并在语言能力出现时，能够与成人讨论观点和结论；另一个目标是帮助儿童在努力理解周围世界的过程中培养自信心和感到愉悦。

特殊调适

有运动障碍的儿童

在可能的范围内，调整教具以适应有运动障碍的儿童的能力水平。我们应咨询儿童的物理和/或职业治疗师，以获取建议，最大限度地提高儿童与环境的互动。

当患有运动障碍的儿童遇到问题时，试着想一想儿童用他的特定能力去解决问题的方法，而不是试图教儿童以传统的方式解决问题。我们应该为儿童示范解决问题的方法。

在为患有严重运动障碍的儿童设计任务时要有创造性，这样任务才能既具有挑战性又不会超出儿童的运动能力范围。沟通对于儿童推理能力的发展尤为重要。如果儿童患有的运动障碍影响了他的言语能力，应向沟通专家寻求帮助。

将患有运动障碍的儿童介绍给会解决问题的其他儿童。谈谈他们正在做什么。鼓励其他儿童将玩具放在有运动障碍的儿童的面前，并向他展示玩具的操作方式。

有视力障碍的儿童

为有视力障碍的儿童选择的教具，应该既能够让这些儿童充分运用残余的视力、触觉和运动能力，又能够提供足够的声音或其他效果以保持他们的兴趣。

如果儿童患有严重的视力障碍，这个序列里的很多项目对他来说是非常难掌握的。儿童需要大量的身体辅助来帮助他探索物品并了解它们的特征。

有听力障碍的儿童

对于有听力障碍的儿童来说，唯一需要调整的是使用他喜欢的沟通方式与他交流，比如使用手语或者其他沟通方式。向儿童听力学家和言语—语言治疗师咨询。

8. 问题解决 / 推理

w. 在玩的时候体验原因和结果

x. 独立地嵌套 4 个容器，或堆叠尺寸渐进的套环或积木

y. 没有产生预期效果时，评论某些东西不起作用

z. 独立地探索物品以确定其功能和 / 或向其他人展示它们的运作方式

aa. 正确回答至少一个"为什么这样做"的问题

bb. 识别搞笑的或错误的图片或事件

cc. 当被问到"哪一个与此相关"时，找到可以一起使用的物品

dd. 完成颜色或形状序列

ee. 当被问到"你用这个干什么？"时，说出物品的使用方法

ff. 回答 2 个或更多"当……时，你会做什么"的问题

gg. 通过回答问题（或指向图片）说明事物的来源或由什么制作

hh. 描述在图片或现实生活中看到的简单且荒谬的事件

ii. 恰当地回应"告诉我如何"或"你如何"的问题

jj. 完成 2 个类比（即涉及比较的句子，例如，"哥哥是男孩，妹妹是女孩"）

kk. 识别图片中缺失的部分

ll. 想象并描述在不熟悉的故事或图片中接下来会发生的事情

mm. 通过提出和回答问题，来思考自己的经历

nn. 描述熟悉物品的新用途

oo. 描述 2 个不同物品之间的相似之处

pp. 预测未来事件

8w. 在玩的时候体验原因和结果

○ **教具**　空的包装盒或卫生纸芯、小玩具、漏斗、罐头盖

○ **流程**

收集一些常见的家居用品，例如上面列出的那些。和儿童坐在一起，向他演示一些我们可能会对这些物品做的事情。例如，我们可以将一个玩具车放在一个卫生纸芯中，以一定的角度放置，观察玩具车从另一端滚出，我们可以将液体倒入漏斗并观察它如何流入玻璃杯，或者我们可以旋转一个罐盖。在儿童面前演示完，然后让他自己探索和玩弄这些物品。观察他是否会模仿你做过的事或尝试对过程进行改变。

○ **课堂和功能活动**

让儿童明白我们对一切东西的运作方式（例如，给儿童洗澡的时候，向他展示重的玩具如何沉入浴缸底部以及轻的玩具是怎么浮起来的；向他展示汽车和卡车如何在水平的表面上保持静止，但在平面晃动时向下方滚动）感兴趣。提供许多自由游戏的物品（例如积木、汽车、卫生纸芯、不同尺寸的容器等），引导他们自己去进行试验。

在儿童独自玩耍或与其他儿童一起玩耍时观察儿童。观察那些表明他正在体验你与他分享的创意或他独立进行体验的活动。

在教室里，让儿童在外出时收集岩石、棍棒或树叶，将它们一个接一个地放入一桶水中，看看浮在水面上的有哪些东西。此外，让每个儿童带来一些东西，向他人展示它是如何运作的——鼓励父母提供一些结实牢固的家居用品，以便儿童可以试验它们的用法（例如，一个老式的打蛋器，蘸上一点肥皂水后可以制造出泡泡）。

○ **标准**　儿童在几种不同的情境下试验一些教具或物品，显然是在试图了解它们的工作方式。

8x. 独立地嵌套4个容器，或堆叠尺寸渐进的套环或积木

○ **教具**　嵌套杯（6个或更多），一组渐进尺寸的积木、套环（中心柱应为锥形而不是圆柱形，这样只能按顺序将它们套上去，否则无法将所有的环套上去）

○ **流程**

向儿童展示一套嵌套杯，将它们分开，然后向儿童示范如何将它们套在一起。再将它们分开并交给儿童，看看他是否可以将它们套在一起。除非他开始表现出遭受挫折的迹象，否则不要提供帮助。取出任何放置不正确的杯子，并指向它应该正确套进的杯子。在此时尽可能多地帮助他完成任务。如果儿童愿意，让他继续玩杯子，但不要坚持。在演示如何完成任务时，使用表示尺寸的单词来强调你正在做的事情，并帮助儿童掌握这些概念（例如，"那个杯子太大，不适合那里""把小的那个放在最后"）。

用与套杯相同的方式，向儿童演示套环如何完全套在杆子上。

将最大的积木放在最下面，最小的积木堆在最上面。推倒它们，并鼓励儿童堆起来。除非他

请求帮助或感到挫折，否则不要纠正他的做法。除非这些积木堆到一半掉下来，否则他可能没有注意过它们是从大到小堆放的。但是，我们可以通过用积木搭一座塔来鼓励他注意积木的不同尺寸，并询问他是否可以堆一个像这样的塔，提供口头提示（例如，"找到最大的一个积木，并把它放在底部"）。

确保儿童在感兴趣时自己探索这些教具。许多儿童难以抗拒这些堆叠和嵌套玩具的挑战和吸引，并且当他们最终自己掌握玩法时会非常高兴。

○ **课堂和功能活动**

在家里或教室里，在日常环境中寻找机会，帮助儿童注意物品的相对大小。例如，当我们要把杂物放好时，展示把小罐放在大罐上面的动作。下一次展示时，我们应该问儿童"你应该先放下两个罐子中的哪一个"。

当儿童试图将东西放入太小的容器中时，提供一个更大的容器，或者示范一个容器如何放进另一个容器。

○ **标准**　儿童在没有帮助的情况下，嵌套或堆叠至少 4 个尺寸渐进的物品。

8y. 没有产生预期效果时，评论某些东西不起作用

○ **教具**　用电池供电的玩具或其他可拆卸但很容易固定的玩具（例如，带有可以卡入和取下的轮子的卡车）

○ **流程**

向儿童示范一些熟悉但已经无法操控的玩具（例如，从电池供电的玩具中取走电池），然后观察当儿童尝试玩玩具但玩具不能以预期的方式运作时，儿童的行为是怎样的。他会将这个状况描述为"坏了"还是"不工作"了？他会要我们修理吗？

○ **课堂和功能活动**

在一天中，儿童会有很多机会知道某些东西不能正常工作并需要修复。当玩具的电池耗尽时，儿童可能会更使劲地按按钮或做其他无用功以使玩具工作。警惕这些情况并谈论它们（例如，"这样行不通，我想知道为什么，也许它需要新电池，让我们看看是否有帮助"）。

当任何东西不工作时，儿童应该对照顾者或教师发表评论，例如："它已经坏了"或"它不工作了，我们可以做些什么来解决这个问题？"如果问题无法解决或需要超出照护者所能提供的帮助，那么沟通也是很重要的（例如，"让我们等妈妈来，看看她是否可以修复它""我想我们必须打电话给管道工，这样他才能解决它""我认为我们不能解决它""让我们把它放下然后玩别的东西"）。

○ **标准**　在几种情景下，当玩具或其他东西不工作时，儿童会发表评论并试图修理它，或寻求帮助。

8z. 独立地探索物品以确定其功能和 / 或向其他人展示它们的运作方式

○ **教具**　一些新颖的玩具或其他物品

○ **流程**

给儿童一些新颖的玩具或其他物品，让他自己探索。如果他请求帮助，建议他尝试不同的方式，或者问他认为物品可能怎么用。尽量避免示范如何操作物品以免影响儿童之后的独立探索。但是，不要让儿童感到挫折。为他提供足够的帮助，使他有成就感。

当儿童确实了解一个物品的某些效果后，对此进行评论，并让他告诉我们他是如何做到的。

○ **课堂和功能活动**

全天观察儿童对玩具或其他物品所做的行为。他是否立即将它们带到某人那里询问如何处理，或者他是否开始体验它们会发生什么效果？如果他立即寻求帮助或示范，不要告诉他；如果他没有寻求帮助或示范，可以提出建议，鼓励他自己进行更有效的探索。

偶尔向儿童展示一些不危险的家庭用品（例如老式打蛋器、火鸡捣蛋器、捣碎器、马铃薯捣碎器、手电筒），看看他用它做什么。还可以为儿童提供机会玩橡皮泥或其他鼓励探索的美术教具。

在家里或教室里，鼓励儿童向其他人（儿童或成人）展示玩具或其他物品是怎样运作的。

○ **注意**

通常，好奇的儿童会尝试探索和使用可能对他们有危险的物品。重要的是避免惩罚儿童进行探索的行为本身，同时也要教给他环境中的某些物品是危险和不能碰的。

○ **标准**　在 3 种或更多情况下，儿童独立地探索物品以确定其功能和 / 或向其他人展示它们的运作方式。

8aa. 正确回答至少一个"为什么这样做"的问题（例如，"为什么我们要打伞？"）

○ **教具**　不需要

○ **流程**

当我们与儿童互动时，问他一些"为什么"的问题，比如"我们为什么要穿鞋子？""为什么我们有炉子？""为什么我们有眼睛？"如果他没有回答，请告诉他答案，然后再问这个问题，而后转到另一个问题。几天后，问同样的问题，看看儿童是否还记得，也可尝试问新的问题。如果问题在某种程度上与儿童正在玩的某些物品或正在发生的事相关（例如，如果是下雨天，请问"为什么我们要打伞？"），这可能会有帮助。

○ **课堂和功能活动**

谈谈为什么我们在日常生活中会做不同的事情。给儿童提供很多理由（例如，"我需要穿上靴子以保持双脚干爽""那里又冷又湿"）。当儿童开始问"为什么"时，给他提供一个回答。偶尔我们自己提出问题，然后自己回答，以便给儿童示范适当的反应（例如，"我们为什么要喝牛奶？因为我们想变得强壮"）。然后，逐渐开始问儿童"为什么"和"为什么这样"的问题。

对家庭或课堂安全规则的讨论，为练习"为什么"和"为什么这样做"的问题提供了一个很好的机会。

在给一名儿童或一群儿童讲故事时，请停下来问"为什么"，例如"为什么这样做"或"为什么以前这样做"等问题。

○ **注意**

在提出这类问题时，请不要关注儿童的动机。也就是说，不要问儿童"你为什么要打你的妹妹？"或"你为什么要在墙上涂色？"等。这个年龄的儿童对于他们自己的动机了解甚少。这个项目之所以提出问题，目的是鼓励儿童增进对周围世界的理解。

○ **标准**　儿童正确地回答了几个"为什么"或"为什么这样"的问题。

8bb. 识别搞笑的或错误的图片或事件

○ **教具**　一组玩具，包含有趣或不寻常事件的图片的书籍（如 Dr. Seuss 绘本），一般的家庭或教室用品

○ **流程**

故意做一些错事或傻事，看看儿童是否能注意到（例如，将儿童的盘子颠倒过来放，并表现得好像要把食物放在上面一样；把儿童的外套、帽子或其他衣服穿在自己身上）。如果儿童注意到并纠正了错误或者笑了，我们可以这样说："哎呀，这真有趣，我不应该这样做。"如果他没有注意到错误，请指出来并发笑。

在看书时谈论书中的图片，尝试找出乎意料的或搞笑的事件（Dr. Seuss 绘本里有很多这样的图片）。

○ **课堂和功能活动**

经常和儿童一起发笑。当我们犯了错误如洒了东西或造成其他轻微后果时，请为儿童指出错误，说："我真傻啊，我没有注意自己在做什么。看看这里弄乱了！"另外，把儿童的错误描述为搞笑的事件（例如，"你想把那块大的积木放进那个小洞里，这多好笑呀"）。

如果儿童已经明白我们也会犯错误并可以一笑置之的时候，他应该能够接受自己的错误并对此一笑置之。儿童也会更清楚地意识到他正在看和做的事情，并能够更好地思考如何做某些事情。

在教室里，与一小群儿童一起玩游戏，要求他们纠正错误的地方。要做到这一点，应收集一些玩具并每次给他们两三个玩具，拿每个玩具做一些不寻常的事情。询问谁可以纠正错误。例如，我们可能用手臂抱着一个娃娃，好像要喂它，但是自己吮吸瓶子，或者我们可以将玩具奶牛放在卡车的前座并把司机放在后座。

为课堂营造幽默的氛围，让儿童可以取笑自己和别人的错误。确保儿童知道与某人一起笑和与取笑某人的区别。

○ **标准** 在2种或更多情况下，儿童能够识别搞笑的或错误的图片或事件。识别可以是指出错误并取笑、纠正错误或谈论错误。

8cc. 当被问到"哪一个与此相关"时，找到可以一起使用的物品

○ **教具** 功能相关的物品（例如钉子和锤子、针和线、鞋和袜子）

○ **流程**

在儿童面前放置四五个物品。拿出一个与其中某个"相配"的物品，让儿童找到与之相配的物品。如果他没有选择正确的配对物品，不要告诉他错了，而是问他为什么选择这个。这将有助于我们了解他的想法。根据他给我们的原因，我们可能会说："是的，它们可以匹配在一起，因为它们有相同的颜色，但我认为还有另外一个物品可以和它配对，因为我们可以一起使用它们。你能找到那个吗？"

○ **课堂和功能活动**

与儿童谈谈我们的日常活动。向他展示如何一起使用某些物品。当我们缝纫时，要求儿童给我们拿线，或者当我们用钉子修理东西时让他给我们拿锤子。

偶尔展示三四个物品，并对儿童说："我将使用它（例如锤子），哪一个与它相关？"

在教室中，准备一些工具和其他物品。分给每个儿童一个工具，看看他是否能分辨出它是什么。如果没有，看看其他儿童是否可以识别它。然后拿出一堆物品，这些物品在逻辑上可以与分发的工具一起使用，并要求儿童找到那些与他们所持有的东西相关的物品（例如，螺丝刀和螺丝钉、锤子和钉子、罐子和盖子、鞋子和袜子、罐头食品和开罐器、针和线、回形针和纸、叉子和盘子）。

另一个比较好的课堂游戏是将物品分发给儿童，然后让每个儿童寻找自己的同伴，这个同伴手里的物品可以和自己的物品一起使用。

○ **标准** 当被问到"哪一个与它相关"时，儿童可以找到6个或更多常见的物品。

8dd. 完成颜色或形状序列

○ **教具** 各种形状和颜色的积木，2 种或多种颜色的扑克筹码，几种不同颜色的正方形和圆形的厚美工纸

○ **流程**

告诉儿童我们打算玩一个游戏，看看他能不能猜到接下来会发生什么。在桌子上放 5 个红色和 5 个蓝色的正方形积木。然后将其中一些积木摆成一排，说："首先我放了一个红色的，然后是蓝色的，然后是红色的，然后是蓝色的。那么，接下来会放什么积木？"如果儿童选择了蓝色积木，请问他为什么选择这个。然后解释我们正在制作红色、蓝色、红色、蓝色的模型，所以下一个应该是红色的。再次尝试使用红色和黄色积木。我们还应该尝试使用 1 种或 2 种颜色的扑克筹码或 2 种颜色的方形纸进行此活动。

一旦儿童可以选择双色序列中的下一种颜色，建议他完成这个模型直到用完了所有的积木。当他能够做到这一点时，尝试使用形状不同而不是颜色不同的任务（例如，交替摆放 5 个圆形和 5 个正方形，它们的颜色相同）。

最后，通过使用 3 种颜色或 3 种形状来增加任务的难度。当儿童在选择要使用的下一种颜色或形状时出错，问他为什么选择这个颜色或形状。这有助于我们了解儿童的思考过程，以便做出更好的解释。

有时儿童会摆出一个序列让我们来完成。我们可能无法察觉其中有何顺序性。如果是这样，请承认这是一个很难的任务并要求儿童解释。

○ **课堂和功能活动**

无论是在家里还是在教室里，这项活动对一群儿童来说都很有趣。一旦他们理解了这个过程，他们就可以轮流设计序列和完成其他人设计的序列。他们可以使用更复杂的教具，可能混合颜色、功能和形状。

○ **标准** 儿童完成 3 个或更多包含 3 种颜色或形状的序列。

8ee. 当被问到"你用这个干什么？"时，说出物品的使用方法

○ **教具** 常见的物品

○ **流程**

这个项目的目的是让儿童把对于物品如何使用的理解用言语（符号）表达出来。在我们使用物品的时候谈论它可以帮助他们开始这样做（例如，"当我把面粉放入时，我必须用这个大汤匙

搅拌""我会用锤子敲钉子")。之后,给儿童一个我们之前谈论过的物品并问:"你能用这个做什么?"如果儿童只是用动作示范而不是通过言语告诉我们,就说:"我想让你用你的话来告诉我可以用它做什么。"在必要时提示他。

当儿童能够在实际拿着或看到物品时告诉我们应该如何使用时,开始向他展示物品的图片并询问它们的用途。如果这对儿童来说没有任何困难,那就开始说出物品的名称并询问它们的用途(例如,"你可以用锤子做什么?""你可以用自行车做什么?")。

○ **课堂和功能活动**

描述物品的使用方式可以作为一种在车内玩耍的游戏,或者在我们希望让儿童保持愉悦的其他时间。轮流与儿童说出一个物品的名称并讲一讲它的用途。通过描述物品的用途来让儿童猜物品来改变游戏(例如,"我知道一些东西很长,我们用它在面包上涂抹黄油。那是什么?")。

在课堂上,帮助一群儿童在"圆圈时间"玩游戏,让他们从盒子中拿走一个物品并说说可以用它做什么;或者让儿童轮流描述物品的使用方法,其他儿童来猜物品。

○ **标准** 无论是实际看到物品、看到物品的图片,还是只听到物品的名称,儿童都能够说出 3 个或更多物品的使用方法。

8ff. 回答 2 个或更多"当……时,你会做什么"的问题(例如,"当你累了的时候会做什么?")

○ **教具** 不需要

○ **流程**

问儿童"当……时,你会做什么"的问题(例如,"当你饿了的时候会做什么?""当你昏昏欲睡时会做什么?")。如果他没有回答,请为他示范如何回答这些问题(例如,"好吧,当我饿了时,我会吃饭")。然后问另一个问题,如果他没有回答,告诉他答案。在另一天提出相同的问题,并混入新的问题,可以提出与情绪有关的问题(例如,"当你快乐、生气、悲伤时,你会做什么?")。

○ **课堂和功能活动**

经常与儿童谈论我们的感受以及为什么要做某些行为(例如,"你累了,你需要去睡觉""你饿了,是时候吃饭了")。在谈论儿童的需求和行为时使用相同的语言(例如,不要问儿童"你想要一些水吗?"而是问"你口渴吗?"然后给他水)。在日常活动时,询问儿童"当……时,你会做什么"的问题。例如,问儿童:"你饿了吗?"当他回答"是"时说:"好吧,现在你饿了,你会做什么?"如果没有得到回应,就说:"我认为你需要吃点东西。你想要一块饼干吗?"

在课堂上,在"圆圈时间"谈论感受或经历以及应对方式。例如,可以谈论饥饿感——是什么感觉，小组中的每个人都喜欢吃什么，等等。我们也可以携带一些不同的食物供儿童品尝或带一些动物爱吃的各种食物（例如燕麦、草、葵花子），让儿童感受和/或品尝它们。

在下一个"圆圈时间"，我们可以说："昨天我们谈到了饥饿。谁能告诉我，当我们饿的时候会做什么？"等几个儿童回答后说："今天我们要谈的是口渴。口渴是什么感觉？"在其他时候谈论其他话题（例如疲倦或困倦、脏、悲伤）。

唱一首 If You're Happy and You Know It 的改编版，例如："如果你知道自己饿了，就吃午餐吧。"

○ **标准**　在没有任何提示的情况下，儿童能够回答 2 个或更多"当……时，你会做什么"的问题。

8gg. 通过回答问题（或指向图片）说明事物的来源或由什么制作

○ **教具**　书籍、图片

○ **流程**

与儿童一起看书或杂志，并询问图片中不同物品的来源。例如，如果有一张有人在喝牛奶的图片，就问："他正在喝牛奶。牛奶来自哪里？"如果有一张鞋子的图片，就说："看看那些鞋子。你认为它们是什么做的？"当儿童不知道时告诉他答案。如果儿童说出"牛奶来自商店"这种回答，就说："这是对的，但商店必须从某个地方获取牛奶。你认为它来自哪里？"

提供有关物品来源的答案，可能有助于解释不同的材料可用于制造不同的物品，例如鞋子——有时是皮革做的，有时是塑料做的，有时是布料做的。为儿童展示相关例子，以便他能够了解不同材料的特性。

○ **课堂和功能活动**

与儿童谈论日常环境中的物品来自何处以及如何制作。例如，在进餐时，谈论产出牛奶的奶牛，长出可以榨成汁的橘子的树，种植蔬菜的农民，等等。在吃下一餐时，问他是否记得牛奶（或果汁、蔬菜）的来源。但请注意，我们在商店购买的物品可能是在其他地方生产的。

当我们做饭时，让儿童观看并参与。谈谈制作面包、蛋糕、饼干、砂锅菜等的材料。

给儿童读关于农场动植物如何生长的书籍，让儿童为我们指出提供牛奶的动物或种植蔬菜的人。如果有可能，请带儿童参观农场或制造某种商品的地方。在有这些经历之后，询问儿童问题，看看他是否可以告诉我们某些物品的来源或是由什么制作的。

课堂中的实地考察是帮助儿童了解物品怎样制作、人们从事不同工作等的理想选择。在这些旅行后的讨论环节可以向儿童提出问题，以确定他们对物品的来源和制作方式的理解。

○ **标准**　儿童能够回答 5 个或更多问题，以表明他们对环境中常见物品的来源或由什么制作有所了解。

8hh. 描述在图片或现实生活中看到的简单且荒谬的事件（例如，成人吮吸拇指）

○ **教具** 一组玩具，带有有趣或不寻常事件图片的书籍（如 Dr. Seuss 绘本），一般的家庭或教室用品

○ **流程**

与儿童一起玩"猜猜哪里搞笑"的游戏。用玩具做一些出乎意料的事情，然后问："哪里比较搞笑或有趣？"例如，让娃娃头朝下坐在娃娃椅上，把一辆马车翻转过来并在上面装上玩具，或者把土豆先生的脚放在他的头上。当儿童告诉我们哪里出错后，让他修正错误或告诉我们如何修正它。

给儿童读有很多有趣图片的故事书（许多 Dr. Seuss 绘本很适合）。让儿童指出什么比较有趣，然后告诉我们。

○ **课堂和功能活动**

在课堂中的"圆圈时间"玩"猜猜哪里搞笑"的游戏，根据儿童的能力水平调整游戏的难度。

○ **标准** 儿童能够告诉我们几张照片或几个事件中荒谬的或错误的部分（他必须说明，而不仅仅是指出）。

8ii. 恰当地回应"告诉我如何"或"你如何"的问题（例如，"告诉我如何制作三明治""你如何洗澡？"）

○ **教具** 不需要

○ **流程**

让儿童参与假装游戏。创建一个游戏主题，让我们可以询问"告诉我如何"或"你如何"的问题。例如，假扮一个拜访其他家庭的动物（或人）。这个角色不知道如何做并想学习。用这个角色对儿童的木偶说："我想吃三明治，但我不知道怎么做。告诉我如何制作一个三明治。"我们也可以说："好吧，我为了制作这个三明治把自己弄得非常脏。我需要洗个澡，你如何在家里洗澡？"如果儿童无法给出完整的答案，请提示儿童。

○ **课堂和功能活动**

告诉儿童我们如何做各种活动，并在我们做的时候与他交谈（例如，"我要给你做一个三明治。首先我们要拿一片面包，然后我们会把蛋黄酱涂在上面，就像这样，之后我们将这块面包放在那块面包上面，这样我们就完成啦！"）。尽可能让儿童帮忙和参与。在下一次，告诉儿童我们

要做一个三明治，想让他告诉我们该怎么做。完全按照他告诉我们的方法做，以便他能得到关于描述准确度的反馈。

在课堂上有很多机会展示和讨论如何进行艺术创作或其他活动。偶尔给儿童一些说明，让他自己完成项目，然后让他告诉另一个儿童如何做，我们在旁边倾听并在必要时做出解释。

○ **标准**　儿童对 2 个或更多"告诉我如何"或"你如何"的问题作出适当的回应。没有必要让儿童正确描述每一步，但总体思路需要明确。

8jj. 完成 2 个类比（即涉及比较的句子，例如，"哥哥是男孩，妹妹是女孩"）

○ **教具**　不需要

○ **流程**

告诉儿童我们要玩一个游戏，看他是否能完成我们说的话。先从儿童熟悉的概念开始。比如，"我的外套是红色的，你的外套是……"或"约翰是个男孩，你是一个……"。继续其他概念，例如，"火是热的，冰是……"。为儿童不知道的问题提供答案。

○ **课堂和功能活动**

当我们坐在车里或其他情况下，通过和儿童说话或玩一场对立的游戏来逗他开心。根据我们刚才看到的或正在谈论的事情来构建一个句子，以帮助儿童更多地思考这些概念。例如，我们可能会看到一只蜘蛛，说："看看那只蜘蛛，蜘蛛很小但大象很……（等儿童填这个词）。"如果他没有说出这个词，告诉他答案并重复句子，强调其中的差异。然后，尝试另一种类似的比较（例如，"宝宝很小，但爸爸……"）。

在为儿童读书时，要注意进行比较，这些比较有助于儿童进行类比。例如，在阅读了 *Goldilocks and the Three Bears* 的故事后，说："熊爸爸的椅子太硬了，熊妈妈的椅子也……（等儿童填写这个词）。"

在课堂上，为儿童阅读书籍，并让他们完成类比。我们也可以将此作为概念教学的一部分，例如："这块积木是一个圆形，这块积木是［不同的形状］。""玛丽的裙子是绿色的，但乔治的衬衫是［不同的颜色］。"

○ **标准**　在 2 种不同的情况下，儿童完成 3 个或更多不同类别的类比。

8kk. 识别图片中缺失的部分

○ **教具**　玩具或带有可拆卸部件的物品，出版的书籍（包含缺少部件的物品的图片），有缺失部

分的自制图片，纸张，蜡笔/记号笔

○ **流程**

收集几个缺少部件的玩具（或从玩具中取出部件）和/或各种有缺失部分的图片。我们可以使用有缺失部分的图片的书籍，或切掉部分图片并将图片粘贴在笔记本中来自己制作书籍。我们也可以绘制简单的图画。例如，画一个只有一只手臂或没有嘴巴的人物简笔画，并询问儿童缺少什么。向儿童展示每一样物品并问："这个有什么问题？它缺少了什么？"如果儿童无法识别缺失的部分，说出它的名称并展示缺失的部分。先从简单的辨认开始（例如，缺失一只手臂的玩偶或没有前轮的卡车），然后进行更复杂的辨认（例如，缺少一条腿的狗的图片）。

○ **课堂和功能活动**

当我们发现一件玩具或物品丢失了部件时，请向儿童展示并说："它坏了，它缺少了什么？"帮助儿童修复它。识别玩具和图片的缺失部分也是一项很好的课堂活动。让儿童自己制作有缺失部分的图片，并将它们展示给其他儿童，让他们找到丢失的部分。

○ **标准** 儿童能够识别 5 张或更多图片中缺失的部分。

811. 想象并描述在不熟悉的故事或图片中接下来会发生的事情

○ **教具** 故事书或图片

○ **流程**

在阅读熟悉的故事时，讲到故事中间时停下来，并问儿童："下面会发生什么？"当他能够回答出一个关于熟悉故事的问题时，开始阅读一个新的故事，在中途暂停一下并问："你认为接下来会发生什么？"如果儿童不能回应，提供一些选项，看看儿童认为可能会发生什么事情。

在杂志或书籍中寻找一些包含事件的图片，并问儿童："接下来会发生什么？"（例如，一个儿童在玩泥巴、人们在雨中行走、一个男人正在开车。）如果儿童没有回答你，请告诉他我们认为接下来会发生什么。

让儿童参与假装游戏。创造一个场景，然后问："接下来会发生什么？"采纳儿童提出的任何建议。如果他没有回答，提供几个选项，让他进行选择。

○ **课堂和功能活动**

在教室里，为儿童读一个故事然后停下来问："接下来会发生什么？"让尽可能多的儿童来表达他们认为接下来会发生什么。儿童会激发彼此的想象力，因为他们会对接下来可能发生的事情提出不同的想法。

○ **标准** 在 3 个或更多情况下，在听不熟悉的故事时被打断或看图片时，儿童会对"接下来会发生什么？"的问题作出适当的回应。答案应该在逻辑上与图片或故事相关，尽管它们可能会与故事或者我们的假设不同。

8mm. 通过提出和回答问题，来思考自己的经历
（例如，"为什么我不能？""如果……会怎么样？"）

○ **教具**　不需要

○ **流程**

教儿童理解自己经历的最好方法是谈论我们和他的经历。例如，我们可以说："上一次，我在晚上把垃圾扔到了外面，一只动物在垃圾车来之前撕开了袋子。这一次，我想我会等到早上再扔。""让我们把它放到高处，这样狗狗就不会像今早那样把桌子上的果汁撞下来。"或"我们在冷冻室里放些水会发生什么？现在，如果我把香蕉放在冰箱里，你认为会怎么样？让我们试一试。"

告诉儿童我们做出决定的理由，并解释为什么事件会以特定的方式发生。根据在一种情况下发生的事情，问儿童他认为在另一种情况下会发生什么（例如，"如果你把那个麻袋装得太满，当我们尝试拿起它时，会发生什么？"）。

倾听并回答儿童的问题。

○ **课堂和功能活动**

在课堂上，经常解释设定规则和做出决定的原因。为了帮助儿童了解他们的经历，鼓励他们带来感兴趣的物品与其他儿童分享。我们要收集需带来的材料，特别是那些可以促进儿童讨论物品如何使用或动物行为方式的材料。例如，一个鸟巢可能会引发儿童讨论如何保护鸡蛋并保持温暖以便孵化，为什么鸟巢需要远离捕食者，等等。当儿童将物品带到小组分享时，在我们与他们分享所知道的东西之前，先问很多问题，试着让儿童提出他们的看法和理由。

○ **标准**　儿童3次或更多次通过提问或回答问题来思考自己的经历。

8nn. 描述熟悉物品的新用途

○ **教具**　常见的物品

○ **流程**

收集一些常见的物品，与儿童一起坐下来，并告诉他我们在思考这些物品的使用方式。呈现一个物品，例如勺子，并问他除了吃饭之外勺子还可以用来干什么。告诉他并向他展示勺子可以用来从洞中取回小物品，还可以用来扩大够取物品的范围以拿到物品，并且可以用来做一个发射

器（将一个小物品放在勺子中，将勺柄的中间放在刀上，然后敲击勺柄的末端，将小物品投入空中）等，以此扩展物品的用途。展示另一个熟悉的物品并让儿童想出它的不同使用方式。

○ **课堂和功能活动**

这项活动在儿童小组中会更有趣，因此非常适合课堂。每个儿童的想象力都会为其他儿童的想法所激发。重要的是要强调每个物品都有适当的用途，并且在以非常规方式使用物品时必须注意不要损坏物品，发现事物的新用途是人类发明事物的方式之一。

○ **标准** 儿童描述了3种或更多物品的至少1种非常规用途。

8oo. 描述2个不同物品之间的相似之处

○ **教具** 不需要

○ **流程**

告诉儿童我们要玩一个游戏——他要说完我们说的话。从我们确定他知道的一两个类比开始。然后，转换成有助于儿童思考物品之间相似性的句子，例如，"汽车和自行车都有（轮子）"或"玻璃杯和杯子都用于（喝水）"。

如果儿童完成了这些句子，告诉他我们将尝试新的游戏。我们希望他弄清楚事物为什么相似或相同。首先，选择有许多相似之处的东西（例如，"狗和猫为什么相似？""鸡和知更鸟有哪些相似之处？"）。然后，再看一些有类似用途的东西（例如，刷子和梳子、勺子和叉子），接着再看一些只有少数共同特征的东西（例如雪和雨、锤子和螺丝刀）。扩展儿童的答案，并证明可以从很多方面思考事物的相似之处（例如用法、大小、颜色、类别）。

○ **课堂和功能活动**

当我们排队、乘坐汽车时，通过上述活动来娱乐儿童。这个活动在有一群儿童的课堂上更有趣，他们会激发彼此的思考。让他们轮流选择2件物品来让其他儿童思考相似之处。

○ **标准** 儿童能够描述3对或更多对物品之间的相似性，至少通过2种不同的方式来描述相似性（例如，一对有相同的颜色，另一对有相似的用法）。

8pp. 预测未来事件

○ **教具** 水彩颜料、画笔

○ **流程**

这是对项目8mm的扩展。本项目的不同之处在于，儿童能够对那些他未观察过的事件形成假设或者猜测。通过谈论我们正在做的事情以及所做的预测来鼓励这种推理（例如，"如果我在这里敲钉子，钉子可能会变弯，因为这里有个木头结，结里的木头通常比其他木头更硬。让我们看看会发生什么"）。

让儿童有机会在环境中做试验。例如，让他混合水彩颜料，看看他可以制作出哪些新颜色。在他混合 2 种颜色之后，让他猜猜如果混合了第 3 种不同的颜色会发生什么。在绘画时偶尔提出问题，看看他从混合颜料的经验中会得出什么结论。

○ **课堂和功能活动**

在教室里，设置一个科学区，其中备有我们和儿童收集的物品。帮助儿童做简单的试验。例如，用水装满玻璃容器，然后尝试放入不同的物品，看看什么物品会让水溢出。在放置每个物品之前让儿童预测会发生什么。另外，请他们说出这样预测的理由。

○ **标准**　在 3 种或更多情况下，儿童通过回答诸如"如果你（我们）……将会发生……"之类的问题来表现出对未来事件的预测。答案不一定是正确的预测，但应该是恰当的。

序列 9
数字概念

儿童对于数字的理解能力始于幼儿时期，当儿童对物体有了具体经验，并听到其他人使用诸如"更多""更少""只有一个"等词语时。然而很多时候，为了给儿童上学做准备，我们的重点是计算而不是理解数量。因此，在儿童知道数字与数量的关系之前（即"1"与"2"在数量上是不同的），他就可以数到20。当然，儿童需要在数物品之前先学会按顺序数数，但是对于儿童来说更重要的是，得学会用手指从一个物体移动到下一个物体（一对一的对应关系）而不是简单地说出数字。对于儿童来说，发展与数量相关的其他概念也很重要（例如，"更多""少""很多""少量"）。虽然成人认为这些概念是理所当然能被理解的，但是儿童必须通过具体的经验和与成人的对话来学习。

许多学前班的教室里都有美观且昂贵的教具来教授数字（例如算盘、数字棒）。这些教具很有帮助，但不是必需的。在没有任何专用教具的情况下，儿童每天都有机会数数并思考数字的含义。父母和照料者只需表现出对数字的兴趣，并使用现有的教具来吸引儿童的兴趣。

| 特殊调适 |

有运动障碍的儿童

运动障碍会导致儿童无法言语或用肢体去碰触物品，因此可能没有办法完成序列中的一些项目。有运动障碍的儿童可以通过眼神注视来学习并展示对数字概念的掌握，但他们的进步可能会比较慢。积极操控教具将在很大程度上有助于儿童对数量概念的掌握。

有视力障碍的儿童

有视力障碍的儿童可能需要调整教具，教具需要更大，与背景形成更明显的对比，或者具有不同的颜色。

对于患有严重视力障碍的儿童来说，要发展数量感是非常困难的，因为人们的第一个数字概念通常非常具有视觉冲击力。我们有必要教有严重视力障碍的儿童在说出一个数字的同时，将物体从一个地方移动到另一个地方，而不是指向或触摸物体。

有听力障碍的儿童

使用手语教那些用手语来补充（或替换）语言的儿童。

9. 数字概念

b. 选择"只要一个"

c. 当被要求数物品时,以正确的顺序指向并背出至少3个数字

d. 当有1个或2个物体时,正确回答"有多少"的问题

e. 给/选择2个和3个物品

f. 遵守包含"所有""没有"和"没有任何"的指令

g. 当被要求数物品时,从"1、2、3"开始

h. 能够"再给一个"

i. 比较2种数量,并说出哪个更多

j. 呈现一排包含2、3、4和5个物品的图片,能够配对包含2个物品的图片

k. 能够配对包含6个物品(以不同形式排列)的图片

l. 数一排6个物品(一一对应)

m. 数一排10个物品(一一对应)

n. 被问到有多少时不需要重新数数(4个以上)

o. 用数数的方式回答有多少的问题并且能够否认其他不正确的数字

p. 自发使用数量词

q. 理解"相同的数字",可以将一组物品平均分成两部分

r. 识别1美分、5美分、10美分并命名

s. 正确数到20

t. 匹配包含3张卡片(或3个骰子)的序列

u. 根据要求,给出正确数量的物品(4—10之间的所有数字)

v. 说出当前年龄、去年的年龄、明年的年龄

w. 回答涉及加数字2的加法问题(加后不超过10)

x. 识别数字0—9

y. 将数字4的卡片与包含4个物品的图片配对(或收集相同数量的物品以匹配数字,成人不告诉儿童数字)

■■■

9b. 选择"只要一个"

○ **教具** 五六件玩具(如小型汽车、积木、动物),一个盒子或其他容器

○ **流程**

给儿童一组物品进行探索和玩耍。几分钟后说："你可以只留下一个（玩具）吗？"或发出其他指示，例如，只是将一个物品放在盒子里或只给妈妈一个。在要求物品的时候，伸出我们的手，并在儿童放上一个物品后继续伸出手几秒钟，以确保他理解"只有一个"的意思，并且不会继续在我们的手上放东西。

○ **课堂和功能活动**

通过每次大声数数（例如，当拿来餐具并摆在桌子上的时候，拿手套或袜子给儿童穿上的时候），将儿童的注意力集中在数字上。在我们数数的时候，举起手指，例如举起两根手指说"我需要两只袜子"。然后计算袜子，一只（举起一根手指），两只（举起第二根手指）。最多数5个数字，因为这些数字将首先变得有意义。当儿童专注于数字后，开始给出只涉及一个数字的指令（例如，"你只能拥有一块饼""给我一把勺子"）。总是通过计数来纠正错误（例如，"哎呀，你拿给了我三块饼干。看，1、2、3。我说我只要一块。这是一块饼干"）。

玩手指游戏或唱涉及计数和用手指表示数量的歌曲。

在教室里，在"只拿一个"的指令下互相传剪刀、橡皮泥等。始终通过逐个计算物品来纠正错误。

○ **标准** 儿童在几种情境下，正确地只拿"一个"。

9c. 当被要求数物品时，以正确的顺序指向并背出至少3个数字

○ **教具** 几组物品

○ **流程**

在儿童面前连续放置5个物品。务必在物品之间留出至少1英寸的距离。说："让我们数一下这些［物品］。1、2、3、4、5，现在轮到你了，1……"每次说出一个数字就要触摸一个物体。鼓励儿童在模仿我们计数时指向物体。尽可能辅助儿童让他说出数字。

儿童在没有辅助时能够独立数两三个数字后，便可以开始让儿童独立数数，如果他没有开始，便可以提示："1……"看他是否会继续。

许多儿童学会了正确的数字序列，但总是会先等成人说出"1"后，再继续说"2、3、4"。不要试图纠正儿童，而是自己恰当地示范数数。

○ **注意**

如果将物品摆放成一行而不是其他样子时，对儿童而言更容易数数。不要指望儿童在学习数数时按顺序触摸物品。看到他正在触摸它们时，表现出很高兴的样子，并继续示范如何按顺序触摸它们。

○ **课堂和功能活动**

在全天有机会时数各种物品（10个或更少）。在数数时用手指一指。鼓励儿童在计算时指出物品并向我们说出数字。

○ **标准** 在3个不同的场合，当儿童被要求数一组物品（例如2、3、4，4、5、6）时，儿童能正确地说出任意3个数字的序列。成人在刚开始时可以示范数数。

9d. 当有1个或2个物品时，正确回答"有多少"的问题

○ **教具** 各种有趣的物品或玩具

○ **流程**

将一个物品放在儿童面前并问："这里有多少［物品］？"如果他没有回答，请说："这里有一个［物品］，是多少？"

当儿童可稳定地识别一个物品时，开始放置2个，并询问"有几个？"纠正儿童出现的错误。

○ **课堂和功能活动**

在一天中经常询问儿童关于数字的问题（例如，"我们有多少饼干？""看看这只熊，它有几只眼睛？"）。如果儿童没有正确回答，则一边数数一边指着物品（例如，"1、2，它有两只眼睛"）。然后，转到另一个类似的问题（例如，"现在，妈妈有多少只眼睛？"）。

在教室里在零食时间以及其他活动时间询问有关数字的问题。如果有一群儿童，请确保每个儿童都有机会在另一个儿童回答问题之前作出回应。让小组中的儿童一起数数以检查答案（例如，"让我们看看约翰是否正确，让我们数一下饼干，1、2、3……"）。

○ **标准** 儿童正确回答3个或更多涉及"1个"的问题并正确回答3个或更多涉及"2个"的问题。

9e. 给/选择2个和3个物品

○ **教具** 一盒积木

○ **流程**

给儿童一盒积木，告诉他我们要做点什么，请他递给我们2块积木。如果他给我们一些其他数量的积木，我们就一边数一边指向物品，说："那不是2个，它是［数量］块积木。这才是2块积木。"开始建造一座塔，然后再要2块积木，继续搭建并再要2块积木，直到儿童稳定地选

择2块积木给我们。遵循相同的程序要求3块积木。

○ **课堂和功能活动**

把它变成日常生活的一部分，例如布置桌子（"请给我2把叉子"），提供零食（"我们可以拿3块饼干"）和清理玩具（"你捡起3个玩具，我也会捡起3个玩具"）。

在小组环境中，让儿童轮流分发蜡笔或其他物品（例如，"给每个人2张纸""给每个人3块饼干"）。

○ **标准** 儿童至少在5种情境下，正确选择2个和3个物品。

9f. 遵守包含"所有""没有"和"没有任何"的指令

○ **教具** 积木等小玩具

○ **流程**

将一组玩具放在儿童面前，并给出"所有""没有"和"没有任何"的指令。

例如，"把所有的积木放在盒子里""拿起汽车直到桌子上没有任何东西""其中一个盒子里面有一些积木，另一个没有。给我没积木的盒子"。如果儿童出错，请再次说出单词或短语纠正他。

○ **课堂和功能活动**

当在谈论我们正在和儿童做什么时，请使用"所有""没有"和"没有任何"这些词语（例如，"让我们收集所有的玩具。哎呀，我们错过了一个。让我们把它们都拿来。现在我们做得很好。这里没有任何玩具了"）。全天寻找机会要求儿童取出（或拿起或给我们）一组里所有的物品（例如，"把所有的勺子放在洗碗机里"）。此外，寻找机会说："我没有任何东西，你看，那里什么都没有。"另外，当我们读故事或童谣时，要注意找机会说这样的话（例如，*Old Mother Hubbard*："所以那只可怜的小狗什么也没有了。"）。

在课堂上，使用"所有""没有"和"没有任何"这些词语来描述日常活动（例如，"我希望这里的所有女孩和那里的所有男孩""货架上没有任何积木了。请将所有积木放在货架上"）。此外，寻找包含这些词语的故事。把手指放在图片上表明"所有"包括每个人。明确指出，当物品全部消失时，就会出现"没有"。向个别儿童发出指示，包括给我们所有的蜡笔并将所有玩具放在架子上。

○ **标准** 儿童在几个不同的情境正确地遵循涉及"所有""没有"和"没有任何"的指示。

9g. 当被要求数物品时，从"1、2、3"开始

○ **教具** 可以排列和计数的积木或其他物体（例如玩具车、勺子、蜡笔），带有数字主题的书籍（例如斯坦·博丹和简·博丹的 *Bear son Wheels*，埃里克·卡尔的 *My Very First Book of Numbers*）

○ **流程**

将五六个积木或其他物品排成一排，物品之间至少留出1英寸的距离。大声数它们的个数，在我们数数时将手指放在每一个物品上面（例如，"1、2、3、4、5、6。我们有6块积木。现在你来数吧"）。刚开始时，儿童可能会跟着我们重复每个数字，但应该给他一个独立计数的机会。

○ **课堂和功能活动**

在一天中，根据需要数物品，例如数将要吃午饭的人。在布置桌子的时候数盘子、叉子和其他餐具。让儿童帮助我们数数。

○ **标准** 当被要求数物品时，儿童能够独立且正确地计数到3个。我们不能先开始计数，3之后的数字可以是任意顺序的。

9h. 能够"再给一个"
9i. 比较2种数量，并说出哪个更多

○ **教具** 可以排列和计数的积木或其他物品

○ **流程**

在我们和儿童之间放置一组积木（或其他物品）。直接将2块积木放在儿童面前，3块放在自己面前，在放的同时数数，然后说："你还需要一块。"当我们将第3块积木放在儿童面前时，再给儿童另一块积木。看着我们的积木并说："现在我还需要一块，请你再给我一块。"如果儿童给我们不止一块，请纠正他。

然后，将所有积木堆到一起并将它们分成2组，一组比另一组多得多（例如，一组中有3块积木，另一组中有6块积木）。把小堆的积木放在我们面前，大堆的积木放在儿童面前，然后问："谁有更多的积木，是你还是我？"如果他回答不正确，请数一数每堆的积木，然后说："看，你有更多。"

交换2堆积木，使大堆的在我们面前，小堆的在儿童面前，说："现在谁有更多的积木？是你还是我？"再次以数数来纠正错误。

不要一次重复这项活动2次以上。

○ **课堂和功能活动**

在吃零食或其他适当的时间，告诉儿童他可以再吃一块苏打饼干、一块甜点、一块水果等。同样，请他再给我们或他的朋友、兄弟姐妹一块。

在做其他活动时讨论"更多"的概念。例如，当儿童正在玩积木时，问他是否有更多的黄色积木或更多的蓝色积木；如果他正在玩玩具车，问他是否有更多的汽车或更多的卡车。通过排列物品查看哪一组能排成最长的线，帮助儿童确定哪一组有更多积木。

○ **注意**

儿童往往在理解"更多"这个概念之前，就知道拥有的东西越多越好。因此，即使我们有更多玩具，他们也会说自己有更多玩具。通过排列物品显示哪个组更多，可以帮助儿童掌握"更多"的概念。我们可能还需要让儿童比较两组未标识为"你的"或"我的"的物品。

○ **标准 9h** 在 3 种或更多情况下，当儿童在被要求时，能够"再给一个"（很少超过一个）。

○ **标准 9i** 在 3 种或更多情况下，儿童能比较 2 种数量并确定哪一个更多。

9j. 呈现一排包含 2、3、4 和 5 个物品的图片，能够配对包含 2 个物品的图片
9k. 能够配对包含 6 个物品（以不同形式排列）的图片

○ **教具**   一副扑克牌，包含各种数量（最多 6 个）的物品图片，带有数字主题的书籍，粘有或绘有各种数量的圆形或正方形自制卡片

○ **流程**

与儿童一起玩配对物品数量的游戏。将 2 个物品放在桌面上，同时放置有 2 个、3 个、4 个和 5 个物品的图片。让儿童选择与桌子上物品数量相同的图片。如果他选择错误，请帮助他将物品放在图片中的每个物品上，表明图片上的物品有些多了或有些少了。

尝试相同的活动，在桌子上放置黑桃 2 以及梅花 2、3、4 和 5。让他找到图形数量相同的扑克牌。

当儿童能轻松匹配有 2 个物品的图片时，再开始进行其他数字。如果儿童能够用扑克牌匹配到数量 6 时，使用具有不同圆点图案的自制卡片来增加任务难度。例如，一组自制卡片上有连续排成一排的 2 个、3 个、4 个或 5 个点；另一组自制卡片上有 2 个、3 个、4 个或 5 个圆点随机散布在卡片上，或以心形、三角形、正方形等形状排列。

○ **课堂和功能活动**

在教室里，将扑克牌分发给一小群儿童，让他们按照数字进行分类，忽略颜色。教他们用标准的扑克牌来玩 *Go Fish*，以便他们匹配数字。我们也可以自己制作 *Go Fish* 游戏卡片，使圆点在卡片上随机分布。这也是一个在家里与儿童一起玩的好游戏。

当我们给儿童阅读书籍时，请找一些可以让他按数量配对的图片。

○ **标准 9j**　在 3 次或更多情况下，呈现一排包含 2、3、4 和 5 个物品的图片，儿童能够将 2 个物品（或 2 个物品的图片）与包含 2 个物品的图片进行配对。

○ **标准 9k**　儿童通常能够配对包含 6 个物品的图片，即使这些物品在图片上的排列形式不同，也很少出现错误。

9l. 数一排 6 个物品（一一对应）
9m. 数一排 10 个物品（一一对应）
9n. 被问到有多少时不需要重新数数（4 个以上）
9o. 用数数的方式回答有多少的问题并且能够否认其他不正确的数字

○ **教具**　可以排列和计数的物品

○ **流程**

在儿童面前将 6 个物品排成一排，问："这里有多少个？你能数出来吗？"纠正儿童犯的任何错误，在需要的时候，帮助儿童在数数时用手指向每个物品。在他对物品计数之后说："那么，有多少个？"如果他又数了一次，就说："是的，那就对了，有 6 个。让我们再尝试一次。"

当儿童能够连续数 6 个物品时，在儿童面前将 10 个物品排成一排并重复上述过程。继续尝试其他数量。

当我们询问物品有多少时儿童不再需要重新数数，通过加上或减去一个数来测试他的理解，看他是否会再次数数或立即纠正我们。例如，当儿童通过数数报告他有 6 个物品时，问他："你是有 7 个吗？"他可能同意 7 个是正确的，或者重新数数以确认他最初的结论，或立即否认他有 7 个。如果他同意 7 个是正确的但不去检验，请让他重新数数，并告诉他第一次的数数是对的。

有时候，可以在儿童计算的数字上加上或减去一个数，看看他对自己计数结果的自信程度，以及让他理解在没有添加或减去物品的情况下数量是不会改变的。

○ **课堂和功能活动**

全天在有机会时询问儿童"有多少"的问题。另外，请儿童给我们拿来特定数量的东西（例如，"我们需要 7 张餐巾纸。你能数出 7 张餐巾纸并拿给我吗？"）。

在幼儿园的教室里，有很多机会让儿童数物品并回答有关数量的问题（例如，数一数班级或教室里有多少儿童，并告知零食时间需要多少杯子，数数零食等）。

○ **标准 9l**　在 3 种不同的场合中，儿童至少能够计数一排 6 个物品，并在数数的时候用手指向每个物品。

○ **标准 9m**　在 3 种不同的场合中，儿童至少能够计数一排 10 个物品，并在数数的时候用手指向每个物品。

○ **标准 9n** 在 3 种或更多场合中，儿童在计数超过 4 个的情况下，被问到诸如"这里有多少个？"的问题时，不会重新计数。

○ **标准 9o** 在 3 种不同的场合中，儿童在被问到数量问题时通过计数告知答案，并且会否认其他的数字答案。

9p. 自发使用数量词（例如，"一些""很多""最多""全部""很少"）

○ **教具** 不需要

○ **流程**

与儿童交谈时使用数量词。问他问题并给出使用这些数量词的指令（例如，"你可能有一些果冻豆。哎呀，那太多了！你在吃饭之前只能吃这一点。3 个怎么样？让我们数一下，1、2、3"）。在我们阅读书籍和看图片时，询问儿童可能需要使用数量词的问题。将数物品与使用这些词语结合起来（例如，"请把一些糖果放回罐子里""把剩下的衣服放在篮子里""谁的意大利面最多？"）。听儿童自发使用数量词。

○ **课堂和功能活动**

在教室里，在课堂活动中使用数量词，例如分发零食、倒果汁、捡东西，等等。将这些数量词的使用与其他计数活动结合起来。例如，展示 2 张含有物品的图片，让儿童数物品数量，然后询问哪张图片中的物品最多，哪张最少，等等。

听儿童说话，并注意他是否会自发地使用这些数量词。

○ **标准** 儿童至少能够使用 3 个不同的数量词。

9q. 理解"相同的数字"，可以将一组物品平均分成两部分

○ **教具** 任何易于操作和计数的物品

○ **流程**

教儿童将一组物品平均分成两部分，使他能够理解"相同的数字"的含义。例如，拿出 4 块饼干并说："我们每个人要拥有相同数量的饼干。数一数，一个给你，一个给我，另一个给你，另一个给我。现在，你有几块饼干？我有几块？我们都有 2 块，我们有相同的数字。"然后，给儿童 4 块饼干（或积木和其他物品），并要求他给自己和我们相同数量的饼干。帮助儿童大声数出来。一旦他能够成功地将 4 个物品平均分为两部分，尝试帮助他将 6 个、8 个平均分为两部分。

始终纠正儿童的错误，并让儿童在犯错误时重复此活动。

○ **课堂和功能活动**

在教室里，将儿童两两分组，当我们做完示范后，让他们彼此练习分零食、蜡笔或其他教具。我们还可以让儿童每次分发一块饼干或其他零食，直到所有食物都分完为止，来帮助儿童泛化这项技能，然后让每个儿童自己计算，看看每个人是否拥有相同数量的饼干。

○ **标准** 在3种或更多情况下，儿童正确地将4个、6个和8个物品平均分为两部分，并说明（或同意）这两部分包含相同数量的物品。

9r. 识别1美分、5美分、10美分并命名

○ **教具** 1美分、5美分和10美分的硬币

○ **流程**

儿童通常对钱很感兴趣。当我们去商店时，把钱存入停车计时器，或者在其他时间使用钱，向儿童展示硬币并给硬币命名。把零钱散放在桌子上，让儿童选出1美分存入他的银行，或挑出5美分带去商店。让儿童将1美分、5美分、10美分放到不同的容器里。纠正儿童的错误并指出硬币的大小和颜色差异，以便儿童识别它们。

○ **课堂和功能活动**

在课堂上，准备一些关于金钱的小组课程。向儿童展示不同的硬币，并谈论其大小和颜色的差异。在桌子上放几枚硬币，让儿童轮流排序并识别它们。

购买一些与真币相同尺寸和颜色的塑料游戏币。让儿童用这些硬币去我们布置的商店"购物"。

○ **标准** 在3种及以上的情况下，儿童从一组硬币中正确地选择1美分、5美分、10美分（或正确地命名它们）。

9s. 正确数到20

○ **教具** 不需要

○ **流程**

在日常活动中或读书时继续练习数数。当儿童学会数到10后，与他一起数到11和12，然后是13到20。循序渐进并在计数时始终用手指向物品。儿童会很难理解每个单词代表一个以上的物品，除非定期强化这些单词。

○ **课堂和功能活动**

在教室里，让儿童与我们一起数物品，看看有多少物品。让每个儿童在我们数到一个数字时站起来以便我们可以指向他们，这样可能会有更多乐趣（并且儿童能更好地理解数字）。我们也可以帮助儿童数从月初到现在的天数。我们应该在他们数的时候指向日历上的空格。

○ **标准** 在3种及以上的情况下，儿童在没有帮助的情况下正确数到20。

9t. 匹配包含3张卡片（或3个骰子）的序列

○ **教具** 骰子、扑克牌或其他包含不同图案数量的卡片（每种数量的图案一样）

○ **流程**

将3张扑克牌（或骰子）排成一排放在桌子上，创建一个由3种数量组成的序列（例如，梅花5、10和1）。给儿童5张相同颜色的牌（例如，黑桃4、5、9、10和1）。告诉他像我们一样将扑克牌排序。如果他选择了正确的扑克牌但是将它们按错误的顺序排列，请指出来并纠正他，还给儿童扑克牌，并请他再试一次，让他像我们一样进行排序。然后，让儿童选择3张牌组成一个序列，我们模仿他的序列。继续轮流，直到我们或儿童厌倦了游戏。

如果儿童经常颠倒扑克牌的顺序，在纸张左侧画一条彩色粗线，从粗线处开始创建序列可能会有帮助。始终将第一张扑克牌放在线的旁边，并指出它位于线的旁边。从帮助儿童选择线旁边的卡片开始，然后选择下一张卡片、再下一张卡片。这个项的目标是教授儿童方向和顺序。

○ **课堂和功能活动**

在教室里（或在家中，且有另一个儿童在场），鼓励成对的儿童轮流创建和匹配卡片序列。学习较快的儿童可能希望创建包含5张、6张或7张卡片的序列。

○ **标准** 儿童能够匹配3个及以上包含3张/个扑克牌、卡片或骰子的序列。

9u. 根据要求，给出正确数量的物品（4—10之间的所有数字）

○ **教具** 任何易于操作和计数的物品

○ **流程**

继续增加让儿童为我们拿取物品的数量。当他可以轻松地选取4个物品时，开始要求5个，然后是6个，依此类推到10个。

○ **课堂和功能活动**

这是家庭或教室日常活动的一部分（例如，"请给我5个勺子，这样我们都可以吃一些冰激凌了"）。如果儿童给出了错误数量的物品，请帮助他数一数他拿来的物品数量并纠正错误。

○ **标准**　儿童能够根据要求给出 4—10 个物品，每种数量至少成功 2 次。

9v. 说出当前年龄、去年的年龄、明年的年龄

○ **教具**　不需要

○ **流程**

谈论儿童的年龄或家里、教室中其他人的年龄。鼓励他回答"你多大了？"的问题，可以是说出这个数字或者举起正确数量的手指。当儿童的生日快到了时，和他谈论年龄又大了一岁，并举起另一根手指，数一数。还要谈谈他（或另一个儿童）过生日前的年龄，以及他下一个生日的年龄。让儿童用他的手指向我们表示各个年龄。我们还可以为兄弟姐妹或朋友数生日蜡烛，并强调他们去年、今年和明年的年龄。提示朋友向儿童询问这些有关年龄的问题。

○ **课堂和功能活动**

在生日举办更频繁的教室中，儿童通常更容易学习这个概念。指导儿童说出他们在生日前一天的年龄、他们现在的年龄，以及他们再过生日时的年龄。

○ **标准**　在 3 种及以上的情况下，儿童正确地说出自己当前的年龄、去年的年龄和明年的年龄（举起正确数量的手指也是可接受的反应）。

9w. 回答涉及加数字 2 的加法问题（加后不超过 10）

○ **教具**　任何可以操作和计数的物品

○ **流程**

在儿童面前放置几个物品并让他数数。再放 2 个并问："现在有多少？"如果儿童不知道或答案不正确，请让他数物品。

一旦儿童可以对出现的物品做加法，就开始在没有物品的情况下提出问题（例如，"如果你有 2 块饼干，我再给你 2 块，你会有多少块？"）。每当儿童无法回答这个问题时，拿出具体的物品让他计算或告诉他如何用他的手指数数（例如，举起 5 根手指并数它们），再举起 2 根手指，并继续数（例如 6 和 7）。

○ **课堂和功能活动**

全天寻找机会在需要儿童加上 2 个数的时候问他问题。

○ **标准**　儿童正确地回答了 2 个或更多涉及将数字 2 加到数字 2—8 上的问题。

9x. 识别数字 0—9

○ **教具** 印有数字 0—9 的 2 套卡片（每张卡片有一个数字），带有数字的书籍

○ **流程**

检查以确保儿童能够正确配对数字（项目 6-IIj）。将包含数字 0—5 的卡片放在桌子上，给儿童一个要配对的数字，并让他找到一张与它一样的卡片（例如，"这是一个 3，你能找到另一个 3 吗？"）。如果他能配对该组中的所有数字，请尝试另一组包含数字 4—9 的卡片，始终要求他在配对时命名每个数字。然后，将数字卡片 0—9 随机排成一排放在桌子上，并让儿童找到 0、1……依此类推。如果他没有选择正确的数字，请说："这不太对。这才是［正确的数字］。"请务必拿起匹配的卡片让他看，但之后要把它放在另一个地方，然后说："现在，你能找到［数字］吗？"

○ **课堂和功能活动**

一般家庭和教室中的许多物品上都有数字。请注意这些数字，说："这里有一些数字。告诉我哪个是 5。"

在教室里，让儿童两人一组，每组儿童找到关于某个特定数字的所有物品，并在他们找到时叫我们来检查。

○ **标准** 在 3 种及以上的情况下，儿童能够正确识别 0—9 中的每个数字。混淆 6 和 9 是可以接受的。

9y. 将数字 4 的卡片与包含 4 个物品的图片配对（或收集相同数量的物品以匹配数字；成人不告诉儿童数字的名称）

○ **教具** 数字 1—5 的卡片，包含 1—5 个物品的图片，专门用于计数和有数字的书籍

○ **流程**

在儿童面前放置 5 张图片，每张图片上有 1、2、3、4 或 5 只/个动物、物体、圆点等。向儿童展示数字 4 并说："你记得这个数字是什么吗？"如果他说错了数字，请更正他说："不，这是 4。现在，你能找到有 4 个物品的图片吗？"如果他没有正确地找到它，请告诉他，并让他数一数物品，然后说："看，这个数字 4 与 4 个物品的图片一致。"以同样的方式继续进行其他数字。然后，开始出示数字卡片但不命名它或要求儿童命名它。让儿童找到合适的物品图片来匹配这张数字卡片。

我们也可以给儿童一张数字卡片，并让他拿出相同数量的积木、汽车、勺子，等等。

○ **课堂和功能活动**

在教室里，组织玩一个游戏，在游戏中将数字卡片分发给儿童，并让他们收集相同数量的物

品以匹配数字。让他们互相展示自己的数字和收集的物品。我们也可以使用数字卡片向儿童指派任务。例如，给儿童一张数字卡片并告诉他为我们拿相同数量的杯子。如果他带回正确数量的物品，请称赞他。如果他没有带回正确数量的物品，请告诉他数字的名称并数一数物品，以便他纠正错误。

○ **标准** 没有成人命名数字的情况下，儿童最多能将数字 4 的卡片与包含 4 个物品的图片配对，或者收集正确数量的物品以匹配数字。儿童应该正确地表示每个数字 2 次或更多次。

第七章
认知 / 沟通

序列 10

概念 / 词汇：接受性

这个序列涉及儿童对口头命名的理解。儿童对口头命名的理解能力在 2—5 岁之间显著提高。通常，典型发育的儿童每天都能理解几个新单词。

然而，在学习命名之前，儿童必须能够做出某些区辨。一般来说，儿童先学会配对，再学会分类，然后学会选择，最后学会根据抽象特征进行命名。例如，儿童先学会按照颜色将彩盘与彩盘图片进行配对，然后学会根据颜色将积木分成单独的几堆，然后可以从一堆不同颜色的积木中选择红色的积木。最后，儿童也许能够配对、分类和选择，但仍然无法命名积木的颜色。有些儿童几乎同时经历了这 4 个步骤，其他人则会慢慢地从一个步骤发展到下一个。在尝试教授这些特征的命名之前，有必要知道儿童是否能够基于抽象特征来区分物品，所以这个序列中的几个项目与序列 6-I 和 6-II——视觉感知中的配对和分类任务交叉进行。

请注意，此序列仅提供了儿童在不同年龄段应该能够理解的单词样本。任何儿童学习这些口头概念的顺序都可能与所列出的顺序完全不同。这在很大程度上取决于儿童所处的环境，特别是其父母或照料者使用的各种词汇种类以及他们给儿童读的故事。

| 特殊调适 |

有运动障碍的儿童

咨询儿童的物理和 / 或职业治疗师，以确定最佳位置和合适的设备，让儿童指向或选择图片 / 物品。如有必要，使用眼神注视或是 / 否的回应来确定儿童正在选择的物品。同样地，在进行分类项目时，可以让儿童通过指向、眼睛凝视或是 / 否来回答物品应放在哪里。请参阅本书末尾的附录 D，其中有可用于分类项目的物品操作板的说明以及增加眼神注视回应可靠性的一些建议。

有视力障碍的儿童

帮助有严重视力障碍的儿童仔细感受物品，以便他了解大小、形状和其他特征。当儿童探索物品时，谈论这些特征。选择一些能突出强调我们希望儿童注意的特征的物品。根据视力障碍的影响程度，某些儿童可能无法区分颜色。如果儿童能够根据大小和形状（通过触觉提示）进行配对和分类，但无法配对或分类颜色，他将无法命名颜色。但是，继续使用颜色名称是很重要的。随着儿童长大，他会知道草是绿色的，天空是蓝色的，即使他不会像有视力的人那样对这些词语有相同的心理构建。

有听力障碍的儿童

当我们与有听力障碍的儿童交谈时，确保他正在看着我们。直视儿童并说清楚。请咨询儿童听力学家和/或语言治疗师以了解其他有关沟通的建议。如果儿童的治疗师鼓励使用手语，请学会用儿童正在学习的手语来与他沟通。

10. 概念/词汇：接受性

m. 选择包含动作的图片

n. 遵循指令，包括"里面""外面""上面""下面"

o. 当拿出样本并被要求找到"另一个"时，选择类似的物品/图片

p. 选择"相同"或"像这样"的物品/图片

q. 在一组3个物品/3张图片中选择"最大"和"最小"

r. 选择物品/图片来表明了解至少2个相对概念或对比概念

s. 根据要求指向5种或更多颜色的物品

t. 选择物品和图片，指出哪个是正方形，哪个是圆形

u. 按用途选择物品

v. 理解部分—整体的关系

w. 理解"向上""向下""顶部""底部"

x. 理解"下面""上面""紧邻""旁边"

y. 通过遵循指令或指向图片来表明对代词"他""她""他们"和"他们的"的理解

z. 理解"快"与"慢"

aa. 理解"空"与"满"

bb. 选择"不同"（或"不一样"）的那个物品

cc. 理解"在周围""在……前面""在……后面""在……中间""高""低"

dd. 选择物品/图片表明对至少4种相对概念的理解

ee. 选择正方形、三角形和圆形

ff. 选出同一个类别中的成员

gg. 识别至少10个大写字母

hh. 理解"向后"和"向前"

ii. 选择物品/图片表明对至少8种相对概念的理解

jj. 识别大多数颜色（包括粉色、灰色、棕色）

kk. 区分字母和数字

ll. 理解"除……之外"

mm. 通过回答问题或者指向图片来表明理解白天和晚上进行的活动不同

nn. 理解时间概念

oo. 理解定性概念

10m. 选择包含动作的图片（例如吃饭）

○ **教具** 书籍、杂志

○ **流程**

和儿童一起看一本书，然后说："看看这页，谁在睡觉？"（至少应该有另外一个人或动物在同一页上做其他事情）或者说："让我们看看这本书，看看你是否能找到一个正在跑步的人。"指出儿童忽略之处。经常使用各种书籍重复此活动。

○ **课堂和功能活动**

经常给儿童阅读彩色图画书，一边阅读一边谈论图片。一旦儿童熟悉了这本书，就开始让他告诉我们谁在做某些动作，比如吃饭、睡觉或跳跃。

当我们坐着看杂志时，鼓励儿童和我们坐在一起。谈论杂志里的广告以及人们在照片里正在做什么。让儿童指出做各种活动的人或动物。

○ **标准** 儿童（通过指、触摸、命名）选择人或动物的动作图片。儿童应该能够识别至少3种不同的动作。

10n. 遵循指令，包括"里面""外面""上面""下面"

○ **教具** 一般的家居用品和容器

○ **流程**

在儿童面前放一些小玩具或积木和一个容器。给出包括"里面""外面""上面"和"下面"在内的说明。例如，告诉儿童"把车放在盒子里面""把盒子里面的积木拿出来""把球放在椅子上面""把球从椅子上拿下来"。通过示范我们要求的动作来纠正他的错误，然后重复指令。如有必要，请通过手把手的辅助来协助儿童理解。总是对儿童完成任务表示赞美，即使是在我们的协助下。

○ **课堂和功能活动**

在给儿童下指令时，请考虑这些词，并特别强调它们（例如，"把积木放在盒子里里，书放在架子上面""请把书从盒子里面取出来""请把你的肘部从桌子上面拿下来"）。用这些词来谈论我们在做什么，并在与儿童一起玩游戏时将这些词包含进去。例如，藏起一些东西，然后说："你能找到［物品］吗？看看抽屉里，看看桌子上面。"

在课堂上，设置简单的障碍课程，要求儿童进入、爬出、爬上各种家具或游戏设备。当他们这样做时，说："嘿，孩子们，内尔在哪里？他在隧道里。现在他正在出来！"向个别儿童和小组发出包含这些话的指令，以评估每个儿童是否掌握了这些概念。

○ **标准** 儿童遵循指令，理解"里面""外面""上面"和"下面"的指示。儿童必须在至少2种不同的指令中表现出对每个词的理解（例如，"把积木放进盒子里面""把勺子从桌子上面取下来""把书放在书架上面""把鞋子从盒子里面取出来"）。

■ ■ ■

10o. 当拿出样本并被要求找到"另一个"时，选择类似的物品 / 图片
10p. 选择"相同"或"像这样"的物品 / 图片

○ **教具** 图画书，记忆游戏中的图片卡，在家中、教室、户外或其他地方发现的常见物品

○ **流程**

给儿童一组8—10个（张）物品（图片），有3个或更多类别，如汽车、卡车、飞机、积木、勺子等。在每类物品中拿出一个有代表性的物品，出示我们的一个物品后说："我有一个［物品］，你能找到另一个吗？"如果他没有给我们另一个同类物品，请帮助他找到。如果他给我们其他的物品，描述它与我们拥有的物品的相似或不同之处，并帮助他找到同类的物品（例如，"那个有点像汽车，因为它有轮子，但它是一辆卡车，我需要另一辆"）。

给儿童另一个物品集合，其中包含我们所拥有的物品的复制品。拿起自己的一个物品，并告诉他找到一个与我们的物品一样或相似的物品。如果他给我们一个同类别但不完全相同的物品，告诉他做得很好，但他需要找到一个完全相同的。帮助他找到它，将两者放在一起，说："看，这些都是一样的，它们是相似的。"再试一次其他物品。

使用图片代替物品重复类似的过程。进行动物记忆或乐透游戏可以提供合适的图片。不断练习，直到儿童明白"另一个"不像"一个一样的"或"就像这个"那样具体。

○ **课堂和功能活动**

儿童从日常接触中学习相似性和差异性的概念。当帮助儿童搭积木时，请他找到"另一个"，或者看着一本书说："这有一只狗，你能找到另一只吗？"如果儿童的选择不符合我们的要求（例如，选了一头母牛而不是一只狗），请告诉儿童这2个物品为什么是相同的（2只都是动物）

以及它们哪里不同（例如，它们的大小、形状、发出的声音）。

继续进行更加困难的区分，要求儿童找到"一个像这样的"或"与这一个相同"的物品/图片。例如，向儿童展示4只不同的狗的图片，并要求他找到一只狗，和这4张照片中的一只一样。

○ **标准 10o**　在几种情况下，儿童在有样本时能按照指示找到"另一个"物品/图片。请记住"另一个"不是特定的"相同"或"像"（另一只狗看起来与我们最初选择的那只狗完全不同）。

○ **标准 10p**　在3种或更多的情况下，儿童在有样本时找到"相同"和"像这样"的物品/图片。

10q. 在一组3个物品/3张图片中选择"最大"和"最小"

○ **教具**　不同尺寸的各种物品或不同尺寸物品的图片

○ **流程**

拿出3个物品或找到包含3个不同大小的物品的图片，并让儿童指向最大和最小的物品。如果他犯了错误，请纠正他。尝试另外一组3个物品或3张图片。

○ **课堂和功能活动**

使用术语"最大"和"最小"，在我们描述环境中的事物时加入"大的"和"小的"（例如，"我要给你最大的饼干，我给自己最小的饼干"）。

当我们阅读书籍或查看书籍中的图片时，请用尺寸术语描述物品，*The Three Billy Goats Gruff* 是一本特别好用的书。

○ **注意**

虽然这个项目强调"最大"和"最小"，但因为"大"和"小"往往是儿童使用的第一个尺寸术语，所以引入诸如"大""小""非常小"之类的表述不同的术语是个好主意。

○ **标准**　儿童在3组或更多包含3个/3张不同的物品/图片的组合中识别出"最大"和"最小"。

10r. 选择物品/图片来表明了解至少2个相对概念或对比概念

（例如，"软/硬""重/轻""粗糙/光滑""胖/瘦""厚/薄""矮/高""小/大""短/长""凹凸/平滑"）

○ **教具**　上述特征不同的各种物品（例如填充动物、积木、枕头、椅子、岩石、学龄前和学龄用蜡笔、不同大小和形状的容器）和这些特征不同的物品的图片

○ **流程**

对于所教授的每个相对概念，可以给儿童呈现 2 个非常不同的物品 / 图片。例如，向儿童展示一个填充动物和一块岩石来教授"软 / 硬"，用一块岩石和一根羽毛来教授"重 / 轻"，用一把尺子和一根短尺来教授"长 / 短"，用不同直径的圆柱体来教授"厚 / 薄"，用一张砂纸和一段绸缎来教授"粗糙 / 光滑"……鼓励儿童在谈论它们的特征时适当地感受它们，拿起来探索物品。

在儿童看起来理解了一组材料之后，尝试另一组对比度不是那么明显的材料。当儿童能经常性地识别他可以操作的 2 个物品的特征时，试着找到能够解释这些特征的图片（例如砖和枕头的图片），并要求他识别哪些物品是柔软的、坚硬的、重的、轻的，等等。

○ **课堂和功能活动**

请记住使用文字来描述一整天中见到的物品的特征，并选择有助于强化这些概念的书籍。例如，*Goldilocks and the Three Bears* 的故事提供了一个讨论"硬"和"软"、"热"和"冷"、"大"和"小"的机会。

让儿童在外面收集材料，或让他们每人从家里带些东西给其他儿童。选择可以比较不同特征的物品（例如"粗糙 / 光滑"），并鼓励儿童寻找可以使用相同特征进行比较的其他物品。

将娃娃和（或）填充动物排成一行，并让儿童挑选一些高的、矮的、胖的或瘦的娃娃，或是粗糙的或光滑的衣服。在零食时间，讨论"热"和"冷"、"温暖"和"凉爽"。

○ **标准** 儿童在 2 种或更多的情境下，选择物品 / 图片以表明理解至少 2 个相对概念。

10s. 根据要求指向 5 种或更多颜色的物品

○ **教具** 不同颜色的物品

○ **流程**

在儿童试图去指向我们说出的颜色之前，请确保儿童能够进行颜色配对（参见项目 6–IIb）。如果儿童在掌握配对任务后尚未指向正确的颜色，则通过命名我们拿着的物品的颜色，并要求儿童找到另一个和它颜色一样的物品来进行教学。继续看其他颜色，然后回到第一个颜色并要求儿童找到一些那种颜色的物品，但不要直接给他看与之相配的物品。

○ **课堂和功能活动**

经常在家中或教室中发出涉及颜色的指令（例如，"请给我红色的水杯"）。与一群儿童一起工作时，要求他们指出衬衫是蓝色的人、缎带是红色的人，等等。或者让儿童环顾教室，找到一些绿色的东西，然后让每个儿童说出他找到了什么。

○ **标准** 儿童指向物品以表明对 5 种或更多种颜色的理解（每种颜色应经过多次辨认）。

10t. 选择物品和图片，指出哪个是正方形，哪个是圆形

○ **教具**　各种方形和圆形的物品（例如积木、球、正方形和圆形的彩纸），正方形和圆形物品的图片

○ **流程**

尝试让儿童在我们命名形状时指出相应的形状，在此之前，请确保儿童能够给形状配对和分类（参见项目 6-IIc）。如果他在掌握分类和配对后还不能正确指出不同的形状，那么可以通过向他展示一个圆形物品并要求他找到另一个圆形物品来开始教学。再用正方形物品重复以上程序。然后在没有示范的情况下向他要圆形或正方形的物品。一旦儿童能够根据要求给予圆形和正方形的物品，向他展示圆形和正方形的物品以及圆形和方形的图片，让他指出圆形和正方形的物品。如果他无法从实物转换到图片，那就退回去，让他找到"和我的一样的圆形"。

○ **课堂和功能活动**

将物品描述为正方形或圆形（例如，在购物、旅行或在户外散步时指出标志），让儿童按形状给我们物品（例如，"这是一个圆盘。你能找到我的圆形盖子吗？""我需要一个正方形积木才能进入这座塔，你能找到一个正方形积木吗？"）。

在教室中，将命名形状的学习纳入清理活动或艺术创作中，例如："将所有圆形积木放在这个盒子里，所有正方形积木都放在那个盒子里面。"拿出不同颜色的圆形和正方形，并说"让我们用圆形来制作一张图"，然后用正方形制作另一张图画。

玩一个游戏，让每个儿童在教室里找到正方形（或圆形）的东西。和无法理解形状概念的儿童单独玩游戏。

○ **标准**　儿童从一组至少包含 2 种形状的物品和图片中，选择至少 5 个正方形和圆形物品以及至少 5 个此类物品的图片。

10u. 按用途选择物品（例如，"给我可以喝的东西"）

○ **教具**　各种功能性物品

○ **流程**

当我们使用物品时谈论它们（例如，"今天让我们喝光蓝色杯子里的水""我将用这些剪刀剪纸"）。偶尔在儿童面前放置三四个物品，并说："给我一个……我们可以……（例如喝、切开、用来洗脸、携带钱等）。"

○ **课堂和功能活动**

收集一些有趣的物品带到"圆圈时间",并让儿童说出它们的用途。告诉并示范给儿童他们不认识的物品的用途,让他们使用或假装使用这些物品。第二天,再次拿出物品,并要求儿童通过用途来识别它们(例如,"告诉我用来钉钉子的是什么""告诉我可以扔的是什么")。

注意:使用不同的说明是很重要的,这样儿童可以在被要求"给我看""指一指""给我""找到"时完成任务。

○ **标准**　儿童根据用途识别 5 个或更多物品。

10v. 理解部分—整体的关系(例如,指向狗的尾巴)

○ **教具**　玩具、图片、普通家用物品

○ **流程**

给儿童 2 只毛绒动物或 2 只动物的照片,说"给我看[动物]的尾巴""给我看[动物]的鼻子",依此类推。

给儿童一辆汽车、一辆卡车和一辆火车(或各种车辆的照片),让他向我们展示火车的车轮、汽车的门或卡车的车窗。

按照类似的步骤使用其他的物品和图片。在儿童指向正确后夸奖他。如果指向不正确请纠正错误,并让儿童再次拿给我们看。

○ **课堂和功能活动**

当我们和儿童一起阅读故事或进行其他一些常规活动时,请评论物品或图片的不同部分(例如,"看看那只松鼠的尾巴""那辆卡车有大轮子""那是猫的爪子,你有手脚,猫有爪子")。偶尔让儿童向我们展示物品或图片的一部分。如果他做出错误的选择,请帮助他指出正确的部位。

通过选择 2 个或多个类似的物品来增加任务的难度,并让儿童向我们展示其中一个物品的一部分。例如给他一只玩具狗和一只玩具猫(或狗和猫的照片),然后让他指出狗的尾巴。这可以让我们确保儿童正在关注问题的两个部分(物品本身和物品的特定部分)。

○ **标准**　在 5 种或更多情境中,儿童可以辨认物品或图片的一部分。其中至少在 2 个情境中能同时选择正确的物品和正确的部分。

10w. 理解"向上""向下""顶部""底部"
10x. 理解"下面""上面""紧邻""旁边"

○ **教具** 不需要

○ **流程**

告诉儿童我们要和他一起玩游戏。向儿童解释我们将轮流告诉对方要做什么，看对方是否可以做到这一点。当我们发出指令时，请务必使用上面的词语（例如，"举起球，现在把它放下""把积木放在盒子顶部""摸你的脚底"）。每当儿童犯错误时，重复指令，告诉他应该做什么。以愉快的方式（例如，"哎呀，这样不太正确"）纠正错误，而不是以严厉的方式（例如，"那是错的"）。此外，如果儿童给我们发指令，我们就做出一些错误的动作，让他帮助我们纠正错误。儿童必须清楚犯错是允许的。

针对上述每个单词尝试几种不同的指令，以确保儿童能够在各种情境中理解它们。

○ **课堂和功能活动**

在与儿童谈论我们正在做什么、他在做什么，或者看到什么时，请使用这些方位词。考虑在我们的描述中加入对比（例如，"你在上升，现在你又在下降""这是盒子的顶部，这是盒子的底部"）。通过使用这些词语发出指令来考察儿童的理解能力（例如，"请从架子的底部拿一本书""请把这个盒子搬到楼上"）或者提出问题（例如，"你正在向上走还是向下走？"）。

同样，在给儿童指令或告诉他在哪里找到某些物品时，请使用"下面""上面""紧邻""旁边"等字样。这些话对他来说比用手指向物品或单纯地帮他拿东西更有用。

在教室里，在"圆圈时间"使用包含这些单词的歌曲或手指游戏（例如：*Itsy, Bitsy Spider*）。我们还可以玩游戏来让儿童尽可能快地遵循指令（例如，"苏茜，站在桌子上；比尔，触摸你的脚底"）。

○ **标准 10w** 儿童通过遵循 2 个或更多关于"向上""向下""顶部""底部"的指令，或者恰当地使用这些单词，表现出对这些概念的理解。

○ **标准 10x** 在 2 种或更多情况下，儿童通过遵循指令或适当地使用"下面""上面""紧邻""旁边"，表现出对这些概念的理解。

10y. 通过遵循指令或指向图片来表明对代词"他""她""他们"和"他们的"的理解

○ **教具** 书籍、图片

○ **流程**

当我们给儿童读书或看图片时，请提出问题或发出包含代词的指令。例如，如果书上有 2 个不同性别的人，请问儿童"她在哪里？"或者"她在做什么？""他在做什么？"。如果有一张（或 2 张）图片中显示一个人在做某事，同时有一群人在做其他事情，就问儿童："他们在做什么？"

○ **课堂和功能活动**

在家里或教室内使用这些代词发出指令。即使儿童没有正确地遵循所有指令，也需注意儿童是否理解代词。听儿童使用代词。

○ **标准** 在 2 种或更多情况下，儿童通过遵循指令或指向图片，表明对代词"他""她""他们"和"他们的"的理解。

10z. 理解"快"与"慢"

○ **教具** 带轮子的玩具

○ **流程**

与儿童一起玩汽车，谈论如何让我们的车变快和变慢，要求儿童让他的车变快和变慢。设计一个游戏，看看当我们不定时地说出这些单词时他是否可以改变速度。

○ **课堂和功能活动**

在一天中，将这些词汇整合到我们与儿童或有儿童在场的活动中（例如，"你跑得太快了，妈妈跑得很慢"）。

让一群儿童在户外玩游戏，发出指令让他们跑、停下来、快速跑，最后慢下来。

○ **标准** 儿童通过遵循 2 个或更多指令，表现出对"快"和"慢"概念的理解。

10aa. 理解"空"与"满"

○ **教具** 玩具车、各种容器、填充容器的材料

○ **流程**

和儿童一起玩玩具车，让我们的汽车停下来，并说它不能再发动了，因为油箱空了。在再次开启汽车之前，假装装满油并说明油已经装满了。

给儿童 2 个杯子，一个装满饼干，另一个是空的。把满的一个给儿童并说："你的杯子里装满了饼干，我的是空的。我可以要一个你的饼干吗？"用其他容器和其他物品重复此活动。

向儿童展示2个容器，并询问哪一个是满的以及哪一个是空的，以此检验他是否理解。

○ **课堂和功能活动**

家里或教室里的零食或午餐时间是与儿童或一群儿童谈论空或满的容器（例如盘子、玻璃杯）的好时机。

○ **标准**　儿童通过遵循2个或多个指令，表现出对"空"和"满"概念的理解。

10bb. 选择"不同"（或"不一样"）的那个物品

○ **教具**　图片、一般在家里或教室中都能找到的物品

○ **流程**

在儿童面前放置4个物品，其中3个相同1个不同（例如，3辆汽车和1块积木、3个勺子和1个叉子），说："其中一件物品与其他物品不同，也就是不一样。它是哪一个呢？"如果儿童正确地拿起了不同的物品，就说："这是对的。这个是不一样的，它是不同的。"如果他选择错误，就说："不，这个物品就像那个，还有那一个。它们都是一样的。它是不同的，这是不一样的。"以此来纠正他。再次使用不同的物品来尝试。从截然不同的物品（例如积木和汽车）开始，然后再使用功能或外观类似的物品（例如叉子和勺子）。

如果儿童学习进度缓慢，就只需要使用2个词语（例如，"相同""不同"），直到他们完全掌握。然后引入"相似"和"不相似"或"不一样"，以便儿童理解它们可以分别与"相同"和"不同"互换。对于学习速度较快的儿童，我们可以在整个教学过程中交替使用这些词语。

○ **课堂和功能活动**

在家里或学校的一整天中，让儿童注意相似（或相同）和不相似（不一样）的物品。在教室里，为每个儿童准备一个装有4个相同物品的袋子（确保每个袋子中的物品不同）。然后，将每个袋子中的一个物品与另一个袋子中的物品交换。给每个儿童一袋物品（里面有3个是相同的，1个是不同的）。要求每个儿童从自己的袋子中取出不同的物品并将其放在桌子中间。一旦他们这样做了，就让他们在桌子上找到那个与他们口袋里的物品相同的放在自己的口袋里。然后让他们把袋子里的东西全部倒出来，这样每个儿童都可以看到自己拥有的物品。此时，我们可以纠正所有的错误，并进一步讨论"相同"和"不同"的含义。

○ **标准**　在3种及以上的情况下，儿童从一组3个或4个物品中选择一个不同或不一样的物品。无论是使用"不同"还是"不一样"，儿童都能够做出选择。

10cc. 理解"在周围""在……前面""在……后面""在……中间""高""低"

○ **教具** 一般在家里或教室中都能找到的玩具和其他物品

○ **流程**

与儿童一起玩一些能够展现这些概念的物品，并要求儿童遵循包括这些概念的指令（例如，"我把这个男孩放在仓房前面。你也把奶牛放在前面""让我们把饼干放在高处，这样狗就够不到它们了""我们为小猫把水放在低处"）。

在另一天，在我们没有演示这些概念的含义之前，通过用这些词语给儿童发出指令来检查他对这些词的理解。针对儿童不理解的内容进行额外的演示。

○ **课堂和功能活动**

寻找机会，全天教授这些概念。

在教室里，让儿童拿着各种小玩具坐成一个圆圈。使用这些词语一个接一个地向儿童发出指令（例如，"乔，把绳子围在比尔的手周围""玛丽亚，坐在杰克后面"）。让儿童在教室里排队、放置玩具和寻找物品等，都是教授这些概念并确定哪些儿童理解它们的好机会。

在教室里或操场上组织障碍训练，是教授这些概念的另一种方式。当儿童穿越障碍物时，请说："停在你所在的位置！"然后让儿童指出在某个物品前面或后面的人、2个物体之间的某个人，或者在高处或低处的某个人。

○ **标准** 在2种及以上的情况下，儿童通过遵循包含"在周围""在……前面""在……后面""在……中间""高""低"词语的指令或指出图片、人、物品，来展示对这些概念的理解。

10dd. 选择物品／图片表明对至少4种相对概念的理解（例如，"软／硬""重／轻""粗糙／光滑""胖／瘦""厚／薄""矮／高""小／大""短／长""凹凸／平滑"）

○ **教具** 具有上述特征的各种物品（例如毛绒动物、积木、枕头、椅子、岩石、蜡笔、不同大小和形状的容器）以及具有这些特征的物品图片

○ **流程／课堂和功能活动**

参见项目10r的说明。

○ **标准** 在2种或更多情况下，儿童通过选择物品／图片来表明对至少4种相对概念的理解。

10ee. 选出正方形、三角形和圆形

○ **教具**　正方形、三角形、圆形积木，这些形状的剪纸，有这些形状图片的书籍

○ **流程**

检查以确保儿童能够配对这些形状（参见项目 6-IIc）。在儿童面前分别放置一个正方形、三角形和圆形积木。让他向我们展示圆形，然后是正方形，最后是三角形。如果他不能，请拿出另一个圆形积木，并说："这是一个圆形，帮我找到另一个圆形。"重复正方形和三角形。然后再次询问每个形状但不呈现示例。

○ **课堂和功能活动**

在我们阅读的书籍中或环境中寻找这些形状，谈论它们，并让儿童为我们展示这些形状。

在课堂上，设计一个课程，在这个课程中拿出从纸或纸板上剪下的大形状块并谈论它们（例如，圆形有一圈弧线，正方形有四条边，三角形有三条边）。让儿童环顾房间，找到他能找到的所有圆形。让另一个儿童找出所有的正方形；再让另一个儿童找出所有的三角形（在一些不易找到的地方贴上这些形状，使这个活动自然地成为一个游戏）。

○ **标准**　在 3 种或以上的情况下，儿童指向或以其他方式选出正方形、三角形和圆形。

10ff. 选出同一个类别中的成员（例如动物、玩具、食物、交通工具）

○ **教具**　图画书（"*I Spy*" 书籍会很有用）、杂志、图片

○ **流程**

当与儿童一起看书或杂志时，请他找出所有能找到的动物，然后要求他找出所有的食物。用我们现有的教具尝试其他的类别，偶尔引入新词（例如，"车辆是我们可以乘坐的，汽车是车辆，现在帮我找出所有车辆"）。

给儿童提示以提高他的搜索能力（例如，"看这个角落，我想我看到了一个"）。指出儿童遗漏的同一类别的物品。

○ **课堂和功能活动**

在教室里，很多玩具和墙上的图片可以很容易地被归为同一类别。让一个儿童在一分钟内找出所有他能找到的动物。设置一个计时器，每当儿童指出一个动物，其他儿童跟着一起数数。然后，让另一个儿童找到所有的花（或者其他合适的类别）。

○ **标准**　儿童能够识别 3 个或更多类别中的 4—6 个物品且不犯错误。

10gg. 识别至少 10 个大写字母

○ **教具** 印有单个大写字母的卡片、带有大写字母的书、识字书、字母磁贴

○ **流程**

检查以确保儿童能够配对大写字母（参见项目 6-IIf）。在儿童面前放置 6 个印有字母的字母磁贴或卡片。问他是否可以找到各个字母。如果他不能这样做，请给他一个字母样本，告诉他这个字母叫什么，然后让他找到一个和它一样的。如果有必要，教授儿童每个字母的名称，每次尝试请不要超过 5 次。在尝试教儿童更多内容之前，请先在第二天检查儿童的记忆情况。有些儿童每天只能学习一两个。

重要的是先从非常不相似的字母（例如 O、Z、P、A、E）开始，然后再学习更相似的字母（例如 O、C、D、Q; N、M、W、V）。

○ **课堂和功能活动**

为儿童阅读带有大写字母的识字书，并示范每个字母的发音。在阅读其他带有大写字母的书籍时，让儿童指出特定的字母。

在教室里，儿童可以通过识别柜子上的名字来学习字母。我们还可以设计一个小组活动，在卡片上写下每个儿童的名字，然后逐一向儿童展示，并让每个儿童领取他的名片并背诵其中的字母。然后，让另一个儿童指出我们所说的名字中的字母。

○ **标准** 儿童正确选择或指出至少 10 个大写字母，每个字母应正确识别 3 次或更多次。

10hh. 理解"向后"和"向前"

○ **教具** 不需要

○ **流程**

告诉儿童我们要玩一个游戏，看他能否执行我们发出的指令。然后发出各种指令，其中一些包括"向后"和"向前"的动作。例如快跑、慢走、向后走、向前走、跳、拍手，等等。如果儿童的动作出错，请重复指令，并告诉他应该怎么做。

○ **课堂和功能活动**

在向儿童发出指令以及描述某个活动或事件时使用这些词语（例如，"你的衬衫穿反了""你正在向后走""向前移动一点"）。发出包含这些词语的具体指令，检查儿童对此是否理解。

在教室里或操场上，玩一种需要儿童按照指令移动的游戏（例如跑步、走路、后退、前进、触地）。

○ **标准** 儿童能够遵循 2 个或更多包含"向后"和"向前"的指令。

■■■

10ii. 选择物品/图片表明对至少 8 种相对概念的理解（例如，"软/硬""重/轻""粗糙/光滑""胖/瘦""厚/薄""矮/高""小/大""短/长""凹凸/平滑"）

○ **教具** 具有上述特征的各种物品（例如毛绒动物、积木、枕头、椅子、岩石、蜡笔、不同大小和形状的容器）以及具有这些特征的物品图片

○ **流程/课堂和功能活动**

参见第 10r 项的说明。

○ **标准** 在 2 种或更多情况下，儿童通过选择物品/图片来表明对至少 8 种相对概念的理解。

■■■

10jj. 识别大多数颜色（包括粉色、灰色、棕色）

○ **教具** 各种颜色的积木、蜡笔、记号笔，织物碎片

○ **流程**

在儿童面前放置一系列彩色的物品或图片，包括红色、黄色、绿色、蓝色、紫色和橙色以及粉红色、棕色、灰色和黑色。让儿童为我们展示（或递给我们）我们说出的颜色。如果他犯了错，请用一个非批评性的陈述语气来纠正他，例如："这个就是我们说的粉色。"

○ **课堂和功能活动**

给儿童穿衣服时，评论他衣服的颜色，或者让他按颜色取一些东西（例如，"请把你的红色衬衫拿给我"）。和儿童谈论一些很难命名的混合色（例如，"有些人称这种颜色为绿色，有些人称之为蓝色，因为它介于两者之间"）。

在教室里玩一个游戏，我们可以让穿着某种颜色衣服的儿童都站起来。在适当的情况下，也可以使用一些不太常见的颜色名称并将其介绍给儿童（例如浅绿色、浅紫色、紫红色）。

在家里或教室里，让儿童有机会用蛋彩画颜料或水彩颜料涂色。向他演示混合颜料会发生什么，命名混合颜料的颜色。

○ **标准** 当我们为儿童命名这些颜色后，儿童能正确识别出这些颜色：红色、蓝色、黄色、绿色、橙色、紫色、黑色、粉色、灰色和棕色。

10kk. 区分字母和数字

○ **教具** 数字卡片（0—9）和字母卡片（每张卡片上有一个字母），字母和数字磁贴

○ **流程**

将数字0—9和选出的10个字母（大写或小写）的卡片或磁贴放在儿童面前。让他把所有的字母放在一堆，把所有的数字放在另一堆（或分别装进两个独立的容器）。当他完成后，仔细检查每一堆，看是否有任何错误。如果儿童出错，请进行纠正和解释，让儿童再试一次。

○ **课堂和功能活动**

当儿童看到带有数字的书籍或其他物品（例如谷物盒、食品罐）时，问儿童能找到多少个数字。

在冰箱上贴一些字母和数字磁贴，方便儿童在我们准备饭菜时操作它们。请他按字母和数字进行分组。

在课堂上，为每个儿童分发一个数字或字母，将他们分成几个小组来进行一些活动。告诉儿童将所有数字聚集在一个地方，将所有字母聚集在另一个地方。

○ **标准** 儿童能区分字母和数字（例如，对它们进行分类，根据要求指向正确的字母或数字）。

10ll. 理解"除……之外"

○ **教具** 各种物品或图片

○ **流程**

在儿童面前放置5—8个物品，让他给我们除一个物品之外的所有物品（例如，"给我除了熊之外的所有玩具"）。如果他给了我们所有的玩具（或者只给了熊），把玩具放回桌子上，然后说："现在我要给你除了杯子（与第一个指令中的物品不同）之外的所有玩具。"强调"除……之外"这个词。拿起杯子周围的玩具，这样我们就可以清楚地将杯子排除在外。让儿童将所有玩具再次放在桌子上，将它们混合起来，然后让他给我们除了某个物品之外的所有物品。在三四次尝试后停止此活动，并在另一天再次尝试。

○ **课堂和功能活动**

在日常活动中发出包含"除……之外"的指令，听儿童开始使用这个词。

在教室里，给每个儿童一些玩具，包括一块积木和一辆汽车。在儿童探索这些玩具时，设置3分钟的计时器。当计时器发出嘟嘟声时，告诉他们将除了汽车以外的所有玩具传递给下一个儿童。纠正错误，再次设置计时器并告诉他们将除积木之外的所有玩具传递给下一个儿童。

○ **标准** 儿童正确遵循3个或更多包含"除……之外"一词的指令。

10mm. 通过回答问题或者指向图片来表明理解白天和晚上进行的活动不同

○ **教具**　带有夜间和白天场景的书籍或杂志，月亮、星星、太阳的图片

○ **流程**

与儿童一起看或阅读有白天和夜间活动场景的图片或故事，让他向我们展示夜间或白天的图片，并指出我们在白天和晚上进行的活动，在必要时提供辅助以帮助他理解这些概念。

○ **课堂和功能活动**

在一天中，谈论一天的时间和我们正在进行的活动（例如，"现在是早上，所以是时候吃早餐了""现在是晚上，到睡觉的时间了""我们在晚上不能做这个，我们会在明天白天做"）。

在教室里，让儿童与其他人分享自己在白天最喜欢做的事情以及在晚上最喜欢做的事情。问一些诸如"我们什么时候去睡觉？""我们什么时候吃午饭？"的问题。

○ **标准**　在3种及以上的情况下，儿童通过指向图片或回答问题，表明对"白天"（或"日间"）和"晚上"（或"夜间"）这两个词的理解，并理解在这两个时间段里进行的不同活动。

10nn. 理解时间概念（例如，"昨天""今天""明天"）

○ **教具**　不需要

○ **流程**

当我们与儿童交谈和向他发出指令时，请使用这些词语。一定要向他解释这些概念（例如，"明天你要去上学""晚上你要睡觉，当你醒来时就到明天了"）。

发出指令或提问来检查儿童对这些概念的理解（例如，"你今天去学校吗？""你明天过生日吗？"）。

○ **课堂和功能活动**

在课堂上，从看日历来开始每一天。和儿童谈论今天是哪一天，昨天是哪一天，明天是哪一天。描述这些天发生的或将要发生的活动。

○ **标准**　儿童通过遵循指令或回答问题（或自发地使用单词）来表明对"昨天""今天""明天"概念的理解（每个概念至少2个示例）。

10oo. 理解定性概念（例如，"最长""最短""短而粗""长而细""尖""高而瘦"）

○ **教具** 书籍、图片、各种尺寸和形状的物品

○ **流程**

与儿童一起看书籍或杂志，并让儿童找到符合上述定性概念的图片和/或其他物品。一定要包括单词的最高级形式（即以"-est"结尾的形容词）以及双词描述语（例如，"长而细"）。指出儿童找不到的图片，并谈谈它们的特点。

○ **课堂和功能活动**

全天使用这些定性的描述语。向儿童发出指令，包括让他选择最短、最长、最粗的物品等，这样儿童就必须比较2个以上的物品。指出儿童的错误（例如，"我想要最大的那个。我想我看到一个比这个更大的，你能找到吗？"）。

观察或发出需要使用2个形容词的指令，这些形容词可以使描述更加具体（例如，长而细的蜡笔，短而粗的铅笔，高而胖的玻璃杯）。

在教室里，让儿童在散步时收集各种物品。把它们放在桌子的中央来玩一个游戏，我们说："我看到的东西很长很薄，谁能找到它？""我看到一些短而多刺的东西，谁能找到它？"另外，要求儿童拿出所有的叶子（或其他物品），并选择哪个是最长的、最宽的、最大的，等等。

○ **标准** 儿童通过遵循指令或回答问题，表明对3个或更多与量级相关的定性概念的理解（例如，以"-est"结尾），以及对3个或更多双词描述语（例如，"长而薄"）的定性概念的理解。

序列 11
概念/词汇：表达性

人的沟通能力取决于他对其他人所说的话的理解以及将自己的思想和知觉（概念）转化成文字的能力。这个序列从儿童学会命名图片和使用各种单词（主要是名词和动词）开始，然后儿童逐渐理解单词的作用，最后儿童能够定义单词并使用代表相对抽象概念的单词。

儿童在给物体贴上语言标签之前，会先在感知上形成许多概念。例如，在将特定名称与颜色相结合之前，儿童可以配对颜色，清楚地识别一种颜色与另一种颜色之间的差异。通过主动操控物品和环境中的其他经验，可以辨别其他概念。如果儿童在按顺序完成序列中的项目时遇到困难，重要的是，要查看他在其他序列中的进度，以确定儿童是否已经掌握了知觉辨认的基础（序列 6–II 视觉感知：配对和分类）并能理解物品的关系和特性（序列 10 概念/词汇：接受性）。

| 特殊调适 |

有运动障碍的儿童

当运动障碍影响到发音时，请仔细聆听并接受比对其他儿童要求更低的近似音。如果儿童的单词生成远远落后于他对语言的理解，请咨询语言病理学家以寻求帮助，开发替代或辅助的沟通系统。

有视力障碍的儿童

对于有严重视力障碍的儿童，当你发出不同的声音时，请将他们的手放在你的嘴上，以便他们感受到这些声音并听到它们。偶尔帮助儿童在发出不同的声音时触摸自己的嘴巴。

患有严重视力障碍的儿童通常会很好地模仿语言，但难以理解单词的含义。通过触摸别人的头发和脸部以及听到别人的声音来感受一个人，可以帮助这些儿童通过感受和触摸来探索物体。

有听力障碍的儿童

尽可能地多次咨询从事治疗听力障碍儿童的专家，以便制订一致的计划。如果儿童正在通过全面沟通计划学习说话，你将有必要学习儿童的治疗师教他的一些手语，并每天与儿童一起使用。在整个序列中，一致的手语可以被认为是单词。

如果儿童正在尝试用手语进行交流，请接受近似手语，和你接受单词的近似程度一样，但要示范正确的手语。如果儿童通过模仿取得的进步不大，你可能需要亲自帮助儿童打手语。

通过让儿童触摸你的嘴或喉咙，以及让他们触摸自己的嘴或喉咙，可以帮助有听力障碍的儿童感受到声音。站在镜子前和（或）用麦克风和扬声器增强儿童的发声，以便他们听到声音，这也是很有帮助的。

11. 概念 / 词汇：表达性

l. 命名 6 张或更多常见物品的图片

m. 使用至少 50 个不同的单词

n. 命名 8 个或更多常见物品的简笔画

o. 使用"其他"或"另一个"来表示另一个或者相似的物品

p. 命名大多数图片和熟悉物品的简笔画

q. 仔细听新词语（可能要求重复）

r. 向自己重复新的词语

s. 命名在日常环境中见不到的物品

t. 使用各种形容词

u. 至少使用 1 个描述词定义 2 个或更多简单单词

v. 至少使用 1 个描述词定义 5 个或更多简单单词

w. 根据功能命名物品

x. 命名同一类别中的例子

y. 完成 2 个类比

z. 通过询问单词的含义或其他方式表明意识到单词具有某些含义

aa. 说出简单单词的押韵词

bb. 在听到新单词或者被告知新单词的含义之后不久在谈话中使用这个词

cc. 命名颜色：红色、绿色、蓝色、橙色、紫色、黄色、黑色、棕色、粉色和灰色

dd. 定义 10 个或更多单词

ee. 命名大部分大写字母

ff. 完成 5 个类比

gg. 根据类别中的成员命名这个类别

11l. 命名 6 张或更多常见物品的图片

○ **教具**　书籍、杂志、图片

○ **流程**

每天花时间与儿童一起阅读，让他坐在我们的腿上，以便我们鼓励他触摸图片。首先，选择每页仅有一两个物品的简单图片的书籍，命名物品并谈论它们（例如，"看这个球，它是圆形和红色的"）。帮助儿童指向我们命名的对象，然后开始翻页，等待儿童命名物品或询问它们是什么。当儿童指向物体或命名物体时，请始终表现得很开心。

当儿童熟悉一本书时，不要立即开始阅读。等一下，看看他是否会指出图片并自己命名。如果他没有指出，就问："那是什么？"如果他没有命名，请帮他命名。

○ **课堂和功能活动**

在低架子上放一系列简单的图画书，以便儿童独立地阅读它们。翻页时听他的声音。在阅读杂志时鼓励儿童和我们坐在一起，指向图片并谈论它们。

○ **标准**　儿童自发地或者当被问到"这是什么"时，命名6张不同物品的图片。这必须发生在教授儿童命名该物品的几个小时或一天后。

11m. 使用至少50个不同的单词

○ **教具**　不需要

○ **流程**

与儿童在一起时，记下他使用的不同单词。儿童父母或照料者也要试着记下他的单词表。在房子的不同地方放几个笔记本可能也有帮助。我们应该把儿童对某个特定物品的发音视为一个单词，即使它与正确的单词发音不相似（例如"bawa"表示水）。在儿童说出之后，请说出正确的单词。同样，如果我们误读了这个词，给他一个更好的示范，也可以让儿童来纠正我们。但是，不要试图强迫儿童纠正发音。他可能正在尽力而为，他发音的能力应该是逐渐提高的。

○ **课堂和功能活动**

和儿童交谈，全天听他说的话。

○ **标准**　儿童在交谈中自发地使用至少50个不同的单词（例如索求物品、告诉你某事、看书时）。

11n. 命名8个或更多常见物品的简笔画

○ **教具**　带有简笔画的书籍（即黑白图纸，有相对较少的细节，不是彩色图片——着色书是较好的选择）

○ **流程**

给儿童看一本简笔画书，并谈论图片。问儿童："这是什么？"重点关注儿童以前用彩色照片命名过的物品或动物。如果他没有给图片命名，请告诉他名称，指出能代表物品或动物的特征（例如，"那是一朵花。看，它有一根茎、一些叶子和一些花瓣""这是一个很好的猜测，但它不是一匹马，它是一头驴。看到它的长耳朵了吗？"）。第二天检查一下他是否记得简笔画所代表的内容。

○ **课堂和功能活动**

在故事时间读带有简笔画的书籍。讲述有关图片的故事，让儿童指向图片中的物品。

○ **注意**

有些儿童很轻易就能从彩色图片过渡到简笔画，有些却不能。这个项目是为了帮助那些难以实现过渡的儿童。

○ **标准**　在教授这些物品的命名至少几个小时后，儿童可以命名8个或更多常见物品的简笔画。

11o. 使用"其他"或"另一个"来表示另一个或者相似的物品

○ **教具**　一个透明的袋子或盒子，装着一些小物品，包括不同类别中的几个物品（例如，2—4辆卡车、汽车、动物和积木）

○ **流程**

向儿童展示袋子或盒子，并说："我有一些玩具给我们玩。我们从这个开始（递给他一个玩具）。当你需要更多时，请向我要一个。"当儿童开始提出要求时，留意他是否使用"其他"或"另一个"。如果他没有这样做，请示范如何使用这些词语。例如，如果他正在玩汽车并说"我想要一辆车时"，你说："哦，你想要另一辆车。好吧，在这里。"如果他说："不，不是那个。"你可以说："你想要另一个吗？"听他开始使用这些词语。

○ **课堂和功能活动**

在进行日常活动时，通常有很多机会使用"其他"和"另一个"这两个词语，例如谈论正在做什么，这对儿童是有帮助的。他们会觉得我们好像把他们包括在内，他们会学习到如何描述动作和事件。请注意我们是否使用"其他"和"另一个"等词语，例如："我不喜欢这件衣服，我想我会穿上另一件。"或者"看起来你需要另一只袜子，需要我帮你找到吗？"如果我们不说这些词语，试着把它们放进我们的评论中，稍微强调它们，以引起儿童的注意。

留意儿童在与我们或与他人互动时开始使用这些词语。

○ **标准**　儿童在几个不同的场合自发地使用"其他"或"另一个"。

11p. 命名大多数图片和熟悉物品的简笔画

○ **教具** 书籍、杂志、图片

○ **流程 / 课堂和功能活动**

请参阅第 11l 项和第 11n 项的说明。

○ **标准** 当被问及"这是什么"时,儿童会命名大多数熟悉物品的图片和简笔画,或者在看书或杂志时自发地命名它们。

11q. 仔细听新词语(可能要求重复)
11r. 向自己重复新的词语

○ **教具** 儿童不熟悉且不知道名字的一些物品或图片(尽量让物品/图片具有不寻常的名字,例如不熟悉的食物或动物)

○ **流程**

选择儿童不熟悉的物品/图片。先告诉他物品的名称再出示物品,例如,"我有一个橘子"。等待一下,听听儿童是否试图模仿这个词或者问一个关于它的问题。如果没有,就问:"你知道橘子是什么吗?"给他看橘子(里面和外面的样子),让他品尝它。当我们向他展示时,多次说"橘子"。对另一个物品执行相同的程序。

○ **课堂和功能活动**

在我们阅读故事或与儿童交谈时观察他。故意使用他以前不太可能听过的单词,并注意他的反应。如果他没有回应,反复说出这个词,并告诉儿童它是什么意思(例如,指向物品、做活动),表明我们觉得单词是有趣的。

阅读带有不寻常的声音的书籍(例如 Dr. Seuss 书籍),谈论这些词语,并辨认故事中的人物、物品或事件。

○ **标准 11q** 在 3 种或更多情况下,儿童会要求我们重复一个单词,询问一个单词的含义,或以其他方式表示对新单词的兴趣。

○ **标准 11r** 在 3 种或更多情况下,儿童听了几次新单词后,很快就能自己重复,并在没有成人辅助的情况下重复单词。

11s. 命名在日常环境中见不到的物品（例如，在书中或电视上看到的）

○ **教具**　故事书、童谣书、杂志

○ **流程**

阅读带有图片的书籍，这些图片包含日常生活中儿童不熟悉的物品或事件（例如，对于没有机会参观动物园的儿童而言，我们可能会选择一本包含只能在动物园中才能看到的动物的书籍）。在阅读时指向图片并谈论它们有哪些特殊特征（例如，"那是斑马，看看它的条纹"）。当我们再次阅读这本书时，让儿童为图片命名。如果他不知道，请告诉他，然后在一两天后检查他是否还记得。

○ **课堂和功能活动**

为儿童选择一些电视节目，来让儿童接触在日常生活中看不到的动物和自然现象。自然类节目就特别好。与儿童一起观看节目，并命名动物和其他景象。

将一些书放在教室中供儿童查看，这些书中包含一些与儿童日常生活无关的物品图片（例如：恐龙、火山、冰屋）。偶尔给儿童读一本这样的书。准备好回答儿童的任何问题。

○ **标准**　儿童能够命名 10 个或更多在他日常环境中见不到的物品（通常是在书中或电视上看到的）。这必须发生在教授儿童事物名称的几个小时后或一天后。

11t. 使用各种形容词

○ **教具**　不需要

○ **流程**

给儿童一个物品或给他看一张图片。请他告诉我们关于这张图片的一切。如果他没有，请通过提问需要他以形容词来回答的问题来提示他（例如，"它是什么颜色？""它是大还是小？""它是正方形还是圆形？""感觉如何？是光滑还是粗糙？"）。应先让他谈论物品／图片，当他无话可说的时候再提示他。

○ **课堂和功能活动**

使用形容词来向儿童描述物品和事件。大小的词汇（例如，"大""小""非常小"）和美学词汇（例如，"漂亮""美丽""丑陋""令人讨厌"）是儿童最早学会的单词。也要使用诸如"令人兴奋""危险""可怕"之类的词语。

当我们为儿童阅读书籍时，暂停一下，并使用各种形容词来描述图片。听听儿童所说的话。记录他使用过的形容词。

在课堂上，我们可以在展示的过程中向儿童提问，并鼓励他们用形容词描述自己带来的物品。使用形容词提问（例如，"你觉得它很漂亮吗？""这个面具可怕吗？"）。

○ **标准**　儿童在一周内至少使用 15 个不同的形容词。

11u. 至少使用 1 个描述词定义 2 个或更多简单单词
11v. 至少使用 1 个描述词定义 5 个或更多简单单词

○ **教具**　儿童熟悉的各种物品

○ **流程**

向儿童展示一个物品（例如鞋子）并问他："这是什么？"在他命名了这个物品之后，把它藏在背后说："好的，现在让我们看看你是否可以回答这个问题。什么是鞋子？"如果儿童看起来很困惑或没有回应，请说："你知道鞋子是什么，但我想让你说一说它，鞋就是……"（并等待他完成句子）。然后，尝试一些其他物品。

和儿童一起玩寻宝游戏，例如，当儿童要求我们提供饼干时，我们给他一根稻草。当他说："不，我想要一块饼干。"我们说："哦，你想要一块饼干？什么是饼干？"如果有必要，可以指导他创造一个定义（例如，"甜的东西"可以是"饼干"的适当定义）。

○ **课堂和功能活动**

以这样的方式向儿童描述物品，让他听到关于物品的定义（例如，"这是一片叶子，它从树上掉下来了""这辆卡车有轮子，船没有轮子，因为它在水上行驶"）。

在课堂上设计一些课程，让儿童告诉我们他们对简单物品的所有了解，比如球、鞋、肥皂等。然后说："好的，米克，那么什么是［特定的物品］？"帮助儿童给出越来越复杂的回答。例如，如果一个儿童说："帽子是你戴的东西。"你可以说："是的，这是你戴的东西，但你戴在哪里呢？你是否把它戴在你的大脚趾上？"或者如果儿童说出一个特征（例如，"球是圆的"），我们可以说："关于球你还有什么可以告诉我的？"让所有儿童帮忙回答这个问题。

○ **标准 11u**　在没有成人提示的情况下，儿童定义了 2 个或更多简单的单词，并至少说出 1 个重要特征。

○ **标准 11v**　在没有成人提示的情况下，儿童定义了 5 个或更多的单词，并至少说出 1 个重要特征。

11w. 根据功能命名物品（例如，"用什么来割草？"）

○ **教具**　书籍、图片

○ **流程**

收集儿童熟悉的物品图片。告诉他我们要玩一个猜谜游戏。向儿童解释我们要看一张图片，并告诉他一些关于某个物品的信息，然后他应该试着猜测这个物品是什么。一定要根据物品的功能来描述物品（例如，"这是割草的东西""这是在水面上航行的东西""这是使你的头发整洁的东西"）。当儿童猜到这个物品时，翻转图片让他看到物品。

○ **课堂和功能活动**

在教室里，与一群儿童玩类似的猜谜游戏。设计简单或困难的问题，以适应不同儿童的能力水平，并确保所有人都能成功。

○ **标准**　儿童在听到物品的功能描述后，至少命名10个不同的物品。

11x. 命名同一类别中的例子

○ **教具**　不需要

○ **流程**

告诉儿童我们打算玩一个命名游戏。问他是否可以命名家里的每个人。根据我们的了解，如果他遗漏了一些住在家里的人，就通过提问来提示他。重复他所命名的所有人，然后说："现在，让我们看看你能想到多少动物。"然后再试几个其他的类别，比如我们可以骑的东西、吃的东西、喝的东西、玩耍的东西，等等。与儿童轮流，让他来说出类别，我们来命名其中的物品。大多数儿童会觉得这很有趣，但是在5—10分钟后就会厌倦。停下来，在另一天再尝试。

○ **课堂和功能活动**

当我们和儿童坐在车里时、在杂货店排队时等，将此游戏作为娱乐的一种方式。这些经历可能会促使我们思考不同类别的物品，儿童可能会环顾四周并看到该类物品（例如，当我们在杂货店买水果时）。

在教室里，和一群儿童玩命名游戏，让他们轮流确定类别并命名这些类别中的物品。

○ **标准**　儿童至少命名3个或更多不同类别中的3个例子。

11y. 完成2个类比

○ **教具**　不需要

○ **流程**

告诉儿童我们希望他说完我们所说的话。尝试用儿童熟悉的物品和事件来进行类比。可以包括以下示例内容：

1. 苹果是红色的，香蕉是 _____ 。

2. 拉托雅是个女孩，博比是一个 _____ 。

3. 兔子跑得快，乌龟爬得 _____ 。

如果儿童没有完成句子，请帮他完成。然后，再次说同样的类比句，看看他是否可以完成它。

○ **课堂和功能活动**

这是另一个可以在车内、排队等待时，或在其他没有太多活动的时间玩的文字游戏。它通常可以占用儿童 10 分钟或更长时间。

在教室里，和一群儿童玩这个游戏。说出类比句并指定一个儿童来完成它。如果他不能，指定另一个儿童。试着将游戏做得快一些并使用各种类型的类比句，来提高或降低任务的难度以挑战儿童的不同技能。

○ **标准**　儿童能够完成 2 个类比，每个类比均在第一次尝试时完成（即儿童没有模仿成人）。

11z. 通过询问单词的含义或其他方式表明意识到单词具有某些含义

○ **教具**　成人和儿童词典

○ **流程**

在谈话中向儿童介绍一些新的和听起来有趣的词汇（例如，"是的，那是一朵美丽的花，它是杜鹃花""那是一只松鼠，看看它毛茸茸的尾巴"）。为儿童阅读图书，书中包含的词汇应比儿童使用的词汇更高级。如果儿童没有问某个词是什么意思，便问他是否知道这个单词的意思，然后告诉他单词的意思。当他问起听到的一个单词的意思时，一定要回答他。如果我们不知道其含义，请告诉他如何在词典中查找。

○ **课堂和功能活动**

当我们因为乐趣而阅读并遇到一个不熟悉的词时，对儿童说："我刚刚遇到一个新词（为儿童读出这个词）。我要找出它的含义。"然后，在词典中查找。明确表示我们对单词感兴趣，并且赞赏儿童对单词的兴趣。

在课堂上，在"圆圈时间"、零食时间或其他时间将儿童聚集在一起，介绍新的和有用的单词。用一张图片来介绍一个单词。将它展示给组中的儿童看，然后将其挂在墙上一整天（在图片下面写上单词）。寻找与这个单词有关的故事或活动。邀请儿童介绍一个他们希望其他儿童知道的词。

○ **标准**　在 2 种或更多的情况下，儿童通过询问单词的含义，在我们使用新单词时提问，告诉我们单词的含义，或以其他方式表明理解单词的含义。

11aa. 说出简单单词的押韵词

○ **教具** 不需要

○ **流程**

告诉儿童我们要玩一个押韵游戏，说："看我们能找到多少与'红色（red）'押韵的单词？'床（bed）'与'红色'押韵，它们听起来很像。你还能想到什么与"红色"押韵？"如果儿童没有想到任何单词，请给他一些提示。例如，摸摸他的头，说："这是什么？"当他说"头"，我们就说："好，'头（head）'与'红色'押韵。现在让我们想想还能想到什么。"如果儿童说出一个不押韵的词，纠正他，或者告诉他一个可以和他的单词押韵的单词。继续学习其他有许多押韵词的单词，如"猫（cat）""悲伤（sad）""跳跃（hop）"。

○ **课堂和功能活动**

当我们和儿童坐在车里，或当我们做家务等需要分散儿童注意力时，给儿童唱押韵的歌曲并与他玩押韵游戏，等等。

为儿童读一些有押韵形式的书（例如，*Is Your Mama a Llama? The Cat in the Hat*）。当儿童熟悉内容后，请在句子中间停下来让他填写押韵词。

在教室里，让儿童说出与我们选择的单词押韵的单词。听其他儿童的回答会激发他们的思考。首先，给每个儿童一张与我们选择的单词押韵的物品图片是有帮助的。如果儿童命名了错误的物品图片，请帮助他命名正确的图片来押韵。

○ **标准** 儿童可以说出 3 个或更多不同单词的 1 个或多个押韵词。

11bb. 在听到新单词或者被告知新单词的含义之后不久在谈话中使用这个词

○ **教具** 不需要

○ **流程**

这个项目不能教授，除非我们有意在与儿童的谈话中引入新单词，并树立对单词感兴趣的榜样。评论儿童对一个新单词的使用情况，以便他知道自己正确地使用了它。

○ **课堂和功能活动**

在教室里，听听每个儿童的发言。让其他儿童保持安静，听一个儿童说了什么。当儿童使用了新单词时，进行评论，并询问其他儿童是否知道这个词的意思。

○ **标准** 在 2 种或更多情况下，儿童在听到新单词或被告知新单词的含义后不久在谈话中使用它。

11cc. 命名颜色：红色、绿色、蓝色、橙色、紫色、黄色、黑色、棕色、粉色和灰色

○ **教具** 各种颜色的物品

○ **流程**

首先，确保儿童能够配对颜色并在命名时指向颜色（见项目 6-IIb 和项目 10jj）。

选择一组各种颜色的物品或者将彩纸剪成各种形状。将它们放在儿童面前，一次指向一个物品并问他："这是什么颜色的？"如果儿童命名颜色错误，请纠正他。在某些情况下，2 种颜色之间会有混淆。命名我们指向的颜色，并向儿童展示他命名的颜色。将 2 种颜色的物体并排放置，以便他可以看到差异。

○ **课堂和功能活动**

在与儿童的对话中经常使用颜色名称，并要求他根据颜色做出选择（例如，"你想要什么颜色的蛋糕？"）。

偶尔让儿童告诉我们物品的颜色来检查他的理解，包括粉色、灰色、棕色和黑色的物品，也应包括混合色的物品，如浅绿色（蓝—绿）、浅紫色（紫—红）和黄绿色（黄—绿），以便我们可以谈论新的颜色名称。在有许多花的地方散步是一个很好的机会。

在教室里，询问儿童衣服的颜色。和他们玩一个游戏，给每个儿童一个物品，但其他儿童看不见。让每个儿童轮流来描述他所拥有的物品，一定要让他们说出物品的颜色，并让其他儿童猜测它是什么。

○ **标准** 儿童能够命名以下所有颜色：红色、绿色、蓝色、橙色、紫色、黄色、黑色、棕色、粉色和灰色。

11dd. 定义 10 个或更多单词

○ **教具** 不需要

○ **流程 / 课堂和功能活动**

请参阅第 11u 项和第 11v 项的说明。

○ **标准** 儿童能够根据功能（例如，"它可以切东西"）、类别（例如，"它是动物"）或特征（例如，"它有轮子"）定义 10 个或更多个单词。

11ee. 命名大部分大写字母

○ **教具**　印有大写字母的卡片、字母磁贴、字母书、其他书籍

○ **流程**

首先确保儿童能够配对大写字母（第 6-IIf 项）。一旦儿童能够配对字母，就可以将儿童名字中的字母按照正确的顺序放在桌子上拼写他的名字，说："这些字母拼出了你的名字。我要把它们混在一起。你能告诉我这个字母是什么吗？这个呢？"请务必依次指出每个字母。如果儿童不能命名自己名字里的字母，请告诉他每个字母怎么读。混合这些字母，问他是否可以找到我们所说的每个字母。然后，再次混合它们，并让他命名。

一旦儿童可以告诉我们他姓名中的字母名称，请尝试其他字母（每次 4—8 个），遵循相同的程序。

○ **课堂和功能活动**

给儿童读字母书，当我们说哪个字母时就用手指向哪个字母。然后让儿童指出我们所说的字母。之后让他来命名字母。

在教室里，给每个儿童一张卡片，上面写着他们的名字。让每个儿童轮流站在小组面前，指着自己名字中的字母并说出字母名称。让儿童交换卡片并读出他们所持有的卡片上的字母。打印一张不包含任何人名字的字母卡片，并要求儿童说出这些字母的名称。

○ **标准**　儿童能够命名大部分（至少 20 个）大写字母，并很少出错。

11ff. 完成 5 个类比

○ **教具**　不需要

○ **流程 / 课堂和功能活动**

参见第 11y 项的说明。

○ **标准**　儿童在没有提示的情况下完成 5 个类比句。

11gg. 根据类别中的成员命名这个类别

○ **教具**　书籍、图片、家里或教室中的各种物品

○ **流程**

为儿童呈现动物的图片，为每个动物命名，然后告诉儿童这些都是动物。问他是否可以想到任何其他的动物。然后，为儿童呈现各种衣服的图片，命名每一件衣服，并问："这些都是什么东西？"尝试几组其他的物品，如车辆（或骑的东西）、银器（或餐具）或家具。

然后，告诉儿童我们要玩一个游戏。我们说出一些东西，看看他能不能告诉我们它们是什么。从我们说过的类别开始，命名该类别中的四五个成员（例如，"一只狗、一只猫、一匹马和一头大象。它们都是……"）。在他成功学会了我们专门教授的类别之后，开始引入新的类别。

○ **课堂和功能活动**

在乘坐汽车、排队等待时，和儿童玩上述游戏。当我们与儿童交谈时，注意使用类别词，展示和列出常用类别中的成员。例如，当儿童说"看这些漂亮的花朵"时，我们说："是的，它们很漂亮。看看这些三色堇，它们的花瓣很小。闻闻这些金盏花，它们有些臭。那朵花叫郁金香。"等等。这将有助于提高儿童命名和分类物品的能力。

在教室里，为儿童分发同一类别的物品（或物品的图片）并让每个儿童说说自己有什么。然后说："这些是什么东西？它们都是……"

○ **标准** 儿童能够根据类别中的成员命名 3 个或更多类别。

序列 12
注意力和记忆力：听觉

对于那些功能水平低于 2 岁的儿童来说，他们似乎有两条相关但又截然不同的听觉注意力和记忆力链条，它们对于认知和语言功能非常重要。一种包括对声音的反应能力、定位和联想到其他事物的能力，另一种是听到声音并尝试将发声与声音相匹配的能力。因此，在第三版 CCITSN 中，有两个注意力和记忆力的课程序列：序列 12（注意力和记忆力：听觉）和序列 16（模仿：仿说）。为了与 CCITSN 保持一致，我们在 CCPSN 的这个版本中保留了这两个序列。然而，2—5 岁阶段的课程项目安排还不太清晰。我们选择让序列 12 着重于儿童学习语言和音乐并将这些信息存储在记忆中，以便将来可以提取和使用的能力。这种能力对于阅读和传播故事与歌曲中的文化至关重要。序列 16 着重于儿童学习单词或数字并复述它们的能力，但只涉及瞬时记忆。

在学龄前阶段，进行这种特殊的划分是有用的，因为有些情况（例如孤独症）可能不会影响儿童仿说的能力，但会严重损害儿童从单词中获取意义的能力。儿童在这两个序列中的显著差异可能是需要进行一些额外评估的信号。

| 特殊调适 |

有运动障碍的儿童

如果可能的话，使用儿童运动能力范围内的动作展示歌曲和韵律。如果儿童有严重的损伤而影响了说话和手部运动，请让他参与唱歌和复述活动，但不要将这些项目作为干预计划的一部分（除非他能够使用扩大替代性沟通系统）。

有视力障碍的儿童

对于患有轻度至中度视力障碍的儿童，不需要对项目进行任何修改。

患有严重视力障碍的儿童也许能够学习复述单词、歌曲、诗歌等，但很难理解它们的意义。在进行诗歌或歌曲的有关动作时，可以在身体上引导有视力障碍的儿童，通过动作来传达单词的含义。如果歌曲或诗歌没有动作，教导儿童自己感受物品，从而丰富歌曲的意义（例如，在我们读 *Little Bo Peep* 之前，让儿童玩玩具羊并感受羊的眼睛、鼻子、耳朵、毛和尾巴）。

有听力障碍的儿童

即使是患有严重听力障碍的儿童也能对歌曲和诗歌的节奏作出良好的反应。在唱歌时一定要强调节奏，并在歌曲中加入动作。在一些歌曲中，将手语与单词相结合，并在唱 *Old MacDonald* 等歌曲时展示一些图片。

12. 注意力和记忆力：听觉

r. 参与说童谣的活动（重复部分内容）

s. 在小组里和一个成人说或唱至少 2 首童谣或歌曲

t. 独立地唱出或表演部分诗歌或歌曲

u. 注意到熟悉的诗歌、歌曲或者故事中的变化，并作出反应

v. 完成熟悉的诗歌或歌曲中的句子

w. 唱完或说完 4—6 行的歌曲或诗歌

x. 唱完或说完 10—15 行的诗歌（有些句子可能有重复）

y. 回忆起刚刚读过的不熟悉故事中的一两个要素（没有提示）

z. 回忆起刚刚读过的不熟悉故事中的三四个要素（没有提示）

aa. 识别熟悉歌曲的旋律（命名歌曲）

bb. 回忆起刚刚读过的不熟悉故事中的大部分基本要素

cc. 没有图片的辅助，讲述 2 个熟悉的故事（包含故事中的所有重要部分）

12r. 参与说童谣的活动（重复部分内容）
12s 在小组里和一个成人说或唱至少 2 首童谣或歌曲
12t. 独立地唱出或表演部分诗歌或歌曲

○ **教具** 不需要

○ **流程**

经常给儿童说韵律或唱歌。尝试加入一些强调不同声音的儿歌或歌曲（例如，*Old MacDonald*）和一些有配套动作的歌曲（例如，*The Itsy Bitsy Spider*, *The Wheels on the Bus*, *Little Jack Horner*）。当儿童很好地模仿我们的动作之后，在开始做动作之前稍微等待一会儿，看看他是否会在没有示范的情况下做这些动作。或者，在儿童学会和我们一起唱歌之后，开始唱一首歌之前，看看儿童能否在没有我们的情况下唱出部分歌曲。再次强调，根据需要提供帮助。

○ **课堂和功能活动**

当儿童在坐车、在医生办公室等待，或者等待其他事情的时候，唱歌或说儿歌是让他开心的好方法。歌唱环节也是团体护理计划的重要组成部分。儿童互相学习，同时也学习成人。

在家里或教室里，鼓励儿童表演，向他人展示他所知道的歌曲或儿歌。赞美儿童，不要批评他的错误。

○ **标准 12r** 儿童与成人或一群儿童一起唱或说两种不同的诗歌或歌曲，说一两个短语，和

（或）做一两个动作。

- **标准 12s**　儿童与成人或一群儿童一起唱/说至少 2 首完整的歌曲/诗歌，几乎所有的单词和动作都是正确的。
- **标准 12t**　儿童独立地说或者表演 2 个或多个诗歌或歌曲的一部分。儿童可以独立开始或者成人起头，但是儿童必须在没有成人唱歌的情况下说/唱一段，或者儿童必须在没有成人示范时，在适当的时间做出至少一个与歌曲有关的近似动作。

■■■

12u. 注意到熟悉的诗歌、歌曲或者故事中的变化，并作出反应

12v. 完成熟悉的诗歌或歌曲中的句子

12w. 唱完或说完 4—6 行的歌曲或诗歌

12x. 唱完或说完 10—15 行的诗歌（有些句子可能有重复）

- **教具**　书籍
- **流程**

在儿童熟悉一首诗歌、歌曲或故事之后，故意犯错误或以某种方式改变它。如果儿童没有表现出很困惑、笑或纠正我们，我们要笑着说："糟糕，我犯了一个错误。它应该是怎样的？"试着把它当成一个笑话。一天后，用儿童学过的另一首诗歌、歌曲或故事再试一次。

在另一种情况下，中途停止说诗歌或唱歌，看看儿童是否能完成它。当儿童听一首诗歌或歌曲多次后，请他说或唱给你听。在必要时提示前两三个单词来帮助他开始。在必要时继续提示。随着儿童的记忆力不断提高，增加歌曲和诗歌的长度并鼓励他学习。

- **课堂和功能活动**

在课堂上，在熟悉的诗歌、歌曲或故事中制造错误和/或在中途停止是吸引所有儿童注意力的好方法。然而，要判断一个儿童对这个项目的掌握程度，需要其他儿童保持安静直到这个儿童有机会作出回应。

我们也可以让儿童轮流复述尽可能多的熟悉的诗歌或歌曲。在必要时进行提示，以帮助儿童完成任务。让父母在家里听儿童说诗歌或诗词来进行练习会很有帮助。

- **标准 12u**　儿童通过表现出困惑、笑或纠正成人的方式，对至少 2 首不同的诗歌、歌曲或故事的变化作出反应。
- **标准 12v**　儿童完成了 2 首或更多熟悉的歌曲、诗歌、故事中的一句话（3—5 个单词）。
- **标准 12w**　儿童能够唱一首或多首完整的儿歌，或说一首或多首 4—6 行完整的诗歌（例如，*Humpty Dumpty*，*Jack and Jill*，*Mary Had a Little Lamb*）。
- **标准 12x**　儿童能够唱一首或多首完整的儿歌，或说一首或多首 8—15 行完整的诗歌（较长的

歌曲、诗歌中有些重复的句子，*The Itsy Bitsy Spider* 有 8 行）。

12y. 回忆起刚刚读过的不熟悉故事中的一两个要素（没有提示）
12z. 回忆起刚刚读过的不熟悉故事中的三四个要素（没有提示）

○ **教具**　简单的带有图片的故事书

○ **流程**

定期为儿童介绍新书。如果他想要反复阅读以前喜欢的书，告诉他我们会为他读一本新书，然后再为他读一遍旧书。当我们读完这本新书时，说："你喜欢这个故事吗？它讲了些什么？告诉我你记得些什么。"当儿童告诉我们他记得的所有内容之后，通过问一些引导性的问题来提示他，直到他能够记住故事的大部分内容。

○ **课堂和功能活动**

在家里和教室里，将书籍存放在儿童可以随时取用的低架子上。每天给儿童读书。儿童可能想一遍又一遍地读同一个故事，但是，继续为儿童介绍新书很重要。当我们第一次为儿童阅读新故事时，请偶尔停下来指出故事的相关特征，或者指出表明故事中发生的事情的图片。阅读完毕后，问儿童他对这个故事的相关记忆。根据需要问一些引导性的问题。

在教室里，每天提问不同的儿童，让他们讲述自己对故事的相关记忆，然后让其他儿童补充故事中的其他部分。

○ **标准 12y**　在没有任何提示的情况下，儿童回忆起刚刚读过的不熟悉故事中的一两个要素。

○ **标准 12z**　在没有任何提示的情况下，儿童回忆起刚刚读过的不熟悉故事中的三四个要素。

12aa. 识别熟悉歌曲的旋律（命名歌曲）

○ **教具**　不需要

○ **流程**

为儿童提供许多唱儿歌（例如，*Old MacDonald*，*This Old Man*，*She'll Be Coming 'Round the Mountain*）的机会。此外，为儿童提供听音乐的机会，无论是古典音乐还是流行音乐。让儿童注意到歌曲并告诉他这是什么歌曲。

哼唱一首儿童多次听过的歌曲（但不是他自己有意记忆和唱过的歌曲），看看他是否开始跟着我们唱歌或说出一些单词。

当汽车、家中或其他地方的收音机开始播放熟悉的音乐时，请让儿童注意听，看他是否知道那首音乐是什么。

○ **课堂和功能活动**

在课堂上，音乐应该是每天课程的一部分。定期安排时间来做"辨声识曲"的游戏。播放一首儿童在教室里多次听到的歌曲的一部分，然后让儿童说出这首歌的名称。确保每个儿童都有机会为这首歌命名。

○ **标准** 儿童通过唱歌或说出部分单词来识别 2 首或多首熟悉歌曲的旋律。

12bb. 回忆起刚刚读过的不熟悉故事中的大部分基本要素

○ **教具** 带有许多图片的故事书

○ **流程 / 课堂和功能活动**

请参阅项目 12y 和 12z 的说明。

○ **标准** 在没有任何提示的情况下，儿童回忆起之前读过的不熟悉故事中的大部分基本要素。

12cc. 没有图片的辅助，讲述 2 个熟悉的故事（包含故事中的所有重要部分）

○ **教具** 不需要

○ **流程**

在没有图片或书籍的情况下为儿童讲故事。有些可能是熟悉的故事，如 *Goldilocks and The Three Bears*、*The Three Billy Goats Gruff*，或 *The Gingerbread Man*；也可能是发生在我们身上的故事或者是在电视上看到的故事。

让儿童讲一个我们一起读过的故事，或者告诉我们一个他喜欢的视频中的故事。在必要时进行提示，例如，"然后发生了什么？"。如果亲戚或朋友来家里做客，请让儿童给他们讲一个熟悉的故事，或者建议儿童给他的娃娃或泰迪熊讲故事。

○ **课堂和功能活动**

在教室里，每周留出一天作为讲故事日。每次要求两三个儿童讲故事，可以是他们在学校里听到的故事，也可以是他们在家里听到的故事。提出问题以引出故事的所有主要内容。

○ **标准** 在没有提示的情况下，儿童讲述 2 个熟悉的故事，需包含故事中的所有重要部分。

第八章
沟　通

序列 13
语言理解

这个序列关注的是儿童对指令的理解程度。这种对指令的理解对儿童来说并不是被动的，相反，它是儿童与照料者之间持续互动的一部分，在这个过程中，他们会教给彼此一些内容。通过对指令的回应，儿童让照料者知道他们对指令的理解程度。反过来，照料者通过示范、辅助以及对儿童取得的成功表示喜悦，促进了儿童对指令的理解。

许多残疾儿童在整个发展过程的不同时期，都依赖某种替代性的沟通方式。在这个序列中，对于大多数儿童，建议在使用手势和手语的同时也要说话。同时，我们也可以使用沟通板。另外，务必向沟通障碍专家咨询，以了解手语以及其他 AAC 系统在多大程度上适合某个特定的儿童。

| 特殊调适 |

有运动障碍的儿童

如果儿童有严重的运动障碍，可能需要我们充分发挥创造力，找到可以让儿童参与的活动，以便我们有机会评估他对口语指令的理解。在某些情况下，我们可能需要使用目光注视作为主要的信号，通过该信号可以辨别儿童对单词的理解（例如，"看妈妈""看奶牛""看我们用来固定头发的东西"）。如果儿童能够使用目光注视或任何其他与其一致的自发性反应，来传达对语言的理解，我们应该向 AAC 专家咨询，以确定哪种形式的沟通系统可能对儿童有效。

如果儿童的沟通方式很少，确保他有很多机会观察其他儿童如何听从并执行指令。通过与儿童谈论其他儿童正在做的事情，使他的观察更有意义。

有视力障碍的儿童

有视力障碍的儿童可能对声音特别敏感，且和其他儿童相比，他更有可能通过照料者说话时的语调来推断其感受。因此，要特别注意我们可能通过语调传达的信息。

用视觉类教具进行试验，以确定如果物体或图片变得更大、对比度更强、颜色更鲜艳等，儿童是否能够更好地参与沟通。

如果有必要，在教导儿童遵循通常伴有手势提示的指令时，提供手把手的辅助。

有听力障碍的儿童

确保有听力障碍的儿童在我们说话时看着我们。我们可能需要碰触他们，以引起他们的注意。对于一些有听力障碍的儿童来说，响亮的拍手声就足以引起注意。一旦学会了如何吸引儿童的注意力，就要始终如一地使用这个信号，以便儿童知道它意味着"看着我，我有件事要告诉你"。

面部表情和手势对有听力障碍的儿童尤其重要，可以帮助他们理解人们正在试图对他们说的话。与听力良好的儿童相比，和有听力障碍的儿童沟通时，可以使用更多、更夸张的面部表情和手势。

如果儿童对语言的理解没有进展，咨询语言病理学家，了解使用手语或其他形式的AAC来辅助沟通的可能性。

13. 语言理解

n. 在新环境中遵循两步指令

o. 遵循三步指令（例如，指令包含3个物品和1个动作、3个动作和1个物品，或3个与活动相关的物品）

p. 用适当的词语或手势回答是/否问题

q. 理解否定词

r. 按照口头指令（无样本提示）对颜色分类

s. 遵循涉及动作序列的两步指令

t. 按类别分类

u. 按顺序执行涉及两三个不同物品的三步指令

v. 对涉及常见复数的指令或问题做出恰当回应

w. 根据类别和2种特征选择正确的物品或物品图片

x. 根据口头指令（无样本提示），基于2种特征将物品分类

y. 遵循涉及"之前"和"之后"的指令

z. 遵循涉及4个要素的指令

13n. 在新环境中遵循两步指令

○ **教具**　各种小玩具

○ **流程**

在儿童面前放置各种玩具，让他玩几分钟。然后，开始给出与他通常会做的活动类似的指令，并用1个物品执行2个任务（例如，"拿起玩偶，将它放在椅子上"）或在1个任务中用到2个物品（例如，"把娃娃和卡车放到盒里"）。如果儿童正确地遵循指令，就表扬他。如果儿童没

有遵循指令，则为他示范需要他做的事情。然后重复指令，看他是否会这样做。

当儿童遵循这些相对熟悉的指令时，引入具有类似复杂度的指令（例如，指令包含2个物品和1个动作，或1个物品和2个动作），但要涉及意想不到的活动（例如，"拿起娃娃，让她倒立起来""让小马骑小狗"）。

○ **课堂和功能活动**

让儿童参与我们一天的活动，让他和我们一起或帮我们完成任务。注意给儿童的指令的复杂性。如果儿童按照指令拿给我们物品，说明他能够用1个物品完成1个任务。开始发出更复杂的指令，包括用1个物品完成2个任务（例如，"拿起娃娃，放在椅子上""拿起你的袜子，然后给我"）或在1个任务中涉及2个物品（例如，"将娃娃和卡车放在架子上"）。

儿童最初是在熟悉的环境中学会遵循指令的，在熟悉的环境中，他已经练习过我们要求他做的行为（例如拿起玩具、脱衣服、洗澡）。当儿童在熟悉的环境中已经能够遵循指令后，在不太熟悉的环境中给他发出两步指令。例如，散步时，要求他捡起一片叶子给我们，或者把一块石头放到垃圾桶里。

始终给予儿童足够的帮助以使他获得成功，当他成功时表示赞赏并表达我们的喜悦。辅助可能包括用手指向和其他手势或肢体辅助。

○ **标准**　在没有照料者额外辅助的情况下，儿童在新的或不太熟悉的环境中遵循几个不同的两步指令。例如，他用熟悉的物品从事一个新行为，或者用一个新的物品从事熟悉的活动。

13o. 遵循三步指令

（例如，指令包含3个物品和1个动作、3个动作和1个物品，或3个与活动相关的物品）

○ **教具**　一系列小玩具

○ **流程**

将玩具放在儿童面前，让他玩几分钟。然后开始给出包含以下内容的指令：

- 1个动作和3个物品（例如，给我玩具、刷子和梳子）；
- 3个动作和1个物品（例如，拿起勺子，走到餐厅，把它放到桌子上）；
- 3个与活动相关的物品（例如，把你的娃娃放到床上，给他奶瓶）。

始终给予儿童足够的帮助以使他获得成功，在他成功时表示赞赏并表达我们的喜悦。辅助可以是用手指向和其他手势或肢体辅助。

○ **课堂和功能活动**

注意观察一天中我们与儿童互动时对儿童的要求，确保我们提供的是各种简单的三步的指令。

○ **标准**　在没有照料者额外辅助的情况下，儿童正确遵循至少 3 个不同的三步指令。

13p. 用适当的词语或手势回答是 / 否问题

○ **教具**　无需教具

○ **流程**

不要一次性向儿童提出一系列问题来评估他回答是 / 否问题的能力。相反，可以在我们与儿童一起活动时，自然地引入这些问题。常见的问题包括："你想要一些果汁吗？""你想去外面吗？""你准备洗澡了吗？""你饿了吗？"因为有些儿童习惯对任何问题说"不"（或摇头），因此让儿童对自己的回答负责是很重要的。所以，我们必须根据儿童的反应采取行动，而不是基于我们认为的儿童的想法采取行动。例如，如果我们说："你想要一些果汁吗？"儿童看起来想要，但是他说了"不"，就把果汁拿走。如果他表示抗议，我们可以说："哦，你想要一些果汁，那就应该说'是'（或'嗯嗯'）。"等待儿童回应，然后倒果汁。

○ **课堂和功能活动**

在课堂上，为儿童提供很多机会来做出选择，并回答是 / 否的问题（例如，"你想要这个拼图吗？""你想玩［玩具名］吗？""你要去卫生间吗？"）。

○ **注意**

如果我们给儿童做出选择的机会，我们应该做好接受他的决定的准备。这种选择是真正的选择。始终让儿童在我们可以接受的 2 个替代方案之间做出选择。例如，当我们知道现在不能离开时，不要问儿童："你想让我离开吗？"

○ **标准**　儿童用适当的词语或手势回答至少 10 个不同的是 / 否问题。

13q. 理解否定词（例如，"哪个物品不是蓝色的？"）

○ **教具**　无需教具

○ **流程**

在给儿童读书或看杂志中的图片时，让他向我们展示不包含某些特征的物品或人（例如，"哪个物品不是蓝色的？""哪个人没有在跑？"），或者提供其他涉及"不"的指令。

在我们提出要求时，强调"不"的发音。如果儿童犯错误，纠正他并提出另一个类似的要求。根据需要重复指令。

○ **课堂和功能活动**

在一天中，注意给儿童发出的指令。如果没有使用"不"来表达任何一个要求，那就要有意识地这样做（例如，"你能把我的鞋拿给我吗？不是黑色那双"）。

在课堂上，设计一个需要儿童快速遵从指令的游戏。向儿童发出指令，例如，"摸摸你的脚趾，但不要摸你的鼻子""不要坐和跳""摸摸你的纸，但不要碰你的蜡笔"，等等。在与儿童单独谈话时，使用图片来检查他对否定词的理解。

○ **标准**　儿童至少对3个涉及否定词的指令作出正确反应。

13r. 按照口头指令（无样本提示）对颜色分类

○ **教具**　不同颜色的积木或其他物品

○ **流程**

将至少3种颜色的积木放在桌子上。让儿童将所有的红色积木分成一组，所有的蓝色积木分成一组，以及所有的绿色积木分成一组（在桌子上分组）。或者，让儿童将不同颜色的积木分别放在不同的容器中。不要给儿童样本以提示他应该把积木放在哪里。当儿童感到困惑时再提供样本，并要求他完成任务。到第二天再次尝试在没有样本的情况下按颜色分类的任务。

○ **课堂和功能活动**

在教室里或家中，把清理时间作为让儿童练习分类的机会，强调让儿童根据我们的口头指令进行分类，而不是通过观察分类样本。

○ **标准**　至少在3种情况下，儿童按颜色对物品进行分类（无样本提示）。

13s. 遵循涉及动作序列的两步指令（例如，"将玩偶放在架子上，然而把球带给我"）

○ **教具**　在家中或教室中能够找到的各种物品

○ **流程**

将几个物品放在儿童面前的桌子上，并告诉他现在要玩一个游戏。游戏规则是我们和儿童轮流发出指令并根据指令作出反应。首先可以从一步指令开始，例如，"将卡车放在桌子下面"。当他这样做时，告诉他："很好，现在轮到你了，让我做什么呢？"结束后，由我们重新开始下一回合，例如，"现在我需要你把车拿起来，然后把娃娃给我"。同时，在某些回合中提出一些难以预料的指令（例如，"把娃娃放在头上，并把勺子递给我"）。

○ **课堂和功能活动**

观察我们在日常活动中发给儿童的指令。当我们开始发出两步指令时，先使用手势来帮助儿童集中注意力，然后逐渐要求他仅仅依赖单词来遵循指令。当我们往指令中添加了动作序列时，要强调表示动作顺序的单词（例如，"先做这个，然后做那个"）。

在课堂上，有很多机会向小组成员发出两步指令。仔细观察儿童，看谁会毫不犹豫地遵循指令，谁通过观察别人来了解该做什么，以及谁完全没有遵循指令。需要特别注意后两组儿童。单独和这些儿童进行一些活动，观察他们在一对一教学的情况下是否能够遵循涉及桌上物品的（如"流程"部分）两步指令。造成此结果的原因可能是儿童在小组环境中容易分心，而不是不理解指令。

○ **标准** 在没有手势或其他提示的情况下，儿童至少遵循3个涉及动作序列的两步指令。

13t. 按类别分类

○ **教具** 可以根据常见类别进行分类的一系列物品（例如毛绒动物、玩偶屋中的家具、玩具碗碟、玩具食物）

○ **流程**

在儿童面前放置3个盒子和3种不同类别的物品（例如，玩偶的衣服、小汽车、玩偶屋中的家具各准备三四个），然后跟儿童说："我们需要清理这些东西，把所有的衣服放在一个盒子里，所有的汽车放在一个盒子里，所有的家具放在一个盒子里。"除非儿童遵循指令有困难，否则不要指出物品应放的位置，也不要提供样本。如果他有困难，则尽可能根据需要提供足够多的帮助以完成任务。

一旦儿童能够对一组物品进行分类，就尝试使用另一组物品进行相同的程序。

○ **课堂和功能活动**

在一天中，寻找机会让儿童按类别分类物品。有些分类可能是日常活动的一部分（例如，"把所有的衣服放在篮子里，将玩具放在玩具箱里"），但也要尝试新的分类。例如，在家中，让儿童将叉子和勺子分别放到抽屉的不同位置，或者让儿童帮忙将衣物分类（例如，如果有明显的差别，可以将不同家庭成员的袜子或其他衣物分类）。

在教室里，给每个儿童各种各样的物品。在桌子中间放置3个盒子，告诉儿童在每个盒子里放置特定的物品。例如，让儿童在自然环境中散步时，收集树叶、浆果和石头。然后告诉他们把所有的叶子放在第一个盒子里，所有的石头放在第二个盒子里，所有的浆果放在第三个盒子里。观察儿童的行为并在必要时纠正他们（儿童可能会互相纠正）。

○ **标准** 在没有样本的情况下，儿童能够根据各种类别名称将物品分类（至少6个不同的类别，但每次不超过 3 个）。

13u. 按顺序执行涉及两三个不同物品的三步指令

○ **教具** 在家中或教室里能够找到的物品

○ **流程**

在桌子上放置一些物品并按照项目 13s 进行游戏，轮流与儿童发出和执行指令。从两步指令开始，然后继续执行三步指令，例如，"把车放入包装盒中，盖上盖子，然后给我勺子"。在某些时候尝试一些看似愚蠢的指令，以便儿童因兴趣继续参与游戏（例如，"拍拍桌子，闭上眼睛，伸出舌头"）。

○ **课堂和功能活动**

当我们在日常活动中将指令从两步转到三步时，可以重复说两次，并使用清晰的手势作为提示，以确保儿童理解指令。如果儿童完成动作序列有困难，轻声提醒他指令的内容（例如，"你还记得我之后让你做什么吗？我让你……"）。根据需要，尽可能多地提供帮助以确保完成任务。无论我们提供了多少帮助，最后都要赞美儿童，然后逐渐淡化辅助，以便儿童最终无需依靠重复说或手势完成指令。当儿童执行指令失败时，千万不要贬低儿童为遵循指令而做出的努力。相反，评论他做得对的部分，并帮助他完成剩下的部分。

在教室里，组织一个团体游戏，让儿童轮流发出并遵循一些看似愚蠢的指令（例如，"把你的手放在头上，然后触摸你的膝盖，然后跺脚"）。

○ **标准** 在没有手势或其他提示的情况下，儿童至少能够遵循 3 个涉及动作序列和不同物品的三步指令。

13v. 对涉及常见复数的指令或问题做出恰当回应

○ **教具** 在家中或教室中能够找到的图片、书籍、物品

○ **流程**

将一组物品放在桌子上，然后和儿童玩轮流发出指令的游戏。首先要求儿童给我们一个物品，例如"给我球（ball)"。然后在另一个回合中，要求他给我们多个物品，例如，"给我球(balls)"，着重强调单词末尾的"s"。发出其他类似的指令，例如，"将积木（blocks）放入盒子里""将勺子（spoons）放入杯中"。

给儿童看 2 张图片，一张图片上有多个物品，另一张只有一个物品（例如，一束气球和一个

气球）。让儿童指向有多个气球的图片。如果他做错了，纠正错误。

○ **课堂和功能活动**

在教室或家中，注意我们发出的指令，并注意儿童是否正确遵循涉及复数的指令。如果没有，按照"流程"中的步骤，花时间和儿童进行一对一的学习，以帮助儿童掌握此语言结构。

○ **标准** 儿童能够遵循大多数涉及常见复数的指令。

13w. 根据类别和2种特征选择正确的物品或物品图片
（例如，从一组大小、颜色不同的动物中选择"大黑牛"或"正在睡觉的小猫"）

○ **教具** 在家中或教室里能够找到的图片、书籍、物品

○ **流程**

与儿童一起看图片或读书，寻找许多大小、颜色或位置不同的物品图片。让儿童找到至少由2种特征定义的物品（例如，"大黑牛在哪？""告诉我躺着的黑色的狗在哪？"）。

在桌子上放置各种物品，然后和儿童玩轮流给出指令的游戏。给儿童一些指令，例如，"把勺子放在大的蓝色杯子旁边"或"把积木放在大的红色汽车上"。根据需要提供辅助，帮助儿童成功地完成任务。

○ **课堂和功能活动**

注意我们在一天中给儿童发出的指令。等儿童能够遵循这些指令后，增加指令的复杂性。

在教室里，与一群儿童一起玩指令游戏。

○ **标准** 至少在3种情况下，儿童能够根据物品的类别（例如牛、鸟、杯子）以及至少2种特征（例如大小、颜色、位置）指向图片或选择物品。

13x. 根据口头指令（无样本提示），基于2种特征将物品分类
（例如，大小和颜色、大小和形状、名称和颜色）

○ **教具** 至少可以根据2种特征分类的小物品（例如，各种颜色的小型汽车和卡车；不同尺寸、形状和颜色的积木；不同尺寸、形状和颜色的剪纸）

○ **流程**

在儿童面前放置10—12个物品，另外，务必在这些物品中加入"干扰者"（例如，如果我们打算让儿童将所有红色汽车放在一个地方，将所有黄色卡车放在另一个地方，那么该组合中应该至少包括2辆红色汽车、2辆黄色卡车、1辆黄色汽车、1辆红色卡车，以及1辆或2辆其他颜色

的汽车和／或卡车）。让儿童根据 2 种特征对面前的物品进行分类。当儿童犯错时纠正他的错误，这样我们最后可以说："没错，现在这里有全部的红色汽车，那里有全部的黄色卡车。其他汽车和卡车不属于任何地方。这辆红色的卡车不能放到红色汽车这里，因为它是一辆卡车；它也不能放到卡车那里，因为它是红色的而不是黄色的。这些剩下的车辆也不能放进来，因为它们既不是红色也不是黄色。"

尝试一组不同的物品，可以是用不同颜色的手工纸剪成的圆形、正方形和三角形。

○ **课堂和功能活动**

在日常生活中，寻找机会让儿童根据 2 种特征对物品进行分类。例如，在分拣衣物时，可以说："把爸爸的黑色袜子放在这里，把你的白色袜子放在那里。"

在课堂上，准备一组包含猪、马、奶牛的动物剪纸，每组图案有大有小，有棕色也有白色。分发给每个儿童一个小动物剪纸，然后说："看看你的动物，如果你有一匹马，把它放在这个盒子里；如果你有一头猪，把它放在那个盒子里；如果你有一头牛，把它放在另一个盒子里。"如果有儿童放置动物的位置不对，让他仔细看看他手里的图案并告诉我们是什么动物。然后把所有的动物剪纸收回并混合到一起，重新分发给儿童。这次要求他们找到大动物和小动物。再次重复游戏，要求他们找到白色动物和棕色动物，对儿童说："现在，让我看看能不能难倒你们。看看你的动物，如果它是一匹白色的马，把它放在这个盒子里（强调'白色'和'马'）；如果它是一头棕色的牛，就把它放在那个盒子里。"在下一次，向儿童要求大的白色猪和小的棕色马。然后继续进行其他有 2 种特征的动物组合。

可以使用不同形状、尺寸和颜色的积木，或者圆形、正方形和三角形的剪纸进行相同的练习。

○ **标准** 至少在 3 种情况下，儿童能够根据类别和 2 种特征对物品进行分类，并不会犯错。

13y. 遵循涉及"之前"和"之后"的指令
13z. 遵循涉及 4 个要素的指令
（例如，2 个形容词、1 个物品和 1 个位置）

○ **教具** 一小组玩具或物品

○ **流程**

在儿童面前收集一组物品，然后和他玩轮流发出指令的游戏，诸如"在拿勺子之前，先拿起汽车""在给我杯子之前，先给我一支铅笔""在给我杯子之后喂宝宝""先摸梳子，之后摸铅笔"一类的指令。如果儿童无法遵循指令，告诉他仔细观察我们所做的示范。之后说出指令，边做边描述我们正在做的事情（例如，"看，我在拿起车之前先拿起勺子"）。如果儿童仍有困难，通过发出指令然后说"好了，你需要先做什么？"的方式辅助他（或者提供任何他需要的辅助来提示他）。

将涉及"之前"和"之后"的指令换成涉及 4—6 个要素的指令，例如，"把那辆长的黑色汽车放在盒子里""把绿色杯子旁边的白色小猫给我"。一定要有干扰物品（例如，在其他颜色的杯子或其他绿色的物品旁边有一只大的白猫和一只小的黑猫）。

○ **课堂和功能活动**

注意我们在一天中给儿童发出的指令。当儿童学会遵循这些指令时，增加指令的复杂性。当需要告诉儿童在哪里寻找他丢失的玩具时，可以很容易用到至少包含 4 个要素的指令（例如，"看看电视旁边的蓝色椅子后面"）。

在教室里玩这个游戏，和小组中的儿童轮流发出指令，鼓励他们互相发出指令并执行我们的指令。此外，还可以玩看谁听到指令后反应最快的游戏。

○ **标准 13y**　儿童至少遵循 3 个包括"之前"和"之后"的指令。

○ **标准 13z**　儿童至少遵循 3 个包含 4—6 个要素的指令（例如物品、形容词、尺寸、颜色、位置）。

序列 14
对话技能

　　这个序列是所有沟通序列的核心。词汇和口语理解是必要的技能，而与他人对话的能力对儿童的社交、智力以及情感的发展影响最大。儿童提出要求、分享想法和观念、传达对他人行为的基本预期的能力，是之后社交与情感发展的基础。然而，这些能力的发展在很大程度上取决于照料儿童的成人的敏感性和反应能力。

　　一些残疾可能会妨碍儿童的言语和运动能力（例如，用微笑回应另一个人的微笑、以他人能够立刻识别的方式微笑、模仿单一的声音）的发展，而这些行为通常是形成早期沟通行为的基础。由于这些条件限制了儿童行为技能的发展，成人可能不会认为这是意向沟通，并且可能减少与儿童的互动，从而减缓儿童意向沟通的发展。因此，特别重要的是，残疾儿童的照料者要对儿童有意义的行为以及用于沟通的行为保持警惕。

特殊调适

有运动障碍的儿童

　　对于有严重运动障碍的儿童，可能更难以通过伸手拿或用手指来提要求。我们可能需要特别敏感地意识到儿童朝向某个特定方向的目光注视所传达的沟通信号，直到我们能够辨别出不同发音所代表的不同意义，例如提要求、拒绝，等等。

　　在为患有运动障碍的儿童开展活动时要有创造性。咨询他们的治疗师，并利用儿童的自发行为（例如动作、发声、目光注视），将其纳入我们组织的活动和游戏中。

　　如果儿童的运动障碍干扰到语言的发展，寻求语言病理学家的帮助，以便找到替代性的沟通系统。

有视力障碍的儿童

　　在与视力不佳的儿童交谈时，他们可能看起来对人有些怠慢，这是因为他们没有建立目光注视。微笑也可能缺乏或延迟出现。在这种情况下，寻找其他能表明儿童正在对谈话内容表示关注的迹象。对患有严重视力障碍的儿童来说，动作的变化，特别是手部动作的变化，可能是引起注意的线索。

　　选择包括触觉刺激、运动和声音在内的活动和玩具。在我们谈论物品的同时，帮助儿童探索这个物品。当我们描述物品时，闭上眼睛可能对我们有所帮助，因为这样可以使我们专注于物品的触觉和听觉特征而不是视觉特征。

患有严重视力障碍的儿童常常会模仿他人的言语但不能明白其意义。因此，特别重要的是帮助这些儿童通过触觉和嗅觉来探索世界，从而通过这些感官信息帮助儿童理解听到的话。

当我们给患有严重视力障碍的儿童读书时，选择带有纹理图片的书，并帮助儿童感受它们。当儿童熟悉一本书后，让他描述他正在用手探索的图片。

有听力障碍的儿童

无论我们认为儿童能否听到我们的声音，当有听力障碍的儿童发出声音时，我们都要作出回应。同时，用清晰缓慢但生动的声音与他说话，以便充分利用儿童的残余听力。做出明确的手势，以增加儿童对我们所说话语的理解。如果儿童的语言治疗师建议与儿童进行全面沟通，可以使用手语。要特别注意儿童使用的手势，许多有严重听力障碍的儿童通过自然的手势发展出自己的"手语"。重要的是注意观察这些手势使用的一致性并对它们作出回应，从而保持儿童对沟通的兴趣。选择能够提供运动和视觉信息的活动和玩具。

14. 对话技能

ee. 用口语或手势询问简单的问题

ff. 用适当的语调询问是/否问题

gg. 请求帮助

hh. 使用口语或手语组合描述已经发生的事件

ii. 对在眼前或不在眼前的物品或人进行评论

jj. 维持几个回合的对话

kk. 使用多个字词为他人读书

ll. 恰当回答有关"哪里"和"为什么"的问题

mm. 根据听众调整讲话方式

nn. 用电话交谈并等待对方的回应

oo. 使用词语描述玩具、食物或其他物品的属性

pp. 描述环境中发生的事件

qq. 恰当回答"是什么""谁的""谁""多少"的问题（可以回答错误）

rr. 当被要求描述图片或故事书时，能够至少命名3个要素或描述正在发生的事情

ss. 恰当回答"你会怎么做"和"我们为什么……"的问题

tt. 在看书时大声为自己或其他人讲故事

uu. 描述物品的功能

vv. 谈论因果关系

ww. 提出与对方陈述有关的问题来维持对话

xx. 通过间接启示引起听者的兴趣

yy. 与同伴和成人谈论有关世界的知识

zz. 向同伴解释社会规范或规则

A. 适当地询问并回答"多远"的问题

14ee. 用口语或手势询问简单的问题（例如，"做什么？""去哪里？"）
14ff. 用适当的语调询问是/否问题

○ **教具**　几个玩具或其他功能性物品

○ **流程**

在儿童面前摆放一些物品，询问他一些可以通过说"是"或"否"来回答的问题（例如，"这是一个勺子吗？""我是否用这个杯子喝水？"）。

如果儿童回答错误，示范正确的反应并尝试另一个问题。

告诉儿童现在轮到他问我们问题了。给他一盒玩具或家居用品，让他问有关这些物品的问题。一定要回答儿童的所有问题，并仔细听儿童是否提出是/否的问题。

○ **课堂和功能活动**

在一天中问儿童问题，强调是/否的问题。仔细听儿童提出的问题，并一定要回答他的所有问题。给儿童讲故事，并询问与故事和故事中的人物有关的是/否问题。询问儿童是否有问题，并回答他们。仔细听儿童提出的是/否问题，开始时儿童可能是要求允许做某事（例如，"妈妈，我可以和你一起去吗？"），之后可能是询问其他信息（例如，"是她吗？""这些是我的袜子吗？"）。

○ **标准14ee**　儿童每天提出几个不同的问题（儿童不需要按照正确的单词顺序提问，只要词形变化能够表达一个问题即可。例如，"妈妈要去商店？"）。

○ **标准14ff**　在几天内，儿童每天至少提出3个不同的是/否问题。

14gg. 请求帮助（例如，"帮忙""你来做"）

○ **教具**　玩具或其他对儿童具有挑战性的物品（例如拼图、发条玩具）

○ **流程**

给儿童一个具有挑战性的玩具。如果他变得沮丧但没有寻求帮助，询问他："你需要帮助吗？"或"我可以帮你吗？"如果他点头或给出其他非语言性证据表明他需要帮助，告诉他：

"说'帮助我'。"然后提供帮助。尝试其他任务，如果他感到沮丧，继续提示他寻求帮助。只要有可能，让儿童决定是否需要我们帮助他，不要直接帮他做。有些儿童有非常强烈的要自己完成活动的想法。

积极响应儿童寻求帮助的请求。向儿童表明我们理解这项任务的艰难程度，然后根据需要提供给儿童帮助，并赞扬他付出的努力。

○ **课堂和功能活动**

在家庭或教室内，向儿童示范如何寻求帮助（例如，"请帮我拿起玩具""请帮我拿着这个盒子，这样我就能打开门了"）。当任务比较困难时，辅助儿童（和其他儿童）寻求帮助。

○ **标准**　在3个不同的场合，当任务难以完成时，儿童会向成人或其他儿童寻求帮助。

14hh. 使用口语或手语组合描述已经发生的事件

○ **教具**　无需教具

○ **流程**

当儿童外出或我们离开后再次与儿童见面时，询问他的经历（例如，"你和奶奶去哪儿了？""你今天在学校做了什么？"）。如果他没有回应，询问更具体的问题（例如，"你去商店了吗？""你在外面玩吗？"）。儿童可能只是简单地回答"是"或"不"，但这些问题给了他一些关于如何回答更开放式问题的线索。

○ **课堂和功能活动**

经常与儿童进行交流。谈论他正在做什么或他当天早些时候做了什么，仔细聆听儿童试图说的话。重复我们认为儿童所表达的内容，并与他一起检查。询问儿童想要什么、在做什么等问题。仔细听他对事件或要求的描述。

○ **标准**　至少在5种情况下，儿童使用口语或手语组合描述已经发生的事件。

14ii. 对在眼前或不在眼前的物品或人进行评论

○ **教具**　无需教具

○ **流程**

在房间或教室添加一些物品，观察儿童是否对其发表评论。把一些一直放在家庭或教室里的物品拿走一段时间，注意观察儿童是否对物品的消失进行评论，或询问有关消失物品的问题。

让儿童的父母或照料者与我们和儿童一起进入房间，并以惯常的方式与儿童互动。然后，当儿童单独或与我们一起从事某些活动时，让儿童的父母或照料者静静地走出房间。观察儿童是否在其离开时或离开后发表评论。

○ **课堂和功能活动**

通过评论我们所看到和未看到的事物，帮助儿童了解他的世界。当儿童把杯子倒空时，看着杯子里面并说，"都没了"或"没有牛奶了"。如果儿童询问已经去上班的父母或看护人在哪儿，告诉他："妈妈去上班了。"询问儿童有关"哪里"的问题（例如，"爸爸在哪儿？""你的土豆在哪里？"）。仔细聆听儿童提出的有关"哪里"的问题，或者对出现或离开、存在或消失的物品或人所做的评论。

如果我们同在一个团体，且有一个儿童缺席，询问儿童是否知道是谁不在。

○ **标准**　至少在 3 种情况下，儿童在没有辅助或被提问的情况下，对在眼前或不在眼前的物品或人做出评论。

14jj. 维持几个回合的对话

○ **教具**　无需教具

○ **流程**

与儿童谈论他或者我们正在做的活动，或者这些活动的计划。花时间倾听儿童的回答，并让他引导谈话内容。注意观察谈话一共进行了几个回合。

○ **课堂和功能活动**

儿童在和其他儿童一起玩耍时，注意观察他们的谈话持续了几个回合。

○ **标准**　至少在 3 种情况下，儿童能够维持三四个回合的谈话。

14kk. 使用多个字词为他人读书

○ **教具**　各种适合学龄前儿童的有趣书籍

○ **流程**

给儿童读一本熟悉的书，然后让他给我们读或者自己讲这个故事。如果他用缩略或不正确的方式讲述这个熟悉的故事，不要纠正他。仔细听，他是否会用两三个词描述正在看的一页。如果他没有，就针对这张图片向他提问（例如，"发生了什么？""这是谁？"）。

○ **课堂和功能活动**

每天给儿童读书。在他独自看书时观察他，看他是正在讲书中的故事还是在描述图片。建议儿童将这本书给别人看并给这个人讲故事。

○ **标准**　至少在 2 种情况下，儿童使用多个字词为他人读书。

1411. 恰当回答有关"哪里"和"为什么"的问题

○ **教具**　无需教具

○ **流程**

向儿童询问几个有关"哪里"的问题，这些问题儿童可以通过用手指或描述位置进行回答（例如，"你的鞋子在哪里？""你的鼻子在哪里？""灯在哪里？"）。

给儿童读一个故事，然后问他有关"为什么"的问题（例如，"为什么第三只小猪用砖砌它的房子？"）。如果他没有回应，给他一些选择（例如，"是因为它想要一个结实的房子来阻挡狼吗？"）。

让儿童帮我们拿一些对他来说很难携带的物品，然后问他："为什么这么难拿？"如果他没有回答，说："是不是因为它太大，所以拿不了？"

○ **课堂和功能活动**

一天之中，当我们与儿童一起做活动时，与他谈论我们可以找到不同物品或人的地方，然后使用和"哪里"有关的问题引入话题（例如，"爸爸在哪里？他在厨房里""我们把你的球留在哪里了？它肯定在外面""蜡笔在哪里？哦，它们在这个盒子里"）。

唱《大拇指在哪里》（Where is Thumbkin）："大拇指在哪里？大拇指在哪里？我在这里［举起一只大拇指］，我在这里［举起另一只大拇指］。今天你好吗，先生［用一只大拇指向另一只大拇指鞠躬］？很好，谢谢你［再次用大拇指鞠躬］。快跑［一只手藏到背后］，快跑［另一只手藏到背后］。"继续使用中指、食指、无名指、小拇指编唱歌曲。

当我们谈论各种物品如何工作时，儿童使用"为什么"提问（例如，"为什么这把椅子很难移动？我想这是因为它太重了""你为什么哭？是因为你跌倒了"）。做决定或发出指令时说明原因（例如，"你不能这样做，因为……""我不能搬动它，因为它太重了""我现在不能看，因为我在开车"）。如果儿童不会用"为什么"，则在各种情况下向他提问有关"为什么"的问题。

○ **注意**

避免通过询问和"为什么"有关的问题来评估儿童的动机（例如，"你为什么打强尼？""你为什么要在墙上写字？""你为什么要弄湿你的裤子？"），这个阶段的儿童通常不了解自己的动机。如果我们对儿童所做的事情不满意，那么告诉他我们不喜欢他做这个行为，要比问他为什么这么做更好。

○ **标准**　儿童通过用手指向某个位置、拿回物品或者说出位置，恰当回应至少 3 个不同的

"哪里"问题,并恰当回应(给出原因)至少3个"为什么"问题。在这两种情况下,儿童的答案没有必要都是正确的。相反,重点在于他理解"哪里"问题需要提供位置信息,"为什么"问题需要提供某种理由,且通常以"因为"开头。

14mm. 根据听众调整讲话方式(例如,对儿童和成人的讲话方式不同)

○ **教具** 无需教具

○ **流程**

观察儿童在玩假装游戏时以及与不同的人和动物互动时的讲话方式。看他是否会根据听众(或假扮的听众)的不同改变自己的讲话方式。如果他不这样做,让他参与假装游戏,向他示范如何通过改变声音来与玩偶婴儿(高音调的喔啊声)、玩偶爸爸(平常的声音)、宠物狗(命令的声音、单个的单词或短语)等说话。我们还可以找一些故事,故事中的角色需要与其他各种角色(例如婴儿、成人、宠物)交谈。阅读这些内容,并试着像在现实生活中一样改变声音。仔细听儿童开始在语音和词汇方面做出的转变。

○ **课堂和功能活动**

让儿童有机会与不同年龄和背景的人互动。观察并聆听这些互动,看看儿童如何调整他的谈话方式或其他行为,以适应与他互动的人。

当我们在课堂上为儿童或一群儿童读书时,为不同的角色配不同的声音。

如果能够去有婴儿和/或儿童在的托儿所,带着儿童去参观更小龄的班级,并让儿童为这些小宝宝们提供"帮助",观察儿童与年幼孩子的交流方式。

如果教室里有各种有特殊需要的儿童,我们可能会发现儿童改变自己的谈话方式,以适应不同儿童的理解能力。

○ **标准** 至少在2种情况下,儿童在与不同的人交谈时,会调整自己的声音、音调和/或语言的复杂程度。

14nn. 用电话交谈并等待对方的回应

○ **教具** 真实的电话、玩具电话

○ **流程**

使用玩具电话假装与儿童交谈。向儿童示范在自己说完话后,应先等待对方的回应再继续说话。然后观察他做同样的事。此外,当别人打来电话时,让儿童有机会与对方交谈。听听他的谈话过程。

- 课堂和功能活动

在教室划分出的假装游戏区或其他区域中提供玩具电话。观察儿童彼此之间的对话。

- 标准　至少在3天的时间里，儿童能用电话交谈、倾听对方的回应并再次进行对话，至少轮流3次。

14oo. 使用词语描述玩具、食物或其他物品的属性
（例如形状、大小、颜色、纹理、空间关系）

- 教具　在户外、家中或教室中能够找到的物品
- 流程

将一组物品放在一个盒子中。把盒子给儿童，然后告诉他我们要玩猜谜游戏。他的任务是找出其中一件物品并告诉我们有关这个物品的一切，以便我们可以猜出它是什么（把一本大书或其他可以作为屏障的物品立在我们和儿童中间，这样儿童就可以操作物品而我们却看不到）。如果儿童只说出物品功能，我们假装猜不出来（或猜错），并提出诸如"它是什么颜色？""感觉如何？""它有什么味道？""它很重还是很轻？"一类的问题。

- 课堂和功能活动

当我们向儿童展示他不熟悉的物品时，使用大量的描述词进行描述。在户外散步时，鼓励儿童探索不同的物品（例如落叶、小石头、松果），并与我们谈论这些物品。倾听他使用的描述词并添加我们自己的描述。

在课堂上，给每个儿童一个物品，然后让儿童向小组其他成员描述，看看小组中的其他成员是否可以猜出它是什么。然后询问大家："有人能想到有关这个［物品名称］的其他信息吗？"

注意并观察儿童是否自发地向我们或其他儿童描述物品。

- 标准　儿童使用词语来描述至少3个不同的玩具、食物或其他物品的至少2个属性。

14pp. 描述环境中发生的事件

- 教具　无需教具
- 流程

带儿童散步、和他一起看儿童电视节目，或加入他的游戏。注意观察儿童所关注的内容。让他告诉我们发生了什么或他正在看什么。通过足够多的提问来辅助他对事情做出清晰的描述。继

续进行这种活动，直到儿童能够清楚地传达正在发生的事情或他正在看什么。

○ **课堂和功能活动**

每天多次询问儿童他正在做什么、看什么，或者发生了什么。仔细听儿童的回答，并在必要时帮他填补一些单词，以帮助他表达自己的想法。向儿童明确表示我们对他所说的内容感兴趣。

当一位家庭成员打来电话时，让儿童接听电话。跟儿童说："告诉奶奶你在做什么。"如果儿童这样做有困难，提供辅助（例如，"告诉他我们制作了饼干"）。

在课堂上，鼓励儿童在玩耍时向其他儿童描述事件（例如，"利蒂希亚，告诉珍妮特你正在做什么"）。

让儿童轮流用放大镜看小物品，然后告诉其他儿童自己看到了什么。

让那些表达有困难的儿童与性格外向的儿童交流，这样他就有了一个谈论经历的好榜样。

○ **标准** 在一天中，儿童至少2次自发地或通过回答问题来描述正在发生的事情或他正在看什么。

14qq. 恰当回答"是什么""谁的""谁""多少"的问题（可以回答错误）

○ **教具** 常见的玩具或物品

○ **流程**

与儿童一起设置假装游戏的情境。例如，将几只毛绒动物放在地板上，分别给自己、儿童和玩偶一个玩具（或纸）盘子、杯子和勺子。把一些黏土、空食品盒或其他物品放在桌子上假装是食物。告诉儿童我们要举办一个派对。在游戏过程中，问他涉及"谁""什么""谁的""多少"的问题（例如，"谁想要一些牛奶？""这是我的杯子，那是谁的杯子？""这是什么？""我需要制作多少块饼干？"）。回答儿童的每一个问题。

○ **课堂和功能活动**

在与儿童的日常互动中，提出涉及"谁""什么""谁的""多少"的问题，注意他的回答。

在家里或教室里为儿童阅读故事时，在适当的时候停下来，询问"谁""什么""谁的"或"多少"的问题。在课堂上，给不同的儿童回答问题的机会。

○ **标准** 儿童至少恰当地回答3个关于"谁""什么""谁的""多少"的问题。就本项目而言，关键不在于答案的正确性；相反，儿童应能够组织正确的句子回答问题。也就是说，"什么"的问题应该用一个物品的名称来回答，"谁"或"谁的"问题用一个人的名字来回答，"多少"的问题用一个数字来回答。

14rr. 当被要求描述图片或故事书时，能够至少命名3个要素或描述正在发生的事情

○ **教具** 包含有趣事件的图片（杂志广告是一个很好的图片来源），故事书时

○ **流程**

给儿童看一张图片并说："告诉我关于这张图片的所有信息。"如果他没有回应，指着图片的不同部分并询问："这是什么？""你觉得发生了什么？"如果儿童仍然没有回应，告诉他我们的想法。然后换另一张图片。

○ **课堂和功能活动**

在教室里，让每个儿童选择一张图片，并告诉其他儿童图片上的内容。提出问题并鼓励没有讲图片的儿童提出问题，从而获得详尽的描述。

○ **标准** 至少在3种情况下，当被要求谈论图片内容时，儿童能够自发地命名图片中至少3个要素和/或描述图片中正在发生的事情。

14ss. 恰当回答"你会怎么做"和"我们为什么……"的问题

○ **教具** 无需教具

○ **流程**

在日常活动中寻找机会，询问儿童"你会怎么做"和"我们为什么……"的问题。例如，在与儿童玩假装游戏时，假装让玩偶摔倒并摔伤膝盖，然后说："哦，亲爱的，它正在流血，它应该做些什么？当你受伤时，你会怎么做？"或者，我们也可以给娃娃穿衣服并说："我要给他戴帽子，让他的耳朵感到温暖。你能告诉我为什么我们会有耳朵吗？"尽可能地辅助儿童以获得正确的答案，并继续我们正在进行的活动，直到另一个机会出现并再次问这些问题。

○ **课堂和功能活动**

在一天之中，寻找机会询问儿童与他的经历相关的问题（例如，"你饿了吗？如果你饿了你该怎么办？""如果你的膝盖受伤，你会怎么做？""如果你想和约翰尼一起玩卡车，你会怎么做？"）。如果他不回答，告诉他答案。此项目的关键不仅仅是获得信息，还要让儿童知道如何组织这类问题的答案。

回顾课堂规则和惯例是提问"我们为什么……"问题的好时机。偶尔，安排"圆圈时间"来讨论安全问题并询问"我们为什么"和"你会怎么做"的问题。

○ **标准** 儿童能够恰当回答至少3个"你会怎么做"和"我们为什么……"的问题。

14tt. 在看书时大声为自己或其他人讲故事

○ **教具**　简单的故事书和图画书

○ **流程**

在给儿童看书中的图片时，至少有一次为他读一读书中的故事。然后，让他为我们"讲"这个故事。建议儿童将讲故事作为过家家游戏的一部分，为他的玩偶或毛绒动物讲故事。在他玩耍的时候，仔细听他讲的内容。

○ **课堂和功能活动**

在教室里，多次为小组成员朗读故事。然后让儿童轮流为小组其他成员"讲"故事。根据需要提供辅助，使其能够获得成功的体验。

○ **标准**　至少在2种情况下，儿童在看书时大声为自己或其他人讲故事。

14uu. 描述物品的功能

○ **教具**　在家中或教室中能够找到的物品

○ **流程**

将一个物品交给儿童（如一个球），然后询问他："这是用来干什么的？"或"我们用它做什么？"继续提供其他简单的物品（例如勺子、杯子、牙刷、梳子），每次提问不要超过四五个物品。如有必要，为儿童提供辅助。

○ **课堂和功能活动**

在家或教室时，寻找机会与儿童谈论物品及其用途。然后询问儿童："我们用它做什么？"或"这是用来干什么的？"

当给儿童介绍一个新物品时，询问他物品可能的用途。如果这个物品是安全的，让儿童试着使用这个物品，并让他描述这个物品如何使用。

在课堂上进行小组活动时，拿一袋物品给儿童看。每当我们拿出一个物品时，询问一个儿童此物品的用途。如果他无法回答，让下一个儿童回答，依此类推。如果没有儿童知道这个物品是什么，描述这个物品的使用方式并进行演示。几天后介绍同一个物品，看看儿童是否可以告诉我们如何使用它。

○ **标准**　儿童能够自发地或者通过回答"为什么会有这个？"或"我们用它做什么？"的问题，来描述至少3个物品的功能。

14vv. 谈论因果关系（例如，"因为它已经碎了，所以不能用了"）

○ **教具**　无需教具

○ **流程**

和儿童做一些小型的科学实验。例如，在桌子上放一个装水的容器，让儿童在里面放一块小石头。然后将一片叶子或其他比较轻的物品放入容器中，跟儿童说："看，岩石沉到了底部，但叶子漂浮着。为什么会这样呢？"如果儿童无法回答，告诉他："这是因为岩石很重，叶子很轻，你来感受一下。"然后，给儿童另外2个物品（例如羽毛和金属螺丝），然后问他："当你把它们放入水中时，你觉得会发生什么？"让儿童把它们放入水中。询问他为什么螺丝沉了下来，但羽毛漂浮着。

找时间尝试其他实验（例如，将一块积木和一个球放在斜面上，观察哪个会慢慢滑动或静止不动，哪个会滚动）。谈论为什么实验结果是这样的。

○ **课堂和功能活动**

当我们为儿童读书时，询问他和故事有关的问题，这将有助于他进行因果陈述（例如，"女孩为什么摔倒？"）。

在课堂上进行科学实验，展示重量、大小、形状等因素的影响。让儿童描述发生了什么以及为什么发生。

○ **标准**　在一周内，儿童至少做出2次因果陈述。

14ww. 提出与对方陈述有关的问题来维持对话（例如，"为什么？""然后呢？"）

○ **教具**　无需教具

○ **流程**

尽量延长与儿童的对话时间。当他说话时，我们可以通过提问来鼓励他和我们说更多（例如，"那他做了什么？""你为什么这样做？""接下来发生了什么？"）。然后，当我们告诉儿童一些事情时，在讲一两句话后停下来，等一等看儿童是否会通过适当的提问来让我们继续。如果他不这样做，跟他说："你想知道接下来发生了什么吗？"等他表明希望我们继续之后，再继续谈论。

○ **课堂和功能活动**

在教室里，为儿童讲述或阅读故事，在激动人心的地方暂停，以便让儿童提示我们继续。在一个小组中，那些能够通过提问来维持对话的儿童，将成为那些不能通过提问来维持对话的儿童的好榜样。

○ **标准** 至少在3种情况下，儿童会提出与对方陈述相关的问题，以便维持对话。

14xx. 通过间接启示引起听者的兴趣（例如，"我的房间里有一个新玩具"）

○ **教具** 无需教具

○ **流程**

注意儿童在与我们或同伴交谈时，通过间接启示来引起他人兴趣的尝试。如果我们没有听到任何相关信息，在一天中，为儿童提供一个示范（例如，"猜猜我们午餐吃什么食物？""我有一个新的玩具玩""我在沙发下面找到了你丢的东西"）。当儿童试图模仿这种行为时，给予热情的回应。例如，如果他说："我在外面发现了一些东西。"我们要表现得非常感兴趣，花时间看看他发现了什么，并谈论它。

○ **课堂和功能活动**

在课堂上，在向儿童介绍新活动或新物品时，通过间接启示来引起儿童的兴趣。当儿童通过类似行为来引起我们的兴趣时，积极回应他。

当儿童与同龄人一起玩时，仔细听儿童说的话。看他是否采用这种策略引起同伴的兴趣（例如，"猜猜我发现了什么？"）。

○ **标准** 至少在2种情况下，儿童通过间接启示来引起听者的兴趣。

14yy. 与同伴和成人谈论有关世界的知识

○ **教具** 无需教具

○ **流程**

教儿童一些关于植物、动物或事物运作方式的有趣知识，然后让他将所学的知识告诉家人或同伴。倾听他所讲的内容并在需要时帮助他。

让儿童告诉我们，当他和其他人去旅行或参加活动时学到并看到了什么。

○ **课堂和功能活动**

如果儿童看到照顾者分享他们的知识和观察到的事情，那么他也将学会分享自己知道的或看到的事情。告诉儿童我们对自然的认识（例如，当蜜蜂落在花上时会发生什么，鸟是如何筑巢的）。仔细聆听儿童的问题并回答他。另外，倾听儿童尝试向我们传达的他自己的理解，并表现得很感兴趣，积极回应他。此外，倾听他对其他儿童说的话也很重要。

安排儿童去消防局、动物园或其他感兴趣的地方进行实地考察，并在回来后让每个人谈谈实地考察时的经历。鼓励儿童告诉父母自己看到和做过的事情。提醒父母注意这一活动，以便在儿童没有自发描述考察经历时提出问题。

在课上安排科学活动（例如，种植种子、捕捉毛虫并观察其发育成蛾或蝴蝶的过程）。谈论这些信息并鼓励儿童与自己的父母谈论这些信息。

○ **标准**　儿童经常（每周至少 3 次）试图将自己对某些事件或经历的认识告诉他人。儿童应该能够同时与成人和同伴进行这种沟通，除非同伴无法理解儿童所说的内容。

14zz. 向同伴解释社会规范或规则

○ **教具**　无需教具

○ **流程**

让儿童参与假装游戏，在游戏中我们扮演一个新来的同伴角色，这个同伴来到儿童家里或者来到他所在的学校。告诉儿童他需要帮助这个新同伴学习如何在家里（或在学校）做事。让我们扮演的角色做出不可接受的行为（例如抢玩具、打架、制造不必要的混乱）。观察儿童是否通过他的角色来解释规则。如果他不这样做，就与他交换角色，让他扮演一个行为不端的角色。我们扮演阻止他行为的角色，并向他解释在家里以及在学校里的行为规则。几天后再次尝试这种活动，看儿童是否会解释规则。

○ **课堂和功能活动**

只有成人向儿童解释了社会期望，儿童才能向他人解释社会期望。当我们对儿童说"不"时，应告诉他规则或解释事件并给出理由（例如，"你不应该跑到街上，因为汽车可能会撞到你"）。仔细听儿童的说明和解释，特别是当儿童针对规则或判断与我们进行争论时，看看他是否会给出自己观点的理由。仔细听儿童在向兄弟姐妹或玩伴说明家庭规则或自己的判断时所提供的原因。

在课堂上，偶尔留出一些时间来讨论课堂上的行为规则。询问儿童为什么认为某个特定的规则是有用的（例如，"我们为什么不能在走廊里跑？""为什么我们在使用他人的物品之前要先询问？"）。先让一个儿童给出理由，然后让其他儿童给出他们的理由。

○ **标准**　至少在 2 种情况下，儿童会自发地或在被要求时向同伴解释社会规范或行为规则。

14A. 适当地询问并回答"多远"的问题

○ **教具** 无需教具

○ **流程**

询问儿童:"你的学校(或他经常去的其他地方)有多远?"如果他没有回答,问他:"它是在附近还是需要很长时间才能到?"提出其他与距离有关的问题,例如:"奶奶住在哪里?那里远吗?"如果儿童对这些问题感到困惑,和他谈论距离。例如,谈论太阳、月亮和星星离我们很远;我们距离商店不远;另一辆车停在"这么远(举起我们的手表示距离)"的地方;或者告诉儿童他住的地方离学校很近,但离下一个城镇很远。当儿童开始询问"多远"时(儿童通常在能够回答此类问题之前会多次询问此类问题),回答儿童的问题。

○ **课堂和功能活动**

向儿童展示如何将绳子的末端绑在一个物品上,然后延伸至另一个物品,在绳子上做标记。让他拿着绳子看一看2个物品之间的距离。使用同一根绳子测量另外两个物品,以便让儿童看到这2个物品之间的距离比另外2个物品更近。

我们还可以向儿童展示如何用自己的双手表示相对较短和较长的距离(例如,拇指和食指彼此靠近,表示物品距离非常近,或尽可能向外展开双手,表示物品距离很远)。

在教室里制作一幅地图,标注每个儿童的住址,这样就可以让儿童知道谁距离学校最近,以及谁距离学校比较远。

○ **标准** 儿童至少提出2个有关"多远"的问题,并使用"近""远""不远"等词汇回答至少3个有关"多远"的问题。

序列 15
语法结构

人类似乎天生就有学习复杂语法结构的能力。虽然目前尚不清楚照料者在多大程度上可以影响儿童学习这些结构的速度，但可以肯定的是，儿童必须听到这些结构（或者在使用手语的情况下看到），并有机会练习它们。大多数照料者会自然地调整他们的讲话，从而使其表达语言的复杂性始终比儿童领先一步，从而为儿童学习下一个语法结构提供示范。对于典型发育的儿童来说，这就足够了。然而，对于有特殊需要的儿童，可能需要更多的重复和强调来鼓励其发展。照料者应该确保不要谈论儿童的语法，因为这可能会干扰沟通。

这个序列涉及多种语法形式（按照大多数典型发育儿童掌握的顺序排列），以及促进儿童掌握这些形式的建议。有些儿童可能需要时间单独进行语言治疗，并专注于句子结构。然而，其余时间，我们应该倾听儿童，用典型的沟通方式对结构作出反应，以此强化正确的结构，并简单地以正确的形式重复不正确的结构，为儿童提供示范，鼓励儿童学习正确的语言结构。应避免过分关注错误。

特殊调适

有运动障碍的儿童

即使儿童不能说话，为儿童提供学习这些语法形式的机会也很重要。这可以通过阅读和与儿童交谈来完成，以便他们能反复听到这些形式。

如果儿童的运动障碍使他无法产生各种声音，寻求专业人士来帮助儿童发展替代性的沟通形式。此外，一定要继续与儿童交谈，并尝试专注于他通常正在发展的语言结构。即使儿童不能说话，但让他听到各种语言结构仍然非常重要。对于有运动障碍的儿童来说，与其他正在发展言语、年龄相仿的儿童在一起也非常有帮助。而我们与其他儿童的互动，不仅可以提供句子范例，还可以帮助我们按照儿童能够理解的水平讲话。当儿童不说话时，成年人可以和另一个成年人讨论有关儿童的问题，或者以婴儿的方式说话。

有视力障碍的儿童

有视力障碍的儿童学习语言结构的能力与其基本学习能力一致。事实上，那些有严重视力障碍的儿童可能会说比较长、语法正确的句子，即使这些句子与环境中发生的事情几乎无关。这些儿童学习语言的主要问题在于学习所听到的单词和句子所代表的事物。照料者必须提高警惕，帮助这些儿童理解他们听到和说出的单词和句子的含义。

有听力障碍的儿童

对于有听力障碍的儿童，要特别注意他们孤立的语言，以及他们通过手语和动作进行交流的尝试，并适当回应。如果儿童是在一个手语环境中，将手语和其他动作混合到一起使用。

注意：此序列的重点是英式手语，而不是美国手语。

15. 语法结构

c. 使用 2 个词表示不存在和再次发生

d. 使用 2 个词表示特指和特征

e. 在某些单词的末尾使用"-s"来表示复数

f. 使用助动词，通常为缩写形式

g. 在动词上使用"-ing"

h. 使用否定词

i. 使用人称代词

j. 使用介词短语

k. 使用包含 3 个单词的短语表示特指、反对和 / 或描述

l. 使用包含主谓宾的三四个单词的完整句子

m. 问"wh"问题

n. 使用"我"代替名字

o. 在单词结尾处使用"'s"表示所有权

p. 在句子中使用介词短语

q. 正确使用大多数不规则的动词过去式

r. 正确使用规则和不规则的动词过去式、现在式和将来式

s. 使用"和""或""但是"或"因为"连接 2 个句子

t. 使用动名词和 / 或动词性形容词

u. 提出语序正确的完整的"wh"问题

v. 使用各种形容词描述看到、听到或经历的事情

w. 在动词或名词中添加韵尾来表示从事某活动的人或物

x. 使用比较词

15c. 使用2个词表示不存在（例如，"没有果汁""爸爸不见了"）和再次发生（例如，"更多果汁""爸爸在这里"）
15d. 使用2个词表示特指（例如，"这个玩具""那个盒子"）和特征（例如，"热炉""漂亮的兔子"）

○ **教具** 无需教具

○ **流程**

当儿童使用1个单词说话时，通过重复他的话并对其进行扩展来回应他。例如，当儿童说"热"时，回应他："是的，很热，热炉子。"当儿童拿出杯子说："果汁。"回应他："你没有果汁了，你想要更多果汁吗？这里有更多的果汁。"（对于我们用来扩展儿童陈述内容的词，要特别强调）。当他说"袜子"时，回应他："是的，袜子，爸爸的袜子。"仔细听儿童模仿我们所说的话，以及之后自发使用2个词进行表达的话语。在这个阶段，如果儿童使用不正确的动词形式（例如，"Daddy goed""Mommy wented"），是可以接受的。

○ **课堂和功能活动**

在一天之中，经常与儿童交谈。不要使用"婴儿式谈话"，而是要使用儿童更容易模仿的短语。

○ **标准15c** 儿童使用3个及以上包含2个词的话语表示不存在或再次发生。

○ **标准15d** 儿童使用3个及以上包含2个词的话语来表示特指或特征。

15e. 在某些单词的末尾使用"-s"来表示复数

○ **教具** 一组类似的玩具（例如几辆汽车、几个玩偶、几块积木、几个毛绒熊），图片或图画书

○ **流程**

在自己面前放一辆车，在儿童面前放两辆车，跟他说："我有一辆车，你有两辆……（等他填写这个词）。"如果他没有填写正确，告诉他："你有两辆车（强调's'）。"然后，在我们面前再增加另一辆车，对他说："看，现在你有两辆车，我有两辆……"然后尝试用其他几套玩具进行类似的流程。

与儿童一起看图片或书，指着图片并提出问题，以引出复数的使用（例如，"那个男孩有什么？他有一些［物品名］"）。

○ **课堂和功能活动**

一天之中，在表示复数的单词末尾，特别强调"s"的发音。在谈论我们正在看或正在玩的物

品时，使用数字和其他数量的单词（例如，"我只有一块积木，你有很多积木""你看，你可以有两块饼干""那张图片上只有一只小狗，在这张图片上有三只小狗，一只、两只、三只"）。仔细听儿童是否开始在单词的尾部使用"s"来表示复数。

做涉及单数和复数名词的活动，例如唱歌、阅读童谣、手指游戏。强调复数词的"s"，以便儿童听到它。

○ **标准**　儿童能够使用 5 个或更多不同的单词复数形式。在这个阶段，如果儿童错误地表示不规则单词的复数形式（例如，说"mans"而不是"men"），则计为正确。

15f. 使用助动词，通常为缩写形式（例如，"gonna""wanna""hafta"）

○ **教具**　无需教具

○ **流程**

与儿童一起玩玩具时聊天，说话时使用助动词，并询问儿童可能引发此类动词的问题。比如说："我打算把这个球放在这里，你打算怎么处理你的球？""我想看看这个盒子里有什么，你想做什么？""我们弄得一团糟，我必须找到一条毛巾。"（不要直接也给儿童一条毛巾，看看他是否会说"我也必须找到一条毛巾"。）如果儿童在玩游戏时没有模仿或自发使用辅助动词，尝试提示他这样做。例如，问一下："你打算做什么？"如果他没有回答而是展示给我们看，告诉他说："哦，你要移动那辆车，跟我说'我要移动汽车'。"

○ **课堂和功能活动**

一天之中，确保我们在与儿童的谈话中使用助动词。如果我们在向儿童描述我们从事的活动时使用助动词，他也会非常自然地使用（例如，"我现在要洗碗""我们出去之前必须更换你的纸尿裤""我想去外边"）。

○ **标准**　儿童至少能够使用 3 个助动词形式。

15g. 在动词上使用"-ing"

○ **教具**　图画书

○ **流程**

与儿童一起看一本书，并提出诸如"那个男孩正在做什么？"之类的问题，或者说一个需要填空的句子，例如："看那只狗，它正在……"如果儿童没有用动词的现在进行时回答，则我们回答提出的问题（例如，"男孩正在跑步"），或完成我们说的句子（"那只狗正在吃东西"）。

○ **课堂和功能活动**

在一天之中，经常与儿童谈论我们或者他正在做的事情，这样就可以很自然地在动词结尾处使用"-ing"（例如，"我们要……""我正在做……""奶奶来了"）。仔细听儿童是否在动词结尾处开始使用"-ing"。当儿童使用它们时，重复儿童所说的动词部分（例如，"是的，我们正要回家"）。

○ **标准** 儿童在 3 个或更多不同动词的结尾处使用"-ing"。

15h. 使用否定词（例如，"不能""不会""不要"）

○ **教具** 无需教具

○ **流程**

使用玩具与儿童玩耍，创造使用否定词的机会（例如，"我穿不下这件衣服，你能帮我拿着它吗？""那辆车不能开，它没了一个轮子"）。仔细听儿童是否使用这些否定词。如果他这样做，重复他说的话，并以自然的方式扩展他的表达（例如，如果儿童说"不能开"，我们则说："汽车不能开，汽车肯定是坏了，让我看看能不能修好。"）。

○ **课堂和功能活动**

当我们与儿童谈论我们的日常活动时，会很自然地用到这些否定词。仔细听儿童所说的话，以便在他开始使用这些否定词时我们能够听到。让儿童知道我们已经听到了他说的，并通过重复他的句子，以及用自然的方式扩展他所说的话，让他知道我们理解他。

○ **标准** 在不同的时间，儿童使用至少 2 种不同的否定词（例如，"不能""不会""不要"）。

15i. 使用人称代词（例如，"我""你""我的""你的"）

○ **教具** 一组有趣的玩具

○ **流程**

以自然的方式与儿童一起玩，让他带头。尝试保持对话，并注意使用人称代词（例如，"那是你的卡车，这是我的""我想要球，你能把它交给我吗？"）。听儿童是否使用这些代词，如果他不这样做，试着提出问题以引发儿童使用人称代词。

○ **课堂和功能活动**

一旦儿童知道了熟悉人的名字，就开始使用人称代词。例如，照料者应该开始说"我"爱你而不是"妈妈"爱你。同样，照料者和儿童说话时应该开始使用"你"和"你的"（例如，"你是我的大男孩"而不是"强尼是我的大男孩"）。仔细听儿童说的话，以便当他开始使用这些代词时我们能够听到。如果儿童用错了，不要纠正他，但要继续示范正确的说法（例如，"是的，你和我要去商店"）。

给儿童读包含很多对话内容的故事，这些故事中包含大量人称代词的使用。

○ **标准**　儿童至少使用3个人称代词，每个人称代词在至少2种情境中使用。

15j. 使用介词短语（例如，"在家里""在桌子上"）

○ **教具**　各种有趣的玩具

○ **流程**

与儿童一起玩玩具，将这些玩具放置在各种不同的位置（例如放在顶部、旁边、后面、中间、下面）并谈论我们正在做什么。如果儿童没有从我们这里得到提示，并开始谈论他正在做的事情，那就提出可能引出介词的问题（例如，"[玩具]在哪里？""你把[玩具]放在哪里了？"）。如果他没有回答，则我们回答，并试着让他重复我们的回答（例如，就在那里，它在椅子上。它在哪里？"）。

○ **课堂和功能活动**

在一天之中，当我们与儿童谈论正在做的活动或正在发生的事情时，强调介词（例如，"你的球在桌子底下""让我们把床单放在床上""把你的玩具放进玩具箱里"）。仔细听儿童第一次尝试使用这些单词。可以通过询问物品的位置来引发儿童使用介词（例如，"你的书在哪里？"）。如果他没有回答或只是用手指，跟他说："我看到了，它在桌子上。"

我们也可以设计一个游戏，将物品藏到容器里边、上边或下边，并让儿童猜它们在哪里。

○ **标准**　儿童在短语中使用至少2个不同的介词，每个介词至少使用2次。

15k. 使用包含3个单词的短语表示特指（例如，"那个大的""这个手指受伤了"）、反对（例如，"没有可怕的书""不想要那个"）和/或描述（例如，"那只大狗"）

○ **教具**　无需教具

○ **流程**

和儿童一起玩，让他带头。尽量继续围绕正在做的事情进行对话。提出开放式的问题（即无法用"是"或"否"轻易回答的问题），例如："你想玩什么？"或"你想要什么？"仔细听儿童是否会使用包括形容词或其他指定词的3个单词短语回答。

○ **课堂和功能活动**

当儿童使用 2 个词的短语时，扩展儿童所说的话，以鼓励儿童说出更长的短语。例如，如果儿童说"那个"，回复他："哦，你想要那个大的？"给儿童读简单的图画书，并谈论这些图片，鼓励儿童也谈论它们。听儿童是否会用 3 个单词的短语来描述。

○ **标准** 在 3 天或更多的时间里，儿童至少使用 2 个包含 3 个单词的短语。

15l. 使用包含主谓宾的三四个单词的完整句子

○ **教具** 无需教具

○ **流程**

每当儿童说完一个短语之后，重复他说的话，并将其扩展成一个完整的句子。例如，如果儿童说："爸爸家。"我们则说："是的，爸爸回家了。"仔细听儿童说的话，这样我们就能听到儿童从说短语到说完整句子的变化。

○ **课堂和功能活动**

在家里或教室里，给儿童读简单的故事并谈论故事。在阅读时提出问题或发表评论。

○ **标准** 至少在 3 天内，儿童每天至少使用 3 个包含三四个单词的句子，句子必须包括主语、谓语和宾语。

15m. 问"wh"问题（例如，"为什么""是什么""在哪里"）

○ **教具** 常见的玩具或物品

○ **流程**

通过设置可能引发"wh"问题的情境来促使"wh"问题出现。例如，给儿童呈现一些新的物品（如万花筒），儿童能够看到它，但不能立即拿到它。我们什么都不说，看看儿童是否会问它是什么。如果他什么也没问，那就说："看我今天带来的东西，你看到了吗？"然后等待儿童提问。如果他仍然没有提问，就说："你想知道它是什么吗？"然后告诉儿童物品的名字以及它是如何使用的。同样地，我们也可以假装在打电话，告诉儿童有人想跟他说话，并试着让他问是谁在打电话。或者，拿走一个儿童喜欢的玩具，并等待他问"在哪里"的问题。

○ **课堂和功能活动**

经常询问儿童问题，并在他无法回答时提供答案。当儿童开始问我们问题时，一定要试着回答他们。这个年龄段的许多儿童会将"为什么"的问题作为维持对话的一种方式。他们更感兴趣的是继续和成人说话而不是问题的答案。重要的是，如果儿童多次在我们给出原因之后继续问"为什么"，不要沮丧。继续和他谈论其他的事情。

在课堂上，在"圆圈时间"使用自然环境中的物品，针对这个物品询问儿童问题并回答他们提出的问题。

○ **标准**　儿童至少问 3 个不同的"wh"问题。

15n. 使用"我"代替名字

○ **教具**　无需教具

○ **流程/课堂和功能活动**

在与儿童交谈时，要像与成人交谈一样使用代词。也就是说，不要像与婴幼儿交谈时那样经常使用人的名字。例如，"是他做的""你要迟到了""我现在想要一些果汁"或"你很有趣"。仔细听儿童说的话，这样我们就能够注意到他何时开始使用"我"而不是他自己的名字。

○ **标准**　儿童至少有一半时间使用"我"而不是他的名字。

15o. 在单词结尾处使用"'s"表示所有权

○ **教具**　常见的玩具或物品

○ **流程**

选择一些物品，并确信儿童知道这些物品属于谁（例如爸爸的外套、妈妈的钱包）。将这些物品放在儿童面前，指向其中一个物品，然后问："［物品名称］是谁的？"如果儿童没有回答或者通过指向某人来代替回答，口头提供正确答案，并在表示所属的单词结尾处强调"'s"。

与儿童一起看书或杂志，指着其中一张图片和他说："看看那些红袜子，它们是这个男孩的袜子。"然后指着另一张图片询问儿童："那些袜子是谁的？"如果他没有回答，提供正确的答案。

○ **课堂和功能活动**

和儿童说话的时候，当我们表明某物属于某人时（例如，"那是爸爸的梳子""那是拉沙德的书"），要确保清楚地说出名字末尾的"'s"。

当儿童试图表达所有权并说"书爸爸"或"爸爸书"时，示范正确的表达方式并要求他复述（例如，"是的，那是爸爸的书，你能说'爸爸的书吗'？"）。但如果儿童没有复述，不要坚持让他说。儿童听到正确的表达方式后，会逐渐学会表达物品的所有权。

在课堂上，询问儿童一些属于其他儿童的物品。

○ **标准**　儿童经常（每天2次或2次以上）在单词的末尾使用"'s"来表示所有权。

15p. 在句子中使用介词短语（例如，"把它放在我的腿上"）

○ **教具**　常见的玩具或物品

○ **流程**

当我们教授儿童"里面""上面""周围""下面"等空间概念时，重点强调介词短语（例如，"我把积木放在盒子里""把桌子下面的玩具给我"）。注意询问可能引发儿童使用介词短语的问题（例如，"铅笔在哪里？""我应该把它放在哪里？"）。仔细听儿童说的话。如果他只说出介词短语，将他的短语扩展为完整的句子。

○ **课堂和功能活动**

在教室里，定期和儿童玩藏东西的游戏。我们可以在教室里藏一些物品，让儿童猜物品藏在哪里。猜完后，儿童可以去看看自己是否猜对了。如果儿童仅仅使用介词短语（例如，"在桌子下面"），则提供完整的句子示例（例如，"是的，它在桌子下面"）。

此外，可以和儿童玩轮流发出指令放置物品的游戏。

○ **标准**　儿童至少有3次在完整的句子（必须包括动词）中使用介词短语。

15q. 正确使用大多数不规则的动词过去式
15r. 正确使用规则和不规则的动词过去式、现在式和将来式

○ **教具**　无需教具

○ **流程/课堂和功能活动**

和儿童交谈并听他讲话。当儿童不能正确地使用动词时，例如，"他去了商店（He goed to the store）"，使用正确的动词形式，重复儿童说的话，说话时重点强调动词的发音，例如，"他去了商店（He went to the store）"。许多儿童会立即模仿正确的动词形式。但如果没有，不要坚持让他重复。儿童会通过反复听正确的表达形式而学会动词的正确使用形式。

○ **注意**

与标准英语相比，许多方言包括不同的动词形式。让儿童听标准英语的动词形式很有用，因为这些都是之后教授他阅读时涉及的内容。但是，如果他一直使用家庭（或社区）方言的动词形式，也不应该算其错误。

○ **标准 15q** 儿童能够正确使用大多数不规则的动词过去式（每天出错不超过两三次）。

○ **标准 15r** 儿童通常能够正确地使用规则和不规则的动词过去式、现在式和将来式（每天出错不超过两三次）。

15s. 使用"和""或""但是"或"因为"连接 2 个句子

○ **教具** 无需教具

○ **流程**

和儿童交谈，为他读书，并听他说话。偶尔使用"和""或""但是"或"因为"来扩展他的句子。例如，如果儿童说："我摔倒了。"我们可以说："你跌倒了，而且受伤了。""你摔倒了，但你没有哭。""你摔倒了，因为地板很滑。"或者"你摔倒了，你是想让我吹吹伤口，还是想要创可贴？"

○ **课堂和功能活动**

在课堂上，鼓励儿童参与"展示和分享"的活动。这些活动往往为我们提供了很好的机会，能够听到儿童表达自己的想法并为他们示范更复杂的语言形式。

○ **标准** 儿童能够说出 3 个或更多用"和""或""但是"或"因为"组合成的两句话。

15t. 使用动名词和 / 或动词性形容词（例如，"打架不好""他跑得太快受伤了"）

○ **教具** 无需教具

○ **流程**

在与儿童交谈时，使用"-ing"作为描述词（形容词）或名词（例如，"跑步是为了出去，走路是为了进来""跳绳比奔跑更难""下雨的声音很好听"），并听听他是否也开始使用这些词。

○ **课堂和功能活动**

我们通常会以此形式陈述（或说明）课堂规则。引导儿童对规则进行讨论，并询问儿童诸如"为什么在大厅里奔跑很危险？""为什么在外面才可以大叫？"一类的问题。还可以询问诸如"你跑得快还是跳得快？""给图片上色你觉得有趣吗？"一类的问题。

一定要对活动做出说明（例如，"擦桌子对我帮助很大""画画会弄得一团糟，这就是为什么我们要穿围裙"）。听听儿童是否开始使用这些动名词或动词性形容词。

○ **标准** 儿童能够使用 3 个或更多的动名词或动词性形容词。

15u. 提出语序正确的完整的"wh"问题
（例如，"为什么约翰在这里？"）

○ **教具**　无需教具

○ **流程**

按照项目 15m 的流程，尝试设置能够引出"wh"问题的情境。当儿童使用不完整的"wh"句子（例如，"爸爸哪里？"）或使用的句子顺序错误（例如，"爸爸哪里去？"）时，在提供答案的同时，给儿童示范句子的正确表达形式（例如，"爸爸去哪儿了？他去商店了。"）。

○ **课堂和功能活动**

经常询问儿童问题，示范句子的正确表达形式。给儿童读对话中包含提问的故事。在读完一个段落后，询问儿童问题。暂停读故事以便回答儿童的问题。

○ **标准**　儿童能够提出语序正确的"wh"问题，并很少出错。

15v. 使用各种形容词描述看到、听到或经历的事情

○ **教具**　各种图画书

○ **流程**

和儿童一起看书、散步，或者跟他谈论他一直在做的事情或看到的事物。当他提到一个物品时，让他描述一下。如果我们见过这个物品，使用儿童没有用过的形容词丰富对这个物品的描述。例如，如果儿童将鱼描述为"一条大鱼"，我们可以加入的形容词包括"闪亮的""亮闪闪的""粉红色的"，等等。如果我们没有见过儿童描述的事物，询问儿童包含各种形容词的问题（例如，"它是否凹凸不平？""它是不是很光滑？"）。

○ **课堂和功能活动**

在与儿童交谈时，使用大量的形容词。和儿童一起散步或进行其他短途旅行时，和他谈论我们的所听所看所感等。当儿童多次在不同的环境中听到同一个形容词后，他就能够理解其含义了。

当儿童与我们交谈时，提出可能引发儿童使用形容词的问题（例如，"它看起来像什么？""感觉如何？""它闻起来有什么味道？"）。

在课堂上，在"展示和分享"环节或小组时间，和儿童回顾在外出散步或实地考察时收集的物品，以便提出能够引发儿童使用形容词的问题。

○ **标准**　儿童自发使用各种形容词来讲述他所看到、听到或经历的事情。

15w. 在动词或名词中添加韵尾来表示从事某活动的人或物
（例如司机、画家、吉他手）

○ **教具** 书籍、图片

○ **流程**

和儿童一起看书，并谈论书中图片的内容。指着故事中的各种角色（例如公交车司机、粉刷房子的人、烤面包的人），询问儿童："那是谁？"此外，指着包含机器的图片（如割草机），并询问儿童："那是什么？"注意听儿童是否在单词结尾进行变形，以表明他对从事某一活动的人或物的理解。例如，他可能会将面包师（baker）描述为"炊具（cooker）"。

○ **课堂和功能活动**

在与儿童的对话中使用此类单词。例如，在画画时将儿童称为画家（painter），或在驾驶汽车时将他称为驾驶员（driver）。注意听儿童是否尝试使用这些词语。仔细听那些我们并未使用过但儿童自发使用的结尾带"-er"的单词，例如，当一个棍子被用来戳（poke）东西时，它可能会被称为"扑克（poker）"。

在课堂上，邀请儿童的家长来教室描述他们的工作，和/或让每个儿童描述家长的工作。此外，剪下从事不同活动的人的图片（例如司机、骑手、洗车工、助手）并在小组中谈论他们。让儿童与做过类似活动的人分享经验（例如，谈谈画家何时去过他们的家）。

○ **标准** 儿童在 3 个或更多不同的动词或名词中添加韵尾，来表示从事某种活动的人或物品。

15x. 使用比较词
（例如，"大""更大""最大"，"悲伤""比较悲伤""最悲伤"）

○ **教具** 不同大小的物品

○ **流程**

在儿童面前放置 3 个不同大小的物品，和儿童说："这是一个小的［物品名称］，这个更小，而这个是最小的。"然后，拿出另外 3 个小物品让儿童描述。如果他没有使用"小""比较小""最小"等词，询问他："哪个是最小的？""哪一个比这个更小？"尝试另一组可以这样描述的物品（例如，从大到最大、从胖到最胖、从高到最高）。

○ **课堂和功能活动**

在课堂上，让儿童到教室外面或教室周围收集物品，并将它们放在桌子上。选择 3 个不同重量的物品，并使用"重""比较重""最重"等词进行描述。然后让儿童轮流感受物品的重量并描述它们。另外，选择一个中等重量的物品，并询问儿童："哪一个比这个重？""哪一个比这个轻？"然后选择其他物品比较其他特征。仔细听儿童在谈话中是否自发使用这些词语。

○ **标准** 儿童能够至少使用3个不同比较词的3种形式（例如，"小""比较小""最小"）。

序列 16
模仿：仿说

儿童的说话能力取决于他能够听到语言以及对该语言（或者在多种语言并存的语言环境中对多种语言）进行仿说。对于大多数儿童来说，仿说似乎是从观察说话者开始的，发出各种声音，然后将嘴巴的动作和声音与照料者嘴巴的动作和声音互相配对而自发产生。然而，各种损伤可能会干扰这种模仿形式。有些儿童没有足够的注意力来模仿照料者的行为；有些儿童则在运动协调或运动计划方面存在障碍，从而干扰了声音的产生；还有一些儿童则因无法听清而无法对发音进行模仿。

在 2—5 岁期间，仿说在儿童学习语法结构方面起着重要作用。使用简短的不相关的单词或数字进行练习，可以提高儿童的注意力，以模仿复杂的句子结构。因此，该序列侧重于儿童对单词和数字序列的瞬时记忆，而不是对更有意义的材料的长期记忆。

| 特殊调适 |

有运动障碍的儿童

一些患有运动障碍的儿童可能很难（或不可能）控制嘴唇、下巴和舌头来模仿声音。

在没有明显运动障碍的情况下，模仿声音序列困难可能是儿童患有运动计划问题（失用症）的最早迹象之一。尽管这些儿童可能很难模仿声音/单词序列，但重要的是要继续尝试引发儿童的模仿行为，并强化他们的行为。

有视力障碍的儿童

帮助有视力障碍的儿童进行仿说不需要任何调整。但我们应该向有视力障碍的儿童特别强调语言的含义。

有听力障碍的儿童

当我们发出声音或说话时，要确保有听力障碍的儿童注意到我们。我们可能需要在一个非常安静的环境中完成这些项目。一定要向儿童听力学家和/或语言病理学家咨询，何种程度的音高和响度最有可能得到儿童的可靠反应。

听力损伤严重的儿童可能永远不会非常有效地模仿声音。咨询儿童听力学家或语言病理学家，以确定是否应该重点关注儿童的动作模仿（参见序列 17 模仿：动作），以便手势可以代替早期的言语用于沟通。

16. 模仿：仿说

p. 重复包含 2 个单词或 2 个数字的新序列

q. 重复包含 3 个单词的句子

r. 重复包含 3 个数字或 3 个不相关单词的序列

s. 重复包含 4 个单词的有形容词的句子

t. 重复包含五六个单词的句子，语法结构正确

u. 重复包含 4 个数字或 4 个不相关单词的新序列

16p. 重复包含 2 个单词或 2 个数字的新序列

○ **教具**　无需教具

○ **流程**

与儿童一起玩游戏，每个人都要重复另一个人说的话。大多数儿童在模仿 2 个单词的句子时会觉得这样的游戏很有趣。游戏开始的时候，先简单一点，即只有一个数字或一个简短的单词。然后增加到 2 个单词或 2 个数字（例如，"说'苹果'，说'爸爸'，现在说'苹果、爸爸'"）。如果儿童在正确重复独个的单词后，也能够正确重复 2 个单词组合成的序列，尝试一个新的包含 2 个单词的序列，或尝试 2 个数字。

○ **课堂和功能活动**

在教室里玩这个游戏。儿童可以轮流重复或一起重复。从单个单词或数字开始，然后增加到 2 个单词或 2 个数字。如果我们把不常放在一起的单词组合到一起，儿童通常会很喜欢（例如，"Yummy dirt" "Pickle ice cream"）。

○ **注意**

儿童在轮流游戏时可能无法等待，有些儿童可能会在没有轮到自己时就把这些短语喊出来。不要批评，只是跟儿童说："你们都记住了吧，现在让我们看看玛丽是否可以独自完成下一个。"

○ **标准**　儿童重复 4 个或更多包含 2 个单词或 2 个数字的序列。

16q. 重复包含 3 个单词的句子

○ **教具**　无需教具

○ **流程**

告诉儿童我们想看看他能否说出我们说的话。从 1 个单词开始，然后是 2 个单词，最后是 3 个单词的句子（例如，"说'强尼'，说'强尼喜欢'，现在说'强尼喜欢糖果'"）。如果儿童能够重复 3 个单词的句子，尝试另一个包含 3 个单词的句子，不用分成小部分。

○ **课堂和功能活动**

仔细听儿童说的话。许多儿童在没有被要求的情况下就会重复他们听到的内容。如果他没有这样做，看看他是否会重复我们说的话，从 2 个单词的短语开始。一旦儿童轻易说出这句话，就试试 3 个单词的句子。

当阅读简单的书籍时，重复句子也很有效。读一个简短的句子，然后说："现在你来说。"根据需要，通过提示第一个单词或前两个单词辅助儿童仿说。

○ **标准** 儿童在没有提示的情况下重复 4 个或更多不同的包含 3 个单词的句子。

16r. 重复包含 3 个数字或 3 个不相关单词的序列

○ **教具** 无需教具

○ **流程 / 课堂和功能活动**

参见项目 16p 的说明。

○ **标准** 儿童在不同的场合中，至少重复 2 次（不同的序列）由 3 个数字或 3 个不相关的单词组成的序列。

16s. 重复包含 4 个单词的有形容词的句子
16t. 重复包含五六个单词的句子，语法结构正确

○ **教具** 无需教具（书籍是有用的）

○ **流程**

仔细听儿童说的话。许多儿童在没有被要求的情况下就会重复自己听到的内容。如果他没有这样做，看看是否可以从两三个单词的短语开始让儿童复述，并逐渐增加至包含形容词的完整句子（例如，"玛丽有一个漂亮的宝宝""多莉的脸很脏"）。

当儿童能够比较容易重复包含形容词的短语时，强调我们说话时涉及的那些语法结构，让儿童模仿有各种语法结构的句子。例如，强调不规则的动词形式、主语和谓语一致、问句与陈述句的语序，等等（例如，"我有一个，但他有两个""玛丽要来我们家，约翰尼昨天来了""这个物

品很大，那个物品大吗？"）。

当我们为儿童阅读简单的书籍时，重复句子是一个很好的活动。阅读包含形容词的短语，等一等看儿童是否会自发地重复它。如果他没有，再读一遍，然后说："现在该你来读了。"根据需要提示一两个单词。

○ **课堂和功能活动**

在课堂上，和儿童玩项目 16p 中描述的游戏，但要替换成包含形容词的有 4—6 个单词的句子。

○ **标准 16s** 儿童重复 4 个包含 4 个单词的有形容词的句子。

○ **标准 16t** 儿童重复 4 个包含五六个单词的句子，语法结构正确。

16u. 重复包含 4 个数字或 4 个不相关单词的新序列

○ **教具** 无需教具

○ **流程 / 课堂和功能活动**

请参阅项目 16r 的说明（但应强调包含 4 个数字或 4 个单词的序列）。

○ **标准** 儿童重复 4 个包含 4 个数字或 4 个不相关单词的新序列。

第九章
精细运动

序列 17
模仿：动作

　　模仿对于典型发育的儿童来说像呼吸一样自然。这是他们学习操作教具、解决问题和与他人建立联系的方法。大多数儿童，无论是否有缺陷，都不必教授模仿，尽管残障儿童可以模仿的活动类型可能有很大的局限性。对于这些儿童来说，这一序列主要是作为一种手段，记录他们在发展更复杂的模仿技能方面取得的进展。然而，有些儿童需要指导他们开始模仿，发展出更复杂的模仿形式。

| **特殊调适** |

有运动障碍的儿童

　　此序列中包含的所有项目可能需要修改，以适应患有严重运动障碍的儿童。你应该向职业治疗师或物理治疗师寻求帮助，以确定特定儿童可以完成的动作，然后设计使用这些动作的模仿活动。例如，如果一个儿童只能将他的手向左或向右移动几厘米，那么一系列包含两个动作的活动可能是将他的手从一个积木移动到一只玩具狗，或者从触摸一个红色圆圈移动到触摸一个蓝色方形。在这种情况下，儿童可以模仿一个序列（如项目17n），但动作幅度很小。

有视力障碍的儿童

　　很明显，如果儿童看不见这些动作，就很难教他们模仿动作。如果你选择能产生响声的动作进行模仿教学，中度视力障碍的儿童可能会受益。当儿童尝试模仿时，他们制造出的声音会给他们成功的反馈。

　　对于患有严重视力障碍的儿童来说，帮助他们通过用手探索他人的面部或身体来体验他人的动作，是很有必要的，这也有助于这些儿童探索自己的动作。然而，你不应该花大量的时间教这些儿童模仿动作。对于视力受损的儿童来说，简单地学习做一些动作更适合，因为运动可以让他们在环境中移动，并适当地操作物体。

有听力障碍的儿童

　　对于有听力障碍的儿童来说，除了触摸儿童或确保在运动时儿童看着你之外，无需进行其他调整。如果儿童没有回应我们的口头提示，触摸他/她以引起他/她的注意。

17. 模仿：动作

m. 模仿不涉及道具的姿势或动作
n. 按顺序模仿 2 个不相关的动作
o. 在被引导做出 3 个不相关的动作后，可以按照顺序进行模仿
p. 模仿简单的手指动作（双手做相似的动作）
q. 模仿手指动作（双手做不同的动作）
r. 模仿歌曲和游戏中的复杂动作

17m. 模仿不涉及道具的姿势或动作

○ **教具**　无需教具

○ **流程**

和儿童玩一个游戏，在游戏中和儿童轮流模仿不同的动作。例如，说："我们来玩一个游戏吧。当我把手放在头上时，你也把手放在头上。准备好了吗？"把自己的手放在头上，等待儿童模仿。如果他没有这样做，帮他将手举起来，然后说："对啦！现在我们试试另外一个。"之后说："现在轮到你了。你做什么，然后我就学你做的。"模仿儿童做的动作。然后又轮到我们做示范动作。从简单的动作开始（即两只手做同样的事情），再到更复杂的动作（例如，一只手放在头上，另一只放在肚子上）。试着和儿童面对一面镜子来做这些动作。

○ **课堂和功能活动**

在课堂上，让儿童轮流示范不同的姿势，让别人模仿。

也有一些歌曲鼓励这种模仿，如：《变戏法》(*The Hokey Pokey*) 或《身体部分歌曲》(*Head, Shoulders, Knees, and Toes*)。

○ **注意**

在这一阶段，做出正确的左、右动作不是模仿的重要部分。

○ **标准**　儿童可以模仿 4 种或 4 种以上不涉及道具的姿势或动作。对复杂行为的模仿不需要精确，但应该很近似。

17n. 按顺序模仿 2 个不相关的动作
17o. 在被引导做出 3 个不相关的动作后，可以按照顺序进行模仿

○ **教具** 无需教具

○ **流程**

一旦儿童能够模仿各种不同的姿势，就可以玩一个像项目 17m 中的模仿游戏，但要执行 2 个动作（如果儿童在我们还没完成第二个动作之前，就开始模仿第一个动作，一定要告诉他，他需要等我们做完再做）。从简单的组合开始，比如先摸自己的头，然后再拍手。逐渐做更复杂的组合，比如跺脚和揉肚子。然后开始做 3 个动作。

○ **课堂和功能活动**

与儿童和他的一个或多个同伴一起玩一个"西蒙说（Simon Says）"的改编游戏。先对游戏进行解说，当我们说"西蒙说，这样做"时，他们需要尝试做我们正在做的动作。从一个动作开始，然后进行到 2 个动作。

当我们为儿童提供一个新玩具时，试着使用那种至少需要 2 种不同的动作才能启动的玩具（例如，在按下启动按钮之前必须先打开盖子，发条玩具必须先上紧发条再松开挂钩）。按顺序演示所需的操作，观察儿童如果不能模仿得完全准确，是否能大致相似。

○ **标准 17n** 儿童至少能够模仿由 2 个不相关的动作组成的 2 个序列。对复杂行为的模仿不需要精确，但应该很近似。

○ **标准 17o** 儿童至少能够模仿由 3 个不相关的动作组成的 2 个序列。对复杂行为的模仿不需要精确，但应该很近似。

17p. 模仿简单的手指动作（双手做相似的动作）
17q. 模仿手指动作（双手做不同的动作）

○ **教具** 无需教具

○ **流程**

向儿童展示一个用双手做相似动作的简单手指游戏。例如，举起每只手的食指说："两只小黑鸟坐在山上。一个叫杰克，另一个叫吉尔（说每个名字的时候摆动一根手指）。杰克飞走了（把一根手指放在背后）。吉尔飞走了（把另一根手指放在背后）。回来吧，杰克；回来吧，吉尔（把手指放回来）。"让儿童也试试。

一旦儿童能用双手做同样的动作，试着用每只手做不同的动作。例如，举起两根手指，上下

移动我们的手,说:"这是一只小兔子,这是它的家(用另一只手的拇指和食指做的圆圈)。嘭,它跑了!(把两个手指伸进洞里)"

设计一些其他的手指游戏,或是参照当地图书馆或书店里关于手指游戏的书。

○ **课堂和功能活动**

这是一项可以在教室里和所有儿童一起进行的有趣活动。

○ **标准17p**　儿童可以在第二次或第三次试验中模仿3个或更多简单的手指动作(双手做相似动作)。

○ **标准17q**　儿童可以在第二次或第三次试验中模仿3个或更多简单的手指动作(双手做不同的动作)。

17r. 模仿歌曲和游戏中的复杂动作

○ **教具**　无需教具(儿童歌曲磁带或CD可能会有所帮助)

○ **流程**

结合手和身体的动作与儿童一起唱歌。在这个阶段,儿童应该能够做出不同歌曲的所有动作,例如,*The Wheels on the Bus*,*The Itsy Bitsy Spider*,和*She'll Be Coming' Round the Mountain*。到当地的图书馆或书店寻找更多可用的歌曲。

○ **课堂和功能活动**

唱歌可以是任何课堂活动的一部分。试着改变歌曲以适应不同儿童的技能水平。

○ **标准**　儿童可以模仿几首歌或几个游戏中的3个或更多复杂的动作。

序列 18
抓握与操作

这个序列中所代表的精细运动技能，是指那些涉及精准够取、抓握、释放和操作物品的技能的发展。当儿童学会使用自己的手时，会认识到自己可以操作周围环境。精细运动技能的良好发展为儿童在自理能力和游戏技能方面的独立发展建立了一个框架，并最终有助于儿童成功地完成基本的学校任务，如写作和绘画。

| 特殊调适 |

有运动障碍的儿童

患有运动障碍的儿童可能需要额外的躯干和头部支持，才能成功地使用他们的手。对于这些儿童来说，侧卧可能是一个很好的开始姿势。职业或物理治疗师可以帮助你为儿童手部的发展制定最佳方案。

一些有运动障碍的儿童学会不用眼睛看来执行操作性任务。鼓励双手和视力的协调使用是很重要的，这样儿童就可以更顺利地掌握更高水平的技能，而这些技能需要将视力和运动能力（例如，视觉运动技能）结合起来。

尽管促进双手够取和抓握技能的良好发展很重要，但当观察到儿童双手明显不对称发展时，建议每只手以不同的速度依次进行这个序列。始终记录每次特定活动使用的是哪只手，并设计一种方法让儿童在某些活动中使用非惯用手。

有视力障碍的儿童

患有严重视力障碍的儿童可以通过使用触觉线索来学习完成这些任务。最初，你可能需要在肢体上引导儿童完成任务，或者让他们在你活动时感受你的手。

有听力障碍的儿童

对于患有听力障碍的儿童，这些项目几乎不需要调整。一定要在发出口头指令的同时进行示范。

18. 抓握与操作

z. 旋转前臂打开门把手

aa. 将小物品穿过容器上的小孔

bb. 搭建 8—10 块积木的塔楼

cc. 用橡皮泥制作造型简单的物品

dd. 在钉板上放置 1/4 英寸的钉子

ee. 将发条钥匙旋转 90 度

ff. 以三脚架抓握姿势握住书写工具

gg. 在 30 秒内将 10 颗小球放进瓶子里

hh. 将放在手掌里的一个小物品向前移动形成钳状抓握，而不需要另一只手协助

ii. 将回形针别在纸上

18z. 旋转前臂打开门把手

○ **教具**　一扇门把手容易转动的门

○ **流程**

在进出房间时，让儿童替你开门。如果儿童完成这项任务有困难，给他一些口头提示，比如"拧"（向正确的方向进行肢体提示），然后说"推"（或者"拉"）。打开需要推的门通常比较容易。

如果儿童不成功，进行其他涉及转动的活动来练习（例如，套桶、塑料螺母和螺栓，从各种罐子上拧较松的盖子）。将反掌姿势（即手掌向上）融入活动中，可能会有所帮助（例如，用一只手将小物品放在另一只手上，即手掌向上，以查看儿童在掉下任何物品之前可以拿多少）。

○ **注意**

一旦儿童掌握了开门技巧，门就应该被锁住，以防止儿童离开房屋。

○ **课堂和功能活动**

让儿童有机会在没有辅助的情况下开门。

○ **标准**　儿童用前臂旋转打开门把手。

18aa. 将小物品穿过容器上的小孔

○ **教具**　有孔的容器和要放进去的物品（例如，一个有插槽和扑克筹码的盒子，硬币银行玩具，积木和有一个开口的模型盒子，瓶子和衣夹、小球或可食用的物品，如葡萄干和一个有 1 英寸颈口的瓶子）

○ **流程**

向儿童演示如何将小物品穿过容器中的孔或槽（例如，扑克筹码穿过盒中的槽）。如果需要，

用肢体引导儿童完成动作。如果他缺乏准确的控制，从稍微大一点的开口开始，然后随着儿童技能的提高缩小尺寸。

○ **注意**

这通常是儿童最喜欢的游戏活动，但是，如果他们使用的是小物品，则应该时刻监督。

○ **课堂和功能活动**

在教室里的某个区域内放一个带塑料钱币的玩具银行，让儿童随时练习这个技能。让儿童把黑豆和白豆分别放入 2 个小开口的罐子里。可以在人造黄油桶或咖啡罐的塑料盖上切出孔或槽，为硬币或跳棋提供插槽，为木钉或短销子提供小的圆形开口，以此提出不同的要求。

○ **标准** 在几种不同的情况下，儿童将一个小物品放入或穿过一个小孔，至少有 2 个不同的物品和容器。

18bb. 搭建 8—10 块积木的塔楼

○ **教具** 10 个 1 英寸砌块

○ **流程**

在儿童面前的桌子上放 10 块积木，告诉他要建一座塔（或高楼）。如果需要，演示如何建造一座塔，然后把它拆掉（或让儿童拆掉）。告诉儿童像你一样造一座塔（或高楼）。如果儿童有困难，从更大的积木和更小的塔楼开始。对于在运动控制方面存在困难的儿童，尝试使用磁性积木或带有小尼龙搭扣的积木。堆叠游戏也可以用沙袋完成。

○ **课堂和功能活动**

在家里或教室里，鼓励儿童用大量的积木块建造道路和建筑物。为儿童示范如何用积木（或小盒子）建造塔楼，然后用沙袋击倒。

○ **标准** 儿童建造一座 8—10 块积木的塔楼。

18cc. 用橡皮泥制作造型简单的物品（例如球、蛇）

○ **教具** 橡皮泥

○ **流程**

在家里或教室里，在儿童面前放一些橡皮泥，让他有机会自由玩耍和探索这些橡皮泥。然后，开始教儿童如何制作造型简单的物品。先从制作蛇开始，向儿童展示如何用手和手指搓出一条又长又细的蛇。然后，给儿童一块我们搓过的橡皮泥，让他把它做成一条长蛇。当儿童可以在我们的辅助下做出一条蛇时，试着给儿童一块橡皮泥，然后告诉他在没有帮助的情况下自己做出一条蛇来。当儿童可以成功地制作一条蛇时，向他示范如何制作一个球（这需要一个更复杂的运动模式）。向儿童演示如何用手搓一个球，在桌子上或双手之间滚动橡皮泥。因为对大多数儿童来说，球更难制作，所以可能要等到儿童稍微大一点时才能完成这项任务。

○ **课堂和功能活动**

自制橡皮泥，让儿童混合他选择的各种颜色。让儿童参与制作需要塑形的饼干。

○ **标准** 儿童独立地用手将橡皮泥搓成蛇和球。

18dd. 在钉板上放置 1/4 英寸的钉子

○ **教具** 1/4 英寸的木钉，硬塑料或木制的钉板

○ **流程**

把钉子和一块钉板放在儿童面前，让他把木钉放进孔里。如果儿童没有反应，为他演示这个动作。如果他仍然有困难，试着把一个钉子正确地放在儿童的手上（即钳状抓握）。有时，只要我们拿着木钉伸出手，就能鼓励儿童正确地抓住木钉。在必要时提供肢体辅助。如果这项任务对儿童来说太困难，试着用更大的木钉和钉板。然后，试着让儿童把 1/4 英寸的木钉放进一个有小开口的容器中。

○ **课堂和功能活动**

在教室里，把各种大小的钉板和木钉放在一个区域，让儿童主动拿来使用。

用各种各样的豆子做马赛克图画，将有助于强化儿童的钳状抓握姿势，并且更容易放置木钉（但需确保儿童不会吃掉豆子）。让儿童把硬币放进存钱罐同样能够锻炼这项技能。

○ **标准** 儿童可以将 10 个 1/4 英寸的木钉放在钉板上。

18ee. 将发条钥匙旋转 90 度

○ **教具** 带发条钥匙或把手的小玩具

○ **流程**

给玩具上发条，然后放在儿童面前的桌子上。当玩具停下来后，让儿童给它上发条，这样玩具就又可以移动了。这对儿童来说通常是一个非常具有激励性的活动，几乎不需要指导。鼓励儿童将发条上得更紧。如果他完成这项活动有困难，尝试各种玩具，选择一个发条钥匙非常容易转动的玩具（例如，玩具上的钥匙非常突出，而且很大，很容易握住）。如果有需要，提供肢体辅

助，帮助儿童一只手握住玩具，另一只手（惯用手）转动钥匙。如果儿童仍然不成功，使用一个比较大的儿童玩具，如发条收音机，来教授儿童这些动作。

○ **课堂和功能活动**

准备一个篮子，装满各种发条玩具，让儿童可以随时玩。

○ **标准** 儿童每次可以将发条钥匙旋转 90 度。

18ff. 以三脚架抓握姿势握住书写工具

○ **教具** 纸，记号笔、蜡笔或铅笔

○ **流程**

让儿童画一幅画。观察儿童如何握记号笔或蜡笔。一种成熟的握法是把记号笔夹在拇指和食指之间，然后其他的部分放在中指上，最后两根手指在手掌处微微弯曲。在这个年龄阶段，儿童用拇指和前两根手指夹着记号笔也是可以接受的。夹住记号笔的手指应保持在距笔尖 1 英寸的范围内，以便控制。如果儿童拿着记号笔的姿势比较笨拙，试着将他的手重新调整成更成熟的姿势。通常，不成熟的抓握姿势能反映儿童的手和手指技能发展不佳。儿童可能需要更多有关操作技能的练习，然后他才能习惯使用成熟的抓握方式。

○ **课堂和功能活动**

在课堂上，为儿童组织许多艺术活动，来让他们练习使用记号笔、蜡笔或铅笔。为儿童提供不同尺寸的书写工具。

定期提供绘画和着色的机会。试着提供短的或损坏的蜡笔来鼓励儿童使用三脚架抓握姿势。有时让儿童用最后两根手指拿着一小团纸抵着手掌，他们可能会更容易取得成功。这也将鼓励儿童使用三脚架抓握姿势。

○ **标准** 儿童始终用三脚架抓握姿势（例如，拇指和一两个手指）来握住记号笔。

18gg. 在 30 秒内将 10 颗小球放进瓶子里

○ **教具** 10 颗小球（或珠子、钉子、豆子、葡萄干或麦片），带小开口的小瓶子（例如，1 英寸左右）

○ **流程**

给儿童一个装有小球的瓶子，让他打开瓶子的盖子，把里面的东西倒出来。然后，告诉儿童尽快把东西放回去，一次放一个。如果儿童有困难，先试着用一个更大的容器来练习这个活动，以提高速度。然后，用一个小开口的容器来练习放置物品的精确度。

○ **课堂和功能活动**

在教室里，把珠子、豆子和各种大小的容器放在一个区域，让儿童自主使用。

用各种各样的豆子做马赛克图画，将有助于强化儿童的钳状抓握姿势，并且更容易将小物品放进瓶子里（确保儿童不做其他动作）。让儿童把硬币放进存钱罐同样能够锻炼这项技能。

○ **标准**　在3种不同的情况下，儿童可以在30秒内将10颗小球放进一个瓶子里。

18hh. 将放在手掌里的一个小物品向前移动形成钳状抓握，而不需要另一只手协助

○ **教具**　硬币和玩具银行或1/4英寸的木钉和钉板

○ **流程**

将一枚硬币放在我们的手掌中，演示如何通过手指的动作将硬币向前移动，直到将硬币捏在拇指和食指之间。然后把它放进银行里。把一枚硬币放在儿童的手掌心，告诉他像我们一样把它放进银行。如有必要，握住儿童的另一只手，鼓励他用一只手操作物品。如果儿童没有成功，可以先把硬币放在他手掌中靠近食指的地方，这样只需要较小的动作就能用钳状抓握硬币。如果儿童仍然有困难，尝试一个较大的物品，如1英寸的积木。当儿童使用硬币成功时，尝试其他物品，如1/4英寸的木钉和钉板（将钉子放在儿童的手掌中）。

○ **课堂和功能活动**

这个活动可以很容易变成一个游戏。为每个儿童提供一个玩具银行和一堆硬币。让每个儿童轮流扔骰子。当一个儿童扔出一个数字时，让他用一只手捡起相同数量的硬币，然后每次将一个硬币投进银行，而不需要另一只手协助。当投完所有的硬币时，银行里拥有硬币最多的儿童获胜。

○ **标准**　儿童可以将放在手掌里的一个小物品向前移动形成钳状抓握，而不需要另一只手协助。

18ii. 将回形针别在纸上

○ **教具**　纸、几个标准尺寸的金属回形针

○ **流程**

演示如何将回形针别在纸上。指出回形针两端的区别。儿童应该用他的惯用手握住回形针，使它的两个环朝向纸。让儿童将回形针的大环边缘放在另一只手拿着的纸的边缘上。轻轻按下（即打开回形针）并向前滑动回形针。如果儿童这样做有困难，先让他把回形针别在索引卡片上。

大的塑料回形针也将有助于儿童完成这项任务。

○ **课堂和功能活动**

在教室里，给每个儿童几个不同颜色的回形针。准备一堆颜色相配的卡片。告诉儿童找到和回形针颜色相同的卡片，然后把回形针别在上面。

给每个儿童一张有图案的卡片。告诉儿童从一堆卡片里找到那张和它相匹配的卡片，并用回形针把它们别在一起。

○ **标准** 儿童可以把3个回形针别在一张纸上。

序列 19
双边技能

这一序列中的活动侧重于发展儿童协调使用双手的能力。大多数活动都涉及这样的任务：每只手执行不同的动作来完成一项任务（例如，一只手拿着珠子，另一只手拿着一根绳子穿过珠子）。一般来说，惯用手执行任务中更熟练的部分，而另一只手提供支持。许多儿童在 2 岁时就表现出用手偏好，但这种优势要到 5 岁或 6 岁时才完全确立。

注意：切割是一项重要的双边技能，它包含在序列 21（视觉—运动技能）中。

| 特殊调适 |

有运动障碍的儿童

如果儿童很难独立坐着，试着把他放在一把有靠背的角椅上，帮助他的胳膊向前和向中线移动。如果儿童的一侧比另一侧运动损伤严重，鼓励儿童用损伤更严重的手来帮助另一只手（例如，用不太熟练的手拿着穿线板，用更熟练的手拿着绳子）。

注意：重要的是，课程使用者必须认识到此序列并非所有活动都适合所有儿童。例如，一个患有手足徐动症的脑瘫儿童，可能需要付出很多努力，才可以把珠子穿在绳子上，但是这样的活动永远不会具备功能性。这项活动将促进这些儿童发展出更多忍受挫折的技能，而不是有用的精细运动技能，即使后者才是这个项目的目的。儿童的残障越严重，在选择那些对儿童有用和有益的活动时，寻求物理和/或职业治疗师的建议就越重要。

有视力障碍的儿童

当与有视力障碍的儿童工作时，使用材质和声音有趣的玩具。许多节奏乐器对于提高有视力障碍的儿童的双手技能非常有用。提供手把手的辅助和口头反馈，并描述你正在做的事情。

有听力障碍的儿童

对于有听力障碍的儿童不需要调整这些项目，因为他们是基于视觉和运动技能来进行学习的。一定要在给予任何口头指示的同时进行演示。

19. 双边技能

r. 出现用手偏好（通常在吃东西时）

s. 解开大纽扣

t. 穿小珠子

u. 拧上盖子

v. 用绳子穿带有大孔的穿线板

w. 用一只手捡起（越过身体中线）大部分物品来表现用手偏好

x. 打单结

y. 将鞋带穿过鞋子的 2 个孔

z. 进行简单的缝纫

aa. 用手拿一副纸牌并进行分类

bb. 扣 1/2 英寸的纽扣

cc. 对折纸张（没有示范）

dd. 总是用同一只手进行熟练的活动

19r. 出现用手偏好（通常在吃东西时）

○ **教具**　勺子、盘子、食物

○ **流程**

给儿童一盘食物，把勺子放在盘子的中线上。在几个情境中观察儿童吃东西，并注意他是否偏好其中一只手（这在其他活动中也很明显，如涂色、敲击或投球）。如果儿童表现出偏好，继续支持这只手作为惯用手，并鼓励儿童一贯地使用它。如果偏好不明确，继续在中线向儿童展示教具，这样他就可以自由选择使用哪只手。

○ **注意**

手部优势的出现，在年龄上有很大的差异，一般在 5—6 岁时才能完全形成惯用手。在很小的时候（例如，1 岁之前）只使用一只手是可疑的，可能表明儿童的另一只手有运动障碍。在接近上学年龄（5—6 岁）之前，儿童不一定需要形成惯用手。如果在这个年龄没有出现用手偏好，我们应该咨询职业治疗师。

○ **课堂和功能活动**

观察儿童在一天中和几周内使用哪只手进行各种活动，看是否能确定用手偏好。在儿童开始明显地表现出偏好之前，继续在中线呈现物品（如勺子、蜡笔、玩具锤子）。

○ **标准**　儿童经常用同一只手完成一项熟练的任务（例如，在午餐时用勺子吃饭）。

19s. 解开大纽扣（例如，3/4—1 英寸的纽扣）

○ **教具** 带有大纽扣、纽扣孔稍松的布条（或背心、洋娃娃）

○ **流程**

向儿童展示这些系上纽扣的物品，并要求儿童解开纽扣。如果他不知道如何做，慢慢地为他演示两三次。然后，试着从肢体上帮助儿童。他应该用一只手握住纽扣孔旁边的布，并轻轻拉动，然后抓住纽扣，用另一只手将其推过孔。如果这项任务对儿童来说太困难，可以先进行一项准备活动，即把硬币或西洋棋从一个塑料罐的裂缝里推挤进去。裂缝应该设置得紧密一些，这样儿童就必须通过努力才能推动硬币通过。

○ **课堂和功能活动**

在家里或教室里鼓励儿童玩装扮游戏。为儿童提供带有大纽扣的简单衣服。在这个年龄段，儿童的目标是独立解开扣子，独立脱掉衣服。再过一年，重点将放在独立穿衣服和系紧衣服上。

使用布料下藏有惊喜图案的纽扣板和一群儿童一起玩耍会很有趣，他们可以分享在布料下发现的东西。玩银行或商店游戏是一个很好的准备活动，儿童可以把硬币放进存钱罐里或放进有槽的盖子里。

○ **标准** 儿童可以解开 3 个大纽扣（例如，3/4—1 英寸的纽扣）。

19t. 穿小珠子（例如，1/2 英寸的珠子）

○ **教具** 装有许多小珠子的碗，绳子（一端有较硬的尖，另一端系上结）

○ **流程**

把一碗珠子和一条绳子放在儿童面前，让他做一条项链或一条蛇。用另一根绳子来向儿童展示操作过程。一般来说，有直边的方形珠子比圆形或椭圆形的珠子，更容易被儿童抓住和穿起来。如果儿童这样做有困难，先检查一下，确保他能把大珠子穿起来。如果儿童能成功地将较大的珠子穿起来，但仍然不能完成这项任务，他可能需要更多的练习来处理小物品（例如，把硬币放进储蓄罐里，把 1/2 英寸的钉子插入钉板，用手指吃小块麦片或葡萄干）。

○ **课堂和功能活动**

在教室里让儿童将轮状通心粉穿起来装饰房间，或者把线轴穿在一起做蛇。

○ **标准** 儿童可以穿几个小珠子（例如，1/2 英寸的珠子）。

19u. 拧上盖子

○ **教具** 带盖子的各种尺寸的小瓶子或罐子

○ **流程**

给儿童一个里面装有小物品的瓶子。告诉他打开瓶子，把里面的东西倒出来。然后，告诉儿童把盖子盖上。如果儿童难以完成这项任务，就演示如何拧上盖子，然后用肢体辅助他。向他演示如何反手握住杯盖边缘。口头提示儿童应该朝哪个方向转动盖子。

○ **课堂和功能活动**

在教室里让儿童将小惊喜藏在不透明的罐子里。如果我们找不到任何不透明的罐子，可以在罐子的底部和周围粘上一些胶带。盖上盖子，然后交换罐子。打开零食罐后，让儿童把盖子盖回去。在教室里可以在几天里让不同的儿童轮流这样做。

○ **标准** 儿童可以把盖子拧到各种类型的罐子或瓶子上。

19v. 用绳子穿带有大孔的穿线板

○ **教具** 有 1/4 英寸孔的简单穿线板

○ **流程**

给儿童一块穿线板和一根绳子。用另一块穿线板演示如何将绳子穿过穿线板上的一个孔，然后将手伸到另一侧把绳子拉出来。一般来说，儿童应该用非惯用手拿穿线板，然后用惯用手来操作绳子。如果儿童不成功，根据需要提供肢体辅助。在这个年龄阶段，儿童通常以随机的顺序来穿孔。

○ **课堂和功能活动**

把穿线板和绳子放在低矮架子上的篮子里，这样儿童就可以随时拿来玩。如果没有穿线板，可以在纸盘子的边缘打孔，让儿童来穿绳子。

○ **标准** 儿童至少可以穿过穿线板上的 4 个孔。

19w. 用一只手捡起（越过身体中线）大部分物品来表现用手偏好

○ **教具** 各种小物品（例如 1 英寸的积木、珠子、动物玩具）

○ **流程**

将物品分散放在儿童面前的桌子上，确保有一半物品在儿童中线（身体的中央）的右边，一半在左边。告诉儿童把物体放在中线的容器里。观察儿童的用手选择。如果他自发地将一只手越过中线捡起大部分物品，则不需要进一步干预。

如果儿童在吃东西时表现出用手偏好，试着让儿童用非惯用手握住容器，然后让他把东西捡起来放进容器。这将鼓励他越过身体中线捡起放在身体另一侧附近的物品。

○ **课堂和功能活动**

组织玩一些游戏，包括将小物品放入另一只手拿着的容器中（例如，一个装有硬币的玩具银行、一个装有珠子的小瓶子、一只装有小积木的小桶）。

○ **标准** 儿童可以越过身体中线去捡东西，并用惯用手捡起大部分物品。

19x. 打单结

○ **教具** 带鞋带的鞋、鞋带

○ **流程**

给儿童一双系鞋带的鞋。穿一双相似的鞋坐在儿童旁边，教他如何把鞋带两头绑成一个简单的单结。一只手握住绳子，搭在另一只手握住的绳子上（形成一个"X"）。用一只手握住"X"，同时把第一根绳子穿到"X"下方的圈后面。然后，握住鞋带末端，拉紧鞋带。使用两端颜色对比鲜明的鞋带，对儿童来说更容易完成这个任务，这也更容易为儿童提供口头提示（例如，"拉黄色的绳子"）。

○ **课堂和功能活动**

试着用一个简单的故事来提示儿童。例如，绳子的一端是一只兔子，兔子必须绕着树（绳子的另一端）走，然后进入洞里。

○ **标准** 儿童可以打一个单结。

19y. 将鞋带穿过鞋子的 2 个孔

○ **教具** 带鞋带的鞋

○ **流程**

将一只鞋的前两个孔穿好鞋带放在儿童面前。告诉他把鞋带穿完剩余的孔。如果需要的话，我们可以用另一只鞋来演示穿鞋带。向儿童演示如何用一只手将绳子穿过鞋孔，然后用另一只手抓住并拉出鞋带。在这个年龄阶段，儿童不需要遵循适当的系带模式。

○ **课堂和功能活动**

现在很多儿童都穿带尼龙搭扣的鞋子，这虽然能够使儿童更加独立，但也导致儿童很少接触系鞋带的鞋。在家里，可以让儿童帮父母系鞋带。无论是在家里还是在教室里，让儿童穿系鞋带的鞋子，都会提供练习的机会。

○ **标准** 儿童至少可以将鞋带穿过鞋子的 2 个孔。

19z. 进行简单的缝纫

○ **教具** 穿线板、塑料网格布或易缝的布（如粗麻布）、带线的大号儿童缝纫针

○ **流程**

给儿童一块穿线板或一块纱布和一根儿童缝纫针。如果儿童在布上缝纫，可以将布固定在一个小的刺绣箍里，可能更易于操作。为儿童演示如何拿着针缝穿线板或布料。根据需要提供口头和肢体辅助。

○ **课堂和功能活动**

在家里或教室里，可以把一个简单的图案缝在一张硬纸板上（提前为儿童打好要缝的洞）来制作贺卡。让儿童用不同颜色和粗细的纱线自己创作东西。可以让喜欢缝纫的儿童把 2 块毛毡缝在一起，然后用棉絮填充，从而制作一个简单的枕头。

○ **标准** 儿童至少可以在一块穿线板或一块布上缝 8 针。

19aa. 用手拿一副纸牌并进行分类

○ **教具** 一副纸牌（小型纸牌，例如 2 英寸 ×3 英寸，对于儿童的小手来说可能更容易操作）

○ **流程**

向儿童演示如何用非惯用手握住纸牌，并用惯用手取出最上面的纸牌，把纸牌翻过来放在桌子上。把纸牌分成不同的几堆。根据纸牌类型以及儿童的技能水平和兴趣，可以按颜色、数字、花色或图案（如果使用儿童纸牌）对纸牌进行分类。这个项目的目标是让儿童能够用手处理纸牌，而不是提高他的分类能力。

给儿童一副纸牌，让他像我们一样把牌分类。如果他处理纸牌有困难，试着减少他持有的纸牌数量。如果有必要，在把纸牌堆叠放在桌子上的同时教授分类任务。一旦儿童能成功完成此部分操作，就可以让他一手拿着纸牌，另一只手进行分类。

○ **课堂和功能活动**

如果儿童喜欢玩纸牌，介绍一些简单的纸牌游戏，比如 *Slap Jack* 和 *Go Fish*。

○ **标准**　儿童可以一手拿着一叠纸牌，用另一只手对纸牌进行分类。

19bb. 扣 1/2 英寸的纽扣

○ **教具**　带有 1/2 英寸的纽扣且纽扣孔稍松的布条（或装扮背心、装扮娃娃）

○ **流程**

将扣子扣好的布条交给儿童，让他解开扣子。然后，再让儿童把它们扣在一起。如果他不知道怎么做，慢慢地演示两三次。教儿童如何一只手拿布，另一只手拿扣子。将纽扣推过孔后，用另一只手抓住纽扣并将其从孔中拉出。如果儿童有困难，可以让他练习将一个大纽扣、西洋棋或筹码穿过一个塑料盖上的切缝。纽扣应该从一只手传递到另一只手。

○ **课堂和功能活动**

使用简单的有前扣的衣服玩装扮游戏。玩装扮娃娃或类似的玩具。

○ **标准**　儿童可以扣 1/2 英寸的纽扣。

19cc. 对折纸张（没有示范）

○ **教具**　标准尺寸的纸张

○ **流程**

在儿童面前放一张纸，让他把纸对折。如果儿童不知道该怎么做，用另一张纸示范如何折叠，然后让他折叠他的纸。帮助儿童把纸的边缘贴合在一起，教他用手指将纸往下按并折叠好。在另一种情况下，不提供任何示范，让儿童把纸对折。

○ **课堂和功能活动**

让儿童参与许多需要进行折叠的活动（例如，在吃零食或吃饭时折叠餐巾纸；在洗衣服时折叠毛巾；将一张纸对折，然后把它装饰成一张简单的卡片）。

○ **标准**　儿童可以在没有示范的情况下把一张纸对折。

19dd. 总是用同一只手进行熟练的活动（例如绘画、吃饭）

○ **教具** 餐具、绘画用具

○ **流程**

全天观察儿童，并注意他在各种活动中的用手选择。如果儿童使用同一只手进行大多数熟练的活动，则不需要进一步干预。一般来说，儿童最先表现一致的是使用同一只手来进行吃饭和画画之类的活动。如果儿童有明显的用手偏好，那么继续强化儿童将这只手作为惯用手。如果儿童在随机观察中（或在项目 19w 中）仍未表现出用手偏好，则最好咨询职业治疗师，尤其是对儿童使用惯用手的进展有任何顾虑的情况下。

○ **课堂和功能活动**

观察儿童在一天内和几周内用哪只手进行各种活动，看儿童是否有一致的用手偏好。持续在中线位置展示物品（例如勺子、蜡笔、锤子），直到儿童表现出明确的用手偏好。如果儿童表现出用手偏好，鼓励他坚持使用那只手，特别是在吃饭和画画时。

○ **标准** 儿童总是用同一只手来进行熟练的活动（例如绘画、吃饭）。

序列 20
工具使用

通常情况下，当儿童在玩玩具、得到自己想要的东西，或者自己吃饭时，第一次发现了自己的双手以及用手影响周围环境的能力。在儿童对自己的身体建立了良好的意识之后，他们开始认识到，他们可以使用工具作为身体的延伸，来影响周围的环境。工具的使用使我们能够以一种比只使用双手更复杂的方式来操作我们的世界。使用工具的能力是将人类鉴定为高级动物物种的特征之一。除了本章中所列出的工具使用项目之外，其他序列中还会涉及两个重要的工具开发领域。序列 4-I（自理能力：进食）中包含了餐具的使用，序列 21（视觉—运动技能）包含了书写工具和剪刀的使用。

特殊调适

有运动障碍的儿童

如果有运动障碍的儿童在拿、握工具时存在困难，请职业治疗师协助寻找能帮儿童拿起工具的适应性手套、夹板或者尼龙粘扣设备。将工具的作用对象（玩具或物品）固定起来可能会有所帮助。可以将玩具放在有黏性的防滑垫上面来固定它们。

有视力障碍的儿童

有视力障碍的儿童应该能够通过触觉线索完成这些活动。向儿童示范这些活动，并描述你正在做的事情，然后根据需要提供手把手的辅助，引导儿童完成活动。

有听力障碍的儿童

对于有听力障碍的儿童，此序列不需要做出调整，因为这些项目都是以视觉和运动技能为基础的。确保在提供口头提示的同时进行演示。

20. 工具使用

f. 拿着碗用勺搅拌

g. 用锤子在敲打工作台上敲击木钉

h. 用勺子转移材料

i. 用餐刀涂抹食物

j. 用叉子的边缘进行切割

k. 用擀面杖擀平橡皮泥
l. 用夹子转移物品
m. 用锤子敲进钉子
n. 使用衣夹转移小物品
o. 用刀和叉子切割软质材料

20f. 拿着碗用勺搅拌

○ **教具** 带勺子的碗或杯子

○ **流程**

一只手拿着碗，用另一只手示范一个搅拌的动作。给儿童一个碗和勺子，让他搅拌。根据需要，重复示范和给予肢体辅助。一个有把手的碗或杯子，可能会让儿童在搅拌时更容易抓握和固定。

○ **课堂和功能活动**

尽可能让儿童参与简单的烹饪活动。在一个杯子或小碗中放入少量的混合物或面糊让儿童搅拌。鼓励他在麦片中加入东西并搅拌（如水果片）。在教室里展示烹饪活动。

○ **标准** 儿童拿着一个碗并用勺子搅拌。

20g. 用锤子在敲打工作台上敲击木钉

○ **教具** 有木钉和锤子的敲打工作台

○ **流程**

给儿童展示敲打工作台和锤子，示范如何用锤子敲进木钉。把锤子给儿童，让他来敲木钉。必要时提供肢体辅助和反复示范。鼓励儿童把工作台翻转过来或者把钉子复位，然后重复该活动。敲打工作台通常是由木头做成的，比球类敲打玩具需要更大的力气和更多次重复的锤击。

○ **课堂和功能活动**

在自由玩耍时间，给儿童提供一个随时可以玩的敲击玩具。在教室里，为儿童提供敲打工作台，但当儿童玩锤击游戏时，不应该鼓励他们在其他人附近玩耍，以免打到别人。

○ **标准** 在几种不同的场合下，儿童用锤子把木钉敲进去。

20h. 用勺子转移材料

○ **教具** 2个碗、茶匙、松散材料（例如，小石头、扁豆、大米、沙子；如果儿童容易把东西放到嘴巴里，请使用可食用的物品）

○ **流程**

例如，在一个碗里装满扁豆，然后把它放在儿童面前的一个空碗旁边。用勺子示范如何从一个碗中舀扁豆并将它们倒入另一个碗中。然后把勺子递给儿童，让他把空碗装满。根据需要提供肢体辅助。使用不会轻易翻倒的重碗，可能会让儿童更容易成功。如果儿童在到达第二个碗之前，经常会丢失大部分的材料，那么先让他使用量杯。

○ **课堂和功能活动**

在教室里或操场上，一定要在沙箱或沙桌里提供球形勺、铲子、勺子和各种容器。儿童也可以用铲子往桶里装满沙子，然后用那些沙子来建造一座沙堡。

在吃点心的时候，让儿童用调羹或球形勺从一个大碗里给自己盛点心（如干麦片、葡萄干）。

○ **标准** 儿童用勺子从一个容器中舀取材料并放到另一个容器中。

20i. 用餐刀涂抹食物

○ **教具** 烤面包片或硬面包片、软黄油、刀子、盘子

○ **流程**

把一片烤面包放在盘子里，将盘子放在儿童面前的桌子上，桌子上还有餐刀和黄油。用另一片烤面包向儿童示范如何涂抹黄油，以覆盖面包的整个表面。鼓励儿童在自己的面包片上涂抹黄油。教儿童用一只手固定面包，另一只手来涂抹黄油。根据需要提供肢体辅助。

○ **课堂和功能活动**

在家里和在教室里，鼓励儿童独立制作简单的食物。他可以在饼干上涂抹花生酱或果冻，也可以在饼干上涂抹柔软的糖霜来装饰饼干。

○ **标准** 儿童在几种场合下使用餐刀来涂抹食物。

20j. 用叉子的边缘进行切割

○ **教具** 易切的食物（如：薄煎饼）、叉子、盘子

○ **流程**

把煎饼放在盘子里，把盘子放在儿童面前的桌子上，桌子上还有一把叉子。向儿童展示如何用叉子边缘来切煎饼。把叉子侧放在儿童的手里，帮助他切煎饼，往下推叉子边缘，然后拔出叉子。然后，要求儿童独立完成活动。鼓励他将食指放在叉子的上边缘以施加压力。

○ **课堂和功能活动**

在教室里，把橡皮泥揉成蛇状或用擀面杖压平，鼓励儿童用叉子边缘把橡皮泥切成小块。

○ **标准** 儿童在几种场合下用叉子边缘切割。

20k. 用擀面杖擀平橡皮泥

○ **教具** 擀面杖、橡皮泥或制作饼干的面团

○ **流程**

给儿童一团橡皮泥，向他演示如何用手轻轻地把它压平。然后把擀面杖给儿童，让他把橡皮泥擀开。使用另外的擀面杖和橡皮泥示范此动作。如有必要，用肢体辅助儿童完成活动，鼓励儿童在滚动擀面杖的同时进行按压。儿童可能会发现使用带手柄的擀面杖更容易，因为这种擀面杖的主体部分可以独立转动（而不是一块实木）。

○ **课堂和功能活动**

在家里或教室里，和儿童一起做饼干或小面包。给他一个小面团让他压平。

○ **标准** 在几种不同的场合下，儿童用擀面杖把一小团橡皮泥或饼干面团擀平。

20l. 用夹子转移物品

○ **教具** 木制或塑料夹子（例如烤面包的夹子、沙拉夹子）、容器、小物品（如1/2英寸的积木、贝壳、棉球）

○ **流程**

把几个小物品放在儿童面前的桌子上。向他示范如何用夹子夹起物品并放入容器。儿童拿夹子的方式应该与他拿叉子或铅笔的方式类似（即用拇指和食指或拇指与前两根手指）。把夹子以正确的姿势放在儿童手里，让他把物品夹起来放进容器里。一个大开口的较浅的容器更易于儿童操作。

○ **课堂和功能活动**

让儿童使用夹子来吃零食甚至吃饭，以进行额外的练习。在教室里，准备几套夹子、一篮子

小物品和一些容器，这样儿童就可以轮流使用夹子来转移物品了。

○ **标准**　在几种不同的场合下，儿童用夹子夹起至少 5 个小物品并放进一个容器里。

20m. 用锤子敲进钉子

○ **教具**　轻型锤子、钉子、木头

○ **流程**

在一块被固定在平面的木头上钉几个钉子。向儿童示范如何用锤子钉钉子，然后把锤子给他，让他把剩下的钉子敲进去。鼓励儿童握住锤子把手的末端，在每次敲击之前把锤子举到钉子上方几英寸的地方。根据需要提供肢体辅助，帮助儿童把握敲击的节奏。如果儿童成功地通过了项目 20g，但仍然难以完成此项任务，那么在使用较硬的木头之前，可以先尝试将钉子敲入比较柔软的木头（如轻木），或者把高尔夫发球台锤入一块塑料泡沫中。

○ **课堂和功能活动**

在户外准备一个木桩，并在木桩上钉一些钉子。可以将敲击练习作为儿童的一项课外活动。在教室里，用锤子、钉子、砂纸和手钻来设置一个木工区域。在儿童使用此区域之前，请务必教授其安全规则。

○ **标准**　儿童用锤子敲进几个钉子。

20n. 使用衣夹转移小物品

○ **教具**　标准尺寸的弹簧衣夹、硬币、橡皮泥、容器

○ **流程**

把一团橡皮泥稍微压平。把几个硬币竖着立在橡皮泥上。向儿童示范如何用衣夹夹起一枚硬币，并将其放入容器内。然后让儿童用衣夹夹起硬币并把它们放入容器里。当儿童夹起一枚硬币后，提醒儿童在到达容器上方之前，不要再捏衣夹。如果儿童有困难，可以通过将衣夹夹到硬纸板上的方式，让他来练习如何使用衣夹。当儿童能够很好地控制衣夹之后，再把衣夹作为一个工具使用。此项活动也可以通过用衣夹夹起小钉板上的小钉子来完成。

○ **课堂和功能活动**

在教室里准备一个盆子，里面放有衣夹和能够用衣夹夹起来的物品。允许儿童自由地玩这些物品。我们也可以玩这样一个游戏，让儿童用衣夹来传一个小物品，最后一个儿童要将物品放进容器中。

○ **标准** 儿童能用弹簧衣夹夹起至少 5 个小物品,并把小物品转移到一个容器里。

20o. 用刀和叉子切割软质材料

○ **教具** 易切的食物(如薄煎饼)或其他软质材料(如面团)、叉子、刀和盘子

○ **流程**

把一个薄煎饼放在盘子里,然后把盘子放在儿童面前的桌子上,并在桌子上放一个叉子和一把刀。向儿童示范如何用叉子固定煎饼,然后来回移动刀来切割。帮助儿童把叉子放在非惯用手里(如果知道的话),把刀放在他的惯用手里。鼓励儿童把食指放在刀的刀背上,以便在切割时施加压力。根据需要提供肢体辅助。在这个年龄阶段,儿童可能仍然用握拳的方式来拿叉子。

○ **课堂和功能活动**

无论是在家里还是在教室里,玩橡皮泥都是促进此技能发展的好方法。把橡皮泥揉成蛇状或用擀面杖擀平,鼓励儿童用叉子固定橡皮泥,然后用刀切割。

○ **标准** 在几种不同的场合下,儿童用叉子和刀来切割柔软的材料(例如橡皮泥、薄煎饼)。

序列 21
视觉—运动技能

视觉—运动是指在纸上使用工具的技能（例如用笔画画、涂色、用颜料画画、书写、剪纸），通常会涉及视觉和双手的协调使用。视觉—运动技能的出现需要视觉感知和精细运动技能的结合。儿童能够从与艺术材料的早期接触中受益，这些材料使得他们能够探索和发展运动控制技能，而这些运动控制技能是在学龄前阶段从事更需要技巧的活动时所需要的。对于学步儿童来说，画架活动提供了一个探索不同材料（例如颜料、粉笔和蜡笔）的好机会，而且画架的方位有助于成熟的抓握和手部姿势的发展。通常，一个成熟的握笔姿势不会在 3 岁之前出现。一般情况下，视觉—运动技能发展的差异性很大，女孩通常会表现出发展优势。

特殊调适

有运动障碍的儿童

有严重运动障碍的儿童可能无法独立完成这些活动，但你可以做一些事情来帮助他们。例如，如果一个儿童不能握住蜡笔或记号笔，那么首先可以专注于让儿童用手掌或手指来进行书写或绘画。提供手把手的辅助来帮助儿童参与绘画活动。有运动障碍的儿童可能需要某种类型的适应性装置来握住蜡笔或铅笔，请向职业治疗师咨询各种可能性。

有视力障碍儿童

有严重视力障碍的儿童在这些项目上会遇到相当大的困难。重要的是咨询职业治疗师或视力专家，以确定将这些项目包含在儿童的训练计划中是否合适，如果合适的话，需要进行哪些调整。

有些调整包括使用对比鲜明的颜色，例如，亮黄色的纸和黑色的记号笔，或者用厚厚的手指颜料、橡皮泥或剃须膏来做标记，这样儿童就可以用自己的手指来感知、跟随标记。

有听力障碍的儿童

这些项目对于有听力障碍的儿童来说，不需要做出任何调整，因为这些项目是基于视觉和运动技能的。但是任何的口头提示都要伴随着示范。

21. 视觉—运动技能

f.　模仿画水平线条

g.　假装书写

h. 用圆形涂鸦仿画一个圆形
i. 用剪刀剪断纸
j. 连续剪纸
k. 模仿画一个圆形
l. 模仿画一个十字
m. 画一个有头部和至少一个特征的人
n. 沿着直线剪东西，并保持在直线的 1/2 英寸范围内
o. 画一个有头部和 4 个特征的人
p. 剪出一个 4 英寸宽的正方形
q. 模仿画一个正方形
r. 画简单而有意义的图画
s. 剪出一个直径 4 英寸的圆
t. 描画简单的模板轮廓
u. 画一个有头部和 8 个特征的人
v. 按照大致轮廓剪下图片

21f. 模仿画水平线条

○ **教具**　大的纸张、蜡笔或记号笔、纸板

○ **流程**

在儿童面前放一张纸，然后示范如何画水平线条。画画时对儿童说："看我，我在画来回移动的线。"试着在画每一个线条的时候加一个声音（如"呜"）。

在我们为儿童示范了这些动作之后，让他做我们刚才所做的事情。如果他没有做，握住他的手，帮助他画几个水平线条，然后让儿童自己画一条。如果儿童在画水平线条时遇到了很多困难，我们可以用带狭槽的纸板导轨来帮助他，然后再看看儿童能否独立地进行这项活动。

○ **注意**

要制作纸板导轨，请切割宽 1/2 英寸、长 8 英寸的狭槽。

○ **课堂和功能活动**

鼓励儿童用食指蘸取手绘颜料、泡沫肥皂，或在沙箱中烘焙油纸上的少量沙子或盐上画出线条。

○ **标准**　在几种场合下，儿童能用书写工具模仿画一条水平的线条。

21g. 假装书写

○ **教具** 纸、铅笔

○ **流程**

和儿童坐在一张桌子旁，然后开始写一些东西（例如，给爷爷的一封信、一份购物清单）。给儿童一支铅笔和一张纸，让他写我们正在写的东西。大多数儿童会拿起铅笔并开始在纸上做印记。如果儿童没有这样做，把铅笔放在他手里，并手把手辅助他在纸上做印记。逐渐减少我们的辅助。

○ **课堂和功能活动**

在休息时间（例如，等待午餐时、等待约会时），给儿童一个小记事本和铅笔，这样他就可以写字了。

在教室里或其他区域提供铅笔和记事本，这样儿童就可以假装在书写清单或做办公室工作。

○ **标准** 儿童用一个书写工具假装书写。

21h. 用圆形涂鸦仿画一个圆形

○ **教具** 大的纸张、蜡笔或记号笔

○ **流程 / 课堂和功能活动**

参见项目 21f 的说明，将画线条改为画圆形。

○ **标准** 在尝试模仿画圆形时，儿童画出了一个圆形的涂鸦。

21i. 用剪刀剪断纸

○ **教具** 纸张、安全剪刀

○ **流程**

在儿童面前放一张纸和一把安全剪刀，告诉他剪纸。如果他不知道怎么做，把剪刀放在他的惯用手里，引导他完成动作。

为了获得最佳控制，将儿童的拇指和中指放在剪刀把手的孔里，将他的食指放在靠近孔的底部把手上。我们用手拉紧纸张，然后让儿童剪。诸如"打开"或"紧握"之类的口头提示可能会有帮助。如果儿童遇到了很多困难，可以使用小的弹力剪刀或者带有辅助把手孔的训练剪刀。当

儿童能够成功地剪断时，鼓励儿童自己拿着纸。使用硬纸或索引卡片可能会使此活动更容易一些。

○ **注意**

如果儿童的用手偏好不明确，请教儿童用右手来剪纸，因为大多数剪刀都是针对右利手的，并且许多惯用左手的人也是用右手来剪纸的。剪刀的质量可能会在很大程度上影响儿童剪纸的成功水平。应该为惯用左手的儿童提供左利手剪刀。剪刀的刀片应该是锋利的（但不是尖的）并能紧密地合在一起。

○ **课堂和功能活动**

把纸的边缘剪成流苏来做成餐垫。

○ **标准** 儿童能用剪刀剪几次纸。

21j. 连续剪纸

○ **教具** 6平方英寸的纸张、安全剪刀、硬纸（如索引卡片）

○ **流程**

在儿童面前放一张纸和一把安全剪刀。让他把纸剪成两半，或者把整张纸剪开。为了维持连续地剪纸，必要时给儿童提供口头提示（例如，"打开、紧握、打开、紧握"）以及肢体帮助。开始时帮助儿童拿着纸会有所帮助。当儿童可以成功地剪纸后，让他自己拿着纸。开始时可以尝试使用硬纸或索引卡片，以使这个活动变得更容易一些

○ **课堂和功能活动**

把粘在纸板上的画剪成几块，制作简单的拼图。

○ **标准** 儿童能在一张纸上连续剪纸。

21k. 模仿画一个圆形

○ **教具** 纸、蜡笔或记号笔

○ **流程**

在一张纸的顶端画几个圆。当我们画每一个圆时，告诉儿童："绕一圈然后停下来。"然后让儿童画一个和我们一样的圆。如果儿童有困难，引导他的手画几次圆。然后让儿童独立地做此活动。尝试画不同大小的圆，看看儿童能不能画出大圆和小圆。他可能喜欢画出一个圆来让我们把它变成笑脸。如果儿童完成此活动有很多困难，试着给他一个可以描摹轮廓的物品（可以用热熔胶枪或彩色蜡条制作一个凸起的双圆轮廓），让他在两圆之间进行描画。

○ **课堂和功能活动**

在教室或家里，尝试用手指画画，鼓励儿童用手指画圆。使用沙箱或者在烘焙纸上放少量沙子画圆。

○ **标准**　儿童用书写工具模仿画几个圆形。

211. 模仿画一个十字

○ **教具**　纸、蜡笔或记号笔

○ **流程**

在一张纸的顶端画几个十字。在我们画每一个十字时，告诉儿童："画一条竖线，再画一条横线。"然后让他画一个和我们一样的十字。如果儿童有困难，引导他的手画几次十字。然后让儿童独立完成此活动。一些儿童在开始时可能需要额外的口头提示，例如，"画一条竖线，抬起你的手（蜡笔），现在画一条横线"。

○ **课堂和功能活动**

在教室里，让儿童和他的同学用手绘颜料或沙子模仿画十字线条。

○ **标准**　儿童用书写工具模仿画几个十字。

21m. 画一个有头部和至少一个特征的人

○ **教具**　纸、铅笔（或记号笔、蜡笔）

○ **流程**

让儿童画一幅自画像（或一张脸、一个人）。如果儿童不能画出任何可辨认的内容，建议他画一个圆作为头部（儿童在尝试这个项目之前应该能够画一个圆）。然后问儿童这幅图画还需要画什么。尝试让他照镜子（最好是全身镜）。鼓励儿童在图画中添加其他内容（例如眼睛、嘴巴、代表腿的线条）。如果儿童想不起来要添加什么，建议他在图画中添加眼睛、嘴巴或腿，因为这些通常是首先需要添加的身体部位。在另一个场合下，再让儿童画一幅自画像，开始时不要进行任何提示。如果儿童没有成功，重复教学流程。

○ **课堂和功能活动**

在外出时准备好纸和绘图工具。利用等待时间让儿童练习绘画技巧。练习诸如 *Head, Shoulders, Knees, and Toes* 之类的歌曲，帮助儿童熟悉自己的身体部位以及它们彼此之间的位置关系。

○ **标准**　在几种场合下，儿童画出一个头部和至少一个其他特征来代表一个人。

21n. 沿着直线剪东西，并保持在直线的1/2英寸范围内

○ **教具** 6英寸的方形纸、宽头记号笔、安全剪刀、硬纸（如索引卡片）、橡皮泥

○ **流程**

在一张纸上画一条大约1/4英寸宽的线条。把纸和剪刀放在儿童面前，告诉他沿着线剪纸。鼓励儿童在剪纸时看着纸并始终沿着线条剪。在开始时使用硬纸或索引卡片可能更容易。如果儿童沿着线条剪纸有很多困难，尝试在线条的任意一边贴一段胶带，以鼓励儿童沿线剪。把橡皮泥擀平，然后在橡皮泥上画一条线让儿童沿着线剪。在画线的地方，橡皮泥会变薄，这就能帮助儿童在剪的时候保持在线上。

○ **注意**

鼓励儿童在剪的时候把拇指保持在上面。为了让儿童在使用剪刀时保持良好的手部姿势，可以在桌子腿的边缘贴上长纸条，让儿童坐在地板上，然后从下往上一直剪到桌面。

○ **课堂和功能活动**

在教室里，让儿童把纸剪成长条状来做成纸链。

○ **标准** 在几种场合下，儿童能够沿着直线剪东西，并保持在直线的1/2英寸范围内。

21o. 画一个有头部和4个特征的人

○ **教具** 纸、铅笔（或记号笔、蜡笔）

○ **流程**

让儿童画一幅自画像。建议他站在镜子（最好是一个全身镜）前看看要画什么。如果儿童没有画出任何可识别的内容，返回到项目21m。

在另外一张纸上画一个人的简单图画，作为一个例子来帮助儿童。在另一个场合下，要求儿童画一张自画像，开始时不进行任何提示。如果儿童没有成功，重复教学流程。

○ **课堂和功能活动**

在家里或教室里，通过玩身体拼图来帮助儿童提高对身体部位的视觉感知，以及身体部位之间的位置关系。

在教室里，我们可以使用一个法兰绒板以及很多身体部位的图案，让儿童轮流添加一个身体部位。我们也可以在墙上贴一张很大的纸，然后让儿童贴墙站好，画出儿童的轮廓，然后让儿童在大的自画像上填充面部特征和彩色的衣服。

○ **标准** 在几种场合下，当被要求画一张自画像时，儿童能够画出一个头部和至少4个其他

特征。

21p. 剪出一个 4 英寸宽的正方形

○ **教具**　方形纸（6—8英寸）、宽头记号笔、安全剪刀、橡皮泥

○ **流程**

在一张纸上画一个大约4英寸宽的正方形。把纸和剪刀放在儿童面前，让他把正方形剪出来。鼓励儿童在剪纸时看着纸并始终沿着线剪。帮助儿童在剪纸时用另一只手转换纸张的方向。鼓励他在转换方向前一直剪到每条线的尽头。

试着擀平一块橡皮泥，在橡皮泥上画一个正方形让儿童剪出来。在画正方形的地方，橡皮泥会变薄，这能帮助儿童在剪的时候保持在线上。

○ **注意**

应该鼓励右利手的儿童按照逆时针的方向来剪，而左利手的儿童按顺时针方向来剪。教儿童保持握剪刀的手部姿势，然后用非惯用手调整纸张。

○ **课堂和功能活动**

在杂志中的图片周围画上正方形，让儿童剪下来，然后粘在海报上或剪贴簿上。做一个与识字相关的活动，帮助儿童找到并剪下图片，来做一本字母书。

○ **标准**　儿童在几种不同的场合下剪出一个4英寸宽的正方形。

21q. 模仿画一个正方形

○ **教具**　纸、蜡笔或记号笔

○ **流程**

在一张纸的顶端画一个正方形。然后握住儿童的手，帮助他画几个大正方形。画正方形有几种不同的方法，我们可能需要进行试验，看看哪种方法最适合特定的儿童。和儿童一起画完正方形后，让儿童自己画一个正方形。如果儿童有困难，那么在开始时我们先画出正方形的一部分，然后让儿童补全它，可能会有所帮助。例如，我们先画出正方形的三条边，然后让儿童画第四条边；接着我们只画出两条边，让儿童添加上另外两条边。在开始时比较容易的方法是，我们画出两条垂直线条，让儿童加上两条水平线条。

○ **课堂和功能活动**

在教室里或家里，尝试用手指画画并鼓励儿童用手指画正方形。使用沙箱或在烘焙纸上放少

量沙子画正方形。

○ **标准**　儿童在 3 种不同的场合下用书写工具模仿画一个正方形。

21r. 画简单而有意义的图画

○ **教具**　纸、蜡笔、记号笔、铅笔

○ **流程**

让儿童画一幅画。如果他乱涂乱画或没有什么反应，建议他画一些会画的东西，尤其是那些我们知道他感兴趣的东西。通常，向儿童建议和示范易于绘制的图画（例如彩虹、汽车、房子、鲜花）会很有帮助。画一张非常简单的图画，让儿童画一张和我们一样的。示范的目的不是让儿童准确地复制我们的图画，而是传递给他一些如何画简单物品的想法。

○ **注意**

当儿童自发地画画时，请他向我们介绍这幅图画，而不是问"这是什么"。当我们对儿童的绘画给予赞扬或认可时，具体化的评论（例如，"我喜欢你在图画中使用蓝色和绿色""这些弯弯曲曲的线条看起来很有活力"）比较模糊的评论（例如，"这是一幅好画"）更好。

○ **课堂和功能活动**

在外出时带上绘画材料，中途停下来让儿童画一画路上看到的东西。我们开始画一幅画，然后让儿童来完成这幅画。例如，我们画出汽车的车身，然后让儿童添加轮子、窗户和前照灯。和儿童轮流在一幅画上添加新元素。

在教室里，让每个儿童口述一个关于他所画图画的故事。儿童可能有兴趣将几幅图画变成一本书。

○ **标准**　儿童能够画几个简单而有意义的图画。

21s. 剪出一个直径 4 英寸的圆

○ **教具**　方形纸（6—8 英寸）、宽头记号笔、安全剪刀

○ **流程**

在一张纸上画一个直径大约为 4 英寸的圆。把纸和剪刀放在儿童面前，让他剪出圆形。鼓励儿童在剪纸时看着纸并始终沿着线剪。帮助儿童在剪纸时用另一只手转动纸张。试着擀平一块橡皮泥，在橡皮泥上画一个圆，让儿童把圆剪出来。在画圆的地方，橡皮泥会变薄，这能帮助他在剪的时候保持在线上。

○ **注意**

鼓励右利手的儿童按照逆时针方向来剪，左利手的儿童则按照顺时针方向来剪。教儿童保持握剪刀的手部姿势，然后用非惯用手调整纸张。

○ **课堂和功能活动**

在杂志中图片周围画圆，让儿童剪下来，然后粘到海报或剪贴簿上。做一个与识字相关的活动，帮助儿童找到并剪下图片，做一本字母书。

○ **标准**　在几种场合下，儿童能剪出一个圆。

21t. 描画简单的模板轮廓

○ **教具**　纸、模板、记号笔或铅笔

○ **流程**

用胶带把 2 张纸（一张给我们，另一张给儿童）固定在桌子上。在我们的纸上放一个模板。向儿童示范如何沿着模板外围进行描画，同时用非惯用手固定模板。然后让儿童在自己的纸上描画模板。鼓励儿童把铅笔尖靠在模板边上。如果儿童有困难，肢体辅助儿童描画几次模板。然后让儿童独立完成此活动。如果有必要，用胶带将模板固定在纸上。

○ **课堂和功能活动**

描画合乎季节或节日的模板，并用描出的图画装饰家里或教室。

在教室里，让儿童描画简单的形状并剪下来制作名牌。尝试用描图纸来描画简单的图画。

○ **标准**　儿童能够描画一个简单的模板，并在 75% 的时间里保持铅笔与模板接触。

21u. 画一个有头部和 8 个特征的人

○ **教具**　纸、铅笔（或记号笔、蜡笔）

○ **流程**

如项目 21o 所示，让儿童画一幅自画像。如果他没有添加 8 个特征，为他提供一些可以添加的特征建议。

○ **课堂和功能活动**

在教室里，让儿童画自己的家人或朋友。尝试用橡皮泥来制作人像。

○ **标准**　在几种场合下，当被要求画一张自画像时，儿童能够画出一个有头部和 8 个其他特征的人。

21v. 按照大致轮廓剪下图片

○ **教具** 各种简单的图片、宽头记号笔、安全剪刀

○ **流程**

在儿童面前放一张图片和一把剪刀，让他把图片剪下来。在开始剪之前，我们或儿童用记号笔描出图片的轮廓会有所帮助。鼓励儿童沿着线剪而不要剪到图片。在开始时，选择有平缓曲线但没有明显角度的简单图片来操作。随着儿童能力的提高，增加任务的复杂性。

○ **课堂和功能活动**

从杂志上剪下喜欢的图片来制作拼贴画或海报。

在教室里，制作一本全年剪贴簿，每周剪下与当前兴趣相关的图片，或者制作一本字母剪贴簿，每个字母都单独占一页。帮助儿童找到以每个字母为开头的图片，以便他们剪下来。

○ **标准** 儿童在几种场合下能够按照大致的轮廓剪下一张图片。

第十章
粗大运动

序列 22-1
直立：姿势和移动

运动项目设计的最终目标是让儿童的直立姿势（坐、站立和行走）发挥效用。这些能力以从俯卧位（腹部朝下）和仰卧位（背部朝下）的姿势中所获得的力量为基础。然而，在整体项目的规划上，重要的是要区分使用直立姿势是来促进运动发展，还是来促进认知和社交发展的（虽然这些目的之间经常有重叠）。

例如，坐是一种涉及力量和平衡的运动技能。以俯卧位和仰卧位姿势进行的运动可以增强肌肉，而以坐姿进行的运动可用于加强平衡和控制。然而，坐姿同时也是一种促进认知和社交发展的重要姿势。坐姿为儿童提供了更广阔的视野看待周围世界、不同的物体操作经验，以及更多的社交互动机会。然而坐姿也仅限于上述功能，并且需要儿童的头部可以自由移动，双手可以自由玩耍，而不是用来支撑。如果儿童需要使用双手来支撑，那么需要将儿童放置在恰当的支撑座椅设备中，以进行认知和社交活动。

一旦儿童掌握了站立、行走以及爬楼梯等基本的粗大运动技能，他们就会将这些技能发展成各种各样的跑、跳和攀爬技能，同时学习基本的控球技巧。让学龄前儿童积极地参与这些活动，重要的是为他们提供安全的场所和充足的户外活动时间。这些充满活力的活动可以增强儿童的肌肉的力量、灵敏性和心血管的耐力。此外，积极的粗大运动游戏是儿童建立社交关系的方式之一。对于有特殊需要的儿童，应尽可能提高这些技能。

| 特殊调适 |

有运动障碍的儿童

有运动障碍的儿童通常更喜欢依偎在成人的肩膀上，而不是抬起自己的头。对于这样的儿童来说，要特别重视自主的头部控制，并且需要利用特殊的姿势来进行需要视觉注意或使用手臂的活动。

为了促进坐姿的发展，可能需要付出额外时间和提供肢体辅助。有严重运动障碍的儿童可能永远无法独立地坐着。然而，还是应该给儿童机会，来控制他能够控制的过渡性动作的任意部分。

有运动障碍的儿童如果想坐下但缺乏足够的姿势控制，他们通常会采用各种策略来保持稳定。有些儿童将脚后跟放在臀部旁边坐下（即"W"坐姿）。如果儿童的肌肉僵硬，你应该鼓励儿童把脚放在前面坐下，并提供一个替代的支撑座椅，以此来阻止这种姿势。如果肌肉僵硬的儿童经常采用"W"坐姿，请确保儿童定期接受骨科医生的检查，因为该坐姿可能会造成髋关节脱位以及膝盖和脚踝出现问题。对于肌肉力量较弱和软弱无力的儿童，"W"坐姿并不是一个严重的骨科问题，但通常表明儿童需要进行特定的强化训练。

如果一个儿童坐着时背部呈圆形，头部向后倾斜，腿部僵硬伸展，那么应该纠正他的姿势。有些儿童需要治疗师挑选专门制造的座椅设备，其他儿童则可以通过使用带有防滑衬垫的直背椅来形成良好的坐姿。

确保帮助有运动障碍的儿童尽可能站直，双脚平放在地板上，脚踝处于正常位置。有严重运动障碍的儿童可能永远无法独立站立，因此你应该为他们提供替代方案（例如，一个倾斜式站立辅助器）。向物理治疗师寻求建议。

儿童运动障碍的性质将决定他能否独立行走。咨询物理治疗师，了解每个儿童的潜力以及可以帮助儿童行走的适应性辅助工具。许多使用轮椅作为一般代步工具的儿童，如果得到肢体上的帮助来到处移动，就可以在没有轮椅的情况下在教室里活动。这种能力对整体健康状况很重要，并且会影响这些儿童看待自己以及被他人看待的方式。在进行平衡性活动之前，一定要确保有运动障碍的儿童具备一种安全的跌落方式。最重要的考虑因素是，确保儿童在跌倒时不会将头撞到地板上。

对于有严重障碍而不能在辅助下行走的儿童，应该至少每小时一次改变他们的体位，这将有助于防止挛缩和改变视觉环境。

爬楼梯是一项重要的运动技能，因为它既有重要的功能性，也能加强腿部肌肉。只要有可能，就帮助有运动障碍的儿童爬楼梯而不是抱着他。如果有运动障碍的儿童的双脚控制不均，平衡木活动对于他们来说可能会很困难。在儿童控制力较弱的一侧提供肢体辅助，以便儿童完成活动。

有视力障碍的儿童

在与有视力障碍的儿童一起活动时，要特别注意他们上半身肢体的姿势。尽量防止有视力障碍的儿童将头部或肩膀向前倾斜。大多数有视力障碍的儿童拥有一定程度的可用视力，你可以用来鼓励他们抬头。你可以将听觉刺激和鲜艳的、有光泽的或高对比度的视觉刺激配对，或者使用能够发出连续声音的玩具，并在运动过程中用肢体引导儿童。

当你和儿童一起练习伸手够的动作时，每次只把玩具移动几英寸，并确保儿童都能拿到玩具。

对于能够自己移动的有视力障碍的儿童，请将房间和玩具的布置保持在相同的可预测的位置。对于有视力障碍的儿童，独自行走能力通常会延迟发展，因此从事这项活动可能更需要你坚持不懈。在熟悉、可预测的游戏空间中反复练习，可以考虑使用游戏围栏或者房间的角落。尝试让有视力障碍的儿童站在你的脚上，和他一起行走来传达这个概念。一旦儿童能够独自行走，开始教儿童通过感觉墙和家具来找到周围的路。如果儿童有足够的功能性视力，请使用明亮或荧光的地板标记。对于视力很弱或没有视力的儿童，可以练习推一个小推车，沿着空旷安静的走廊，朝着有意义的听觉目标前进。

有听力障碍的儿童

有时候，有听力障碍的儿童会有站立和行走的问题。这是因为控制听力和平衡的结构处于大脑的同一部分。有听力障碍的儿童可能需要更多的练习，但最终将会站立和行走。

22-I. 直立：姿势和移动

u. 倒退行走 10 英尺

v. 在各种类型的表面上行走而不摔倒

w. 使用脚后跟—脚趾模式行走（手臂可以自由携带物品）

x. 踮着脚尖行走 3—4 步

y. 在不摔倒的情况下跑至少 10 英尺

z. 从 8 英寸的高处跳下（单脚起跳）

aa. 手扶栏杆，用双脚交替走模式，走上 3 级台阶

bb. 踮着脚尖行走至少 20 英尺

cc. 跑步时避开障碍物

dd. 不需要栏杆，用双脚交替走模式，走上 3 级台阶

ee. 不需要栏杆，用同样的迈步方式，走下 3 级台阶

ff. 跳过 2 英寸高的障碍物

gg. 从 16—18 英寸的高处跳下（单脚起跳）

hh. 跳 4—14 英寸远

ii. 踮着脚尖，在 1 英寸宽的线上行走 10 英尺

jj. 快跑 5 个循环

kk. 跑步时有双脚离地的阶段

ll. 原地单脚跳跃一次

mm. 不需要栏杆，用同样的迈步方式，走上 10 级台阶

nn. 不需要栏杆，用同样的迈步方式，走下 10 级台阶

oo. 跳过 8 英寸高的障碍物

pp. 从 18—24 英寸的高处跳下（起跳和落地时双脚并拢）

qq. 跳 14—24 英寸远

rr. 双脚交替跳 5 个循环，在跳跃之间有停顿

ss. 用惯用脚单脚跳跃两三次

tt. 从 24—30 英寸的高处跳下（起跳和落地时双脚并拢）

uu. 手扶栏杆，用双脚交替走模式，走下 3 级台阶

vv. 连续跳过几个 8 英寸高的障碍物

ww. 跳 24—36 英寸远

xx. 手扶栏杆，用双脚交替走模式，走下 10 级台阶

yy. 用惯用脚单脚跳跃 5 次，用非惯用脚单脚跳跃 3 次

zz. 双脚交替跳 5—10 个循环，协调的踏跳模式

A. 在 10 秒内跑至少 50 英尺

B. 向上跳跃至手臂上方 3 英寸处

C. 从 32 英寸的高处跳下（可能单脚着地）

D. 至少跳 36 英寸远

E. 双脚交替至少跳 15 个循环（脚尖着地），有节奏地转移重心

F. 跑步时，在 4—8 步内转变方向 180 度

G. 用惯用脚单脚向前跳 16 英寸，用非惯用脚单脚向前跳 12 英寸

H. 不需要栏杆，用双脚交替走模式，走下 10 级台阶

I. 在地板上跳跃，在一次跳跃内完成 180 度转身

22-Iu. 倒退行走 10 英尺

○ **教具** 拖拉玩具、大的空箱、有宽把手的小推车、可以在上面行走的光滑平面

○ **流程**

通过以下方式鼓励儿童倒着行走：往后拉一个有轮子的玩具，用一个小推车运载朋友，或者往后拉一个纸板箱。你也可以面向儿童玩《我要抓住你》的游戏，也可以轻轻地用手推着儿童向后移动。

○ **课堂和功能活动**

所有这些活动都可以很容易地在小组中进行，室内或室外都可以。它们可以被组织成简单的日常活动，来帮助儿童学习随着音乐移动、听从指令，以及待在小组里。

○ **标准** 儿童倒退着行走 10 英尺，没有停顿或摔倒。儿童可以连续 3 天，每天这样做几次。

22-Ⅳ. 在各种类型的表面上行走而不摔倒

○ **教具**　可行走的各种表面（例如人行道、草地、斜坡、碎石路）

○ **流程**

逐步向儿童介绍他所处环境中的各种室外表面。

○ **课堂和功能活动**

开始时提供手部支撑，使儿童缓慢移动，然后逐渐撤销支撑并鼓励他更快地移动。

○ **标准**　儿童经常在周围各种类型的平面上行走而不摔倒。

22-Ⅳ. 使用脚后跟—脚趾模式行走（手臂可以自由携带物品）

○ **教具**　球或其他大到需要用双手拿着的玩具

○ **流程**

当儿童练习各种行动技能时，应该会出现一种脚后跟—脚趾的行走模式。此时，儿童走路时将有足够的稳定性来携带物体。

○ **课堂和功能活动**

鼓励儿童帮助清理、携带物品，将物品从一个地方搬运到另一个地方。

○ **标准**　儿童在搬运物品时，通常以脚后跟—脚趾的模式行走，并且不会失去平衡。

22-Ⅸ. 踮着脚尖行走 3—4 步

○ **教具**　任何能鼓励儿童伸向高处的玩具或材料，开阔的空间

○ **流程**

鼓励儿童在抓着支撑物的同时，踮起脚尖去够架子上的物品。通过有选择地将喜欢的玩具放在够不到的地方，可以将此活动变成日常活动的一部分。然后远离坚实的支撑，鼓励儿童踮起脚尖走路。最初可以伸出我们的一只手作为支撑。

○ **课堂和功能活动**

我们也可以让儿童在我们踮着脚尖走路时模仿我们，或者我们可以轻轻地把儿童悬空，这样他只有脚尖能够接触到地板。

○ **标准**　儿童踮着脚尖连续走 3—4 步，连续 3 天，每天数次这样做。

22-Iy. 在不摔倒的情况下跑至少10英尺

○ **教具** 开阔的空间

○ **流程**

一旦儿童掌握了基本的跑步技能,鼓励他在户外的操场上跑步。最初,指导儿童向前看,并注意障碍物。通过练习,儿童将学会调整速度和方向,以避免碰到设备。

○ **课堂和功能活动**

当儿童逐渐能够安全地跑步时,可以让他参加包含速度和方向变化的小组游戏。我们可以很容易地将跑步融入障碍训练。

○ **标准** 儿童通常可以在光滑的表面上跑10—20英尺而不摔倒。

22-Iz. 从8英寸的高处跳下(单脚起跳)

○ **教具** 不同高度的大型牢固物体,最高至8英寸(例如箱子、台阶)

○ **流程**

对于学习跳跃有困难的儿童,在开始时我们可以先坐下,让儿童站在我们面前,把他的双手放在我们的膝盖上来练习跳跃的腿部动作。小蹦床也有助于儿童学习跳跃。

在所有的跳跃项目中,儿童必须只有脚部着地,手部不能触碰地面。

从较矮的物体开始教儿童往下跳。确定儿童能够跳下来的最高物体,在地板上放一个垫子。开始时先握住儿童的一只手,然后逐渐移到旁边。第一次尝试将更像是走下来,没有真正地跳起来。随着技巧和自信心的提高,儿童将开始单脚起跳,落地时经常会双手着地。通过练习,将会出现双脚起跳和双脚落地的现象,儿童也能够从更高的高度跳下来。

○ **课堂和功能活动**

我们可以很容易地将跳跃活动融入想象游戏或活跃的音乐游戏。我们可以让儿童在方格地毯上跳跃,或者假装是会跳跃的动物。

我们可以使用不同高度的物体将向下跳跃的活动融入障碍训练。

○ **标准** 在连续3天内,儿童从8英寸高的地方跳下来(单脚起跳),落地时保持双脚站立。

22-Iaa. 手扶栏杆，用双脚交替走模式，走上 3 级台阶

○ **教具** 带栏杆的标准楼梯、可以走上走下的路缘石或箱子

○ **流程**

要教儿童上楼梯，首先要站在儿童附近。开始学习上楼梯时，应先让儿童面向栏杆，双手紧握栏杆。当儿童获得信心时，他就会将一只手松开栏杆，面向前方，走上台阶。如果儿童的一条腿比另一条腿更强壮，那么在上楼梯时，强壮的那条腿应该迈出第一步。不时地帮助儿童调换到这种模式。如果儿童患有的运动障碍阻碍了他上楼梯，请咨询物理治疗师以寻求替代性策略。如果儿童感到害怕，先让他只上一级台阶，然后逐渐增加台阶数量。

从两三级台阶开始教授儿童用双脚交替走模式。我们可以使用示范、肢体辅助或语言指导等方式。如果儿童没有使用栏杆，请不要握住他的手，紧紧抓住他的衬衫能给他一种安全感，然后我们可以适当地松开我们的手。使用诸如"比萨、苹果和奶酪"之类无意义的叠词来提醒儿童向上迈一大步，这种方法通常是有帮助的。我们也可以为儿童系上不同颜色的彩带或穿上不同颜色的袜子，然后在台阶上轮流贴上这些颜色的纸脚印。尝试不同高度和深度的楼梯。注意：腿长是影响儿童学习双脚交替上楼梯的因素之一；比同龄人矮的儿童在上台阶时可能经常使用相同的迈步模式，但可以在较矮的台阶上学习双脚交替走模式。

○ **课堂和功能活动**

在室内和室外的自然情况下练习此活动，让儿童走上路缘石和其他低矮的平面。

○ **标准** 在连续 3 天内，儿童扶着栏杆，用双脚交替走模式至少走上 3 级台阶。

22-Ibb. 踮着脚尖行走至少 20 英尺

○ **教具** 开阔的空间

○ **流程**

一旦儿童可以踮着脚尖走几步，就可以和他一起玩一些游戏，鼓励他用脚尖走更长的距离。

○ **课堂和功能活动**

可以将踮脚尖行走融入集体音乐时间或假装游戏中。

○ **标准** 儿童踮着脚尖连续走 20 英尺或更远。在连续 3 天内，每天数次进行此活动。

22-Icc. 跑步时避开障碍物

○ **教具** 有障碍物的开阔空间

○ **流程 / 课堂和功能活动**

参见项目 22-Iy 的说明，但提供有障碍物（如游乐设施）存在的空间。

○ **标准** 儿童经常在有游乐设施的开阔空间中跑步，而不会撞到游乐设施。

22-Idd. 不需要栏杆，用双脚交替走模式，走上 3 级台阶
22-Iee. 不需要栏杆，用同样的迈步方式，走下 3 级台阶

○ **教具** 带栏杆的标准楼梯、可以走上走下的路缘石或箱子

○ **流程**

要教授儿童不用栏杆上楼梯，应站在儿童的后面（如果楼梯有栏杆，离栏杆远一点），在儿童臀部提供轻微的支撑。随着儿童自信心的增强，逐渐撤除支持。如果儿童倾向于向后靠，试着站在他的前面。寻找儿童可以练习的不同高度的台阶。如果他在保持平衡方面有困难，在开始时要使用较矮和较少的台阶。我们也可以把书放在地板上，这样儿童就可以踏上去了。在室内和室外的自然情况下练习此活动，让儿童走上路缘石或其他低矮的平面。参考项目 22-Iaa 来教授儿童双脚交替走的模式。

使用类似的策略来教授儿童不扶着栏杆下楼梯。将儿童放在台阶上，然后抓住他的手或者衬衫后面给他轻微的支持。随着儿童自信心的增强，逐渐撤除支持。如果儿童感到害怕，就从最底层的台阶开始，然后逐渐增加台阶。和练习上台阶一样来练习此活动。

○ **课堂和功能活动**

在室内和室外的自然情况下练习此活动。

○ **标准 22-Idd** 儿童不使用栏杆，至少走上 3 级台阶（双脚交替走模式），连续 3 天自发地进行此项活动。

○ **标准 22-Iee** 儿童不使用栏杆，至少走下 3 级台阶（以相同的迈步方式），连续 3 天自发地进行此项活动。

22-Iff. 跳过 2 英寸高的障碍物

○ **教具**　木板、绳子或其他低矮的障碍物

○ **流程**

学习跨越障碍物，可以从跳过地板上的一条线开始，接着发展成跳过一根绳子，然后逐渐跳过更高的障碍物。

○ **课堂和功能活动**

为儿童创建一条障碍路线，其中包括需要跳过的物品。通过玩《跟随领导》(Follow the Leader)的游戏穿越这条路线。

○ **标准**　在连续 3 天内，儿童跳过 2 英寸高的障碍物，用双脚起跳且双脚落地，没有摔倒。

22-Igg. 从 16—18 英寸的高处跳下（单脚起跳）

○ **教具**　矮的长椅或者其他高 16—18 英寸的牢固平面

○ **流程 / 课堂和功能活动**

参见项目 22–Iz 的说明。

○ **标准**　在连续 3 天内，儿童从 16—18 英寸的高处跳下，以单脚来引导跳跃。

22-Ihh. 跳 4—14 英寸远

○ **教具**　地板上的图案或线条

○ **流程**

要教儿童跳远，先确定他能跳多远。最初的尝试是单脚起跳的短距离跳跃。身体的躯干应是垂直的，手臂轻微地向上移动。随后，双臂被举起放在身体的前方，并被用于启动跳跃。预备的蹲伏姿势会很明显但不会很深，在跳跃时双腿会弯曲。早期的指导应该集中在让儿童双脚并拢起跳。如果我们让儿童双脚并拢从短距离跳下来，然后再重复跳远，儿童可能会更好地理解这个概念。

要测量跳跃的距离，在儿童跳跃之前将手指放在他的脚后跟处，然后测量从此处到跳跃之后脚后跟的距离。

○ **课堂和功能活动**

创造包含各种运动以及跳远的游戏（例如，《跟随领导》《西蒙说》）。

○ **标准**　在连续 3 天内，儿童跳 4—14 英寸远。

22-Iii. 踮着脚尖，在 1 英寸宽的线上行走 10 英尺

○ **教具**　地板上的图案或线条

○ **流程**

一旦儿童能够熟练地用脚尖走路，就让他踮着脚尖在地板上的图案上行走，逐渐缩小支撑范围。从 4 英寸宽的图案开始，然后逐渐缩小至 1 英寸宽。在此项活动中应避免握住儿童的手。

○ **课堂和功能活动**

将此活动融入动作游戏。我们也可以利用自然发生的情境，向儿童示范如何用脚尖沿着人行道上的裂缝或者地毯上的线条行走。

○ **标准**　儿童能够踮着脚尖，在 1 英寸宽的线上行走并保持平衡，可以连续 3 天这样做。

22-Ijj. 快跑 5 个循环

○ **教具**　开阔的空间

○ **流程**

通过让儿童用惯用脚引导身体向前移动的方式来教儿童快跑。用有节奏的音乐或者拍手来帮助他组织动作。逐渐加快动作，直到儿童能够富有弹性地快跑。

○ **课堂和功能活动**

将快跑融入运动游戏（例如，向儿童展示如何"像马一样奔跑"）。

○ **标准**　儿童能够以惯用脚为主导，至少快跑 5 个循环，可以连续 3 天这样做。

22-Ikk. 跑步时有双脚离地的阶段

○ **教具**　开阔的空间

○ **流程 / 课堂和功能活动**

参见项目 22–Iy 的说明。

○ **标准** 儿童没有停顿地跑至少 10 英尺远，其间有双脚离地的阶段，可以连续 3 天这样做。

22-Ⅲ. 原地单脚跳跃一次

○ **教具** 开阔的空间

○ **流程**

我们可以坐在儿童面前，让他扶着我们的膝盖，教儿童单脚跳跃。使用蹦床也有助于儿童学习单脚跳跃。一旦儿童能够单脚跳跃一次，增加单脚跳跃的次数。然后向儿童展示如何单脚跳过地板上的一条绳子或线，教儿童单脚向前跳。逐渐增加儿童单脚跳跃的距离。

○ **课堂和功能活动**

将单脚跳跃融入运动游戏。单脚跳跃可能是一项很难掌握的技能，因此要提供很多机会来让儿童练习。

○ **标准** 儿童能用惯用腿原地单脚跳跃一次，可以连续 3 天这样做。

22-Imm. 不需要栏杆，用同样的迈步方式，走上 10 级台阶
22-Inn. 不需要栏杆，用同样的迈步方式，走下 10 级台阶

○ **教具** 没有栏杆的标准楼梯，可以走上走下的路缘石或箱子

○ **流程 / 课堂和功能活动**

要教导儿童上楼梯，首先应站在儿童附近。开始学习上楼梯时，应该先让儿童面向栏杆，双手紧握栏杆。当儿童有信心时，他就会将一只手松开栏杆，面向前方，走上台阶。如果儿童的一条腿比另一条腿更强壮，那么在上楼梯时，强壮的那条腿应该先迈出第一步。不时地帮助儿童调换成这种模式。如果儿童患有的运动障碍阻碍了他上楼梯，请咨询物理治疗师以寻求替代性策略。如果儿童感到害怕，先让他只上一级台阶，然后逐渐增加台阶数量。使用同样的策略进行下楼梯的教学。应让儿童更强壮的那条腿保持在较高的台阶上，因此要不时地尝试调换成这种模式。

要教导儿童下楼梯，首先应站在儿童附近，在必要时给予肢体辅助。开始时让儿童面向栏杆，双手紧握栏杆。当儿童有信心时，他就会将一只手松开栏杆，面向前方。如果儿童的一条腿比另一条腿更强壮，那么在下楼梯时，更强壮的那条腿应该留在上面的台阶上。不时地帮助儿童调换到这一模式。如果儿童感到害怕，那么在开始时只使用最底层的台阶，然后逐渐增加台阶。如果儿童的运动障碍阻碍了他下楼梯，请咨询物理治疗师以寻求替代性策略。

○ **标准 22-Imm** 在连续 3 天内，儿童不使用栏杆，用同样的迈步方式，走上 10 级台阶。

○ **标准 22-Inn** 在连续 3 天内，儿童不使用栏杆，用同样的迈步方式，走下 10 级台阶。

22-Ioo. 跳过 8 英寸高的障碍物

○ **教具** 各种 8 英寸高的障碍物

○ **流程 / 课堂和功能活动**

参见项目 22-Iz 的说明。

○ **标准** 儿童跳过一个 8 英寸高的障碍物，双脚着地，在跳跃之间仅作短暂停顿，可以连续 3 天这样做。

22-Ipp. 从 18—24 英寸的高处跳下（起跳和落地时双脚并拢）

○ **教具** 18—24 英寸高的矮长椅或者其他牢固的平面

○ **流程 / 课堂和功能活动**

参见项目 22-Iz 的说明。

○ **标准** 儿童能够从 18—24 英寸的高处跳下，起跳和落地时双脚并拢，可以连续 3 天这样做。

22-Iqq. 跳 14—24 英寸远

○ **教具** 开阔的空间、尺子

○ **流程**

参见项目 22-Ihh 的说明。

○ **标准** 在连续 3 天内，儿童能够跳 14—24 英寸远，双脚起跳和落地。

22-Irr. 双脚交替跳 5 个循环，在跳跃之间有停顿

○ **教具** 开阔的空间

○ **流程**

要教儿童双脚交替跳，首先应向儿童展示如何单脚向前跳，然后用另一只脚落地。从惯用脚开始，然后再练习用非惯用脚。逐渐加快速度直到儿童跳跃得既快又富有弹性。视觉示范和 / 或音乐有助于教授儿童双脚交替跳。

○ **课堂和功能活动**

将双脚交替跳融入运动游戏。鼓励儿童在室内和室外的不同时间练习双脚交替跳。

○ **标准** 在连续 3 天内，儿童能够双脚交替跳 5 个循环，跳跃之间有停顿。

22-Iss. 用惯用脚单脚跳跃两三次

○ **教具** 开阔的空间

○ **流程 / 课堂和功能活动**

参见项目 22–Iss 的说明。

○ **标准** 在连续 3 天内，儿童能够用惯用脚单脚跳跃两三次，跳跃之间没有停顿。

22-Itt. 从 24—30 英寸的高处跳下（起跳和落地时双脚并拢）

○ **教具** 30 英寸高的牢固物体

○ **流程 / 课堂和功能活动**

参见项目 22–Iz 的说明。

○ **标准** 在连续 3 天内，儿童能够从 24—30 英寸的高处跳下，在起跳和落地时保持双脚并拢。

22-Iuu. 手扶栏杆，用双脚交替走模式，走下 3 级台阶

○ **教具** 有栏杆的标准楼梯，可以走上走下的路缘石或箱子

○ **流程 / 课堂和功能活动**

参见项目 22–Idd 和项目 22–Iee 的说明。

○ **标准** 在连续 3 天内，儿童扶着栏杆，用双脚交替走的模式走下 3 级台阶。

22-Ivv. 连续跳过几个 8 英寸高的障碍物

○ **教具** 一组 8 英寸高的障碍物

○ **流程 / 课堂和功能活动**

参见项目 22–Iff 的说明。

○ **标准** 在连续 3 天内，儿童跳过三四个 8 英寸高的障碍物，障碍物之间间隔 10 英寸，跳跃之间没有停顿。

22-Iww. 跳 24—36 英寸远

○ **教具** 开阔的空间、尺子

○ **流程 / 课堂和功能活动**

参见项目 22–Ihh 的说明。

○ **标准** 在连续 3 天内，儿童能够跳 24—36 英寸远，双脚起跳和落地。

22-Ixx. 手扶栏杆，用双脚交替走模式，走下 10 级台阶

○ **教具** 有栏杆的标准楼梯，可以走上走下的路缘石或者箱子

○ **流程 / 课堂和功能活动**

参见项目 22–Iaa 的说明。

○ **标准** 在连续 3 天内，儿童扶着栏杆，以双脚交替走的模式走下 10 级台阶。

22-Iyy. 用惯用脚单脚跳跃 5 次，用非惯用脚单脚跳跃 3 次

○ **教具** 不需要

○ **流程 / 课堂和功能活动**

参见项目 22–Iu 的说明。

○ **标准** 在连续 3 天内，儿童用惯用脚单脚跳跃 5 次，用非惯用脚单脚跳跃 3 次，并保持平衡，跳跃之间没有停顿。

22-Izz. 双脚交替跳 5—10 个循环，协调的踏跳模式

○ **教具**　开阔的空间
○ **流程 / 课堂和功能活动**

参见项目 22-Irr 的说明。

○ **标准**　在连续 3 天内，儿童用协调的踏跳模式，双脚交替跳 5—10 个循环。

22-IA. 在 10 秒内跑至少 50 英尺

○ **教具**　开阔的空间
○ **流程 / 课堂和功能活动**

参见项目 22-Icc 的说明。

○ **标准**　在连续 3 天内，儿童能够在 10 秒内不停顿地向前跑至少 50 英尺。

22-IB. 向上跳跃至手臂上方 3 英寸处

○ **教具**　墙、尺子
○ **流程 / 课堂和功能活动**

让儿童面向墙壁，将手臂伸过头顶，测量儿童的高度。从儿童的食指尖开始测量他跳跃的高度。设计一个游戏，让儿童触及墙上的贴纸或其他标记。确保儿童在跳起来之前站着不动。

○ **标准**　在连续 3 天内，儿童能够垂直向上跳至手臂上方 3 英寸处。

22-IC. 从 32 英寸的高处跳下（可能单脚着地）

○ **教具**　32 英寸高的牢固物体
○ **流程 / 课堂和功能活动**

参见项目 22-Iz 的说明。

○ **标准**　在连续 3 天内，儿童能够从 32 英寸的高处跳下来，可能是单脚而不是双脚着地。

22-ID. 至少跳 36 英寸远

- **教具** 开阔的空间、尺子
- **流程 / 课堂和功能活动**

参见项目 22-Ihh 的说明。

- **标准** 在连续 3 天内,儿童至少跳 36 英寸远,双脚起跳和落地。

22-IE. 双脚交替至少跳 15 个循环(脚尖着地),有节奏地转移重心

- **教具** 开阔空间
- **流程 / 课堂和功能活动**

参见项目 22-Irr 的说明。

- **标准** 在连续 3 天内,儿童双脚交替至少跳 15 个循环,有节奏地转移重心,脚尖着地,跳跃之间没有停顿。

22-IF. 跑步时,在 4—8 步内转变方向 180 度

- **教具** 开阔的空间
- **流程 / 课堂和功能活动**

参见项目 22-Iy 的说明。

- **标准** 在连续 3 天内,儿童能够跑 10 英尺或更远,然后往相反的方向跑,在 4—8 步之内改变方向。

22-IG. 用惯用脚单脚向前跳 16 英寸,用非惯用脚单脚向前跳 12 英寸

- **教具** 开阔的空间、尺子
- **流程 / 课堂和功能活动**

参见项目 22-Ill 的说明。

- **标准** 在连续 3 天内,儿童用惯用脚单脚向前跳 16 英寸,用非惯用脚单脚向前跳 12 英寸,以

平稳的单脚支撑姿势开始和结束。

22-IH. 不需要栏杆，用双脚交替走模式，走下 10 级台阶

- **教具** 带栏杆的标准楼梯
- **流程 / 课堂和功能活动**

参见项目 22-Iee 的说明。

- **标准** 在连续 3 天内，儿童不使用栏杆，以双脚交替走的模式走下 10 级台阶。

22-II. 在地板上跳跃，在一次跳跃内完成 180 度转身

- **教具** 不需要
- **流程 / 课堂和功能活动**

站在儿童附近，示范如何在一次跳跃内完成 180 度转身，然后让儿童模仿我们。我们可以指导儿童落在地毯上或地上的特定位置，这样他落地时刚好可以看到窗外。

- **标准** 在连续 3 天内，儿童在一次跳跃内完成 180 度转身，双脚起跳和落地。

序列 22-II
直立：平衡

平衡能力是一种支撑身体稳定的能力，无论是保持静止还是移动。因为许多因素有助于平衡，所以力量、协调功能、视力、前庭功能或骨骼排列方面的损伤，都会导致平衡能力变差。职业治疗师和物理治疗师都接受过解决平衡问题的培训，如果儿童的平衡能力没有得到改善，那么他们可以为你提供咨询服务。

| 特殊调适 |

有运动障碍的儿童

由于躯干和腿部肌肉组织薄弱，有运动障碍的儿童通常需要很长时间来发展平衡能力。你可以扶着他们，然后让他们告诉你什么时候放手，以此来帮助他们发展单侧站立和在狭窄底部上行走的能力。这使他们有机会专注于他们需要做的事情并做好准备。物理治疗师可以为有运动障碍的儿童提供具体详细的建议。在教唐氏综合征儿童翻跟头之前，先让父母对儿童颈部进行 X 光检查，因为其中一些儿童颈部有骨骼异常的状况，可能会由于颈部运动过度而造成损伤。

有视力障碍的儿童

有视力障碍的儿童应接受训练，以帮助他们掌握平衡。当他们练习单腿站立或在平衡木上行走时，指导他们专注于环境中明亮的地方，也可以让他们用脚去感受支撑表面，用明亮的颜色在平衡木上引导他们。练习踢腿时，使用颜色鲜艳和（或）能发出声音的球。

有听力障碍的儿童

虽然有听力障碍的儿童拥有较好的基本行动技能，但是由于控制听力和平衡力的结构位于大脑的同一区域，他们往往难以掌握更高级的平衡技能，如单腿站立和走平衡木。你可以指导有听力障碍的儿童用脚感受支撑表面并使用视觉目标。如果仍然存在问题，请咨询物理治疗师或职业治疗师。

22-II. 直立：平衡

e. 双脚侧向站立在平衡木上，姿势稳定

f. 一只脚放在平衡木上，另一只脚放在地板上，在平衡木上走 5 英尺

g. 沿着 10 英尺的线走，按照线的方向走

h. 单腿站立，双手放在臀部，另一侧膝盖弯曲，姿势稳定（1—2秒）
i. 在平衡木上走3步，保持平衡
j. 沿着10英尺的直线行走，双脚保持在直线上并维持平衡
k. 用惯用腿单腿站立，双手放在臀部，另一侧膝盖弯曲，姿势稳定（5秒）
l. 踮起脚尖，双手举过头顶，姿势稳定（2秒）
m. 用任意腿单腿站立，双手放在臀部，另一侧膝盖弯曲，姿势稳定（8秒）
n. 在平衡木上走3—5步，保持平衡
o. 踮起脚尖，双手举过头顶，姿势稳定（8秒）
p. 翻一个跟头，保持身体向前移动
q. 走完整根平衡木，保持平衡
r. 用任意腿单腿站立，双手放在臀部，另一侧膝盖弯曲，姿势稳定（10秒）
s. 翻两个跟头，保持身体向前移动
t. 走完整根平衡木，双手放在臀部，保持平衡

22-IIe. 双脚侧向站立在平衡木上，姿势稳定

○ **教具**　4英寸宽、8英尺长、4英寸高的平衡木

○ **流程**

帮助儿童站到平衡木上，侧向站立，面向我们。一开始可以握住他的手，然后慢慢地撤销我们的辅助。

○ **课堂和功能活动**

为儿童提供各种站在小的物品表面上的机会。家里和学校里的游戏区通常都有壁架、踏脚石或类似的物品。

○ **标准**　儿童在平衡木上侧向站立至少5秒钟，连续3天达标。

22-IIf. 一只脚放在平衡木上，另一只脚放在地板上，在平衡木上走5英尺

○ **教具**　4英寸宽、8英尺长、4英寸高的平衡木，书

○ **流程**

介绍平衡木的活动，儿童一只脚踩在平衡木上，一只脚在地板上行走。让儿童尝试此活动，如有必要，给他身体上的帮助。如果儿童难以保持平衡，可移除平衡木下的支撑块，将平衡木放

在地板上。

○ **课堂和功能活动**

我们也可以把不同厚度的书放在地板上练习这个技能。儿童不仅要练习右腿也要练习左腿。利用环境设施随时练习这项技能，如路缘石或其他低表面。

○ **标准** 儿童一只脚放在平衡木上，另一只脚放在地板上，在平衡木上行走 5 英尺，连续 3 天达标。

22-IIg. 沿着 10 英尺的线走，按照线的方向走

○ **教具** 木板，地板上放置一条 10 英尺长、1 英寸宽的线，有脚印或图案的地板

○ **流程**

教儿童在狭窄的表面上行走时，首先示范如何沿着直线行走，或者在地板上做标记（如地板设计），或者在地板上放置 2 块木板。如果儿童难以保持平衡，先从间隔为 12—14 英寸的木板开始，当他能够保持平衡时，再把木板移近。

○ **课堂和功能活动**

我们可以将在狭窄表面上行走的活动融入踩着脚印行走的游戏活动当中，或者融入利用图片来过桥、走钢丝等类似的活动当中。

○ **标准** 儿童沿着一条 10 英尺长的线走，连续 3 天达标。

22-IIh. 单腿站立，双手放在臀部，另一侧膝盖弯曲，姿势稳定（1—2 秒）

○ **教具** 无需教具

○ **流程**

因为静态的平衡活动本质上并不有趣，所以儿童一般不会像其他粗大运动那样自发地练习。平衡活动最好是利用自然发生的活动，或是融入游戏活动当中。

通过指导儿童将重心从一侧转移到另一侧，开始练习单腿活动。然后逐渐进展到跨越障碍物、跨步或将抬腿融入音乐游戏中，如《变戏法》(The Hokey Poky)。

逐渐增加儿童可以单腿站立的时间，同时用手臂保持平衡。然后，让儿童在单腿站立时双臂交叉放在胸前。单脚站立唱歌或数数有助于儿童集中注意力。期待能发现左腿和右腿之间的区别，尤其是刚开始的时候。

○ **课堂和功能活动**

在穿衣服和脱衣服时，让儿童抬起一只脚穿上内裤、睡衣、鞋子和袜子。随着儿童平衡能力的提高，将这种活动融入运动游戏。

○ **标准** 儿童能够单腿站立，双手放在臀部，另一侧膝盖弯曲，保持姿势稳定 1—2 秒钟，并连续 3 天达标。

22-IIi. 在平衡木上走 3 步，保持平衡

○ **教具** 4 英寸宽、8 英尺长、4 英寸高的平衡木

○ **流程**

先搂住儿童的肩膀，到拉着儿童的衬衫，就这样逐渐减少我们的辅助，最后，撤销辅助。给儿童鼓励，但不要给太多的口头指示，相反，让儿童练习在平衡木上行走，直到他自己发现走平衡木的技巧。我们可以从较宽的平衡木开始，再逐渐减小宽度。

○ **课堂和功能活动**

观察儿童的家、学校和操场环境，为练习这一技能创造机会。在高处平面上进行这一活动可以很容易融入游戏中。

○ **标准** 儿童在平衡木上走 3 步，保持平衡，连续 3 天达标。

22-IIj. 沿着 10 英尺的直线行走，双脚保持在直线上并维持平衡

○ **教具** 木板、地板上的线、地板上的脚印或设计

○ **流程 / 课堂和功能活动**

请参照项目 22-IIg 的说明。

○ **标准** 儿童沿着 10 英尺的直线行走，双脚保持在直线上并维持平衡，连续 3 天达标。

22-IIk. 用惯用腿单腿站立，双手放在臀部，另一侧膝盖弯曲，姿势稳定（5 秒）

○ **教具** 无需教具

○ **流程 / 课堂和功能活动**

请参见项目 22-IIh 的说明。

○ **标准** 儿童用惯用腿单腿站立，双手放在臀部，另一侧膝盖弯曲，保持姿势稳定 5 秒钟，连续 3 天达标。

22-Ⅱl. 踮起脚尖，双手举过头顶，姿势稳定（2 秒）

○ **教具** 无需教具
○ **流程**

让儿童踮起脚尖，双手举过头顶。

○ **课堂和功能活动**

可以建议儿童假装成树或雕像，当他保持这个姿势时可以大声数数。

○ **标准** 儿童踮起脚尖，双手举过头顶，姿势稳定 2 秒，连续 3 天达标。

22-Ⅱm. 用任意腿单腿站立，双手放在臀部，另一侧膝盖弯曲，姿势稳定（8 秒）

○ **教具** 无需教具
○ **流程 / 课堂和功能活动**

请参照项目 22-Ⅱi 的说明。

○ **标准** 儿童用任意腿单腿站立，双手放在臀部，另一侧膝盖弯曲，姿势稳定 8 秒，连续 3 天达标。

22-Ⅱn. 在平衡木上走 3—5 步，保持平衡

○ **教具** 4 英寸宽、8 英尺长、4 英寸高的平衡木
○ **流程 / 课堂和功能活动**

请参照项目 22-Ⅱi 的说明。

○ **标准** 儿童在平衡木上走 3—5 步，保持平衡，连续 3 天达标。

22-Ⅱo. 踮起脚尖，双手举过头顶，姿势稳定（8 秒）

○ **教具** 无需教具

○ **流程／课堂和功能活动**

请参照项目 22-Ⅱl 的说明。

○ **标准** 儿童踮起脚尖，双手举过头顶，姿势稳定 8 秒，连续 3 天达标。

22-Ⅱp. 翻一个跟头，保持身体向前移动

○ **教具** 无需教具

○ **流程**

引导儿童完成翻跟头的动作，确保他用手施力，并将脖子缩进去。当他能够翻一个跟头时，教他在翻完跟头后直接将姿势调整为仰卧起坐，以准备翻另一个跟头。有些儿童使用悬浮支撑物来练习这项活动会更有效果。

○ **课堂和功能活动**

将翻跟头融入动作游戏。

○ **标准** 儿童能够翻一个跟头，保持身体向前移动，连续 3 天达标。

22-Ⅱq. 走完整根平衡木，保持平衡

○ **教具** 4 英寸宽、8 英尺长、4 英寸高的平衡木

○ **流程／课堂和功能活动**

请参照项目 22-Ⅱi 的说明。

○ **标准** 儿童走完整根平衡木，保持平衡，连续 3 天达标。

22-Ⅱr. 用任意腿单腿站立，双手放在臀部，另一侧膝盖弯曲，姿势稳定（10 秒）

○ **教具** 无需教具

○ **流程／课堂和功能活动**

请参照项目 22-Ⅱh 的说明。

○ **标准** 儿童用任意腿单腿站立，双手放在臀部，另一侧膝盖弯曲，姿势稳定 10 秒，连续 3 天达标。

22-IIs. 翻两个跟头，保持身体向前移动

○ **教具**　无需教具
○ **流程 / 课堂和功能活动**

请参照项目 22-IIp 的说明。

○ **标准**　儿童连续翻两个跟头，保持身体向前移动，连续 3 天达标。

22-IIt. 走完整根平衡木，双手放在臀部，保持平衡

○ **教具**　4 英寸宽、8 英尺长、4 英寸高的平衡木
○ **流程 / 课程和功能活动**

请参照项目 22-IIj 说明。

○ **标准**　儿童走完整根平衡木，双手放在臀部，保持平衡，连续 3 天达标。

序列 22-III

直立：球类运动

投球和接球是儿童的基本游戏技能之一。这项活动包含力量、动态平衡、手眼协调和脚眼协调等运动技能。此外，早期的球类游戏促进了社交互动，这不仅有助于让残疾儿童感受到被接受，还有助于典型发育的儿童学习如何与同龄残疾儿童交往。

以下罗列的技能旨在为需要使用设备的更高级球类运动（如棒球、篮球、排球）打下基础。2—3 岁的儿童应该对踢球、投球和接球感到愉悦。4—5 岁的儿童可以开始使用 T 形球台、足球网和低篮球架等设备。

特殊调适

有运动障碍的儿童

患有运动障碍的儿童应尝试使用各式各样的球，以便找到最适合的球（例如，可以用拳头抓住的软球、更容易拿的大球、气球、弹性橡胶球、悬浮球）。有些儿童可以使用由切开的漂白剂瓶做成的"球勺"。一些滚球的游戏也很有趣，例如用空塑料瓶打保龄球。开始教投球时，指导有运动障碍的儿童在扔球前将球举过头顶，这将有助于增加手臂和背部的力量。

有视力障碍的儿童

有视力障碍的儿童可以使用颜色非常鲜艳或能发出声音的球。他们需要更多的肢体辅助来学习基本的投球和接球技能。教他们密切注意声音。对完全失明的儿童给予肢体辅助和语言辅助，帮助他们学习投球、接球和踢球。

有听力障碍的儿童

无需进行特殊的调整，有听力障碍的儿童就能够学习球类运动技能，可通过手语、手势和示范来指导有听力障碍的儿童。

22-III. 直立：球类运动

f. 向 7 英尺外的成人投掷 3 英寸的球

g. 向 9 英尺外的成人投掷 3 英寸的球

h. 从 5 英尺外的成人手中，用手臂在身前接住一个 8 英寸的球

i. 踢球 4—6 英尺远

j. 向 9 英尺外的成人投掷 8 英寸的球

k. 从 5 英尺外的成人手中，手肘弯曲接住 8 英寸的球

l. 手举过肩，向 10 英尺外的成人投掷 3 英寸的球。

m. 从 5 英尺外的成人手中，手肘弯曲接住 3 英寸的球

n. 踢球 12—15 英尺远

o. 手举过肩，向 10 英尺外的成人投掷 8 英寸的球

p. 手臂展开放在两侧且手肘弯曲，从 6 英尺外的成人手中接住 8 英寸的球

q. 手臂展开放在两侧且手肘弯曲，从 7 英尺外的成人手中接住 3 英寸的球

22-IIIf. 向 7 英尺外的成人投掷 3 英寸的球

○ **教具**　3 英寸球

○ **流程**

观察儿童，看看他用的是哪种方式投掷球。起初儿童会把球向前投下。接着他学会了手不过肩的投掷方式，然后学会了过肩投球，这样他就可以将球投掷得更远。指导儿童在投掷球时注意目标（即注意我们的手，而不是我们的脸）。

○ **课堂和功能活动**

对于学龄前儿童，当他们在操场上投球时，我们应该有所约束，或者在特定的有组织的室内游戏中进行投球。经常练习对于投球困难的儿童非常重要。这些技能可以融入一些活跃的游戏当中，并且需要我们监督，以避免儿童互相投球。

对于 4—5 岁的儿童来说，让投球技能不太熟练的儿童和非常熟练的儿童一起玩，将有助于所有不同能力水平的儿童为早期的体育活动做好准备。

○ **标准**　儿童每天数次向 7 英尺远的成人投掷 3 英寸的球，连续 3 天达标。

22-IIIg. 向 9 英尺外的成人投掷 3 英寸的球

○ **教具**　3 英寸球

○ **流程 / 课堂和功能活动**

请参照项目 22-IIIf 的说明。

○ **标准**　儿童每天数次向 9 英尺外的成人投掷 3 英寸的球，连续 3 天达标。

22-IIIh. 从 5 英尺外的成人手中，用手臂在身前接住一个 8 英寸的球

○ **教具**　8 英寸球

○ **流程**

接球需要视觉、运动和注意力技能的相互整合。儿童学习接球时，不同阶段会有不同表现。早期接球时，儿童会将手掌向上，前臂伸展，用手臂接球，并将球卡在胸前。在这个阶段，儿童可以通过把脸转过去避开球。接着，手掌相对，手臂举起放在两侧，手肘呈直角，球被弯曲的手臂夹住。熟练的接球技能表现为调整手的位置以迎接即将到来的飞球，并且能够只用手接球。在每次向儿童扔东西之前，要做好口头提示，例如，"准备，接住"。指导他看球，而不是看扔球的人。

开始时，站在离儿童很近的地方，轻柔并精准地投掷，以确保儿童能够成功接住球。然后，逐渐拉开我们与儿童之间的距离，只要接到球就算成功。从较大的球开始，逐渐换成较小的球，以练习更熟练的接球技能。使用气球可以减缓视觉追踪、捕捉和瞄准的过程，首先将气球系在绳子上，让儿童练习接球和击球，然后让儿童在房间里移动飘浮的气球。

○ **课堂和功能活动**

将接球和投球自然地结合在一起，也可以与户外活动结合在一起。把接球活动纳入日常户外活动。对于 4—5 岁的儿童来说，让投球技能不太熟练的儿童和非常熟练的儿童一起玩，将有助于所有儿童包括不同能力水平的儿童为早期的体育活动做好准备。

○ **标准**　儿童每天数次从 5 英尺外的成人那里用手臂在身前接住一个 8 英寸的球，连续 3 天达标。

22-IIIi. 踢球 4—6 英尺远

○ **教具**　各种尺寸和重量的球

○ **流程**

开始指导儿童踢球的时候，为了防止儿童捡球，握住他的手。与儿童轮流演示这个动作。从中等大小、重量较轻的球开始。

○ **课堂和功能活动**

对于初学者来说，可以玩踢球和追球的游戏。然后鼓励儿童踢得更用力，让球跑得更远。

○ **标准**　儿童踢球 4—6 英尺远，连续 3 天达标。

22-Ⅲj. 向 9 英尺外的成人投掷 8 英寸的球

○ **教具** 8 英寸球

○ **流程 / 课堂和功能活动**

请参照项目 22-Ⅲf 的说明。

○ **标准** 儿童每天数次向 9 英尺外的成人投掷 8 英寸的球，连续 3 天达标。

22-Ⅲk. 从 5 英尺外的成人手中，手肘弯曲接住 8 英寸的球

○ **教具** 8 英寸球

○ **流程 / 课堂和功能活动**

请参照项目 22-Ⅲh 的说明。

○ **标准** 儿童每天数次从 5 英尺外的成人手中，手肘弯曲接住 8 英寸的球，连续 3 天达标。

22-Ⅲl. 手举过肩，向 10 英尺外的成人投掷 3 英寸的球

○ **教具** 3 英寸球

○ **流程 / 课堂和功能活动**

请参照项目 22-Ⅲf 的说明。

○ **标准** 儿童每天数次手举过肩向 10 英尺外的成人投掷 3 英寸的球，连续 3 天达标。

22-Ⅲm. 从 5 英尺外的成人手中，手肘弯曲接住 3 英寸的球

○ **教具** 3 英寸球

○ **流程 / 课堂和功能活动**

请参照项目 22-Ⅲh 的说明。

○ **标准** 儿童每天数次从 5 英尺外的成人手中，手肘弯曲接住 3 英寸的球，连续 3 天达标。

22-IIIn. 踢球 12—15 英尺远

○ **教具**　8 英寸游乐场球
○ **流程 / 课堂和功能活动**

请参照项目 22-IIIi 的说明。

○ **标准**　儿童踢球 12—15 英尺远，连续 3 天达标。

22-IIIo. 手举过肩，向 10 英尺外的成人投掷 8 英寸的球

○ **教具**　8 英寸球
○ **流程 / 课堂和功能活动**

请参照项目 22-IIIf 的说明。

○ **标准**　儿童每天数次手举过肩向 10 英尺外的成人投掷 8 英寸的球，连续 3 天达标。

22-IIIp. 手臂展开放在两侧且手肘弯曲，从 6 英尺外的成人手中接住 8 英寸的球

○ **教具**　8 英寸球
○ **流程 / 课堂和功能活动**

请参照项目 22-IIIh 的说明。

○ **标准**　儿童每天数次从 6 英尺外的成人手中，手臂打开放在两侧且手肘弯曲接住 8 英寸的球，连续 3 天达标。

22-IIIq. 手臂展开放在两侧且手肘弯曲，从 7 英尺外的成人手中接住 3 英寸的球

○ **教具**　3 英寸球
○ **流程 / 课堂和功能活动**

请参照项目 22-IIIh 的说明。

○ **标准**　儿童每天数次从 7 英尺外的成人手中，手臂打开放在两侧且手肘弯曲接住 3 英寸的球，连续 3 天达标。

序列 22-Ⅳ
直立：户外运动

应鼓励所有儿童参加户外运动，包括有严重障碍的儿童。攀登、快速移动和打球都是增强肌肉力量和促进心血管健康的重要活动。除此之外，游乐场也是形成社会关系最重要的场所之一。游乐场夏季应提供纳凉区。足够数量的玩具虽然不能消除儿童之间的冲突，但是能使冲突最小化。儿童能够从照料者带领参加的游戏当中受益，并利用户外时间来促进创造力、语言建设、话轮转换、社会协商以及积极的游戏。建议在户外采用主题式中心活动，这样运动能力较强的儿童将会被吸引并与运动能力较差的同龄人一起玩耍。在这些主题式中心活动中，水族箱、绘画画架和悬挂着的音乐玩具可以发挥最优效果。

注意：儿童的攀爬设备高度不应超过3英尺，周围地面应有木屑、鹅卵石或橡胶等覆盖物，以保护儿童。

| 特殊调适 |

有运动障碍的儿童

有轻度或中度运动障碍的儿童可能会逃避攀爬活动，因此在学习这些技能时，你应该给他们提供身体上的指导。有运动障碍的儿童即使不能使用设备，也应体验参加照料者组织的游戏（例如，坐在马车上或者为其他人拿球）。大多数不能快速移动的儿童，喜欢坐在轮椅上被推得很快，或者体验其他的快速移动。鼓励活跃的儿童去思考如何让不活跃的儿童也参与到游戏当中。

有视力障碍的儿童

当有视力障碍的儿童准备外出活动时，帮助他们探索操场，以便他们能够记住设备的位置。对于有部分视力障碍的儿童，可以将明亮的胶带或触觉明显的材料放在栅栏或者台阶上，以帮助他们找到正确的方向。

有听力障碍的儿童

有听力障碍的儿童可以在户外玩得很好。然而，有时会出现问题，因为他们缺乏对环境中声音的关注。向这些儿童示范如何观察其他孩子，以避免在使用设备时发生碰撞。

22-IV. 直立：户外运动

f. 在游乐场跑步，路面变化时停下来
g. 爬上低矮的立体方格铁架，然后从几英寸的高处跳到地面上
h. 爬直梯
i. 用手提供支撑，在可移动的平面上行走
j. 骑脚踏三轮车至少 10 英尺远
k. 在游戏区积极地活动
l. 喜欢不稳定的表面，并尝试使其移动
m. 在游戏区用力地奔跑
n. 荡秋千
o. 发起一些涉及道具的合作游戏
p. 骑两轮自行车

22-IVf. 在游乐场跑步，路面变化时停下来

○ **教具** 路面有变化的游戏区（如草、沙、人行道）

○ **流程**

儿童早期在游戏场跑步时通常很谨慎，以避免在路面变化时摔倒。当儿童在游乐场上跑步时，观察他在路面变化时的行为。如有必要，教他观察路面的变化，并提前放慢速度。

○ **注意**

随着儿童技能的提高和自信心的增强，他能够在游乐场上活跃地移动，而且不会在路面变化时停止，最后会在运动场上大力奔跑，身体自动地去适应地表变化和障碍。

○ **课堂和功能活动**

时常鼓励儿童玩跑步以及追逐的游戏。首先，只使用 2 种路面变化，随着儿童逐渐进步并得心应手之后，再增加更多地表变化。

○ **标准** 儿童在游乐场上奔跑，在路面变化时停下来。

22-IVg. 爬上低矮的立体方格铁架，然后从几英寸的高处跳到地面上

○ **教具** 低矮的立体方格铁架

○ **流程**

引导儿童攀爬立体方格铁架,并从上面跳下来。如果儿童上肢无力或害怕运动,可在运动期间抱住他的臀部,直到他获得信心。

○ **课堂和功能活动**

将其作为小组活动,让儿童轮流爬上去跳下来。

○ **标准**　儿童爬上低矮的立体方格铁架,然后从几英寸的高度跳到地面上,连续 3 天达标。

22-IVh. 爬直梯

○ **教具**　4—6 英尺高的直梯

○ **流程**

首先,肢体辅助儿童爬梯子。确保他双手紧握并且双脚能找到梯级,逐渐减少我们的辅助。如果儿童下肢无力,这是一个加强腿部弯曲度和腿部推力的好机会。

○ **课堂和功能活动**

一旦儿童掌握了攀爬的基本动作,就可以让他参与小组活动,让小组中的每个儿童轮流进行这项活动。

○ **标准**　儿童独立且安全地爬直梯,连续 3 天达标。

22-IVi. 用手提供支撑,在可移动的平面上行走

○ **教具**　可移动的平面(如儿童吊桥)

○ **流程**

慢慢地将儿童引导至可移动的平面,让他以自己的步调对平面进行探索。首先,向他示范如何用两只手抓住直立的支撑物,然后只用一只手。当儿童获得自信时,向他示范如何释放双手,在移动的平面上行走。

○ **课堂和功能活动**

让儿童和其他孩子一起玩想象游戏(例如"假装过河"),让他们轮流在可移动的平面上行走。

○ **标准**　用手提供支撑,儿童在可移动的平面上行走,连续 3 天达标。

22-IVj. 骑脚踏三轮车至少 10 英尺远

○ **教具**　三轮车

○ **流程**

首先让儿童在略微倾斜的平滑路面上骑脚踏三轮车，然后再鼓励他继续在平坦路面上骑脚踏车。如果儿童因运动障碍而难以学会骑脚踏三轮车，请咨询物理或职业治疗师，他们可以提供很多方法使有运动障碍的儿童学习骑脚踏三轮车。

○ **课堂和功能活动**

每天在学校、家里或公园为儿童提供练习的机会。

○ **标准**　儿童骑脚踏三轮车至少 10 英尺远，连续 3 天达标。

22-IVk. 在游戏区积极地活动

○ **教具**　路面有变化的游戏区（如草、沙、人行道），各种玩具和设备

○ **流程**

观察儿童在游乐场的自发行为，如果他不去探索不同的区域，也不使用各种设备，那么当儿童在新的区域尝试新的活动时，可以给予他肢体辅助。

○ **课堂和功能活动**

随着时间的推移，将肢体辅助改为口头提示，注意观察儿童的自发活动。如果我们不能说服儿童停止需要久坐的游戏活动，请向物理或职业治疗师寻求帮助。

○ **标准**　儿童连续 3 天在游戏区积极地活动。

22-IVl. 喜欢不稳定的表面，并尝试使其移动

○ **教具**　游乐场设备中的不稳定的表面（如儿童吊桥）

○ **流程 / 课堂和功能活动**

请参照项目 22–IVi 的说明。

○ **标准**　儿童连续 3 天喜欢不稳定的表面，并尝试让其移动。

22-IVm. 在游戏区用力地奔跑

○ **教具** 路面有变化的游戏区（如草、沙、人行道）

○ **流程 / 课堂和功能活动**

请参照项目 22-IVf 的说明。

○ **标准** 儿童连续 3 天在游戏区用力地奔跑。

22-IVn. 荡秋千

○ **教具** 适合儿童尺寸的秋千

○ **流程**

一旦儿童享受在秋千上的感觉，就开始教他在秋千向前倾的时候身体后倾，双腿向前伸展；在秋千向后倾的时候身体前倾，收回双腿。

○ **课堂和功能活动**

如果我们把儿童抱在膝盖上一起荡秋千，要让他能感觉到我们的动作，这样就可以成功地教授他这项技能。可以使用"踢"和"拉"的指令。

○ **标准** 儿童可以连续 3 天荡秋千。

22-IVo. 发起一些涉及道具的合作游戏

○ **教具** 简单的游乐场设备（例如球、攀爬设备、骑乘玩具）

○ **流程**

观察儿童在使用球、攀爬设备和骑乘玩具时与其他儿童的互动情况。可以为他们建立简单的游戏规则，鼓励他们轮流，可进行一些想象游戏（例如，"这是山，我们要爬到最上面"）。

○ **课堂和功能活动**

如果儿童很难参与进来，可以将儿童带入小组并发起游戏来提供帮助，问儿童想玩什么游戏，让其他儿童跟着他一起做游戏。

○ **标准** 儿童能够连续 3 天发起一些涉及道具的合作游戏。

22-IVp. 骑两轮自行车

○ **教具**　小型的两轮自行车（有辅助轮）

○ **流程**

向儿童介绍带有辅助轮的自行车，并告诉他自行车不会翻倒。如果儿童掌握这项技能有困难，请按以下顺序操作：

1. 让儿童在学习保持自行车直立时，双腿朝外伸向两侧。扶住座椅，向他演示如何用脚让自行车停下。
2. 增加踩踏板的运作。（如果儿童还没学会踩踏板这一动作，可以将自行车放在砖块或积木上，制作一个室内健身脚踏车。）
3. 逐渐增加转向操作的挑战性。

一旦儿童掌握了骑自行车的技巧，就要逐渐提高辅助轮的高度。开始时让儿童在坡度较低的斜坡练习可能更容易成功。如果儿童因运动障碍而在学习骑自行车时有困难，请咨询物理或职业治疗师，他们可以提供很多方法让有运动障碍的儿童学习骑自行车。

○ **课堂和功能活动**

经常在活动中练习。跟紧儿童直到他建立自信心。一定要让儿童戴上头盔，如果有必要，还要戴上护肘和护膝。

○ **标准**　儿童骑两轮自行车至少30英尺远，连续3天达标。

附 录

附录 A　常见的障碍及其对幼儿发展的影响

有许多不同的情况可能导致孩子有特殊需要。可能影响幼儿发育的最常见情况包括：

- 沟通问题（言语和语言）
- 动作协调能力丧失症
- 感觉防御
- 重力不安全感
- 感觉调节功能障碍
- 智力缺陷
- 唐氏综合征
- 注意力缺陷/多动障碍（ADHD）
- 自闭症
- 脑瘫
- 脊柱裂
- 视力障碍
- 听力障碍

由于发育预期随着婴儿的成熟而变化，因此不同的损伤在不同的发育阶段变得明显。在 0—1 岁时被转诊干预的幼儿往往是那些被认定为有遗传问题的幼儿、因医疗或社会因素而被视为有损害风险的幼儿，以及那些在视力、听力或运动发育方面有明显和显著损伤的幼儿。在动作发展里程碑方面的中度延迟往往是 1—2 岁早期转诊的主要原因，而在 2—3 岁时会被言语和语言的原因取代。2—3 岁的幼儿也会因为社交技能发育不佳和行为问题不断增长而被转诊。

有关这方面的更多信息、这些情况对幼儿发展的影响、干预的提示、可提供帮助的专家信息，以及寻找有关当前治疗的最新信息资源、支持小组等，请访问 http://www.brookespublishing.com/ccupdates。

附录 B 资源和推荐读物

资源
以下是一些精选材料，可能是帮助有特殊需要的幼儿及其家庭的有用资源：

综合
Batshaw, M.L. (Ed.). (2002). *Children with disabilities* (5th ed.). Baltimore: Paul H. Brookes Publishing Co.

Gopnik, A., Meltzoff, A.N., & Kuhl, P.K. (1999). *The scientist in the crib: Minds, brains and how children learn*. New York: William Morrow & Co.

Gowen, J.W., & Nebrig, J.B. (2002). *Enhancing early emotional development: Guiding parents of young children*. Baltimore: Paul H. Brookes Publishing Co.

沟通
Acredolo, L., & Goodwyn, S. (2002). *Baby signs: How to talk with your baby before your baby can talk*. New York: McGraw Hill/Contemporary Books.

Baker, P. (1986). *My first book of sign*. Washington, DC: Kendall Green Publications.

Casey-Harvey, D. (1995). *Early communication games*. Oceanside, CA: Academic Communication Associates.

Hart, B., & Risley, T.R. (1999). *The social world of children learning to talk*. Baltimore: Paul H. Brookes Publishing Co.

Schober-Peterson, D., & Cohen, M. (1999). *Toddler talk*. Oceanside, CA: Academic Communication Associates.

对教师和家长的帮助
Henry, D. (1998). *Tool chest for teachers, parents & students*. Youngtown, AZ: Henry OT Services.

Henry, D. (2001). *Tools for parents*. Youngtown, AZ: Henry OT Services.

Masi, W.S. (Ed.). (2001). *Toddler play*. San Francisco: Weldon Owen Publishing.

Morris, L.R., & Schulz, L. (1989). *Creative play activities for children with disabilities* (2nd ed.). Champaign, IL: Human Kinetics Books.

Reitzes, F., & Teitelman, B. (1995). *Wonderplay*. Philadelphia: Running Press.

Sandall, S.R., & Schwartz, I.S. (2002). *Building blocks for teaching preschoolers with special needs*. Baltimore: Paul H. Brookes Publishing Co.

Silberg, J. (1996). *More games to play with toddlers*. Beltsville, MD: Gryphon House.

Silberg, J. (2002). *Games to play with 2 year olds* (Rev. ed.). Beltsville, MD: Gryphon House.

Silberg, J. (2002). *Games to play with toddlers* (Rev. ed.). Beltsville, MD: Gryphon House.

Silberg, J., & Schiller, P. (2002). *The complete book of rhymes, songs, poems, finger plays and chants*.

Beltsville, MD: Gryphon House.

Stern, D.N. (1990). *Diary of a baby*. New York: Basic Books.

Williams, M.S., &Shellenberger, S. (1996). *How does your engine run? A leader's guide to the alert program for self-regulation*. Albuquerque, NM: TherapyWorks.

早期读写能力

Dannehl, L., &Rodhouse, A. (1999, October/November). *Literacy software for children with disabilities*. Retrieved from http://www.closingthegap.com

Justice, L., &Kadevarak, J. (2002, March/April). Using shared storybook time to promote emergent literacy. *Teaching Exceptional Children*, 11, 8—13.

Musselwhite, C.R. (1998). *Adaptive play for special needs children*. London: College-Hill Press.

Notari-Syverson, A., O'Connor, R.E., &Vadasy, P. (1998). *Ladders to literacy: A preschool activity book*. Baltimore: Paul H. Brookes Publishing Co.

Pierce, P. (Ed.). (1994). *Baby power: A guide for families using assistive technology with their infants and toddlers*. Raleigh, NC: Department of Human Services, Division of Mental Health. Retrieved from http://www2.edc.org/NCIP/library/ec/power.htm

Ritchie, S., James-Szanton, J., & Howes, C. (2003). Emergent literacy practices in early childhood classrooms. In C. Howes (Ed.), *Teaching 4- to 8-year-olds: Literacy, math, multiculturalism, and classroom community* (pp. 71—92). Baltimore: Paul H. Brookes Publishing Co.

推荐读物

你可以在当地的书店找到许多对有特殊需要的幼儿有用的书籍。这里是一些例子：

Armstrong, T. (1995). *The myth of the A.D.H.D. child*. New York: PLUME/Penguin Books.

Baker, B.L., & Brightman, A.J. (2004). *Steps to independence: Teaching everyday skills to children with special needs* (3rd. ed.). Baltimore: Paul H. Brookes Publishing Co.

Geralis, E. (Ed.). (1998). *Children with cerebral palsy* (2nd ed.). Bethesda, MD: Woodbine House.

Hart, C.A. (1993). *A parent's guide to autism*. New York: Simon & Schuster.

Kranowitz, C. (1998). *The out-of-sync child*. New York: Perigee/Penguin Putnam.

Kranowitz, C. (2002). *The out-of-sync child has fun*. New York: Perigee/Penguin Putnam.

Lutkenhoff, M. (Ed.). (1999). *Children with spina bifida: A parents' guide*. Bethesda, MD: Woodbine House.

O'Connor, R.E., Notari-Syverson, A., & Vadasy, P. (1998). *Ladders to literacy: A kindergarten activity book*. Baltimore: Paul H. Brookes Publishing Co.

Ozonoff, S., Dawson, G., & McPartland, J. (2002). *Parent's guide to Asperger syndrome and high functioning autism*. New York: Guilford.

Pueschel, S.M. (2001). *A parent's guide to Down syndrome: Toward a brighter future* (Rev. ed.). Baltimore:

Paul H. Brookes Publishing Co.

Stray-Gunderson, K. (1995). *Babies with Down syndrome: A new parents' guide*. Bethesda, MD: Woodbine House.

Yack, E., Sutton, S., & Aquilla, P. (1998). *Building bridges through sensory integration*. Weston, Canada: Pocket Full of Therapy.

附录C 游戏和有运动障碍的儿童

游戏是儿童的自然活动。儿童通过游戏来学习和练习他们的认知、语言、社交和运动技能。虽然游戏对学习有帮助，但是其与任务活动完全不同，因为它是由儿童发起的，除了获得活动的乐趣外，没有其他直接的目标。典型发育儿童的大多数游戏都涉及运动。被运动障碍限制游戏的儿童往往依赖其他人进行娱乐，如果没有持续获得关注，可能很容易变得挑剔或消极。他们也失去了发现世界是如何运作的机会，并可能失去掌握环境的动力——这是智力发展的一个关键因素。患有严重运动障碍的儿童可能需要在学习游戏、探索和坚持等方面得到帮助。你可以通过评估他的游戏阶段来帮助儿童，然后仔细选择玩具、活动和位置，创造最佳游戏机会。

游戏的阶段

在学龄前阶段，儿童的游戏风格经历了可预测的阶段。这些阶段包括：

- 探索性游戏：以幼稚的方式操作玩具，主要是为了体验新的视野、声音、味道和材料；
- 独立游戏：独自玩耍，以功能性方式使用玩具，不注意其他儿童；
- 平行游戏：与其他儿童一起玩，使用类似的玩具，但没有分享玩具；
- 联想游戏：与其他儿童一起玩，共享玩具；
- 合作游戏：以有组织、有共同目标的方式与他人一起玩角色扮演和富有想象力的游戏。

为有运动障碍的儿童设计游戏活动

为有运动障碍的儿童开展游戏活动所需的创造力，随着运动障碍的严重程度而增加。最大的挑战是帮助儿童在与其认知能力相称的水平上进行游戏。要设计适当的游戏活动，需要解决四个问题：儿童的游戏阶段是什么？促进游戏的最佳位置是哪里？儿童的运动能力怎样？玩具可以做些什么？

儿童的游戏阶段是什么？

对于具有较强语言能力或具有足够运动技能的儿童，很容易确定游戏阶段。如果儿童不能说话且运动技能差，请通过反复试验来估计游戏水平。观察儿童自发进行的游戏，然后为更成熟的游戏提供帮助。儿童是否表现出快乐并且似乎想要更多？

促进游戏的最佳位置是哪里？

将儿童放在几个不同的位置，看看哪个位置对儿童来说最容易。在一个俯卧或仰卧的机架里尝试坐、侧卧、半斜卧、站立，在楔形物上俯卧。改变玩具在每个姿势中的摆放位置。通过反复试验确定功能游戏位置。留出足够的时间观察儿童在哪个位置有最佳的活动自由度、准确性和持久性。努力辨别各种游戏的游戏情境。

| 儿童的运动能力怎样？ |

游戏的成功取决于设计符合儿童运动能力的活动。需要关注的重要领域包括：

- 头部控制：儿童可以保持头部直立，并从一侧转向另一侧而不会失去平衡吗？当儿童仰卧时，他可以在抬起手臂并将它们放在中线的同时，需将头部保持在中线吗？
- 眼部控制：儿童可以直视前面、上面、下面和侧面吗？眼球运动是否独立于头部运动？
- 躯干控制：儿童可以坐直并且双手自由游戏吗？
- 手臂控制：儿童可以朝不同的方向伸手，并伸手过头顶吗？当儿童伸手时，儿童的躯干是否稳定？儿童可以同时使用双臂吗？
- 手部控制：儿童可以握紧拳头挥击吗？当手臂移动时，儿童可以抓住物体并保持抓握吗？儿童可以用手指捡起、推或戳吗？儿童可以同时使用双手吗？
- 腿部控制：儿童可以独立地或在支撑下承受腿部重量吗？
- 流动性：儿童可以改变姿势以够到新玩具，或增加活动的多样性吗？

| 玩具可以做些什么？ |

玩具的特征应与儿童的发育水平和运动特征相匹配。玩具可以提供不同的感觉组合，并且可以提供操作、因果关系、功能关系、构建或破坏和社会互动的机会。不同的玩具需要一系列的运动技能，具体取决于玩具的尺寸、重量、操作的简易性和适应的可能性。所有玩具必须安全且结构良好。

许多商用玩具和材料可用于有特殊需要的儿童。还有许多方法调整玩具以满足儿童的特定需求。职业和物理治疗师经常协助家长和老师调整玩具和活动。一些常见的技术包括：

- 将橡胶垫放在物体下面，这样它们就不会滑动；
- 设计将玩具放在儿童手中的方法（例如，使用缝有魔术贴的手套或袖口，将魔术贴固定在玩具上，将大把手固定在玩具上）；
- 绘制眼睛注视图，这样儿童可以选择玩什么游戏；
- 使用开关激活玩具。

| 和其他儿童一起玩 |

对于有严重运动障碍的儿童，与其他儿童一起玩耍尤其困难，特别是如果运动障碍影响到了言语能力。尽可能多地为儿童提供可以在游戏中使用的交流方式。虽然没有什么神奇的解决方

案，但要努力教儿童轮流、输赢、谈判和分享，无论是在家里和兄弟姐妹，还是在课堂上和其他儿童一起。寻求老师的帮助，让儿童参与小组活动，增进友谊，并鼓励同学将儿童视为同龄人，而不是"婴儿"。

案例研究：阿尔贝托

阿尔贝托是一名患有脊柱裂的 3 岁半男孩。他正处于平行游戏阶段。当把他放到支撑物上时他可以站立，但难以把他拉着站立起来。在成人的支持下他可以一步步行走。在教室里，他可以用腹部爬行，并可以坐在小推车里自己移动。阿尔贝托的语言和精细运动能力都处在 2 岁半的水平。他对其他儿童很感兴趣，但在身体上无法跟随他们。所以他在教室里往往被孤立，除非将游戏活动限制在一个区域里。

游戏活动

1. 设计一个可以和其他几个儿童一起玩耍的桌面游戏，可以在游戏中使用乐高、积木和一些小的人物模型。鼓励儿童使用积木搭建一座房子；让他们轮流描述自己正在做什么；给每个儿童一个人物模型，并让他们轮流把人物模型放在房子的各个地方，来表示这些人物模型正在用餐、睡觉、聊天。
2. 在变装区域，帮助阿尔贝托装扮并聊一聊他想要假扮谁。如果其他儿童在角色扮演的游戏中在房间里走来走去，让阿尔贝托也加入游戏，可以让其他儿童抱着他，帮助他一起走，或把他放到他的小车里，把这些变成游戏的一部分。
3. 在游乐场中，帮助阿尔贝托在设备上攀爬或滑动。讨论一下该轮到谁了，并让阿尔贝托留在小组里。

附录 D 对有严重运动障碍的儿童使用物品操作板来辅助教学

一些患有严重运动障碍的儿童可能无法像典型发育的婴幼儿那样通过伸手、指向或者发声来表达他们的需求或展示他们的知识。几个月，甚至几年，目光注视可能是他们主要的沟通方式。他们可以通过看向正确的位置来回答诸如"妈妈在哪里？"或"你的鞋子在哪儿？"等问题，或通过看放在他们眼前的一杯果汁或面包片，来回答"你想要什么？"的问题。

目光注视作为沟通符号的有效性取决于另一个人"阅读"眼神的能力。随着选择数量的增加，这变得越来越困难。教导患有严重运动障碍的儿童以精确的方式注视，以便其他人可以轻松确定视线指向的位置，是干预的一个重要方面。

物品操作板是教导儿童眼神注视准确性的有效方式，同时还可以教授其他知识。一块有机玻璃，大约25英寸×25英寸，中心切出一个4英寸×6英寸的窗口，这就成为一块非常有用的板子。可以将几块魔术贴附在板上和物品上，这样物品就可以安装在板上并可以轻松更换。最常见的有助于"阅读"多达四种选择的布置如下图所示。成人自己在板后面，通过中心窗口看着儿童。我们鼓励儿童看操作板上的所有物品，然后说："看着我。"当儿童看着我们时，我们会问一个问题（例如，"球在哪里？"）并观察儿童看向哪里。

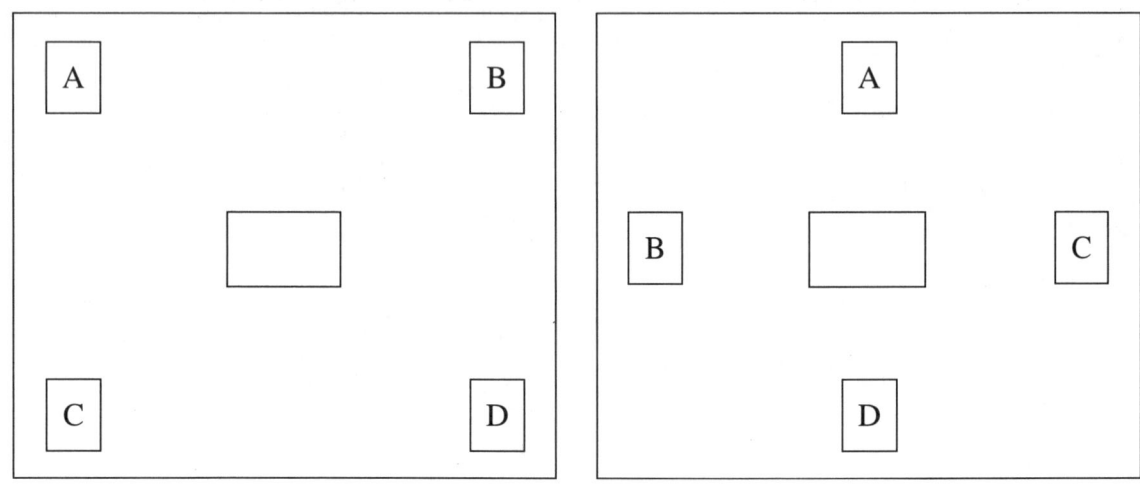

如果教学的项目包括让儿童在看到一个物品被藏在三个位置中的一个之后，找到物品所在的正确位置，可以在每个魔术贴上贴一块手帕，然后物品就可以被藏起来了。将物品附着在手帕下面的魔术贴的其余部分上，就可以将物品覆盖住。

物品操作板也可用于分类任务。例如，红色盒子和绿色盒子可以贴到两个魔术贴上。在儿童识别了红色形状块放入红色的盒子里，绿色形状块放入绿色的盒子里后，成人举起一个红色的形状块并问"这一个应该放哪里？"可以按照相同的方式进行形状分类，在每个盒子的旁边画一个简单的形状。

The Carolina Curriculum
for Preschoolers with Special Needs

卡罗来纳特殊教育课程

学龄前儿童（24—60个月）

下册·评估手册

[美] 南希·约翰逊-马丁（Nancy M. Johnson-Martin）
[美] 邦妮·哈克（Bonnie J. Hacker）
[美] 苏珊·阿特迈尔（Susan M. Attermeier） 著
张苗苗 高 旭 张俊杰 申文琪 张晶晶 李囡囡 译

图书在版编目（CIP）数据

卡罗来纳特殊教育课程．学龄前儿童：第二版：全二册／（美）南希·约翰逊-马丁,（美）邦妮·哈克,（美）苏珊·阿特迈尔著；张苗苗等译． -- 北京：华夏出版社有限公司，2021.1

书名原文：The Carolina Curriculum for Preschoolers with Special Needs, Second Edition

ISBN 978-7-5080-9925-5

Ⅰ．①卡… Ⅱ．①南… ②邦… ③苏… ④张… Ⅲ．①学前教育－特殊教育－教学参考资料 Ⅳ．①G764

中国版本图书馆CIP数据核字（2020）第053900号

Originally published in the United States of America by Paul H. Brookes Publishing Co., Inc.
Copyright © 2004 by Paul H. Brookes Publishing Co., Inc.
版权所有，翻印必究。

北京市版权局著作权合同登记号：图字01-2018-7348号

课程简介

《卡罗来纳特殊教育课程：学龄儿童》（以下简称 CCPSN）是一套适用于所有 24 至 60 个月龄发育迟缓的儿童的评估和干预课程。CCPSN 将自我—社交、认知、沟通、精细运动、粗大运动 5 个基本发展领域中的技能按照典型发展顺序，分成 22 个技能序列，每个序列中包含对有运动、视力和听力障碍儿童的特殊调适，以及根据预期发展顺序进行排列的课程项目，这些课程项目既能够用来定义和评估某项技能，也能够提供各种教学建议。

这本《下册·评估手册》应与《上册·评估课程》结合使用。《上册·评估课程》包括课程描述和课程序列两部分。课程描述部分包含了对本套课程内容的一般说明和课程实施时需要遵循的一些基本原则，指出影响儿童学习、发展和早期读写能力的环境因素，阐述了本课程使用的具体步骤并附以个案研究实例。课程序列部分将 22 个技能序列划分为若干个课程项目，每个课程项目包括教具、流程、课堂和功能活动、标准 4 个部分，详细描述了某项技能的评估流程和判断标准，以及发展该项技能的相关活动。

干预者首先应熟悉《下册·评估手册》中的评估记录表，识别每个序列中包含的各种技能，结合《上册·评估课程》中课程项目的解释说明，对儿童 5 个领域中的各方面技能进行评估，最后的评估结果可以直观展现在阶段性评估报告中，以图画的形式呈现儿童的相对优势和劣势。干预者需要与儿童的照料者一起，根据评估结果列出儿童在每个发展领域中下一步需要学习的技能，选择干预目标纳入个别化教学计划（IEP）和个别化家庭支持计划（IFSP），从而由评估结果转向干预活动。回顾相关课程项目，将若干课程项目合并为一个或一系列相关活动，制订干预计划，将干预措施以有意义的方式融入儿童的日常生活。

卡罗来纳特殊教育课程
阶段性评估报告和评估记录表

学 生 姓 名：_____

学 生 生 日：_____

家 长 姓 名：_____

家 庭 住 址：_____

表格填写人：_____

指导：

  阶段性评估报告：评估记录表中的每一项都对应着阶段性评估报告中的一个方格。使用荧光笔或其他彩色书写工具，填满标有（+）的项目的对应方格。在标有（+/–）的项目的对应方格里画一条对角线，然后涂上一半的颜色。标有（–）的那些方格留空。通过涂写所有截至当前年龄跨度的项目方格来完成本报告。当与患有严重运动障碍的儿童一起工作时，在框中添加（A）以表示儿童能在有身体辅助的情况下完成任务。

  评估记录表：在表格最上面的一行填写评估日期，并在每个已掌握项目对应的框中填写（+），对于与之前表现不一致或新出现的技能，填写（+/–），对于儿童无法做到的技能填写（–）。评估患有严重运动障碍的儿童时，在（+）或（+/–）旁边添加（A）以表示儿童能在有身体辅助的情况下完成任务。

CCPSN
阶段性评估报告

日期: ○ 1. _____ ○ 3. _____
　　　 ○ 2. _____ ○ 4. _____

学　生: _____
干预者: _____

	课程序列	24—30个月	30—36个月	36—42个月
自我—社交	1. 自我管理和责任	m		
	2. 人际交往能力	w	o y n	q ee dd cc r
	3. 自我概念	n o x	z aa bb	u ff gg hh
	4-I. 自理能力: 进食	w x p	q s t	v
	4-II. 自理能力: 穿衣	h i y		aa
	4-III. 自理能力: 梳洗		l	m
	4-IV. 自理能力: 如厕		j	
认知	5. 注意力和记忆力: 视觉/空间		g	k
	6-I. 视觉感知: 积木和拼图	bb cc dd ee	ff gg hh	ii jj
	6-II. 视觉感知: 配对和分类		k l m n	o
	7. 对物品的功能性使用和象征性游戏	a b c	d	e f g
	8. 问题解决/推理		p q r	s t
	9. 数字概念			
认知/沟通	10. 概念/词汇: 接受性	w x y ee	z aa bb cc	dd ee ff
	11. 概念/词汇: 表达性	m n o p q	r s t u v	w x y z aa
	12. 注意力和记忆力: 听觉		p q r s	t u
沟通	13. 语言理解	r s	t u	v
	14. 对话技能	n	o p q	r
	15. 语法结构	ee ff gg hh	ii jj kk	mm nn oo pp qq
	16. 模仿: 仿说	c d e f	g h i j k	l m n ee
	17. 模仿: 动作		q	
精细运动	18. 抓握与操作	z aa	bb cc dd	
	19. 工具使用			cc dd ee
	20. 视觉—运动技能	f r s t	ee ff gg hh	ii jj kk ll mm nn oo pp
粗大运动	22-I. 直立: 姿势和移动	u v w x y z aa	bb cc dd ee ff gg hh	ii jj kk ll mm nn oo pp qq
	22-II. 直立: 平衡	e f g	h i j	k
	22-III. 直立: 球类运动	f g	h i j	k
	22-IV. 直立: 户外运动	f g h	i	

课程序列	42—48个月							48—54个月						54—60个月					
	s	jj	kk	ll	mm	nn	t	u	pp	qq	rr	ss	v	tt	w	vv	ww	x	
自我 / 社交	1. 自我管理和责任	ii	s	jj	kk	ll	mm	nn	t	oo	pp	qq	rr	ss	tt	uu	ss	tt	x	xx	yy
	2. 人际交往能力		w			x						y					z				
	3. 自我概念		bb		n	cc				dd							ee		aa	xx	
	4-Ⅰ. 自理能力：进食				m					n		o						p			
	4-Ⅱ. 自理能力：穿衣				i					j				o				p			
	4-Ⅲ. 自理能力：梳洗																k				
认知	5. 注意力和记忆力：视觉/空间	kk	p		ll		mm		nn		oo		pp								
	6-Ⅰ. 视觉感知：积木和拼图		h		i	j		q		r		s		tt	u						
	6-Ⅱ. 视觉感知：配对和分类		u			v			k						n	m	y	z			
	7. 对物品的功能性使用和象征游戏							w		x									pp		
认知 / 沟通	8. 问题解决 / 推理	gg			ii	jj	kk	q		r		ss	t		oo		y				
	9. 数字概念	l	m	cc	n	o	p									u	v			x	
	10. 概念/词汇：接受性	bb	cc	dd	ee	ff	gg	hh	ii	jj	kk	ll	mm	nn	mm	nn	oo	
	11. 概念/词汇：表达性		w	x	y	z	aa	bb	cc	dd	ee	ff	gg	
沟通	12. 注意力和记忆力：听觉						y	z	aa	bb	cc					
	13. 语言理解	s	rr	tt	t	uu	vv	ww	xx	yy	zz		x	y	z		
	14. 对话技能		ss		q	t		r	s	t	u	A	v		
	15. 语法结构	p					hh		kk				w		x		
沟通	16. 模仿：仿说					s			t				
	17. 模仿：动作	ff			p	gg			q	hh			ii				
	18. 抓握与操作		x	l	y		ww	z	aa	bb	cc	dd					
精细运动	19. 双边技能																
	20. 工具使用				m		n	o	p	q	r	s	t	u			dd	o	
粗大运动	21. 视觉—运动技能	rr	ss	l	tt	uu	vv	ww	xx	yy	zz	A	B	C	D	E	F	G	H	I	
	22-Ⅰ. 直立：姿势和移动		l		m	n	o	p	q	n	o	p	q	r	s	q	r	s	t	
	22-Ⅱ. 直立：平衡				m			z		aa	bb			n	o	p		
	22-Ⅲ. 直立：球类运动					n											
	22-Ⅳ. 视觉—户外运动					m				n	o	p				p					v

CCPSN
评估记录表

月龄	课程序列	日期:	日期:	日期:	日期:	备注

自我—社交

1. 自我管理和责任

月龄	课程序列	日期:	日期:	日期:	日期:	备注
24—30	m. 避开常见的危险					
	n. 在一小群儿童中轻松自在地玩耍					
30—36	o. 知道玩具可以做什么和不能做什么,并适当地使用它们					
36—42	p. 被要求整理玩具时,可以把玩具整齐地放好(可能需要提醒)					
	q. 遵守成人为新活动或简单游戏制定的规则					
	r. 适应日常生活中的变化					
42—48	s. 能够回答与安全有关的问题					
	t. 小心对待小动物或易碎物品					
48—54	u. 能够做简单的家务(可能需要提醒或监督)					
	v. 对集体指令作出适当反应					
54—60	w. 在没有帮助的情况下在商店购买简单的物品(如:自己拿物品或让店员拿物品、付钱、等待找零钱等)					
	x. 适当地接听电话并打电话给他人					

2. 人际交往能力

月龄	课程序列	日期:	日期:	日期:	日期:	备注
24—30	w. 与同伴就玩具进行协商(可能会交换玩具)					
	x. 意识到社会标准					

月龄	课程序列	日期：____	日期：____	日期：____	日期：____	备注
30—36	y. 与同伴合作实现目标					
	z. 表达对某些同伴的喜爱和/或偏爱					
	aa. 当另一个儿童受伤或经历不愉快时表示关心					
	bb. 请求许可					
36—42	cc. 与同伴交谈					
	dd. 在成人提示下，大部分时间能够进行轮流活动					
	ee. 适当回应熟悉的成人的社交行为					
	ff. 在熟悉的环境中容易与父母或照料者分开					
	gg. 与成人相比，更喜欢与同伴交往					
	hh. 与同伴合作展开想象游戏					
42—48	ii. 理解同伴的感受并作出回应					
	jj. 无需成人监督，与其他儿童一起玩团体游戏					
	kk. 在成人监督下，与其他儿童一起玩简单的棋盘游戏或纸牌游戏					
	ll. 口头协商解决冲突					
	mm. 倾听同伴，和同伴讨论想法或发现					
	nn. 通过假装游戏中的角色扮演，理解不同的人有不同的情绪、态度或信念					
48—54	oo. 征求使用他人财物的许可					
	pp. 理解他人的感受					
	qq. 恰当使用"谢谢""请""欢迎"等礼貌用语					
	rr. 意识到他人需要帮助并提供帮助					
	ss. 无需成人干预，长时间与同伴一起玩耍					
	tt. 无需成人干预，与同伴一起玩熟悉的游戏并遵守规则					
54—60	uu. 识别特殊的朋友					
	vv. 自发轮流和分享					
	ww. 以社会认可的方式坚持自己的想法					
	xx. 和同伴设计/创建游戏规则					
	yy. 对除家人以及亲密朋友以外的人感兴趣					

月龄	课程序列	日期:	日期:	日期:	日期:	备注

3. 自我概念

月龄	课程序列					
24—30	n. 对自己的成就感到骄傲					
	o. 对自己做出积极的评价					
	p. 知道自己的年龄（说出数字或伸出手指表示）					
30—36	q. 告诉他人自己的名字					
	r. 正确回答自己的性别					
	s. 能够选择哪些事情可以做，哪些事情不可以做（辨认出界限）					
	t. 对失误或做了禁止做的行为表示内疚或感到羞愧					
36—42	u. 描述自己的感受					
	v. 说明眼睛、耳朵和鼻子的功能					
42—48	w. 谈论自己对相关事件的感受					
	x. 对自己的身体感兴趣（询问有关其功能的问题）					
48—54	y. 对自己的穿着和外貌感兴趣					
54—60	z. 寻求有挑战性的活动					
	aa. 确认自己的优势和能力					

4-l. 自理能力：进食

月龄	课程序列					
24—30	w. 开始使用叉子					
	x. 用一只手握住小玻璃杯喝东西					
	y. 在没有辅助的情况下独立取水（打开和关闭水龙头）					

月龄	课程序列	日期:	日期:	日期:	日期:	备注
30—36	z. 将液体从一个容器倒入另一个容器					
36—42	aa. 在吃下一口前先咽下口中的食物					
42—48	bb. 独立将牛奶和碗里的干麦片混合					
	cc. 用手指握叉子					
48—54	dd. 独立用便民直饮水台喝水					
54—60	ee. 独立制作三明治					

4-II. 自理能力：穿衣

月龄	课程序列	日期:	日期:	日期:	日期:	备注
24—30	h. 脱鞋					
	i. 脱下外套					
	j. 穿上简单的衣物					
30—36	k. 独立穿上所有衣物，但不包括带扣件的衣物					
	l. 解开衣物扣件					
36—42	m. 独立穿上外套					
42—48	n. 穿带纽扣的衣物					
48—54	o. 在几乎没有辅助的情况下，独立穿脱衣物					
54—60	p. 穿上有拉链的衣物					

4-III. 自理能力：梳洗

月龄	课程序列	日期:	日期:	日期:	日期:	备注
24—30	h. 擦干手					
30—36	i. 在帮助下刷牙					
	j. 自己用毛巾清洗自己					

月龄	课程序列	日期：	日期：	日期：	日期：	备注
36—42	k. 在没有辅助的情况下，清洗并擦干手和脸					
	l. 无需成人的提示，在吃东西时用餐巾纸擦拭弄脏的脸					
42—48	m. 独立刷牙					
48—54	n. 用梳子梳头发					
	o. 无需成人的提示，拿纸巾擦鼻子					
54—60	p. 按照要求独立擤鼻涕					

4-IV. 自理能力：如厕

月龄	课程序列	日期：	日期：	日期：	日期：	备注
24—30	d. 被放在马桶上时会小便					
	e. 被放在马桶上时会排便					
30—36	f. 常常表达上厕所的需要（很少弄脏衣服）					
	g. 独立上厕所，不包括排便后进行清洁					
36—42	h. 在如厕时很少遇到困难（衣服难以穿上时可能需要帮忙）					
42—48	i. 在如厕时照料自己（排便后可能需要帮忙清洁）					
48—54	j. 撕卫生纸和如厕后冲马桶					
54—60	k. 排便后自己擦拭					

月龄	课程序列	日期：	日期：	日期：	日期：	备注

认　知

5. 注意力和记忆力：视觉 / 空间

月龄	课程序列	日期：	日期：	日期：	日期：	备注
24—30	bb. 指出藏有玩具的手（当玩具放在一只手里和当玩具在视线外被转移到另一只手里时）					
	cc. 识别几本书的封面并命名它们					
	dd. 识别熟悉的标志					
	ee. 辨认（指向）物品或图片，先短暂地呈现，再以3个一组的形式呈现					
30—36	ff. 辨认（指向）物品或图片，先短暂地呈现，再以4个一组的形式呈现					
	gg. 短暂地呈现2个物品/2张图片并藏起其中一个，然后命名被藏起来的物品/图片					
	hh. 记得偶然的信息					
36—42	ii. 在展示、命名并藏起物品或图片后，能够说出看过的（4个或更多）物品或者图片					
	jj. 在看到3个物品被分别放置在不同的覆盖物下面后，辨认出覆盖物下面的配对物品					
42—48	kk. 记住并说出3个物品中被拿走的物品名称					
	ll. 描述记忆中熟悉物品的视觉特征					
	mm. 简单看过一个物品或一张图片后，按照颜色和形状进行配对					
48—54	nn. 简单看过4—6张图片后，辨认出其中2张					
	oo. 简单看过2个物品或2张图片后，按照颜色和形状进行配对					
	pp. 描述过去发生的事件					
54—60	qq. 简单看过10—12张图片后，辨认出其中3张					
	rr. 简单看过一张图片后，记住它在图片阵列中的位置					
	ss. 找到隐藏的图片					
	tt. 在看过18—20张图片后，能回忆起8—10张图片的名称					

月龄	课程序列	日期:	日期:	日期:	日期:	备注

6-I. 视觉感知：积木和拼图

月龄	课程序列	日期:	日期:	日期:	日期:	备注
24—30	i. 将圆形、三角形、正方形放进翻转的形状嵌板里					
	j. 模仿搭积木火车					
30—36	k. 将两片式的拼图拼在一起					
	l. 模仿用积木搭房子					
	m. 模仿用积木搭桥					
	n. 将四五块相互关联的拼图拼在一起					
36—42	o. 用两三块积木（2种颜色）模仿搭建水平（桌子表面）的积木模型					
42—48	p. 用4—5块积木（2种颜色）模仿搭建水平的积木模型					
	q. 完成8—12块互相关联的拼图					
48—54	r. 用镶嵌积木模仿搭建简单的模型					
	s. 用积木搭建具象物体					
54—60	t. 完成15—25块互相关联的拼图					
	u. 根据记忆模仿搭建简单的积木模型					

6-II. 视觉感知：配对和分类

月龄	课程序列	日期:	日期:	日期:	日期:	备注
24—30	a. 按尺寸分类（大和小）					
	b. 三原色配对					
	c. 按形状分类					
30—36	d. 按2种特征进行分类					

月龄	课程序列	日期:	日期:	日期:	日期:	备注
36—42	e. 配对几何图形（与方向无关）					
	f. 配对大写字母					
	g. 根据物品之间的关系配对卡片					
42—48	h. 配对至少8种几何形状					
	i. 根据功能关系配对图片					
	j. 配对数字0—9（可能会弄混6和9）					
48—54	k. 能够完成简单的图片类比					
	l. 配对小写字母					
54—60	m. 辨认出不属于同一类别的物品或图片，将其替换为同一类别的物品或图片					
	n. 配对名字和简短的单词					

7. 对物品的功能性使用和象征游戏

月龄	课程序列					
24—30	o. 与娃娃或动物交谈和/或使它们彼此互动					
30—36	p. 在想象游戏中扮演不同的角色					
	q. 在游戏中展现更加复杂的事件					
	r. 在游戏中为不同的角色配不同的声音					
36—42	s. 在假装游戏中做出符合逻辑的动作序列（包含三四个部分）					
	t. 使用教具搭建其他物品					
42—48	u. 将玩偶、毛绒动物或木偶作为游戏参与者（让他们对话）					
	v. 在游戏过程中描述自己的活动					
48—54	w. 用积木或椅子搭建大型建筑物并围绕它们玩耍					
	x. 在假装游戏中与他人合作（讨论角色）					

月龄	课程序列	日期:	日期:	日期:	日期:	备注
54—60	y. 使用玩偶或玩具表演"如果……会发生……"					
	z. 参与复杂的扮演成人角色的游戏					

8. 问题解决 / 推理

月龄	课程序列	日期:	日期:	日期:	日期:	备注
24—30	w. 在玩的时候体验原因和结果					
	x. 独立地嵌套 4 个容器，或堆叠尺寸渐进的套环或积木					
	y. 没有产生预期效果时，评论某些东西不起作用					
30—36	z. 独立地探索物品以确定其功能和 / 或向其他人展示它们的运作方式					
	aa. 正确回答至少一个"为什么这样做"的问题（例如，"为什么我们要打伞？"）					
36—42	bb. 识别搞笑的或错误的图片或事件					
	cc. 当被问到"哪一个与此相关"时，找到可以一起使用的物品					
	dd. 完成颜色或形状序列					
	ee. 当被问到"你用这个干什么？"时，说出物品的使用方法					
	ff. 回答 2 个或更多"当……时，你会做什么"的问题（例如，"当你累了的时候会做什么？"）					
42—48	gg. 通过回答问题（或指向图片）说明事物的来源或由什么制作					
	hh. 描述在图片或现实生活中看到的简单且荒谬的事件（例如，成人吮吸拇指）					
	ii. 恰当地回应"告诉我如何"或"你如何"的问题（例如，"告诉我如何制作三明治""你如何洗澡？"）					
	jj. 完成 2 个类比（即涉及比较的句子，例如，"哥哥是男孩，妹妹是女孩"）					

月龄	课程序列	日期：_____	日期：_____	日期：_____	日期：_____	备注
48—54	kk. 识别图片中缺失的部分					
	ll. 想象并描述在不熟悉的故事或图片中接下来会发生的事情					
	mm. 通过提出和回答问题，来思考自己的经历（例如，"为什么我不能？""如果……会怎么样？"）					
	nn. 描述熟悉物品的新用途					
54—60	oo. 描述2个不同物品之间的相似之处					
	pp. 预测未来事件					

9. 数字概念

月龄	课程序列	日期：_____	日期：_____	日期：_____	日期：_____	备注
24—30	b. 选择"只要一个"					
	c. 当被要求数物品时，以正确的顺序指向并背出至少3个数字					
30—36	d. 当有1个或2个物体时，正确回答"有多少"的问题					
	e. 给/选择2个和3个物品					
	f. 遵守包含"所有""没有"和"没有任何"的指令					
36—42	g. 当被要求数物品时，从"1、2、3"开始					
	h. 能够"再给一个"					
	i. 比较2种数量，并说出哪个更多					
	j. 呈现一排包含2、3、4和5个物品的图片，能够配对包含2个物品的图片					
	k. 能够配对包含6个物品（以不同形式排列）的图片					

月龄	课程序列	日期:	日期:	日期:	日期:	备注
42—48	l. 数一排 6 个物品（一一对应）					
	m. 数一排 10 个物品（一一对应）					
	n. 被问到有多少时不需要重新数数（4 个以上）					
	o. 用数数的方式回答有多少的问题并且能够否认其他不正确的数字					
	p. 自发使用数量词（例如，"一些""很多""最多""全部""很少"）					
48—54	q. 理解"相同的数字"，可以将一组物品平均分成两部分					
	r. 识别 1 美分、5 美分、10 美分并命名					
	s. 正确数到 20					
	t. 匹配包含 3 张卡片（或骰子）的序列					
54—60	u. 根据要求，给出正确数量的物品（4—10 之间的所有数字）					
	v. 说出当前年龄、去年的年龄、明年的年龄					
	w. 回答涉及加数字 2 的加法问题（加后不超过 10）					
	x. 识别数字 0—9					
	y. 将数字 4 的卡片与包含 4 个物品的图片配对（或收集相同数量的物品以匹配数字，成人不告诉儿童数字）					

月龄	课程序列	日期：	日期：	日期：	日期：	备注

认知 / 沟通

10. 概念 / 词汇：接受性

月龄	课程序列					
24—30	m. 选择包含动作的图片					
	n. 遵循指令，包括"里面""外面""上面""下面"					
	o. 当拿出样本并被要求找到"另一个"时，选择类似的物品 / 图片					
	p. 选择"相同"或"像这样"的物品 / 图片					
	q. 在一组 3 个物品 /3 张图片中选择"最大"和"最小"					
30—36	r. 选择物品 / 图片来表明了解至少 2 个相对概念或对比概念					
	s. 根据要求指向 5 种或更多颜色的物品					
	t. 选择物品和图片，以指出哪个是正方形，哪个是圆形					
	u. 按用途选择物品					
	v. 理解部分—整体的关系（例如，指向狗的尾巴）					
36—42	w. 理解"向上""向下""顶部""底部"					
	x. 理解"下面""上面""紧邻""旁边"					
	y. 遵循指令或指向图片来表明对代词"他""她""他们"和"他们的"的理解					
	z. 理解"快"与"慢"					
	aa. 理解"空"与"满"					

月龄	课程序列	日期:	日期:	日期:	日期:	备注
42—48	bb. 选择"不同"（或"不一样"）的那个物品					
	cc. 理解"在周围""在……前面""在……后面""在……中间""高""低"					
	dd. 选择物品/图片表明对至少4种相对概念的理解（例如，"软/硬""重/轻""粗糙/光滑""胖/瘦""厚/薄""矮/高""小/大""短/长""凹凸/平滑"）					
	ee. 选择正方形、三角形和圆形					
	ff. 选出同一个类别中的成员（例如动物、玩具、食物、交通工具）					
48—54	gg. 识别至少10个大写字母					
	hh. 理解"向后"和"向前"					
	ii. 选择物品/图片表明对至少8种相对概念的理解（例如，"软/硬""重/轻""粗糙/光滑""胖/瘦""厚/薄""矮/高""小/大""短/长""凹凸/平滑"）					
	jj. 识别大多数颜色（包括粉色、灰色、棕色）					
	kk. 区分字母和数字					
54—60	ll. 理解"除……之外"					
	mm. 通过回答问题或者指向图片来表明理解白天和晚上进行的活动不同					
	nn. 理解时间概念（例如，"昨天""今天""明天"）					
	oo. 理解定性概念（例如，"最长""最短""短而粗""长而细""尖""高而瘦"）					

月龄	课程序列	日期：	日期：	日期：	日期：	备注
	11. 概念/词汇：表达性					
24—30	l. 命名6张或更多常见物品的图片					
	m. 使用至少50个不同的单词					
	n. 命名8个或更多常见物品的简笔画					
	o. 使用"其他"或"另一个"来表示另一个或者相似的物品					
30—36	p. 命名大多数图片和熟悉物品的简笔画					
	q. 仔细听新词语（可能要求重复）					
	r. 向自己重复新的词语					
36—42	s. 命名在日常环境中见不到的物品（例如，在书中或电视上看到的）					
	t. 使用各种形容词					
	u. 至少使用1个描述词定义2个或更多简单单词					
42—48	v. 至少使用1个描述词定义5个或更多简单单词					
	w. 根据功能命名物品（例如，"用什么来割草？"）					
	x. 命名同一类别中的例子					
	y. 完成2个类比					
48—54	z. 通过询问单词的含义或其他方式表明意识到单词具有某些含义					
	aa. 说出简单单词的押韵词					
	bb. 在听到新单词或者被告知新单词的含义之后不久在谈话中使用这个词					
	cc. 命名颜色：红色、绿色、蓝色、橙色、紫色、黄色、黑色、棕色、粉色和灰色					
54—60	dd. 定义10个或更多单词					
	ee. 命名大部分大写字母					
	ff. 完成5个类比					
	gg. 根据类别中的成员命名这个类别					

月龄	课程序列	日期:	日期:	日期:	日期:	备注

12. 注意力和记忆力：听觉

月龄	课程序列	日期:	日期:	日期:	日期:	备注
24—30	r. 参与说童谣的活动（重复部分内容）					
	s. 在小组里和一个成人说或唱至少2首童谣或歌曲					
30—36	t. 独立地唱出或表演部分诗歌或歌曲					
	u. 注意到熟悉的诗歌、歌曲或者故事中的变化，并作出反应					
36—42	v. 完成熟悉的诗歌或歌曲中的句子					
	w. 唱完或说完4—6行的歌曲或诗歌					
42—48	x. 唱完或说完10—15行的诗歌（有些句子可能有重复）					
	y. 回忆起刚刚读过的不熟悉故事中的一两个要素（没有提示）					
48—54	z. 回忆起刚刚读过的不熟悉故事中的三四个要素（没有提示）					
	aa. 识别熟悉歌曲的旋律（命名歌曲）					
54—60	bb. 回忆起刚刚读过的不熟悉故事中的大部分基本要素					
	cc. 没有图片的辅助，讲述2个熟悉的故事（包含故事中的所有重要部分）					

月龄	课程序列	日期:	日期:	日期:	日期:	备注

沟 通

13. 语言理解

月龄	课程序列					
24—30	n. 在新环境中遵循两步指令					
30—36	o. 遵循三步指令（例如，指令包含3个物品和1个动作、3个动作和1个物品，或3个与活动相关的物品）					
36—42	p. 用适当的词语或手势回答是/否问题					
	q. 理解否定词					
	r. 按照口头指令（无样本提示）对颜色分类					
42—48	s. 遵循涉及动作序列的两步指令					
	t. 按类别分类					
48—54	u. 按顺序执行涉及两三个不同物品的三步指令					
	v. 对涉及常见复数的指令或问题做出恰当回应					
	w. 根据类别和2种特征选择正确的物品或物品图片					
54—60	x. 根据口头指令（无样本提示），基于2种特征将物品分类					
	y. 遵循涉及"之前"和"之后"的指令					
	z. 遵循涉及4个要素的指令					

14. 对话技能

月龄	课程序列					
24—30	ee. 用口语或手势询问简单的问题					
	ff. 用适当的语调询问是/否问题					
	gg. 请求帮助					
	hh. 使用口语或手语组合描述已经发生的事件					

月龄	课程序列	日期:	日期:	日期:	日期:	备注
30—36	ii. 对在眼前或不在眼前的物品或人进行评论					
	jj. 维持几个回合的对话					
	kk. 使用多个字词为他人读书					
	ll. 恰当回答有关"哪里"和"为什么"的问题					
36—42	mm. 根据听众调整讲话方式					
	nn. 用电话交谈并等待对方的回应					
	oo. 使用词语描述玩具、食物或其他物品的属性					
	pp. 描述环境中发生的事件					
	qq. 恰当回答"是什么""谁的""谁""多少"的问题（可以回答错误）					
42—48	rr. 当被要求描述图片或故事书时，能够至少命名3个要素或描述正在发生的事情					
	ss. 恰当回答"你会怎么做"和"我们为什么……"的问题					
	tt. 在看书时大声为自己或其他人讲故事					
	uu. 描述物品的功能					
48—54	vv. 谈论因果关系					
	ww. 提出与对方陈述有关的问题来维持对话					
	xx. 通过间接启示引起听者的兴趣					
	yy. 与同伴和成人谈论有关世界的知识					
54—60	zz. 向同伴解释社会规范或规则					
	A. 适当地询问并回答"多远"的问题					

月龄	课程序列	日期:	日期:	日期:	日期:	备注

15. 语法结构

月龄	课程序列	日期:	日期:	日期:	日期:	备注
24—30	c. 使用 2 个词表示不存在和再次发生					
	d. 使用 2 个词表示特指和特征					
	e. 在某些单词的末尾使用 "-s" 来表示复数					
	f. 使用助动词，通常为缩写形式					
30—36	g. 在动词上使用 "-ing"					
	h. 使用否定词					
	i. 使用人称代词					
	j. 使用介词短语					
	k. 使用包含 3 个单词的短语表示特指、反对和 / 或描述					
36—42	l. 使用包含主谓宾的三四个单词的完整句子					
	m. 问 "wh" 问题					
	n. 使用 "我" 代替名字					
	o. 在单词结尾处使用 "'s" 表示所有权					
42—48	p. 在句子中使用介词短语					
	q. 正确使用大多数不规则的动词过去式					
48—54	r. 正确使用规则和不规则的动词过去式、现在式和将来式					
	s. 使用 "和" "或" "但是" 或 "因为" 连接 2 个句子					
	t. 使用动名词和 / 或动词性形容词					
54—60	u. 提出语序正确的完整的 "wh" 问题					
	v. 使用各种形容词描述看到、听到或经历的事情					
	w. 在动词或名词中添加韵尾来表示从事某活动的人或物					
	x. 使用比较词					

月龄	课程序列	日期:	日期:	日期:	日期:	备注

16. 模仿：仿说

月龄	课程序列					
24—30	p. 重复包含 2 个单词或 2 个数字的新序列					
30—36	q. 重复包含 3 个单词的句子					
36—42	r. 重复包含 3 个数字或 3 个不相关单词的序列					
42—48	s. 重复包含 4 个单词的有形容词的句子					
48—54	t. 重复包含五六个单词的句子，语法结构正确					
54—60	u. 重复包含 4 个数字或 4 个不相关单词的新序列					

月龄	课程序列	日期：	日期：	日期：	日期：	备注

精细运动

17. 模仿：动作

月龄	课程序列					
24—30	m. 模仿不涉及道具的姿势或动作					
30—36	n. 按顺序模仿2个不相关的动作					
36—42	o. 在被引导做出3个不相关的动作后，可以按照顺序进行模仿					
42—48	p. 模仿简单的手指动作（双手做相似的动作）					
48—54	q. 模仿手指动作（双手做不同的动作）					
54—60	r. 模仿歌曲和游戏中的复杂动作					

18. 抓握与操作

月龄	课程序列					
24—30	z. 旋转前臂打开门把手					
	aa. 将小物品穿过容器上的小孔					
30—36	bb. 搭建8—10块积木的塔楼					
	cc. 用橡皮泥制作造型简单的物品					
36—42	dd. 在钉板上放置1/4英寸的钉子					
	ee. 将发条钥匙旋转90度					
42—48	ff. 以三脚架抓握姿势握住书写工具					
	gg. 在30秒内将10颗小球放进瓶子里					
48—54	hh. 将放在手掌里的一个小物品向前移动形成钳状抓握，而不需要另一只手协助					
54—60	ii. 将回形针别在纸上					

月龄	课程序列	日期:	日期:	日期:	日期:	备注

19. 双边技能

月龄	课程序列	日期:	日期:	日期:	日期:	备注
24—30	r. 出现用手偏好（通常在吃东西时）					
30—36	s. 解开大纽扣					
	t. 穿小珠子					
	u. 拧上盖子					
36—42	v. 用绳子穿带有大孔的穿线板					
	w. 用一只手捡起（越过身体中线）大部分物品来表现用手偏好					
42—48	x. 打单结					
	y. 将鞋带穿过鞋子的2个孔					
48—54	z. 进行简单的缝纫					
	aa. 用手拿一副纸牌并进行分类					
	bb. 扣1/2英寸的纽扣					
54—60	cc. 对折纸张（没有示范）					
	dd. 总是用同一只手进行熟练的活动					

20. 工具使用

月龄	课程序列	日期:	日期:	日期:	日期:	备注
24—30	f. 拿着碗用勺搅拌					
	g. 用锤子在敲打工作台上敲击木钉					
30—36	h. 用勺子转移材料					
	i. 用餐刀涂抹食物					
	j. 用叉子的边缘进行切割					
36—42	k. 用擀面杖擀平橡皮泥					
42—48	l. 用夹子转移物品					
48—54	m. 用锤子敲进钉子					

月龄	课程序列	日期:	日期:	日期:	日期:	备注
54—60	n. 使用衣夹转移小物品					
	o. 用刀和叉子切割软质材料					

21. 视觉—运动技能

月龄	课程序列	日期:	日期:	日期:	日期:	备注
24—30	f. 模仿画水平线条					
	g. 假装书写					
30—36	h. 用圆形涂鸦仿画一个圆形					
	i. 用剪刀剪断纸					
	j. 连续剪纸					
36—42	k. 模仿画一个圆形					
	l. 模仿画一个十字					
	m. 画一个有头部和至少一个特征的人					
	n. 沿着直线剪东西，并保持在直线的 1/2 英寸范围内					
42—48	o. 画一个有头部和 4 个特征的人					
	p. 剪出一个 4 英寸宽的正方形					
48—54	q. 模仿画一个正方形					
	r. 画简单而有意义的图画					
	s. 剪出一个直径 4 英寸的圆					
54—60	t. 描画简单的模板轮廓					
	u. 画一个有头部和 8 个特征的人					
	v. 按照大致轮廓剪下图片					

月龄	课程序列	日期：	日期：	日期：	日期：	备注

粗大运动

22-I. 直立：姿势和移动

月龄	课程序列					
24—30	u. 倒退行走 10 英尺					
	v. 在各种类型的表面上行走而不摔倒					
	w. 使用脚后跟—脚趾模式行走（手臂可以自由携带物品）					
	x. 踮着脚尖行走 3—4 步					
	y. 在不摔倒的情况下跑至少 10 英尺					
	z. 从 8 英寸的高处跳下（单脚起跳）					
	aa. 手扶栏杆，用双脚交替走模式，走上 3 级台阶					
30—36	bb. 踮着脚尖行走至少 20 英尺					
	cc. 跑步时避开障碍物					
	dd. 不需要栏杆，用双脚交替走模式，走上 3 级台阶					
	ee. 不需要栏杆，用同样的迈步方式，走下 3 级台阶					
	ff. 跳过 2 英寸高的障碍物					
	gg. 从 16—18 英寸的高处跳下（单脚起跳）					
	hh. 跳 4—14 英寸远					
36—42	ii. 踮着脚尖，在 1 英寸宽的线上行走 10 英尺					
	jj. 快跑 5 个循环					
	kk. 跑步时有双脚离地的阶段					
	ll. 原地单脚跳跃一次					
	mm. 不需要栏杆，用同样的迈步方式，走上 10 级台阶					
	nn. 不需要栏杆，用同样的迈步方式，走下 10 级台阶					
	oo. 跳过 8 英寸高的障碍物					
	pp. 从 18—24 英寸的高处跳下（起跳和落地时双脚并拢）					
	qq. 跳 14—24 英寸远					

月龄	课程序列	日期：	日期：	日期：	日期：	备注
42—48	rr. 双脚交替跳 5 个循环，在跳跃之间有停顿					
	ss. 用惯用脚单脚跳跃两三次					
	tt. 从 24—30 英寸的高处跳下（起跳和落地时双脚并拢）					
	uu. 手扶栏杆，用双脚交替走模式，走下 3 级台阶					
	vv. 连续跳过几个 8 英寸高的障碍物					
	ww. 跳 24—36 英寸远					
48—54	xx. 手扶栏杆，用双脚交替走模式，走下 10 级台阶					
	yy. 用惯用脚单脚跳跃 5 次，用非惯用脚单脚跳跃 3 次					
	zz. 双脚交替跳 5—10 个循环，协调的踏跳模式					
	A. 在 10 秒内跑至少 50 英尺					
	B. 向上跳跃至手臂上方 3 英寸处					
	C. 从 32 英寸的高处跳下（可能单脚着地）					
	D. 至少跳 36 英寸远					
54—60	E. 双脚交替至少跳 15 个循环（脚尖着地），有节奏地转移重心					
	F. 跑步时，在 4—8 步内转变方向 180 度					
	G. 用惯用脚单脚向前跳 16 英寸，用非惯用脚单脚向前跳 12 英寸					
	H. 不需要栏杆，用双脚交替走模式，走下 10 级台阶					
	I. 在地板上跳跃，在一次跳跃内完成 180 度转身					

22-II. 直立：平衡

月龄	课程序列	日期：	日期：	日期：	日期：	备注
24—30	e. 双脚侧向站立在平衡木上，姿势稳定					
	f. 一只脚放在平衡木上，另一只脚放在地板上，在平衡木上走 5 英尺					
	g. 沿着 10 英尺的线走，按照线的方向走					

月龄	课程序列	日期:	日期:	日期:	日期:	备注
30—36	h. 单腿站立，双手放在臀部，另一侧膝盖弯曲，姿势稳定（1—2秒）					
	i. 在平衡木上走3步，保持平衡					
	j. 沿着10英尺的直线行走，双脚保持在直线上并维持平衡					
36—42	k. 用惯用腿单腿站立，双手放在臀部，另一侧膝盖弯曲，姿势稳定（5秒）					
42—48	l. 踮起脚尖，双手举过头顶，姿势稳定（2秒）					
	m. 用任意腿单腿站立，双手放在臀部，另一侧膝盖弯曲，姿势稳定（8秒）					
48—54	n. 在平衡木上走3—5步，保持平衡					
	o. 踮起脚尖，双手举过头顶，姿势稳定（8秒）					
	p. 翻一个跟头，保持身体向前移动					
	q. 走完整根平衡木，保持平衡					
54—60	r. 用任意腿单腿站立，双手放在臀部，另一侧膝盖弯曲，姿势稳定（10秒）					
	s. 翻两个跟头，保持身体向前移动					
	t. 走完整根平衡木，双手放在臀部，保持平衡					

22-III. 直立：球类运动

月龄	课程序列					
24—30	f. 向7英尺外的成人投掷3英寸的球					
	g. 向9英尺外的成人投掷3英寸的球					
30—36	h. 从5英尺外的成人手中，用手臂在身前接住一个8英寸的球					
	i. 踢球4—6英尺远					
36—42	j. 向9英尺外的成人投掷8英寸的球					
	k. 从5英尺外的成人手中，手肘弯曲接住8英寸的球					

月龄	课程序列	日期：	日期：	日期：	日期：	备注
42—48	l. 手举过肩，向 10 英尺外的成人投掷 3 英寸的球					
	m. 从 5 英尺外的成人手中，手肘弯曲接住 3 英寸的球					
	n. 踢球 12—15 英尺远					
48—54	o. 手举过肩，向 10 英尺外的成人投掷 8 英寸的球					
	p. 手臂展开放在两侧且手肘弯曲，从 6 英尺外的成人手中接住 8 英寸的球					
54—60	q. 手臂展开放在两侧且手肘弯曲，从 7 英尺外的成人手中接住 3 英寸的球					

22-IV. 直立：户外运动

月龄	课程序列	日期：	日期：	日期：	日期：	备注
24—30	f. 在游乐场跑步，路面变化时停下来					
	g. 爬上低矮的立体方格铁架，然后从几英寸的高处跳到地面上					
	h. 爬直梯					
30—36	i. 用手提供支撑，在可移动的平面上行走					
36—42	j. 骑脚踏三轮车至少 10 英尺远					
	k. 在游戏区积极地活动					
42—48	l. 喜欢不稳定的表面，并尝试使其移动					
	m. 在游戏区用力地奔跑					
48—54	n. 荡秋千					
	o. 发起一些涉及道具的合作游戏					
54—60	p. 骑两轮自行车					